HOW

THEY

THE HIDDEN WORLD
OF DUTCH DESIGN

WORK

**INGA POWILLEIT
& TATJANA QUAX**

INTRODUCTION BY
INGEBORG DE ROODE

**OIO PUBLISHERS
ROTTERDAM 2008**

Bestaat er nog steeds zoiets als Dutch Design: speels, conceptueel en maatschappijkritisch? Zijn er meer overeenkomsten dan het vaderland van de ontwerpers? De designwereld wordt immers steeds internationaler. Ontwerpers werken voor opdrachtgevers over de hele wereld, en exposeren in Japan is bijna net zo gewoon als in Amsterdam of New York. Dat blijkt ook uit de producenten die in dit boek de revue passeren. Meer buitenlandse dan Nederlandse: vooral veel Italiaanse en daarnaast een enkele Zwitserse, Amerikaanse en Scandinavische. Dat is niet altijd zo geweest.

Tot in de jaren negentig werden in catalogi en tentoonstellingen over Nederlandse vormgeving vrijwel alleen Nederlandse bedrijven genoemd. Of de ontwerpers traden zelf als producent op. Oorzaak: het ontbreken van een noemenswaardige industrie. Groot voordeel is natuurlijk de vrijheid die dat oplevert. Die past mooi bij de Nederlandse volksaard: eigenwijs en wars van hiërarchie. Wanneer er in opdracht werd gewerkt, kreeg de ontwerper ook vaak veel speelruimte. Nederland staat bekend om de rol die de publieke sector heeft gespeeld bij de promotie van goede vormgeving (inmiddels door alle privatiseringen helaas goeddeels verleden tijd). Bij het ontwerpen van treininterieurs, postzegels en belastingformulieren kan een ontwerper zich meestal meer permitteren dan in een harde commerciële omgeving. Ontwerpen voor bijvoorbeeld het Nederlandse geld (het biljet met de knalgele zonnebloem van Ootje Oxenaar en Hans Kruit, de munten van Bruno Ninaber van Eyben) en het interieur en de bewegwijzering van Schiphol (van onder anderen Kho Liang Ie, Benno Wissing en Paul Mijksenaar) werden soms bejubeld in het buitenland. De namen van de ontwerpers zullen daar echter door weinigen worden herkend.

Het Nederlandse vormgevingsklimaat werd lang beheerst door de geest van het Modernisme en de erfenis van het Bauhaus. De vormgeving was helder, degelijk en functioneel. Deze stroming is nog steeds goed zichtbaar in het kwalitatief hoogstaande werk van ontwerpers als Bruno Ninaber van Eyben en npk industrial design. Sommige interieurs van Merkx + Girod (zoals voor de Hema) kunnen ook hiertoe worden gerekend. Als er tegenwoordig over Dutch Design wordt gesproken, denkt echter vrijwel niemand aan deze richting. Dan gaat het meestal over de zelfbewuste generaties ontwerpers met een academie-opleiding die vanaf begin jaren negentig op het toneel verschenen. De vrijheid die veel ontwerpers daarvóór vaak al hadden werd in deze periode nog eens vergroot door de instelling van een aantal door de overheid gefinancierde fondsen. Individuele ontwerpers kunnen er subsidies aanvragen voor projecten, publicaties en buitenlandse presentaties. Dit biedt veel van hen nog meer onafhankelijkheid en de mogelijkheid om zich beter internationaal te profileren. Buitenlandse collega's zijn over het algemeen stik jaloers.

Er kwam een reactie van deze jonge ontwerpers op de functionalistisch georiënteerde, dienende vormgeving. Niet in een andere beeldtaal zoals bijvoorbeeld in Italië met het postmodernisme was gebeurd, maar door de toevoeging van een persoonlijk statement, een onverwachte functie of bijzonder materiaalgebruik. Er was grote belangstelling voor het experimenteren met allerlei materialen en technieken (in ontwerpstudio's zijn dan ook nog steeds vaak echte werkplaatsen te zien, zoals bij Dick van Hoff). Dat leidde onder meer tot combinaties van high- en lowtech.

Het bekendste voorbeeld hiervan is de Knotted Chair van Marcel Wanders. Ineke Hans en Hella Jongerius maken gebruik van archetypen en historische elementen, wat wel weer vergelijkbaar is met de toepassing van klassieke vormen in het Italië van de jaren tachtig. Het gaat hier onmiskenbaar om een stroming met postmodernistische kenmerken, verkleed in een jasje dat aan het modernisme refereert. Door dergelijke tegenstellingen wordt de gebruiker van een product vaak op het verkeerde been gezet. Dit zou waarschijnlijk allemaal nauwelijks tot enige beroering in het buitenland hebben geleid als ontwerper Gijs Bakker en designhistoricus Renny Ramakers niet in 1993 Droog Design hadden opgericht en tijdens de Meubelbeurs in Milaan hadden geëxposeerd. Het nieuwe Dutch Design sloeg in als een bom en leverde in een paar jaar tijd klassiekers op als de Ladekast van Tejo Remy, de B-set van Hella Jongerius en de Boomstambank van Jurgen Bey. Mede hierdoor kregen ook andere ontwerpers, zoals Claudy Jongstra, Piet Hein Eek en Ineke Hans snel de aandacht die ze verdienen. Internationale interesse voor Nederlandse grafische vormgeving en architectuur was overigens al eerder ontstaan. Zo profiteerde Petra Blaisse van de sterrenstatus van architect Rem Koolhaas, met wie ze veel samenwerkt. Intussen heeft zich met onder anderen Bertjan Pot en Wieki Somers alweer een nieuwe generatie ontwerpers aangediend.

Het ziet er niet naar uit dat de bron van het succesvolle Dutch Design snel zal opdrogen. Zeker niet nu sinds een paar jaar enkele van de vrijgevochten vertegenwoordigers ervan met succes door de internationale industrie worden ingezet (Hella Jongerius, Marcel Wanders, Richard Hutten). Daarnaast voelen velen van hen (Studio Job, Joep van Lieshout) zich ook thuis bij de meest recente internationale ontwikkeling, die van de productie van kleine series op het grensvlak van vormgeving en beeldende kunst. Edities in eigen beheer produceren: daar weten de Nederlanders alles van.

INTRODUCTION BY **INGEBORG DE ROODE**
CURATOR INDUSTRIAL DESIGN
STEDELIJK MUSEUM AMSTERDAM

Is there still such a thing as 'Dutch design': light-hearted, conceptual and socially critical? Are there more similarities than the native country of the designers? In a design world that is becoming increasingly international, designers work for clients the world over, and it is almost as common to exhibit in Japan as in Amsterdam or New York. We need only look at the names of the producers who appear in this book: more foreign names than Dutch, a good number of Italians, plus the odd Swiss, American or Scandinavian firm. But it hasn't always been like that.

Until the nineties, the producers listed in catalogues and exhibitions devoted to Dutch design were almost exclusively Dutch; in some cases the designers acted as their own producers. The reason? There was simply no industry to speak of. The obvious advantage of this system was the freedom it offered. A freedom that jibes with the mentality of the Dutch: cheeky, with a healthy dislike of hierarchy. Even in the case of commissioned work, the designer was given a certain leeway. Holland is known for the role which the public sector plays in the promotion of good design – although this is fast becoming a thing of the past, due to increasing privatization – and the designers of train interiors, postage stamps, and income tax forms generally enjoy more freedom than those who work in the hard-boiled world of commercial design. There has been generous foreign praise for such designs as the bright yellow sunflower on the fifty-guilder note created by Ootje Oxenaar and Hans Kruit, and Bruno Ninaber van Eyben's coins, as well as the interior and signposting at Schiphol Airport (the work of designers like Kho Liang Ie, Benno Wissing and Paul Mijksenaar. And yet the names of these designers don't ring many bells among the international public.

The design climate in Holland was long dominated by the ghost of modernism and the legacy of the Bauhaus: design was lucid, sound and functional. This is still reflected in the high-quality work of designers like Bruno Ninaber van Eyben and npk industrial design. Some of the interiors by Merkx + Girod (such as those commissioned by the store chain Hema) are also in that category. And yet when people talk about Dutch design today, almost no one thinks of this design direction. The discussion invariably focuses on those cocky generations of academically trained designers who emerged during the nineties. The freedom that designers from the previous period already enjoyed has been magnified by the institution of a number of government-sponsored foundations. Individual designers can apply for subsidies for projects, publications, and presentations abroad. As a result, many now enjoy greater independence, and have more opportunities to present their work to an international audience. It is a situation which has caused pangs of jealousy among fellow designers abroad.

Many young designers responded to this functionalistic, service-oriented design. Not by means of a new expressive language, as in Italy during the emergence of post-modernism, but rather through the addition of a personal statement, an unexpected function or unusual use of materials. There was considerable interest in the various experiments with material and techniques (in many design studios, the workplaces are still there to see, as in the case of Dick van Hoff). This has led to combinations of high and low tech, the most notable example of which is Marcel Wanders' Knotted Chair. The work of Ineke Hans and Hella Jongerius harks back to archetypes and historic elements, recalling the application of classic forms in Italy during the eighties. What we see here is a trend with postmodern tendencies, in a modernist sauce. Contrasts like this often get the user off on the wrong foot. No doubt all this would have caused no more than a ripple abroad if the designer Gijs Bakker and the design historian Renny Ramakers had not set up Droog Design in 1993 and exhibited its collection at the Furniture Fair in Milan. This new form of Dutch design caused a sensation, and in a few short years produced such classics as the Chest of Drawers by Tejo Remy, the B-Set by Hella Jongerius, and Jurgen Bey's Tree-Trunk Bench. Such developments were also a boon to other designers, like Claudy Jongstra, Piet Hein Eek and Ineke Hans, who were soon receiving the attention they deserve. In an earlier stage, interest had been shown in Dutch graphic design and architecture, and Petra Blaisse now basks in the reflected star status of Rem Koolhaas, with whom she regularly collaborates. Moreover, a whole new generation of designers is now emerging, among them Bertjan Pot and Wieki Somers.

There is no reason to suppose that this well of successful Dutch design will dry up any time soon. Especially since several of the more unconventional designers are also receiving commissions from abroad (Hella Jongerius, Marcel Wanders, Richard Hutten). Many others (Studio Job, Joep van Lieshout) feel equally at home with the recent international trend, the production of small series perched on the interface between design and art. Demonstrating once again that the Dutch are masters at producing their own designs.

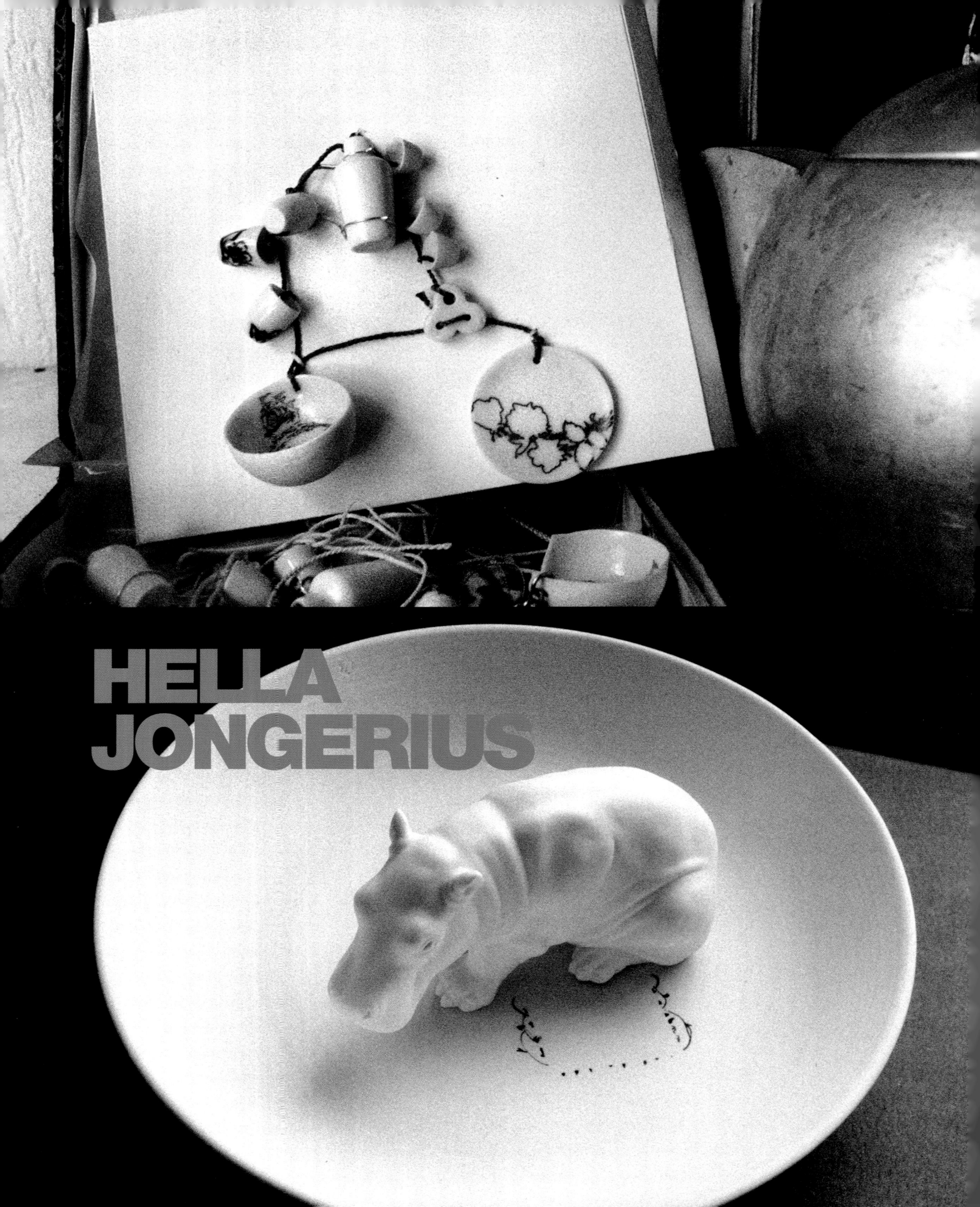

HELLA
JONGERIUS

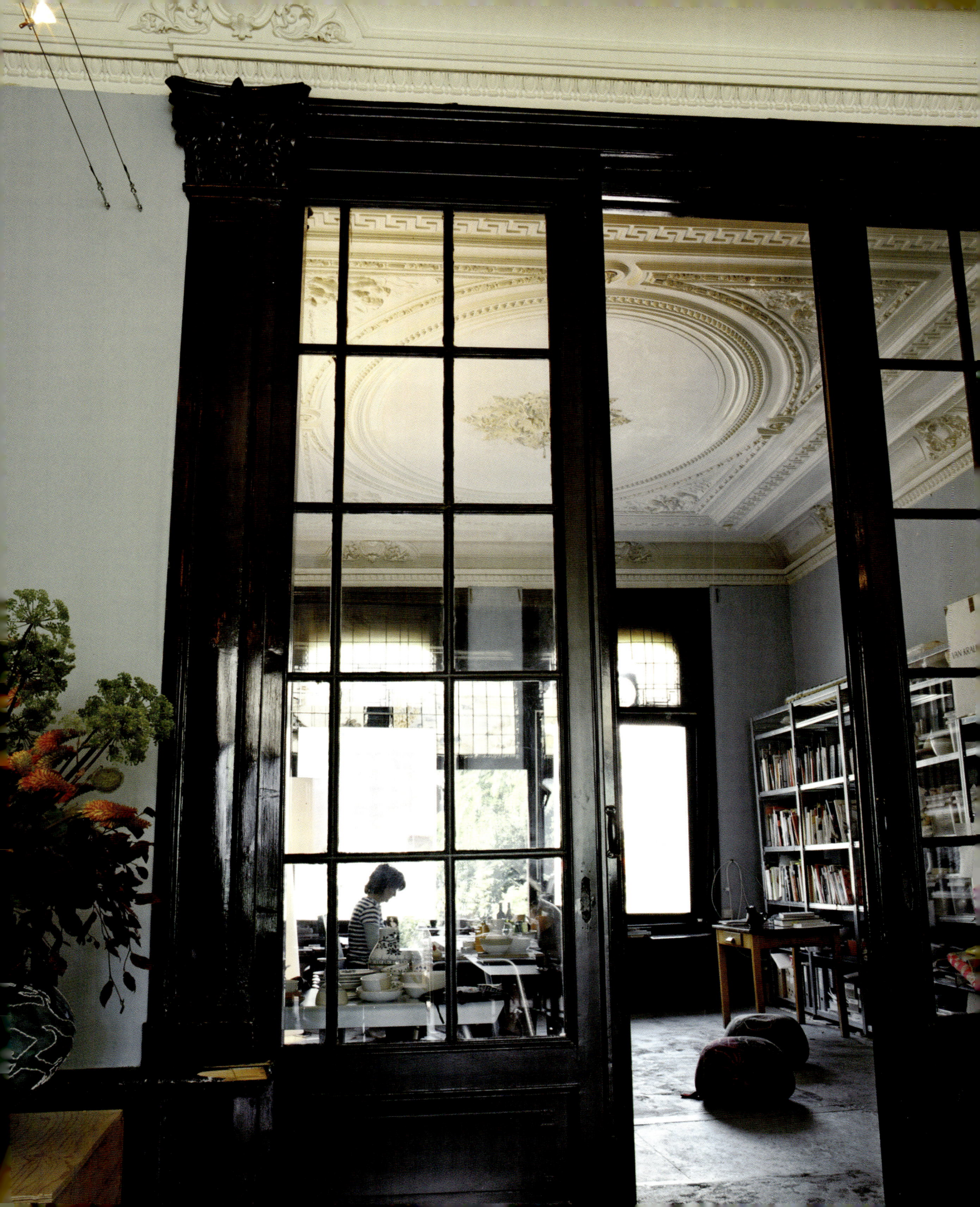

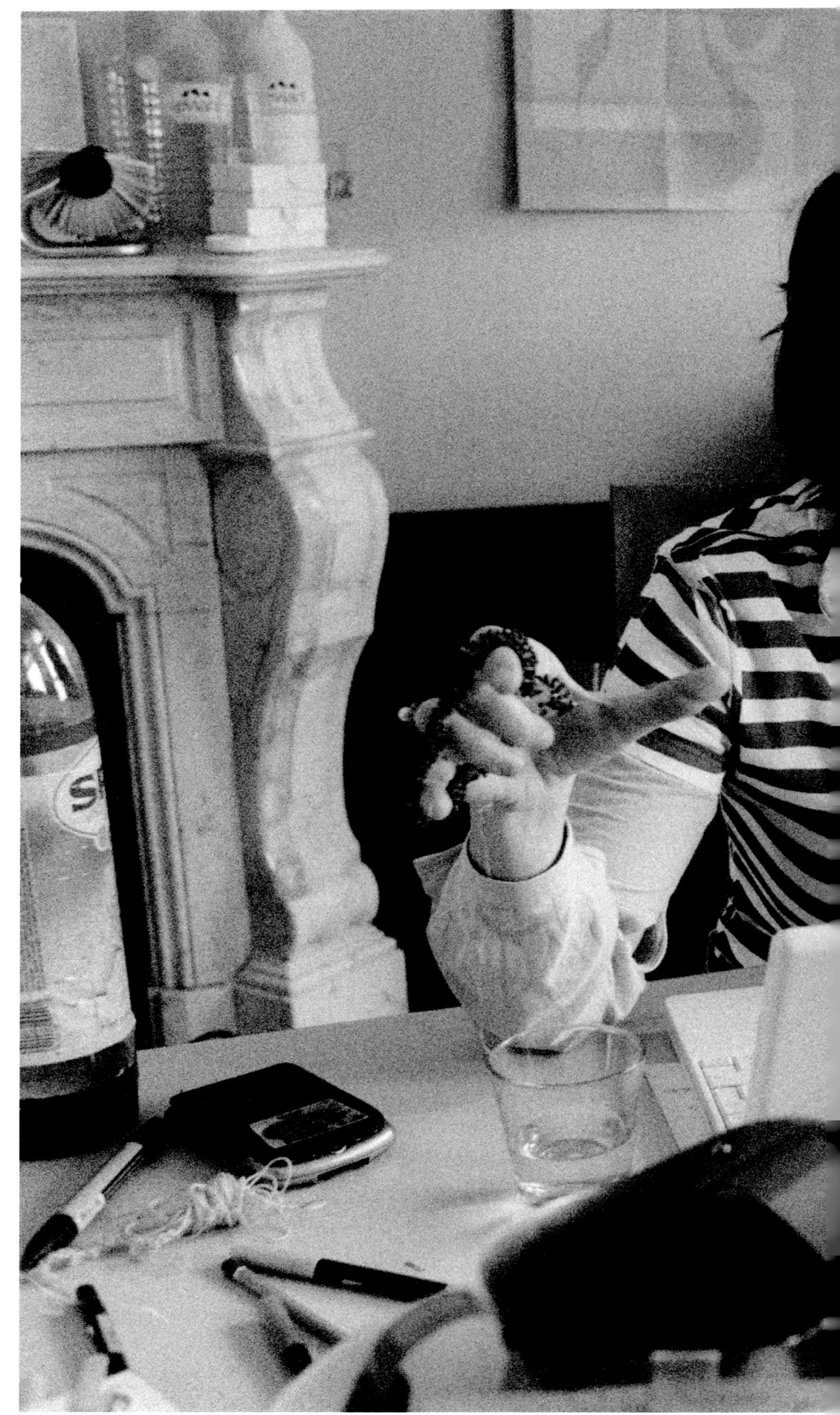

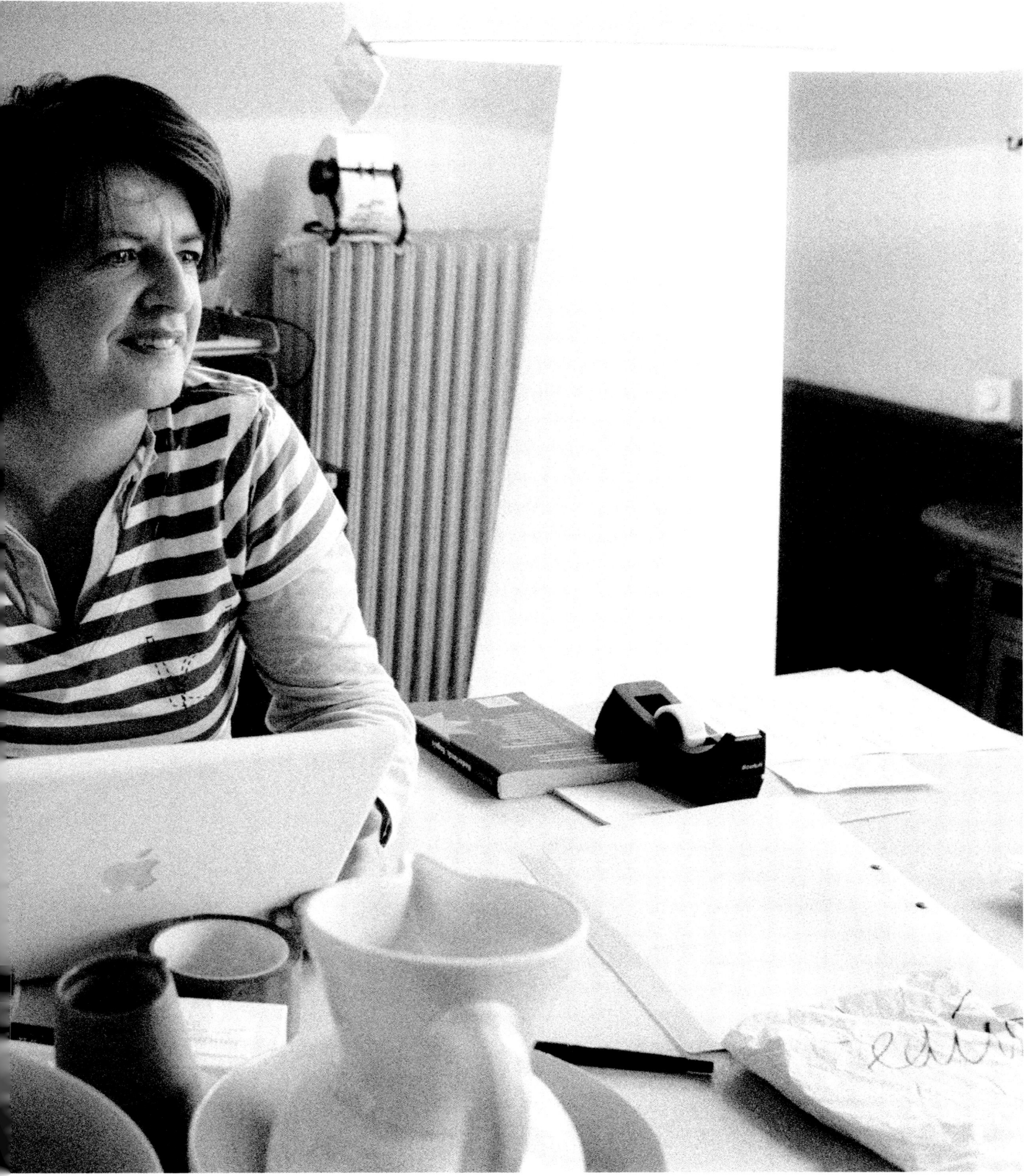

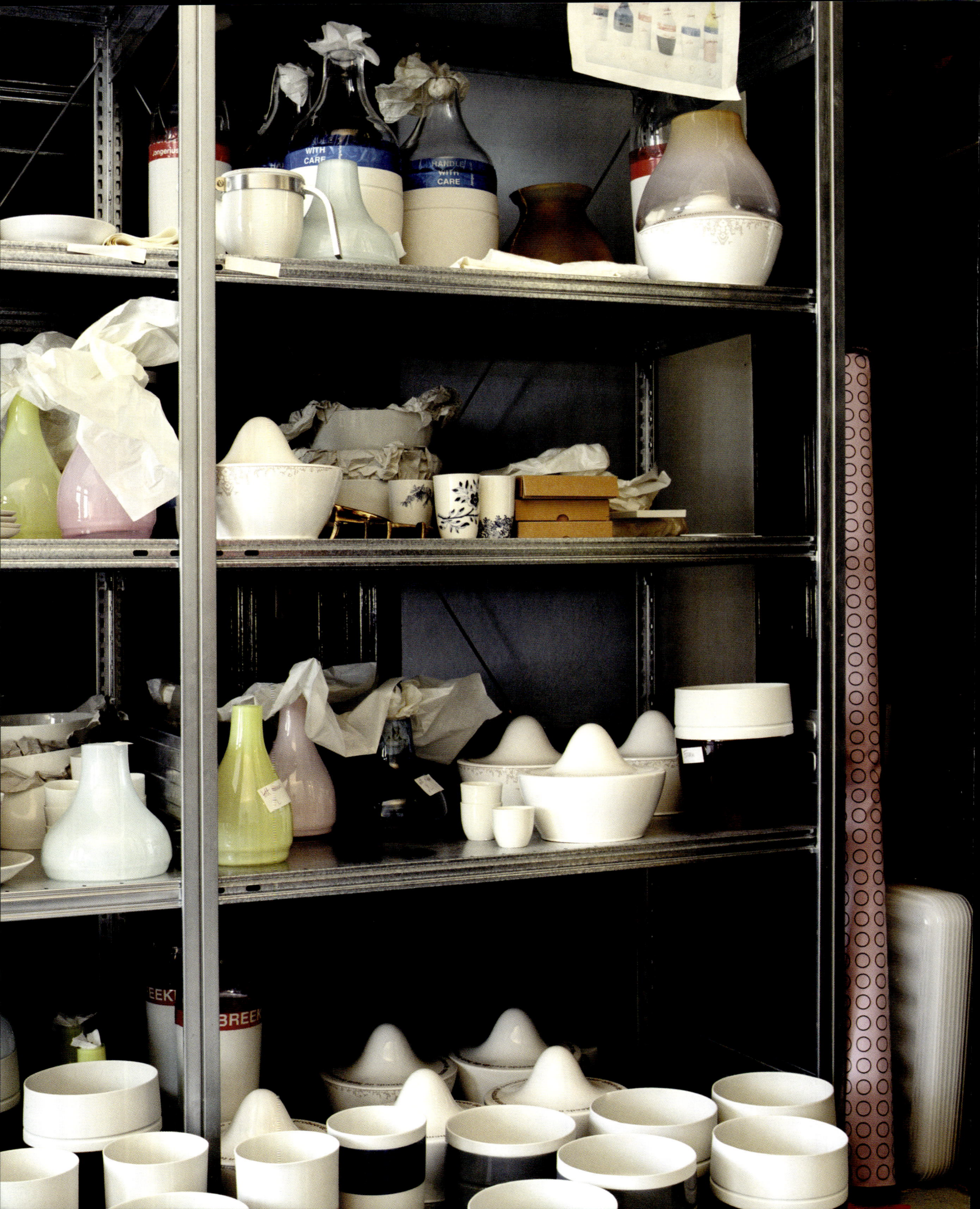

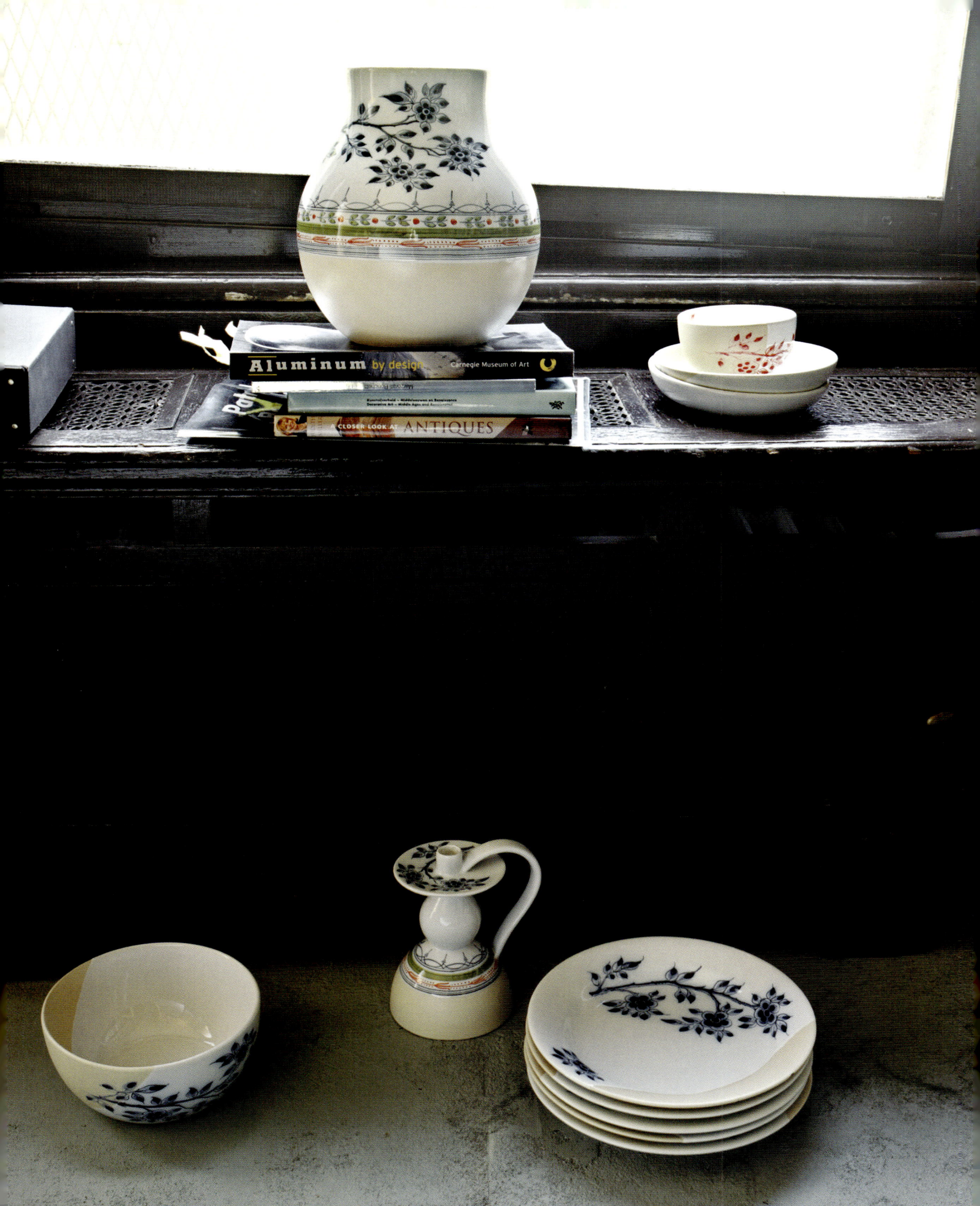

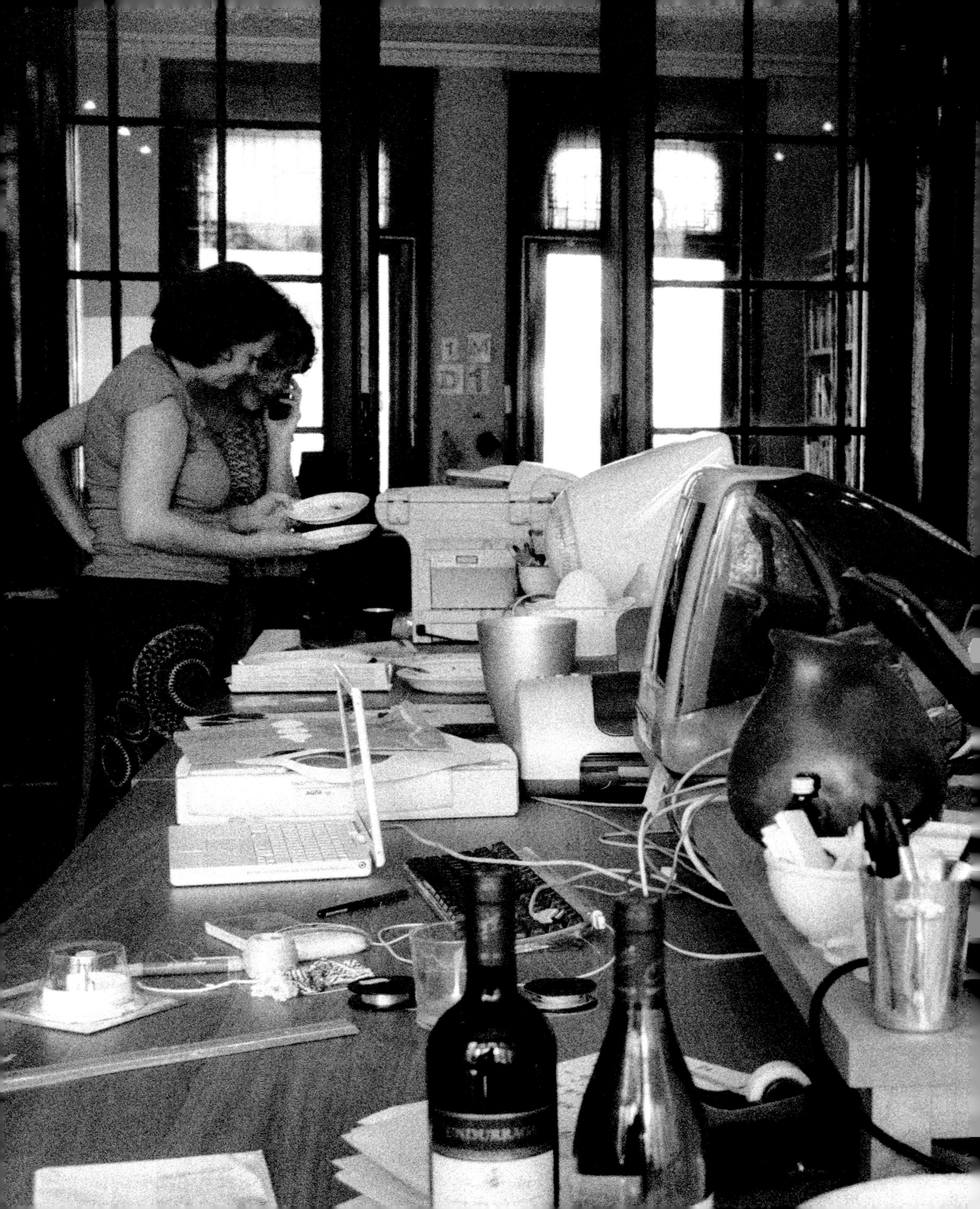

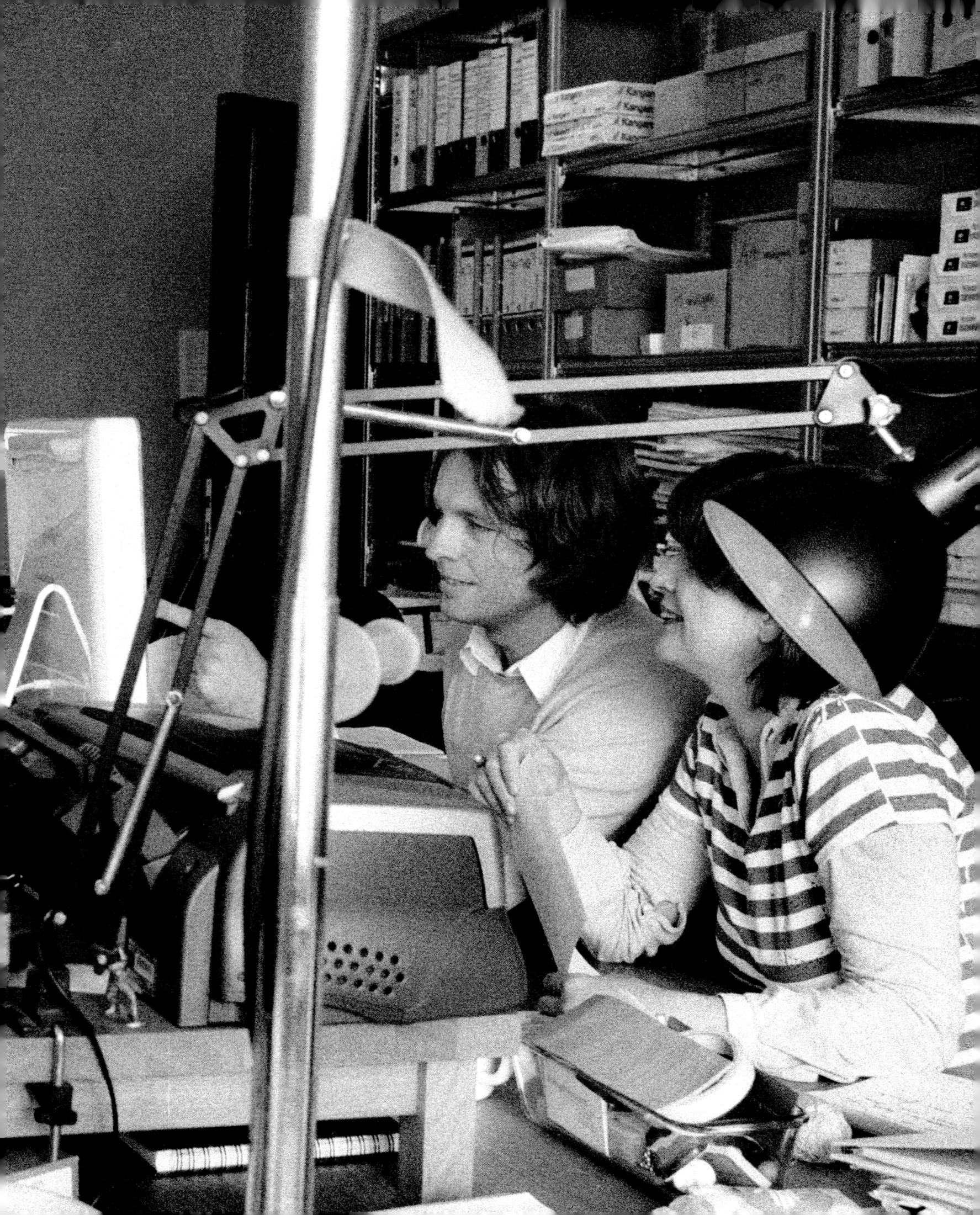

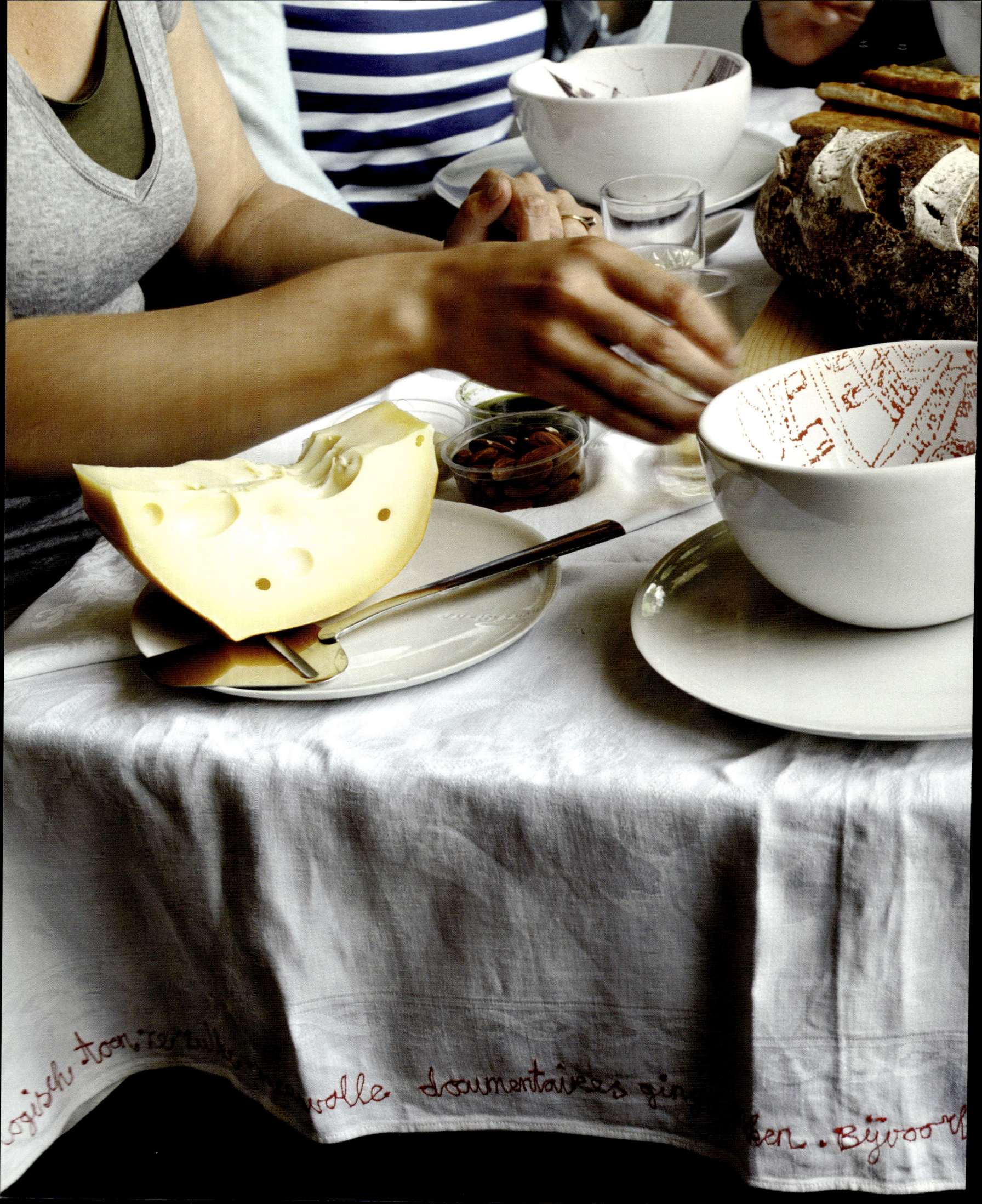

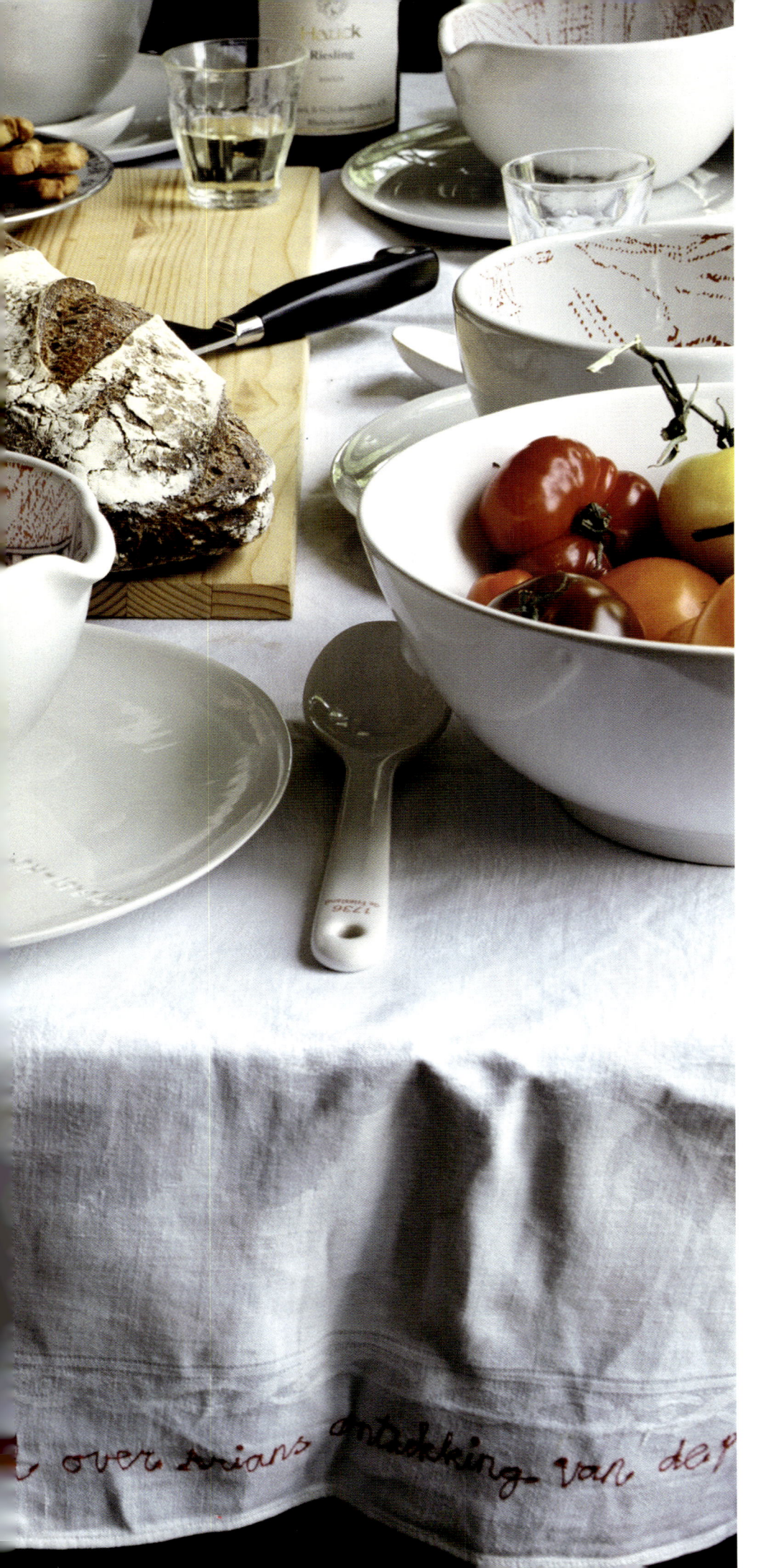

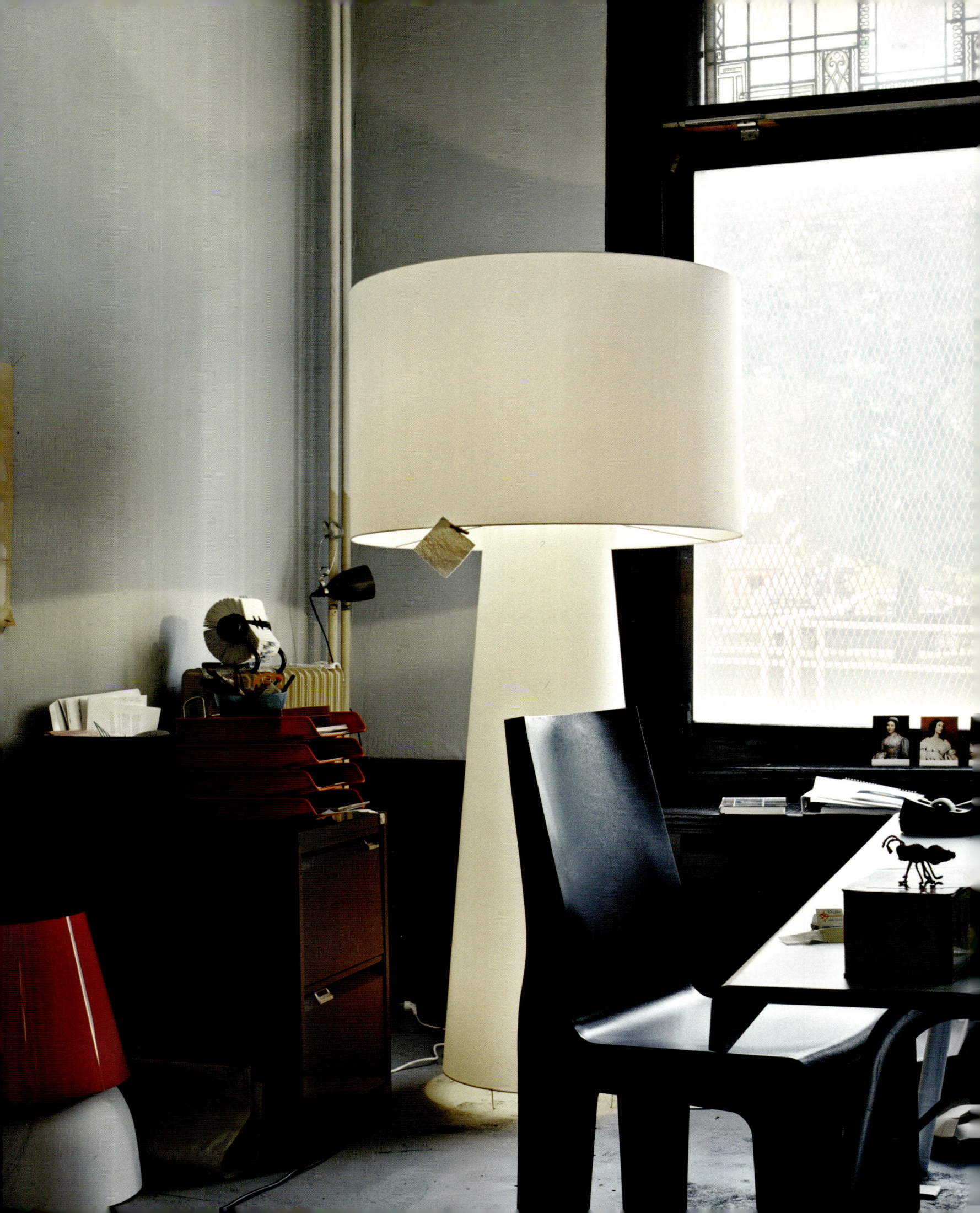

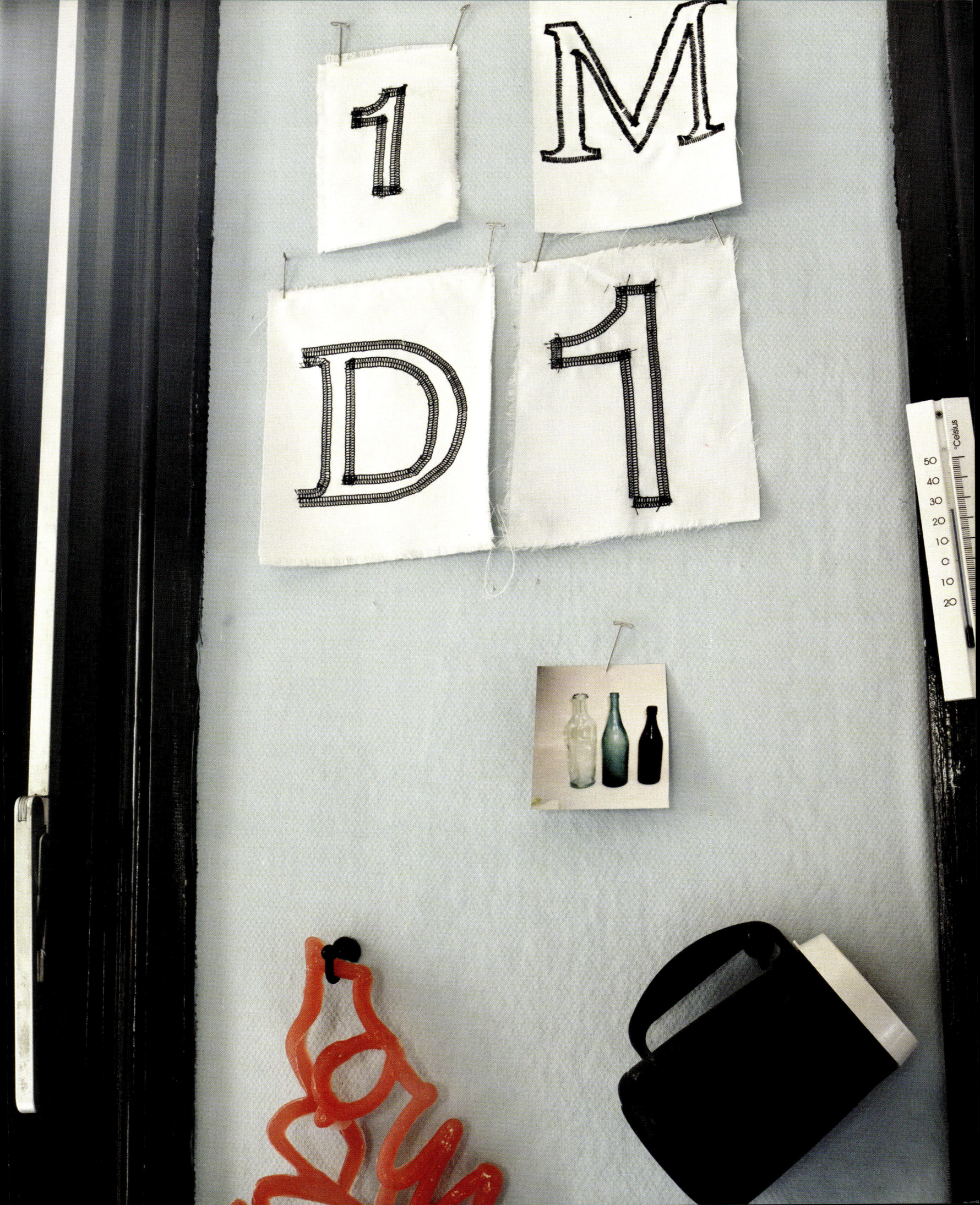

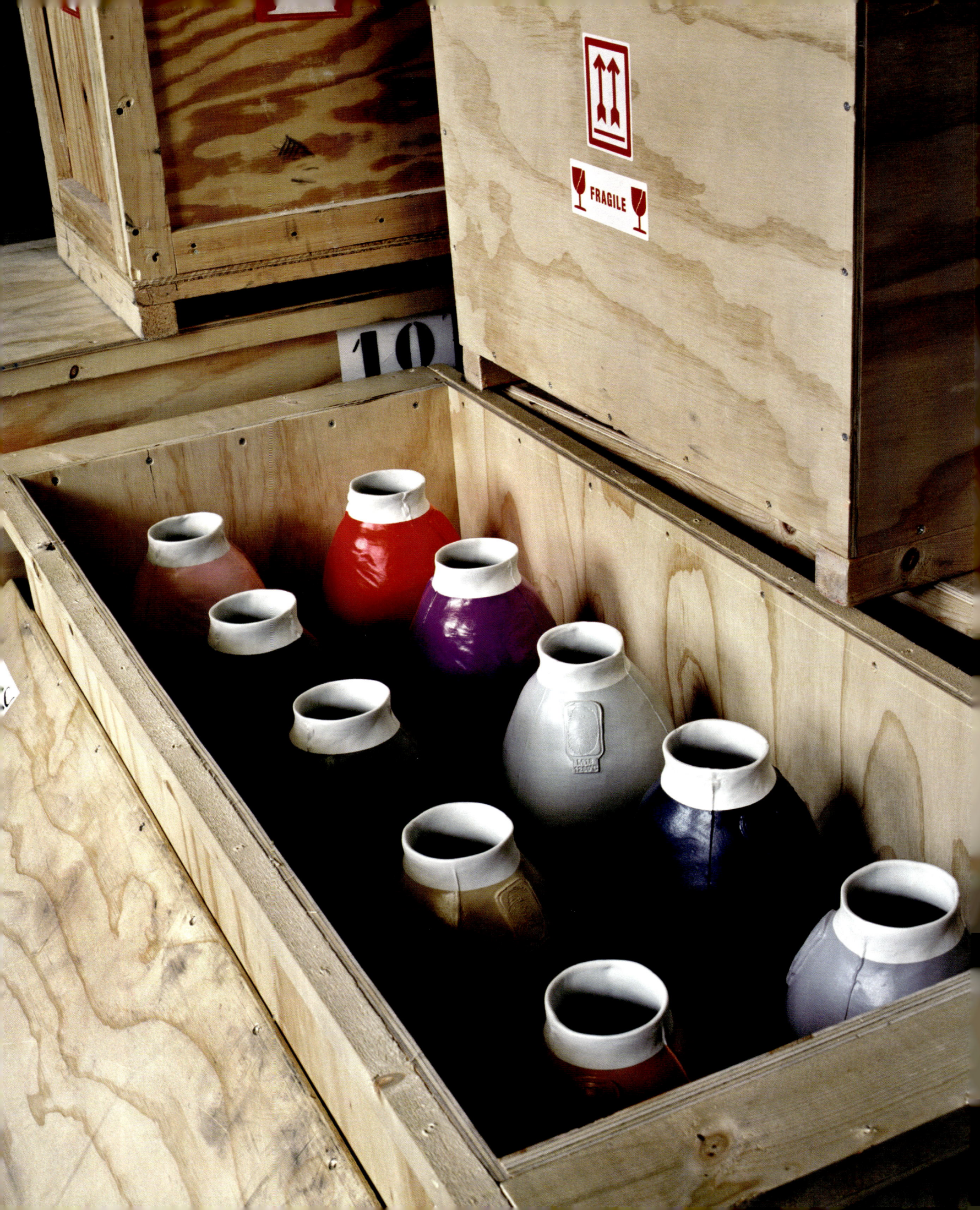

HELLA JONGERIUS (DE MEERN, 1963) WOONT
EN WERKT AL JAREN IN ROTTERDAM.
IN 1993 STUDEERT ZE AF AAN DE DESIGN
ACADEMY IN EINDHOVEN, WAAR ZE VAN 1998
TOT 2004 ZELF LES GEEFT. DROOG DESIGN
PROMOOT HAAR WERK VANAF HET BEGIN.
LATER VOEGT ZE AAN HAAR OPDRACHTGEVERS
ONDER MEER VITRA, MAHARAM, NYMPHENBURG
EN KONINKLIJKE TICHELAAR MAKKUM TOE.
ZE VERKOOPT HAAR WERK VIA DE EIGEN
STUDIO JONGERIUSLAB.

In de verrassende en vervreemdende wereld van Hella Jongerius
is het onmogelijke mogelijk. Bij haar lekken vazen met gaatjes
niet en kun je keramiek borduren. Oude ambachtelijke tradities
krijgen een heel nieuw uiterlijk door de moderne industriële
technieken die Jongerius op ze toepast. Soft Urn is bijvoorbeeld
gebaseerd op een eeuwenoude vaasvorm maar uitgevoerd in
moderne kunststof. Doordat het materiaal doorschijnend is, doet
het nog steeds denken aan het in oude tijden gebruikte albast.
De porseleinen vazen Princess, Prince en Giant Prince zijn
geborduurd, maar nog steeds bruikbaar doordat de gaatjes met
siliconen zijn dichtgesmeerd.

Jongerius' manier van ontwerpen draait niet alleen om vorm
en materiaal, maar net zo goed om het verhaal achter het voorwerp, de geschiedenis waaruit het is ontstaan. Oude ambachten
bieden een eindeloze bron van inspiratie. Haar grootste
'vondsten' doet ze op de vloer van een werkplaats, in oude
stijlboeken of in de stoffige archieven van een fabriek. Toen ze
voor textielproducent Maharam de weeffabrieken in Zwitserland
bezocht, was ze 'als een kind in de snoepwinkel', vertelt ze in
het Amerikaanse *Metropolis Magazine*. Met honderden stoffen-
stalen toog ze naar Nederland. In de uiteindelijke stofontwerpen
voor Maharam gebruikte ze motieven uit oude stijlboeken en
werkaantekeningen, in dit geval ontleend aan de programmeer-
kaarten van de Zwitserse weefmachines.

Een soortgelijke aanpak hanteert Jongerius voor het Vitra
Design Museum en porseleinfabrikanten Nymphenburg en
Koninklijke Tichelaar. Hella Jongerius noemt zichzelf in essentie
een postmodernist. 'Ook ik sample en citeer vormen uit het
verleden en ik breng overal decoraties op aan.' Ze steekt niet
onder stoelen of banken dat ze zich ergert aan overbodige
producten. 'Een archetypische vaas heeft een bolle buik en een
smalle hals, om ervoor te zorgen dat de bloemen op de juiste
manier uitwaaieren. Ik wil geen overbodige nieuwe vormen
toevoegen aan wat er al is, zeker als daar niets aan mankeert.
Mij gaat het er juist om een nieuw verhaal te vertellen door het
bestaande tegen elkaar af te zetten.'

Hella Jongerius, opgeleid aan de Design Academy in
Eindhoven, streeft ernaar ambacht en industrie te verenigen.
Ze krijgt er een kick van als ze iets bedenkt dat uniek is, maar
wel geschikt voor industriële productie. Aan die grootschaligheid
kan kunst niet tippen, vindt ze. Zo kan het gebeuren dat Ikea de
Jonsberg-vazen van Hella in haar collectie opneemt, een gebeur-
tenis die nogal wat stof deed opwaaien in designland. Het is de
eerste keer dat haar vazen in een hele grote serie geproduceerd
worden. En: het lukt haar haar eigen stijl te bewaren. Doordat
drie decoratiepatronen de hand geschilderd zijn (het vierde
bestaat uit een gaatjesmotief), ziet de ene vaas er net even anders
uit dan zijn dubbelganger. De borden in het Slightly-Damaged
Dinner Service vormen ook een geslaagd industrieel experiment:
door deze op (te) hoge temperaturen te laten bakken ontstaan er
vervormingen die ieder bord toch weer uniek maken.

Ambacht en industrie, oud en nieuw, high tech en low
tech: Hella Jongerius mixt het allemaal in haar werk. Ze zoekt
er de grenzen mee op van haar vak als ontwerper en vindt er
internationale erkenning voor. Design curator van het New Yorkse
MoMA, Paola Antonelli, is er kort over: 'She is a unique talent
who has no rivals.'

HELLA JONGERIUS (DE MEERN, 1963)
HAS LIVED AND WORKED IN ROTTERDAM FOR
MANY YEARS. SHE GRADUATED FROM THE DESIGN
ACADEMY IN EINDHOVEN IN 1993, AND HAS TAUGHT
THERE SINCE 1998. DROOG DESIGN HAS PROMOTED
HER WORK FROM THE BEGINNING, WHILE LATER
CLIENTS INCLUDE VITRA, MAHARAM, NYMPHEN-
BURG AND ROYAL TICHELAAR MAKKUM. SHE HAS
HER OWN STUDIO, JONGERIUSLAB.

In the refreshing and off-putting world of Hella Jongerius, the impossible becomes possible: ceramic objects are embroidered and vases
with holes do not leak. The old artistic traditions are transformed,
thanks to the modern industrial techniques which Jongerius employs.
The vase known as Soft Urn, for example, harks back to a centuries-
old form, but is executed in a modern synthetic. Because the material
is transparent, it evokes the alabaster used in ancient times. The
porcelain vases Princess, Prince and Giant Prince are indeed embroidered, and yet they still hold water because the holes have been
filled in with silicon.

Jongerius' design methods focus not only on shape and material.
The story behind each object – its history – is of equal importance.
Traditional techniques are an inexhaustible source of inspiration, and
her most valuable 'finds' can be traced to old style books, a
workplace floor, or the musty archives of a factory. When she visited
the textile factories in Switzerland on behalf of fabric manufacturer
Maharam, she felt like 'a kid in a candy store', according to an interview in the American Metropolis Magazine. She returned to Holland
laden with hundreds of swatches. Her subsequent fabric designs for
Maharam hark back to faded style books and sketches, all based on
the programming cards originally used in the Swiss power looms.

Jongerius employs a similar technique in the work she does for
the Vitra Design Museum and porcelain manufacturers Nymphenburg
and Royal Tichelaar. Hella Jongerius calls herself a post-modernist:
'I sample freely, quote from the past, and use decoration on everything.' She makes no secret of her aversion to superfluous products.
'The archetypical vase is spherical with a narrow neck, which allows
the flowers to fan out on all sides. I have no desire to introduce
superfluous new forms, especially where there is nothing wrong with
what we already have. For me, the important thing is to tell a new
story by setting existing shapes against each other.'

Hella Jongerius, a graduate of the Design Academy in Eindhoven,
strives to unite craft and industry, and she gets a charge out of
coming up with something that is unique, but at the same time
suitable for industrial production. Especially since this is simply
beyond the reach of art. Thus it was no accident that Ikea included
Jongerius's Jonsberg vases in its collection, a development which
caused something of a stir in design-land. Never before had her
vases been reproduced on such a scale. And what's more, she
succeeded in retaining her own style. Because the vases are hand-
painted, each one is just that little bit different from its neighbour.
The plates in her Slightly-Damaged Dinner Service are yet another
example of a successful industrial experiment: firing them at
excessively high temperatures produces subtle distortions, thus
ensuring that each plate is unique.

Craft and industry, old and new, low tech and high tech: all
these concepts converge in the work of Hella Jongerius. As a
designer, she pushes back the boundaries of her art, and has been
rewarded with international recognition. Paola Antonelli, design
curator of the MoMA in New York says simply: 'She is uniquely
talented: she has no rivals.'

www.jongeriuslab.com

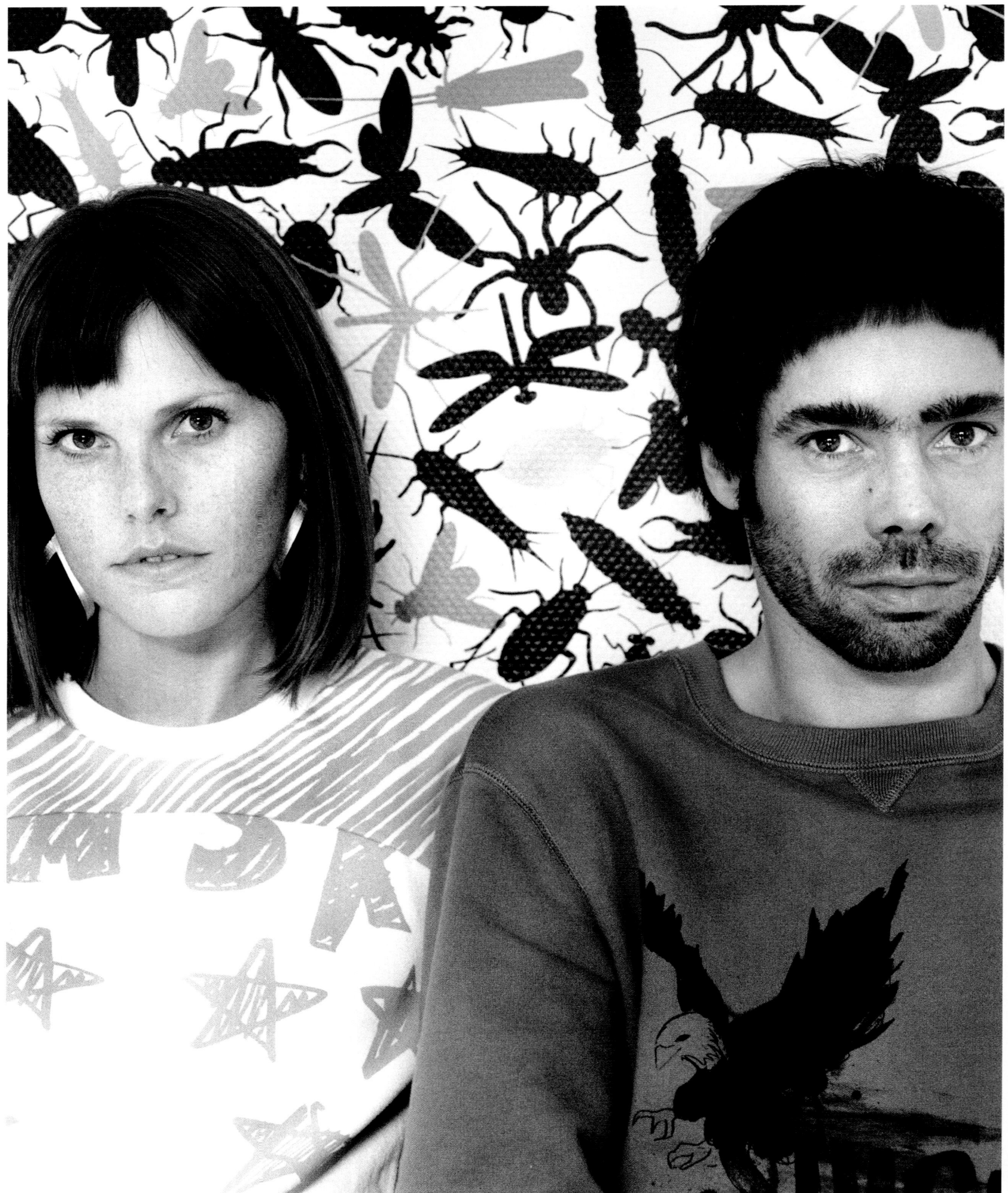

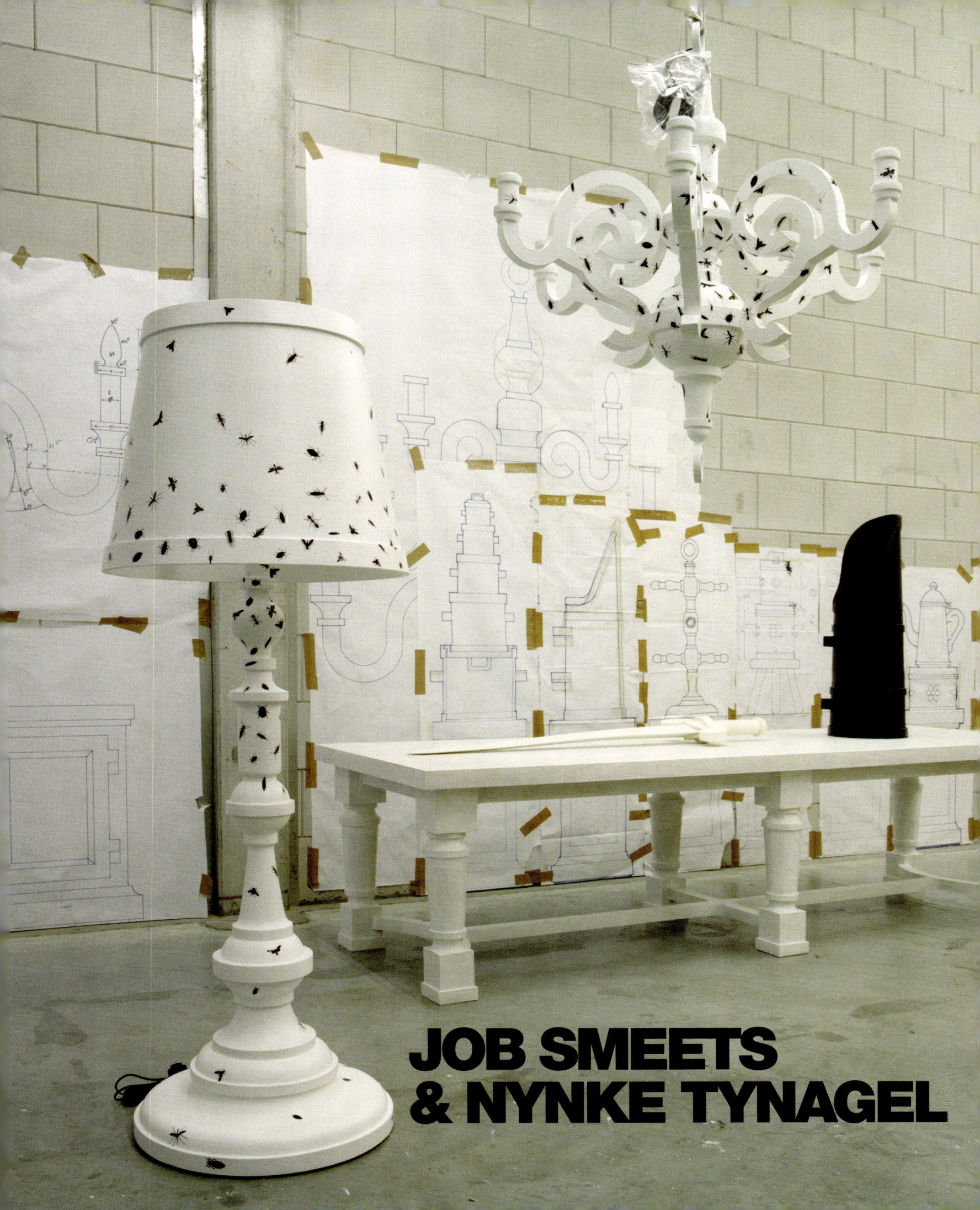

JOB SMEETS & NYNKE TYNAGEL

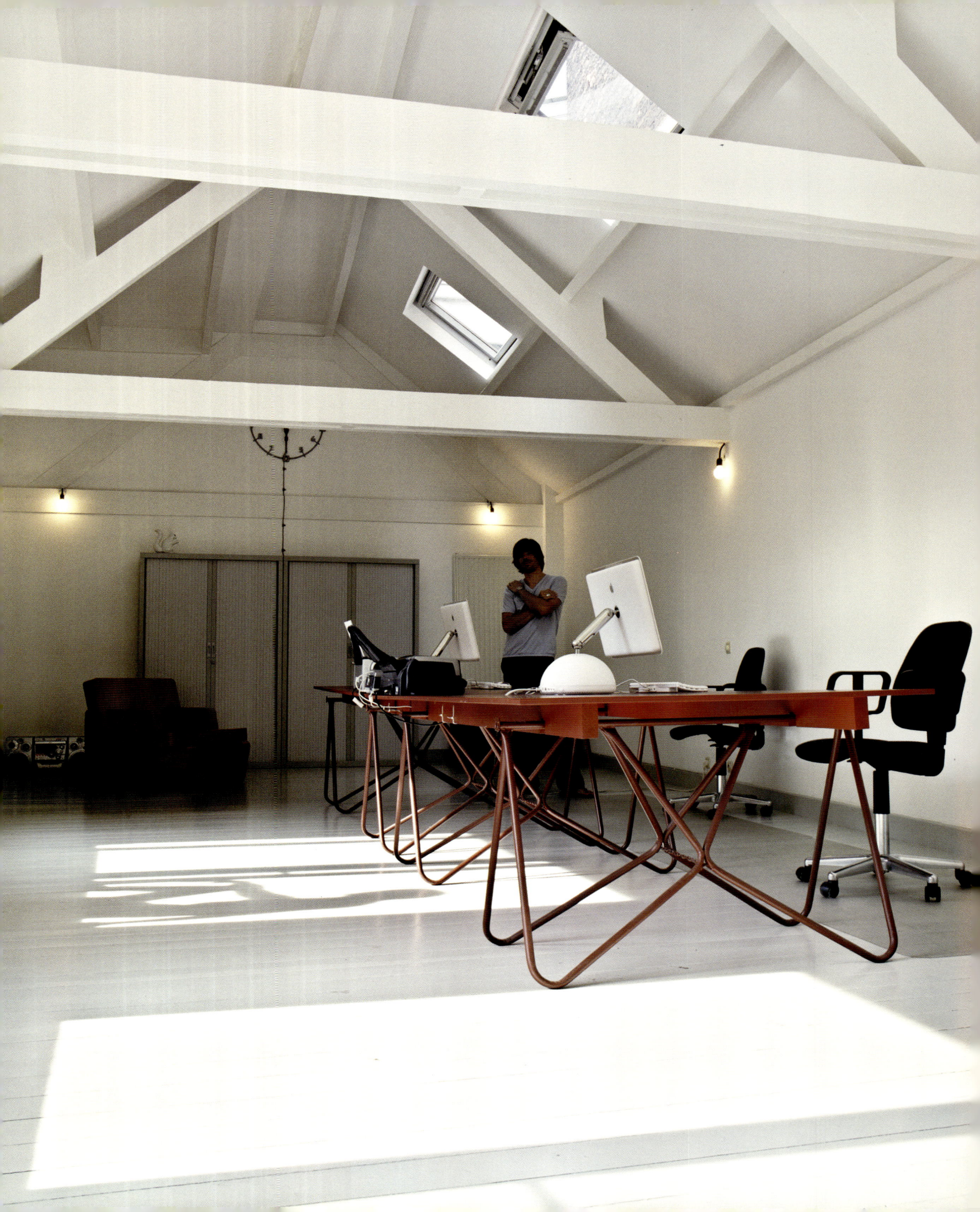

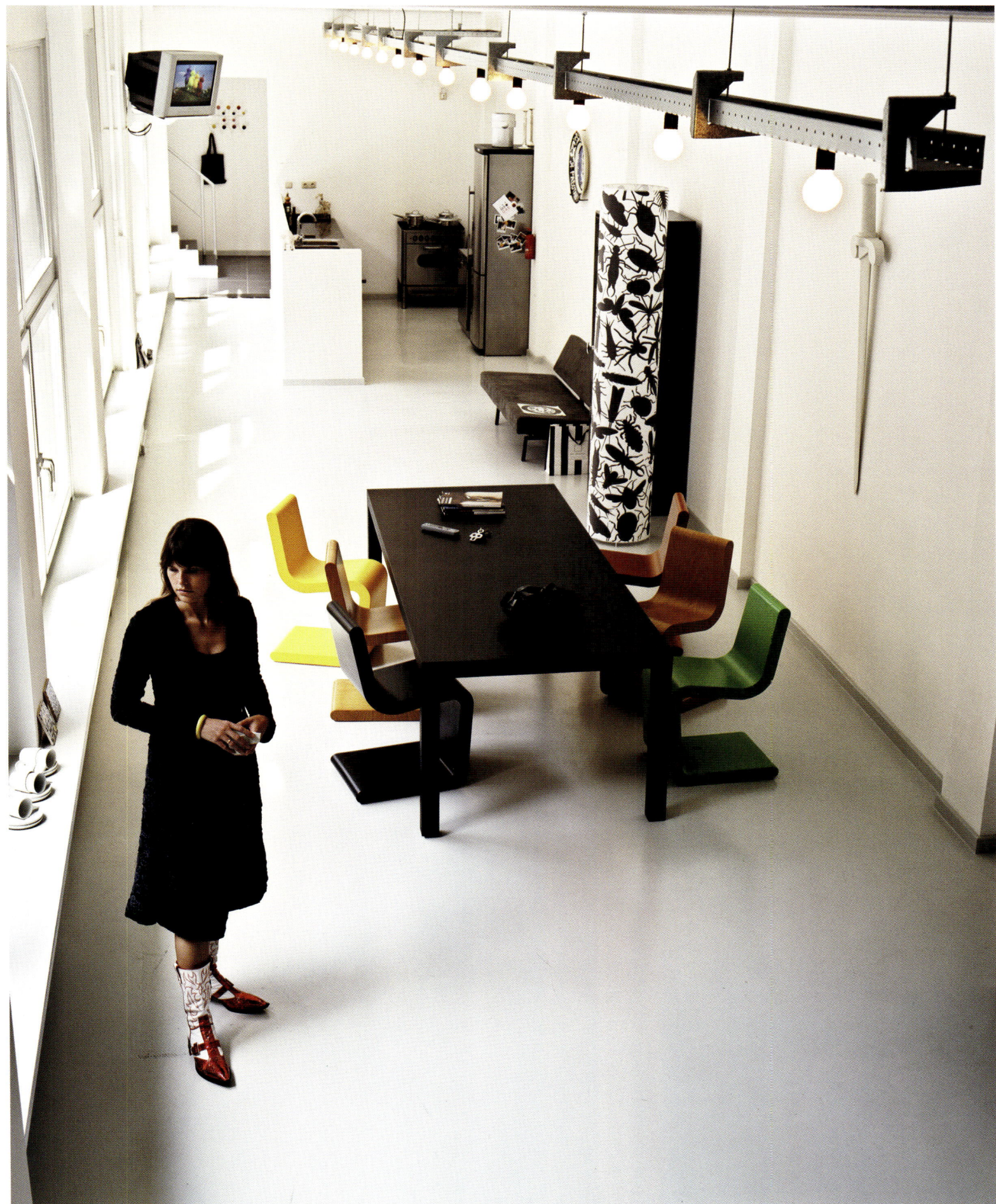

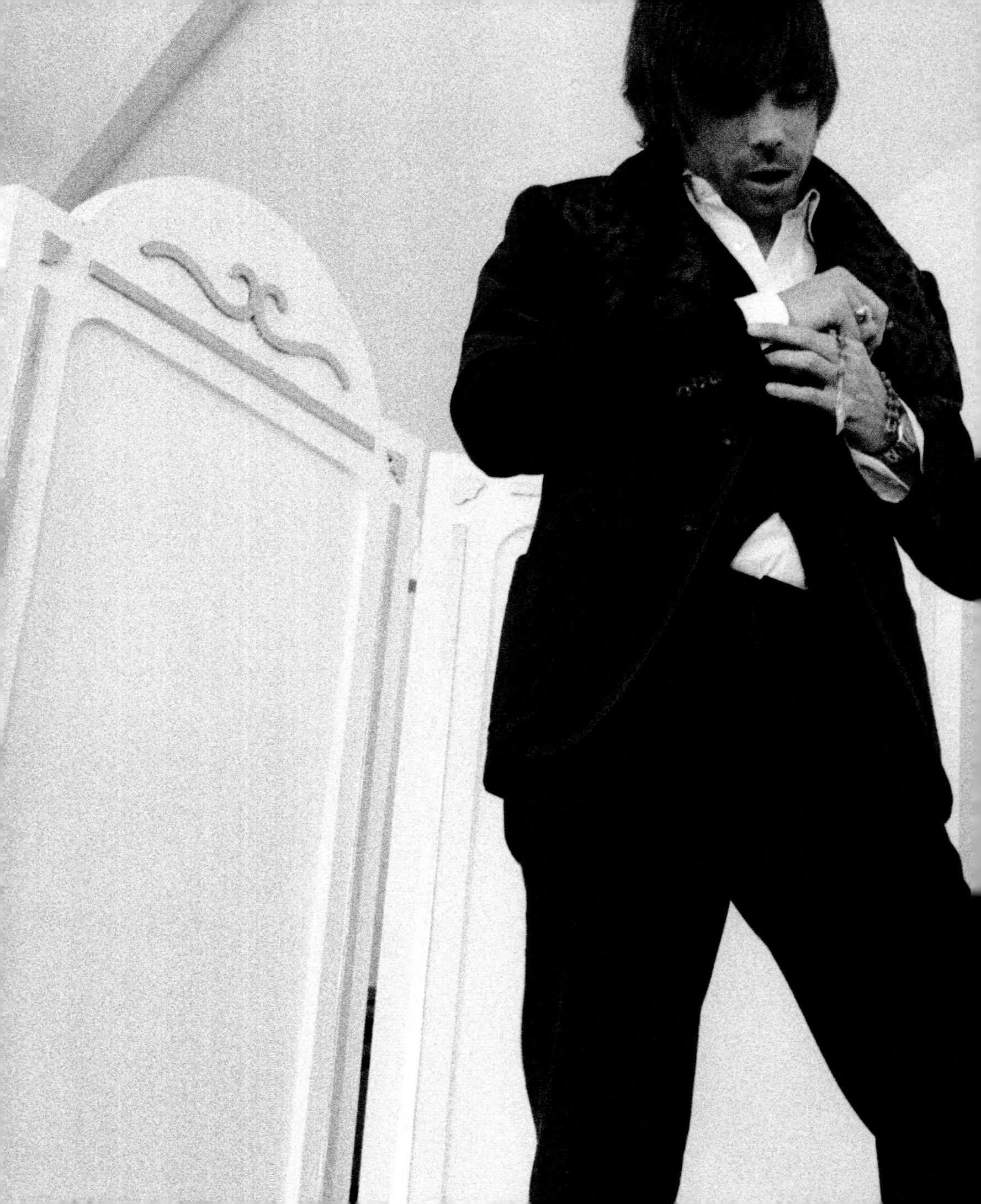

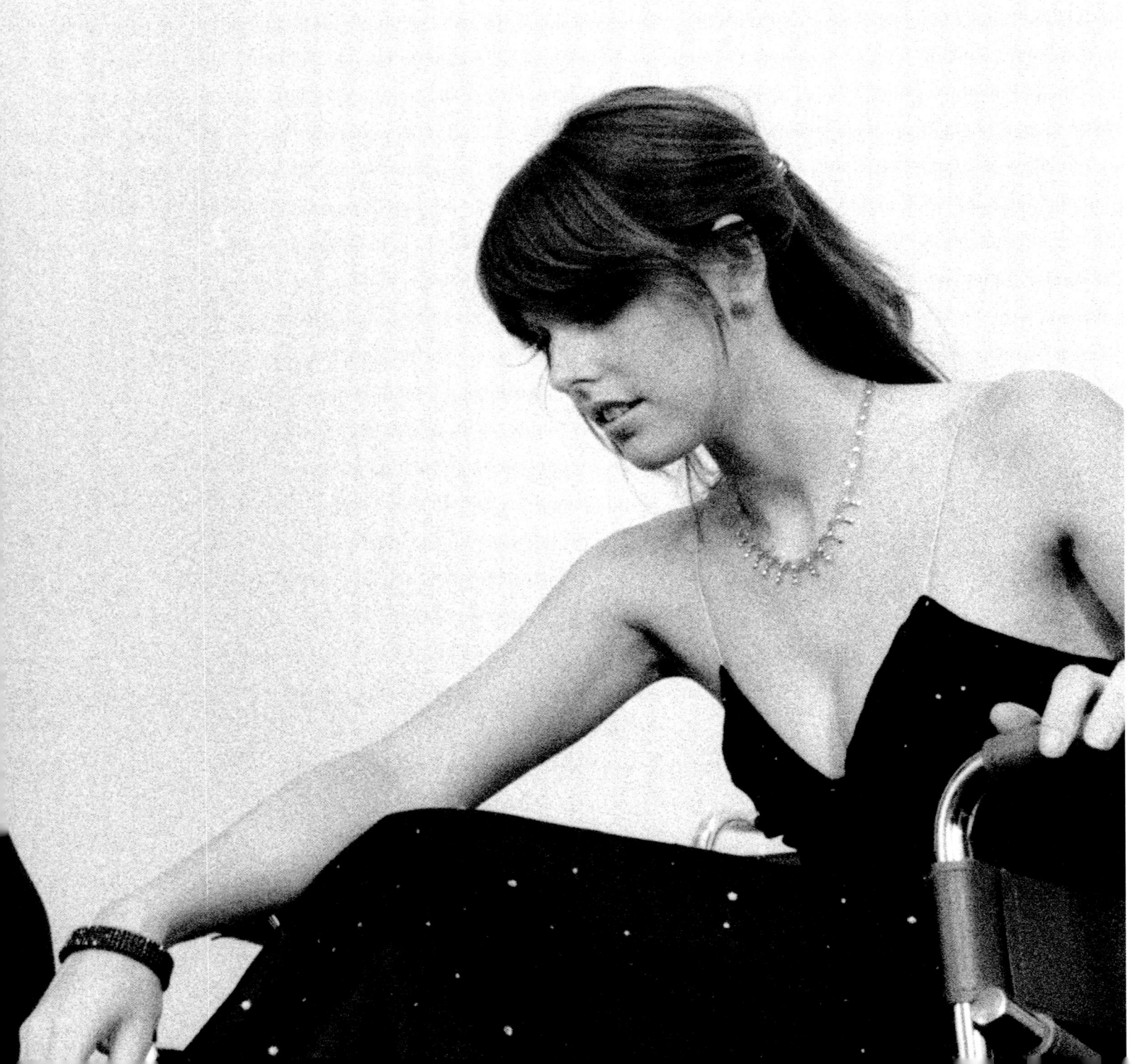

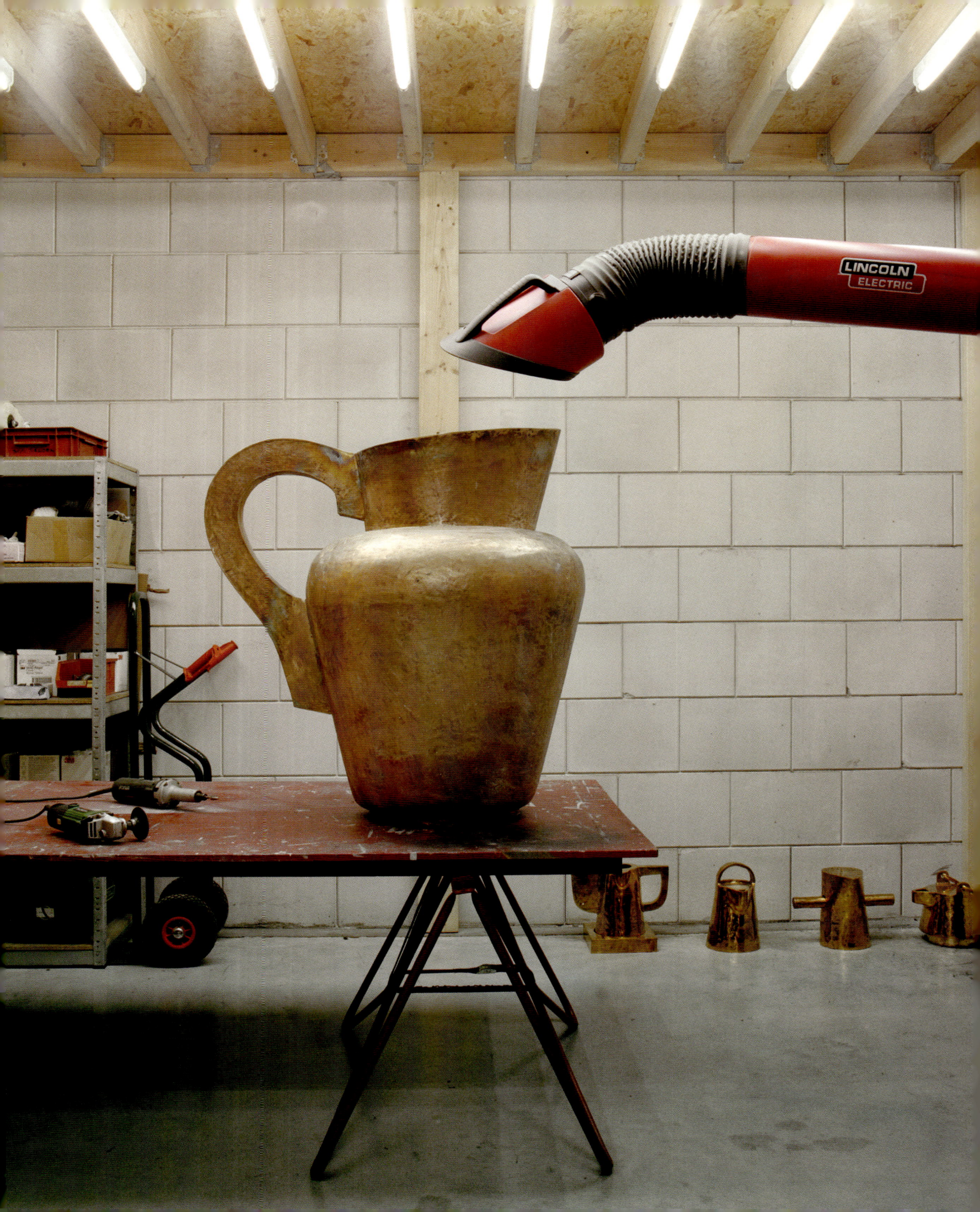

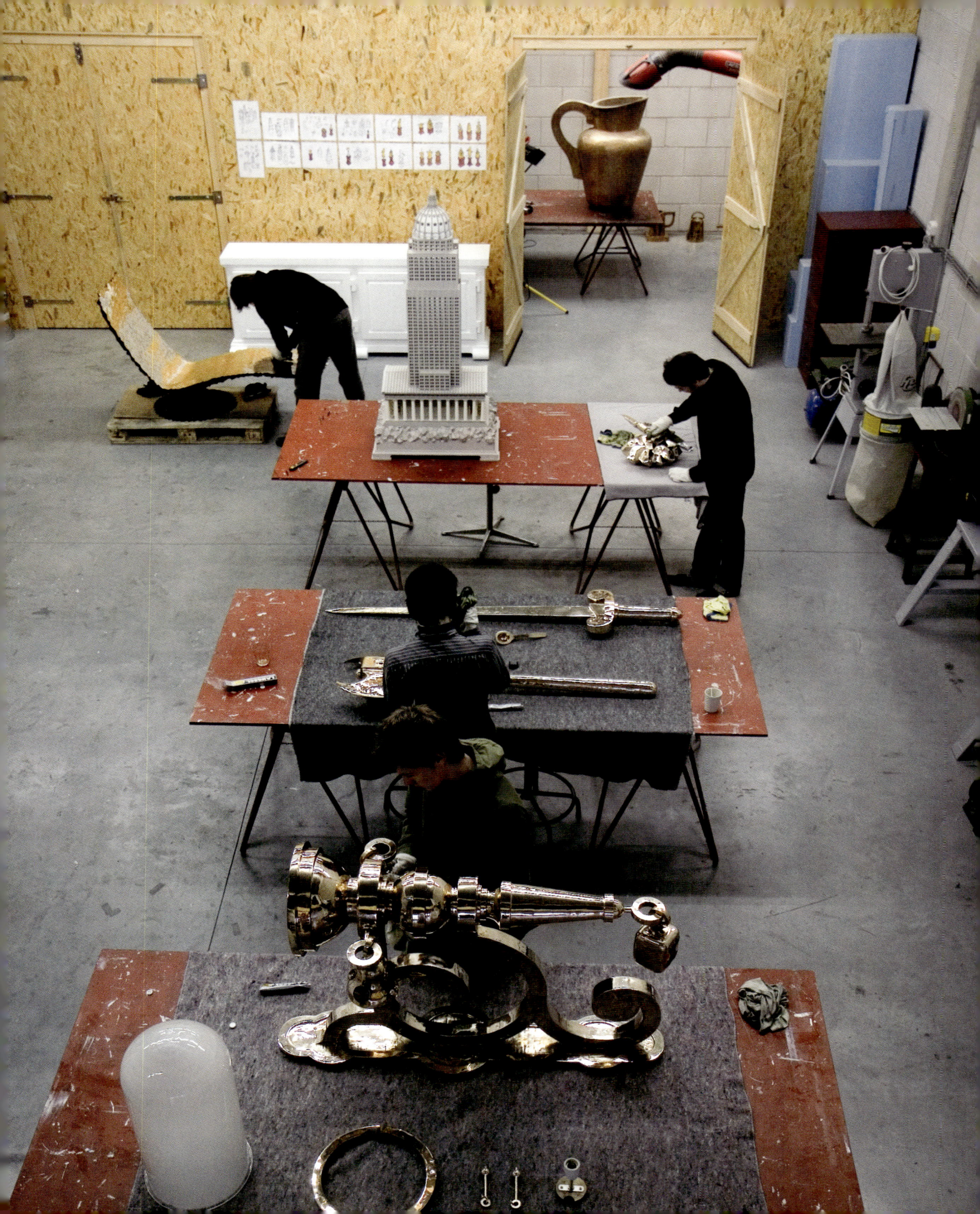

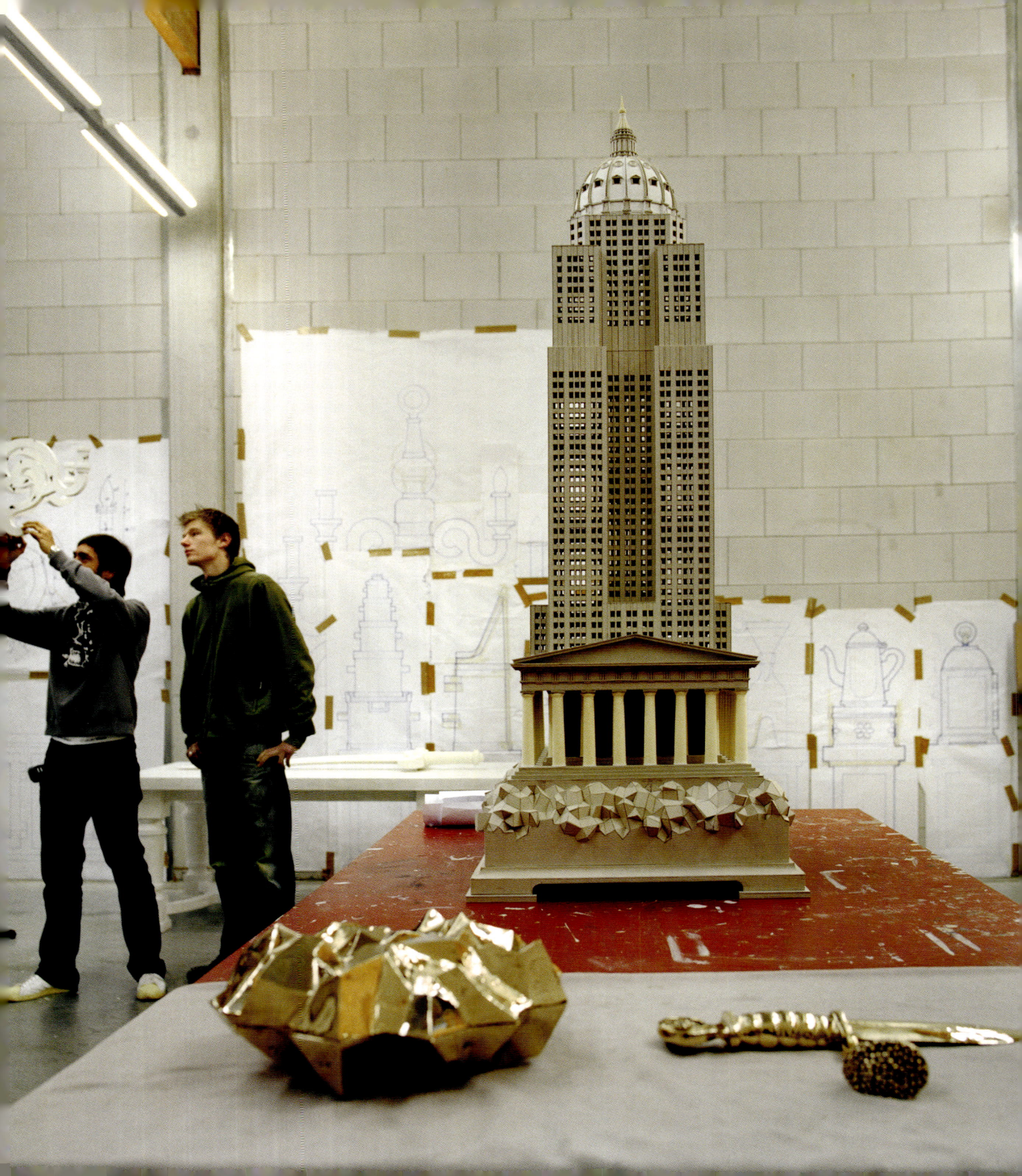

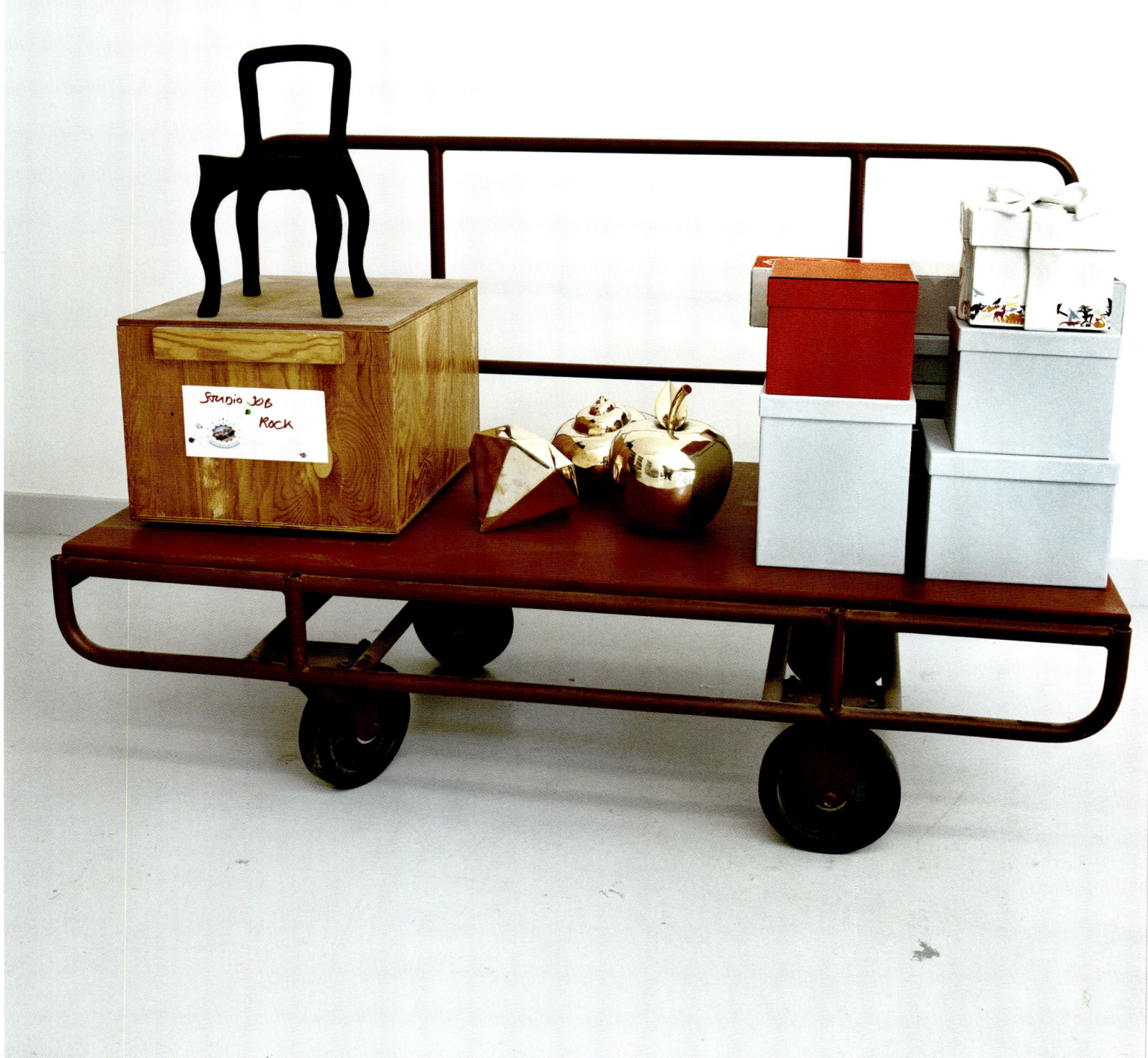

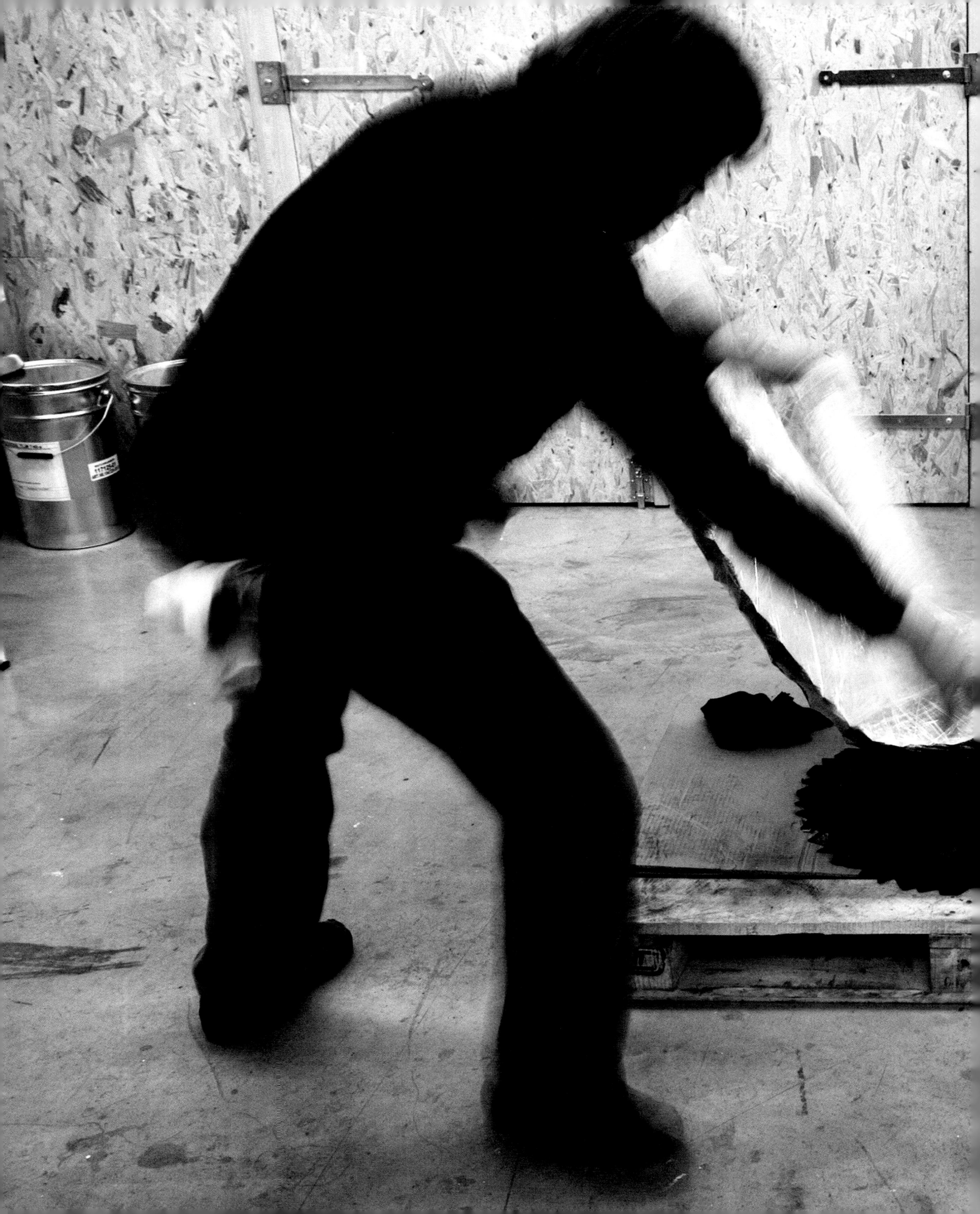

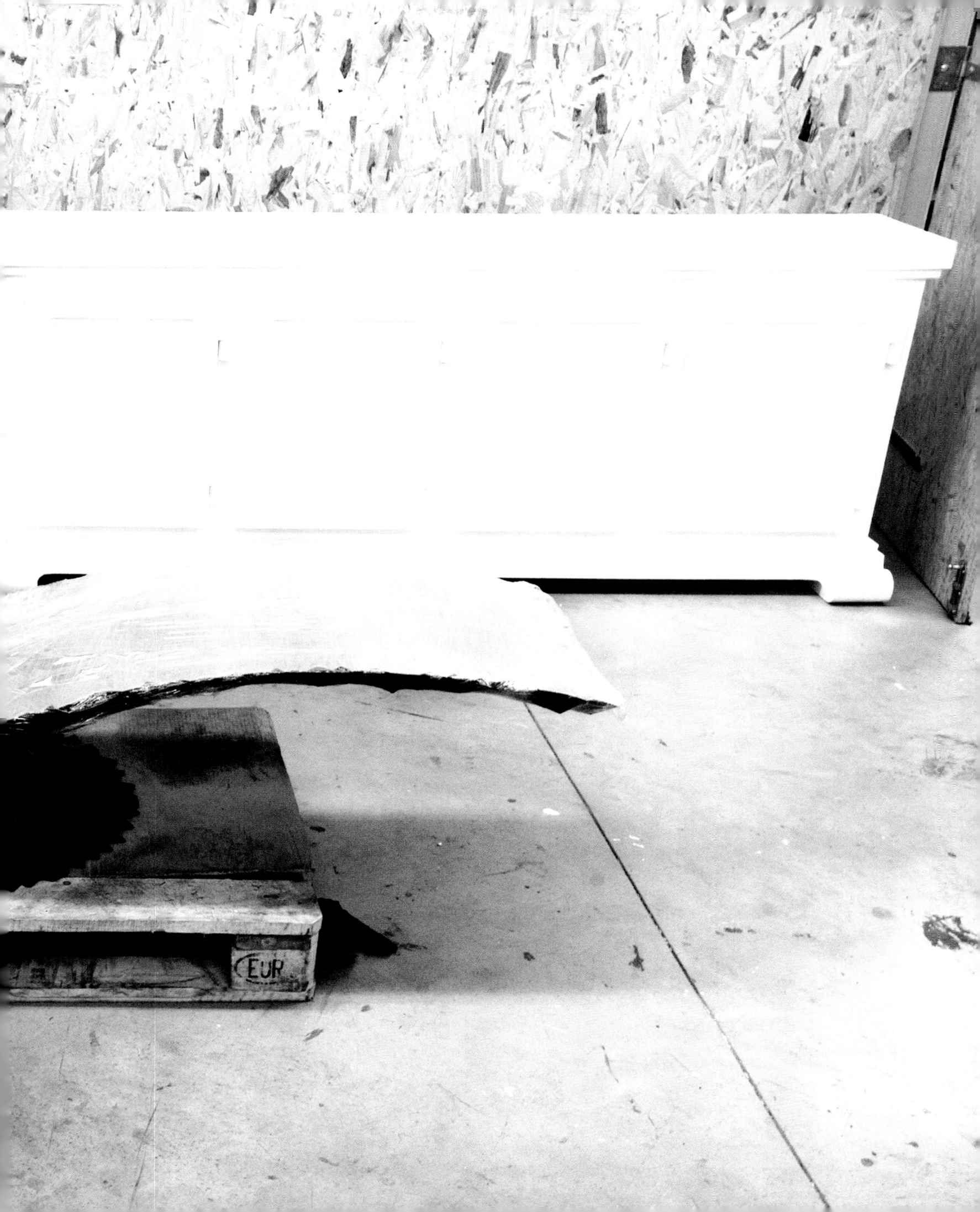

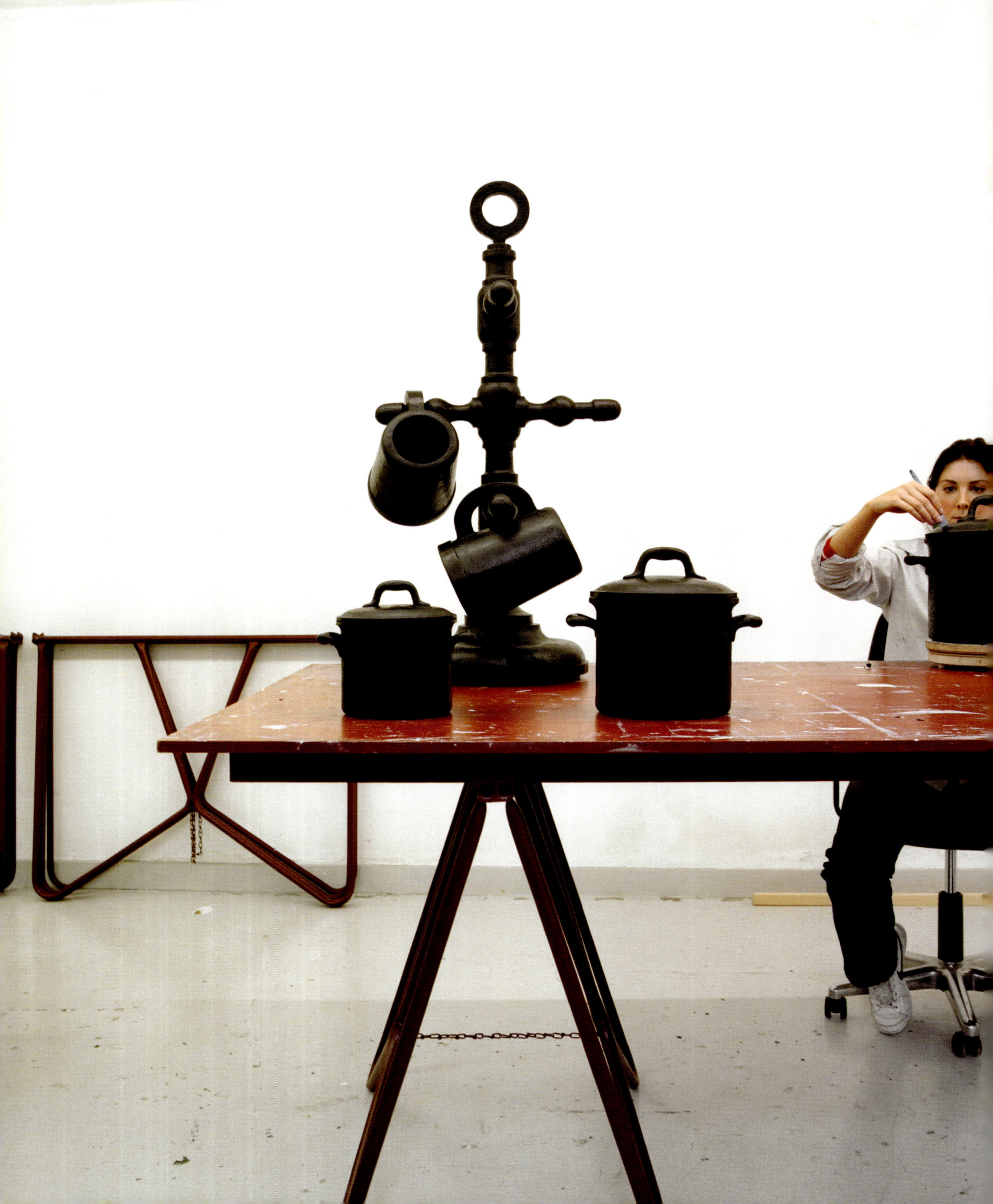

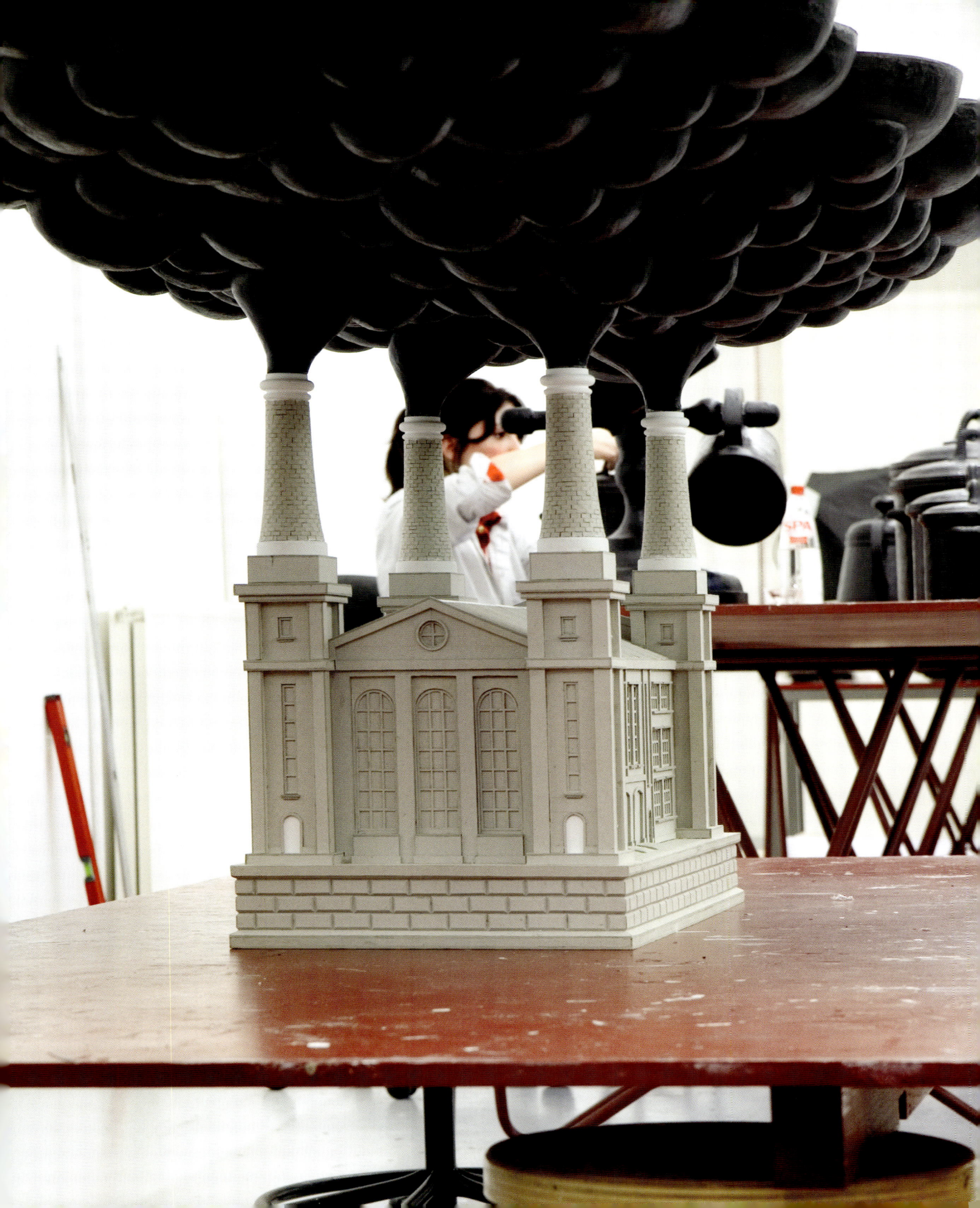

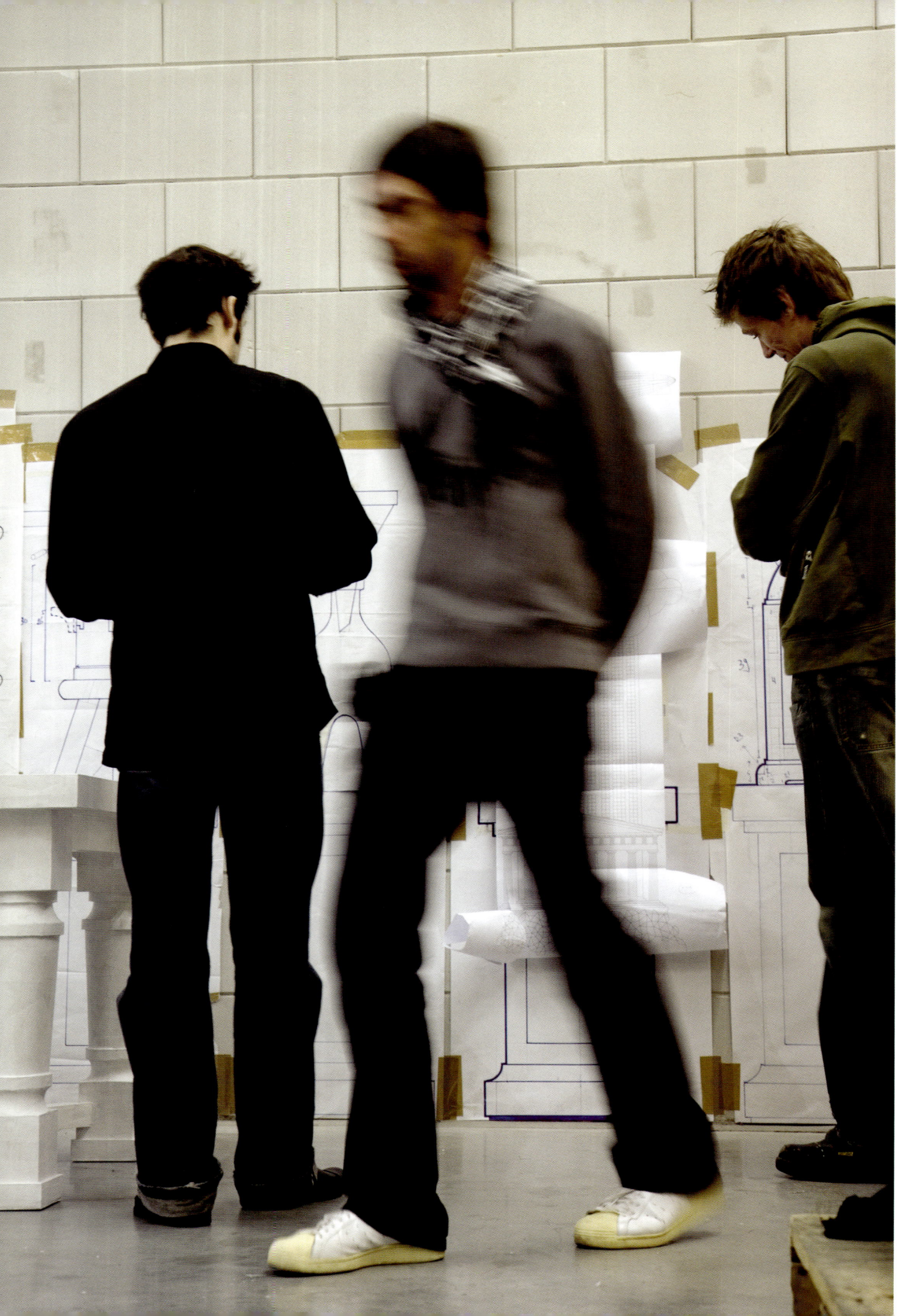

JOB SMEETS (HAMONT-ACHEL, 1969) EN NYNKE TYNAGEL (BERGEIJK, 1977) VORMEN SAMEN STUDIO JOB. JOB SMEETS STUDEERDE IN 1996 CUM LAUDE AF AAN DE DESIGN ACADEMY IN EINDHOVEN. AL TIJDENS ZIJN STUDIE RICHTTE HIJ SAMEN MET HUGO TIMMERMANS EEN EIGEN BUREAU OP: OVAL DESIGN. IN 1998 GING HIJ ALLEEN VERDER ONDER DE NAAM STUDIO JOB. IN 2000 STUDEERDE NYNKE TYNAGEL AF AAN DE DESIGN ACADEMY EN VOEGDE ZICH BIJ STUDIO JOB. SMEETS EN TYNAGEL ZIJN NIET ALLEEN ZAKELIJK MAAR OOK PRIVÉ ONAFSCHEIDELIJK. STUDIO JOB IS GEVESTIGD IN ANTWERPEN EN MAAKT OBJECTEN EN MEUBELS VOOR PARTICULIEREN, BEDRIJVEN EN MUSEA.

'Ik wil dat onze objecten er perfect uitzien. Dat ze perfect gedetailleerd zijn, maar ook perfect geproduceerd.' Het zijn de woorden van Job Smeets in het glamour tv-programma RTL Boulevard, dat een item wijdt aan een van 's werelds beroemdste designduo's. Samen met zijn vriendin Nynke Tynagel maakt Job Smeets onder de naam Studio Job furore in binnen- en buitenland. Hun eigenzinnige werk bevindt zich op het snijvlak van kunst en design.

'Het gaat over communicatie,' zegt Smeets. 'Over wie je bent en hoe je tegen de wereld aankijkt. Eigenlijk hoef je er niet over te praten, vind ik. Maar hoe meer dingen je maakt, hoe meer erover gepraat moet worden, lijkt het wel.' Al tijdens zijn studie had hij zijn eigen studio, Oval Design, samen met Hugo Timmermans. De twee verwierven bekendheid met de voor Droog Design ontwikkelde opblaasbare lampen Bumperlights. In 1998 richtte Smeets Studio Job op, waar Nynke Tynagel zich later bij aansloot. De twee zijn van Eindhoven naar Antwerpen verkast, waar ze in een voormalige bierbrouwerij met een oppervlakte van 500 m2 hun studio hebben. Van daaruit maken ze objecten en meubels voor particulieren of bedrijven. Maar het duo vervaardigt ook meubels en objecten in serie, zoals de Curved Chairs.

'Ons werk zit tussen dingen in, tussen fictie en non-fictie, tussen functie en geen-functie. Het loopt allemaal een beetje door elkaar heen, net als in het echte leven,' zegt Smeets. Het is inderdaad zo dat veel elementen samenkomen in het werk van Tynagel en Smeets. Ouderwetse voorwerpen krijgen een cartooneske lading, humor en schoonheid gaan hand in hand, productdesign wordt gekoppeld aan mode, overdaad ontmoet eenvoud. Het designduo vindt het leuk om met dit soort zaken te spelen, om de toeschouwer een beetje te laten schrikken. Zo hebben ze er ook een handje van om iconische voorwerpen op te blazen, waardoor ze overweldigende vormen aannemen en een gigantische impact hebben. Om verlegen van te worden.

Het gebeurt regelmatig dat Studio Job teruggrijpt naar vroeger tijden. Zo verwijzen de Center Pieces uit 2006 naar achttiende-eeuwse decoratiestukken, waarmee mensen hun rijkdom etaleerden. Veel van de ontwerpen uit deze serie - neem de 'trofee' met hertje bovenop en kwastjes aan de zijkant - zijn zo over the top, dat het bijna grappig wordt. Deze decoratieve insteek was nieuw voor het duo, dat tot dan toe eenvoud en 'form follows function' hoog in het vaandel had staan. Het is Smeets' en Tynagels manier om decadentie te relativeren en te laten zien dat ze zichzelf niet al te serieus nemen. Showing off is een terugkerend thema in het werk van Studio Job, dat ook terugkomt in het bronzen Rock Furniture en de Mug Tree. De reeks Silverware lijkt zó uit grootmoeders kast gekomen, maar dan uitvergroot. De theepotten en koffiekannen uit deze serie verwijzen naar vroeger en de symbolen die toen gebruikt werden. Ze laten authentieke ontwerpen herleven. 'We werken veel vanuit historisch besef,' zegt Job Smeets. 'Door het combineren van bepaalde stukjes uit de geschiedenis met andere, ontstaat er een soort cocktail.'

JOB SMEETS (HAMON-ACHEL, 1969) AND NYNKE TYNAGEL (BERGEIJK, 1977) TOGETHER MAKE UP STUDIO JOB. IN 1996 JOB SMEETS GRADUATED CUM LAUDE FROM THE DESIGN ACADEMY, EINDHOVEN. AS A STUDENT, HE SET UP OVAL DESIGN, TOGETHER WITH HUGO TIMMERMANS, AND IN 1998 HE CONTINUED THE BUSINESS ON HIS OWN, UNDER THE NAME STUDIO JOB. NYNKE TYNAGEL JOINED STUDIO JOB IN 2000, AFTER GRADUATING FROM THE DESIGN ACADEMY EINDHOVEN. TODAY SMEETS AND TYNAGEL ARE INSEPARABLE, IN PRIVATE LIFE AS IN BUSINESS. THE STUDIO, WHICH IS LOCATED IN ANTWERP, SPECIALIZES IN OBJECTS AND FURNITURE FOR PRIVATE CUSTOMERS, BUSINESSES AND MUSEUMS.

'I want our products to look perfect. Not only perfect in each detail, but perfectly executed as well.' These are the words of Job Smeets during an appearance on the glamour TV show RTL Boulevard, which devoted attention to one of the most famous design duos in the world. Together with his partner Nynke Tynagel, Smeets has catapulted Studio Job into the national and international limelight. Their work is on the cutting edge of art and design.

'It's about communication,' says Smeets, 'about who you are and how you see the world. I don't feel that's necessarily something that has to be discussed. But it seems as if the more objects you come up with, the more you have to talk about them.' Even before graduating from the academy, he had his own studio, Oval Design, together with Hugo Timmermans. The two made a name for themselves with Bumperlights, inflatable lamps which they designed for Droog Design. In 1998 Smeets set up Studio Job, joined later by Nynke Tynagel. They moved from Eindhoven to Antwerp, setting up their studio in a former brewery with a floor area of 500 square metres. They specialize in objects and furniture for private individuals and businesses, but also work in series, as in the case of the Curved Chairs.

'I guess you could say our work is neither one thing nor the other, suspended somewhere between fiction and non-fiction, functional and function-less. Things tend to get muddled together, just like in real life,' says Smeets. And indeed, it is clear that in the work of Tynagel and Smeets, various elements converge: old-fashioned objects take on a caricatural quality, humour and beauty go hand in hand, product design meets fashion, simplicity is married to extravagance. The opportunity to experiment with all these elements is meat and drink to the design duo, especially when they succeed in catching the observer off-guard. For example, they have a habit of inflating iconic objects until they take on gigantic proportions, which can be somewhat overwhelming.

Many of the designs produced by Studio Job hark back to past eras. The Center Pieces dating from 2006 are a reference to eighteenth-century decoration pieces, designed to emphasize the owner's wealth. Many of the designs in this series – such as 'trophy', which features a deer on top and tassels on either side – are so utterly over-the-top that they almost make you laugh out loud. This decorative twist was new for the duo, who until then had endorsed the 'form follows function' credo. For Smeets and Tynagel it was a way to put decadence into perspective, and to show that they don't take themselves too seriously. Showing off is a regular theme in the work of Studio Job, as witness the bronze Rock Furniture and the Mug Tree. The Silverware line looks as if it came straight from Grandmother's sideboard, but then magnified. The teapots and coffeepots in this series hark back to bygone days, to symbols that were familiar to everyone. They bring the authentic designs back to life. 'Our work is steeped in a sense of history,' says Job Smeets. 'Combining historical fragments from different eras produces a kind of cocktail.'

www.studiojob.nl

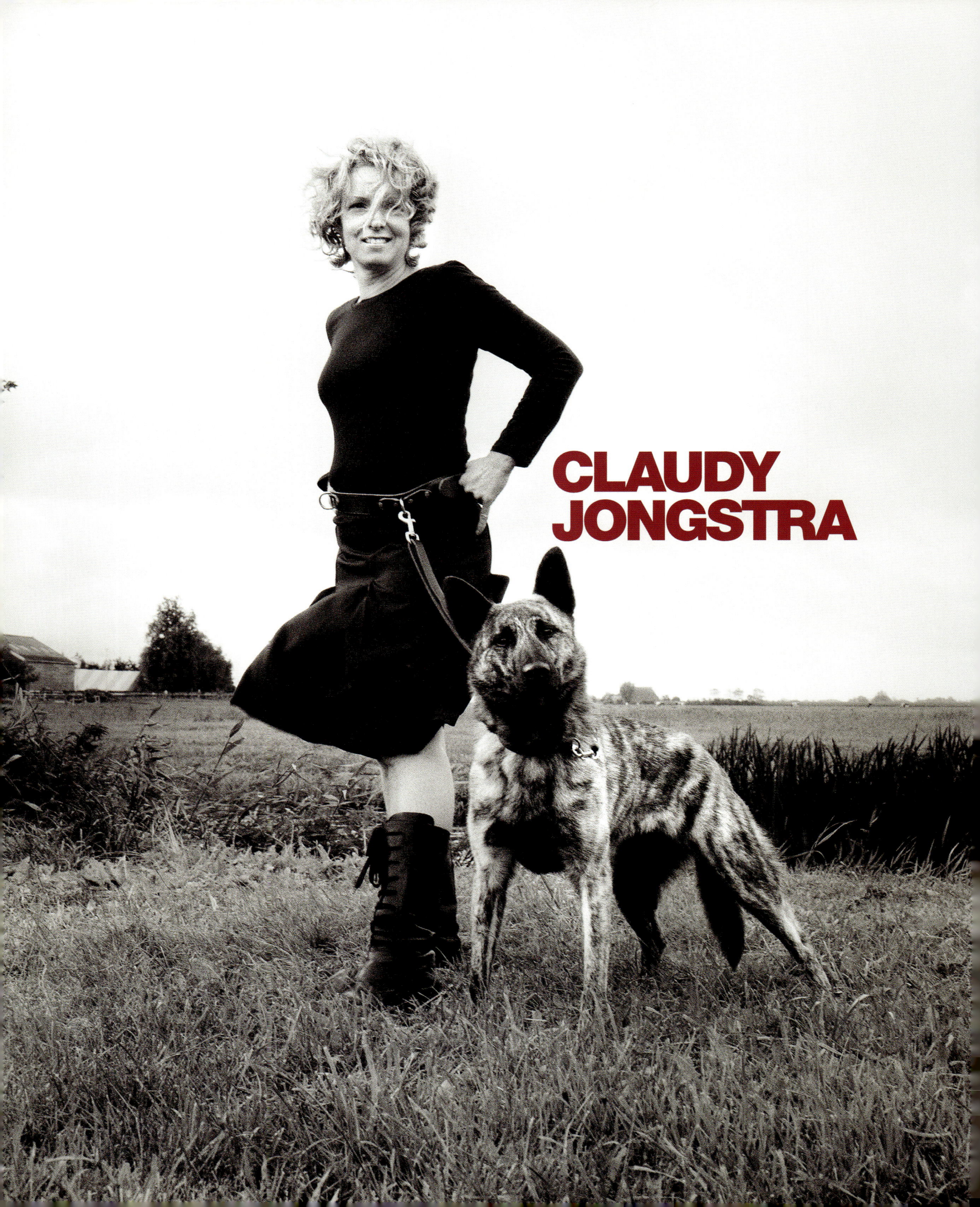

CLAUDY JONGSTRA

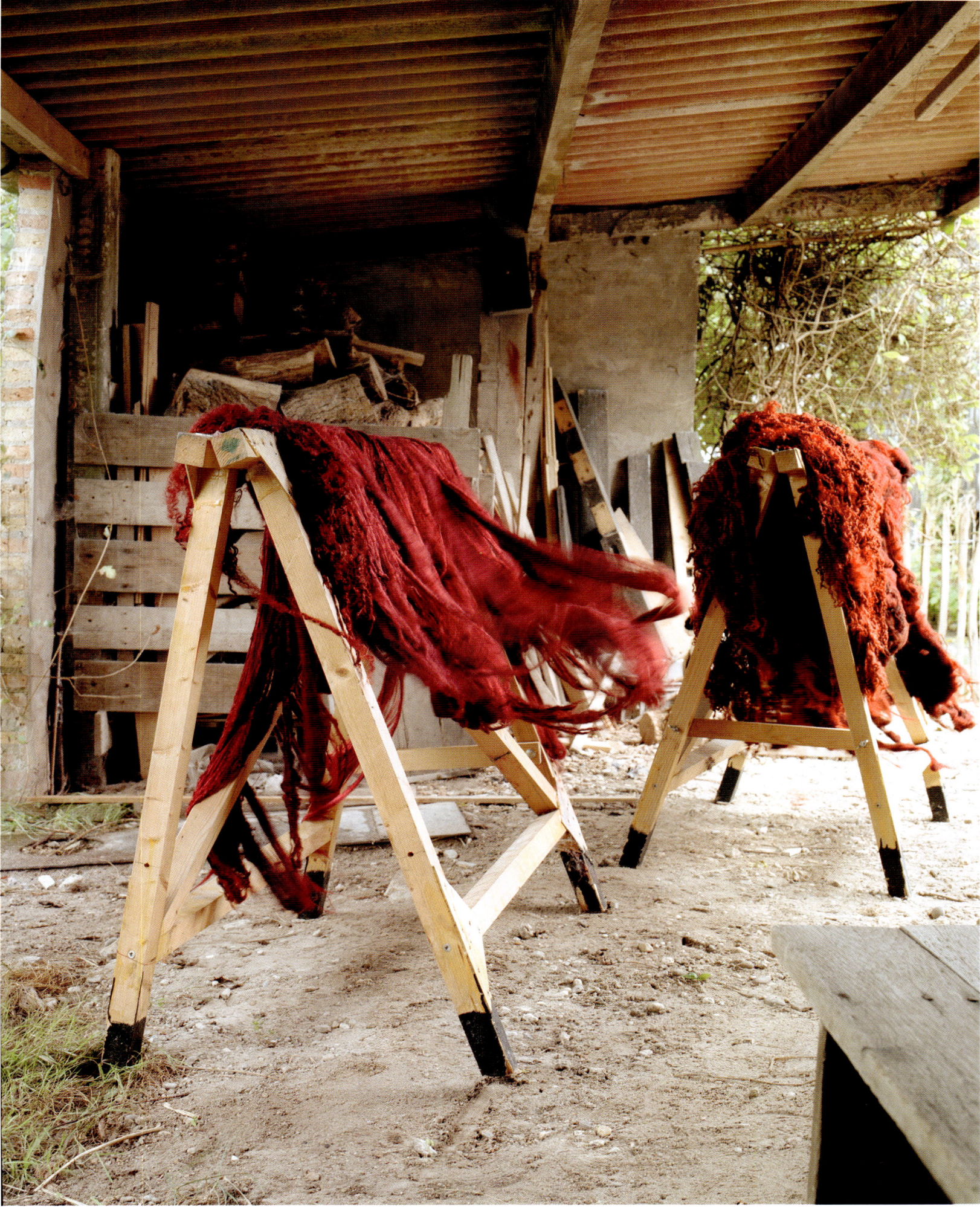

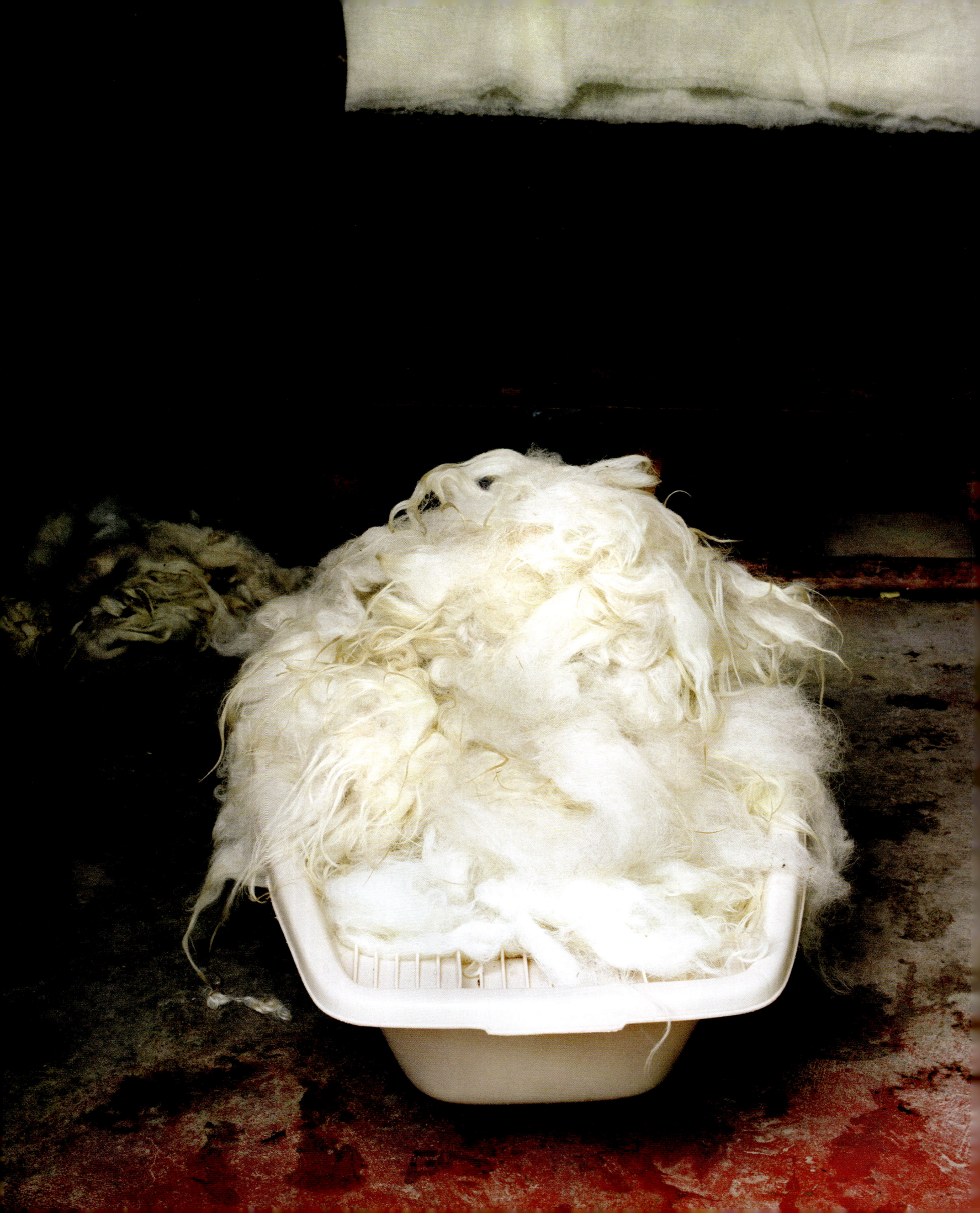

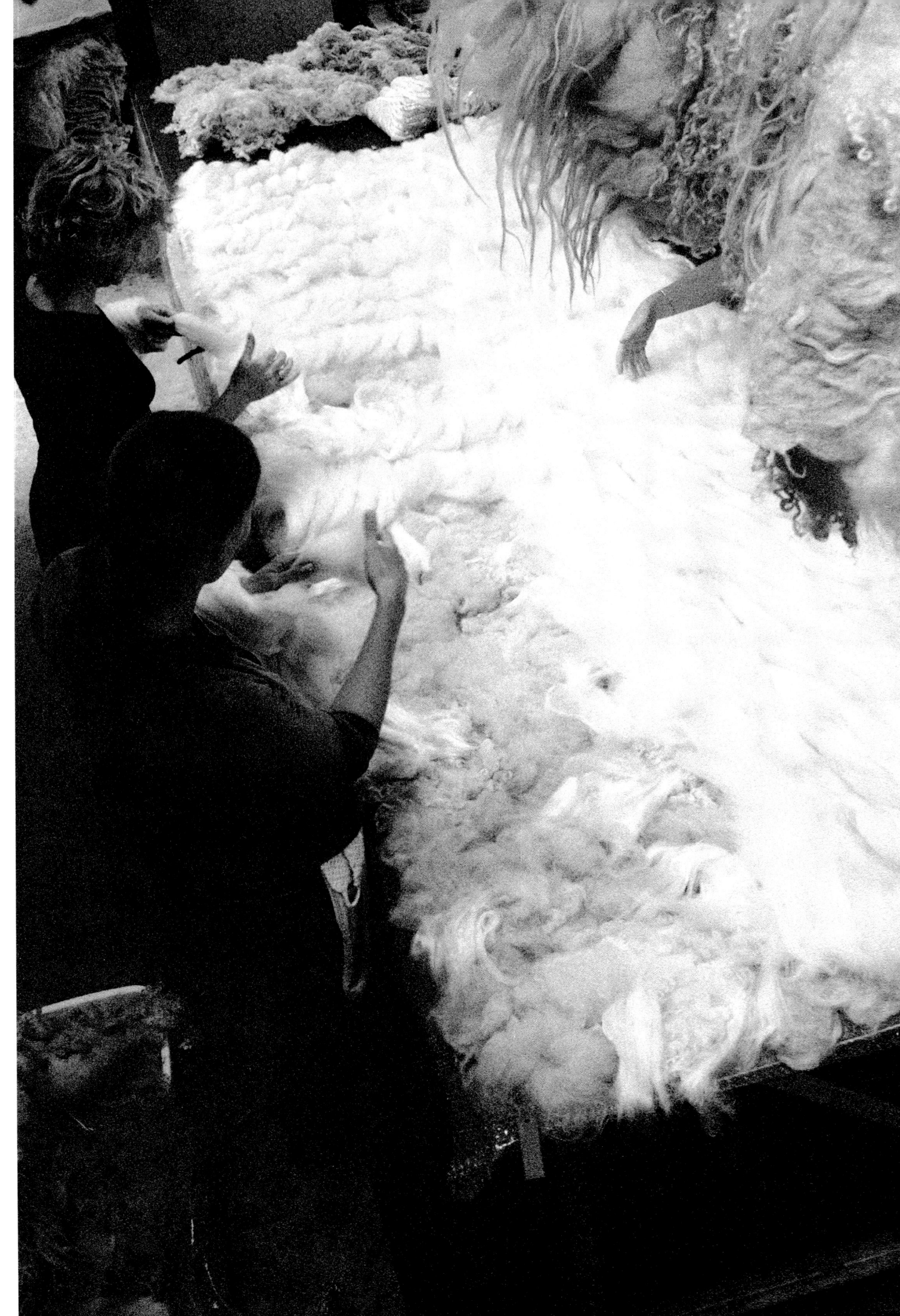

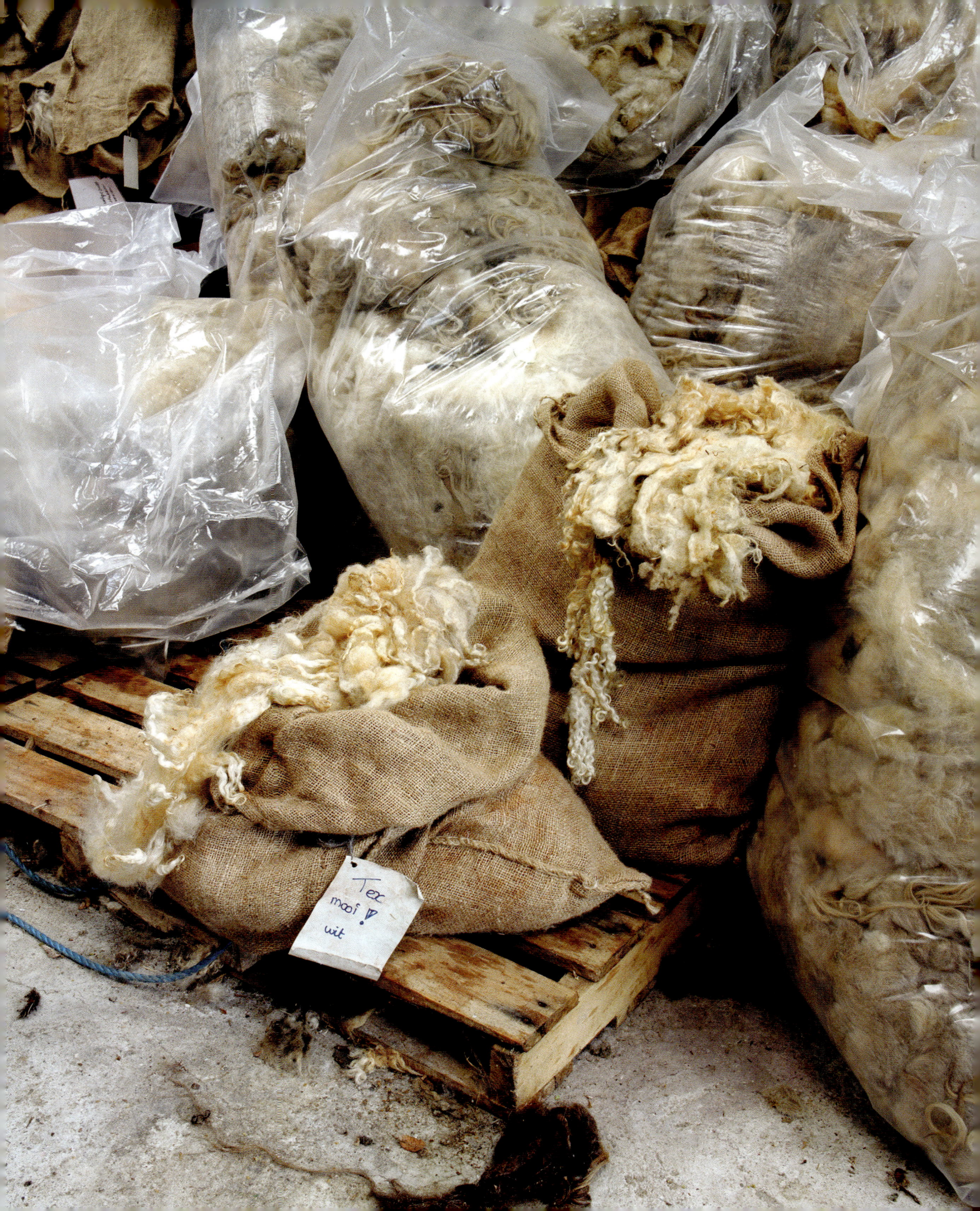

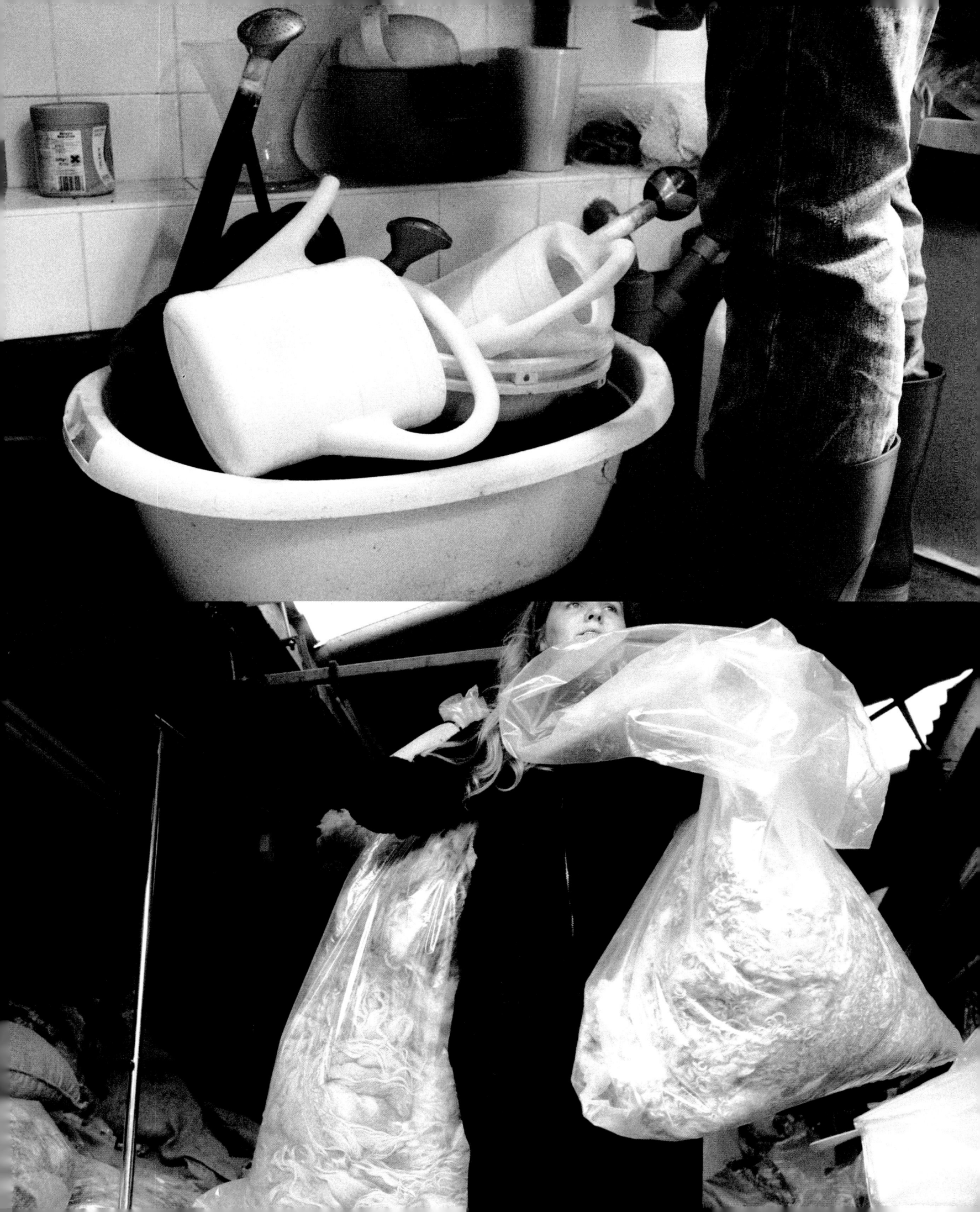

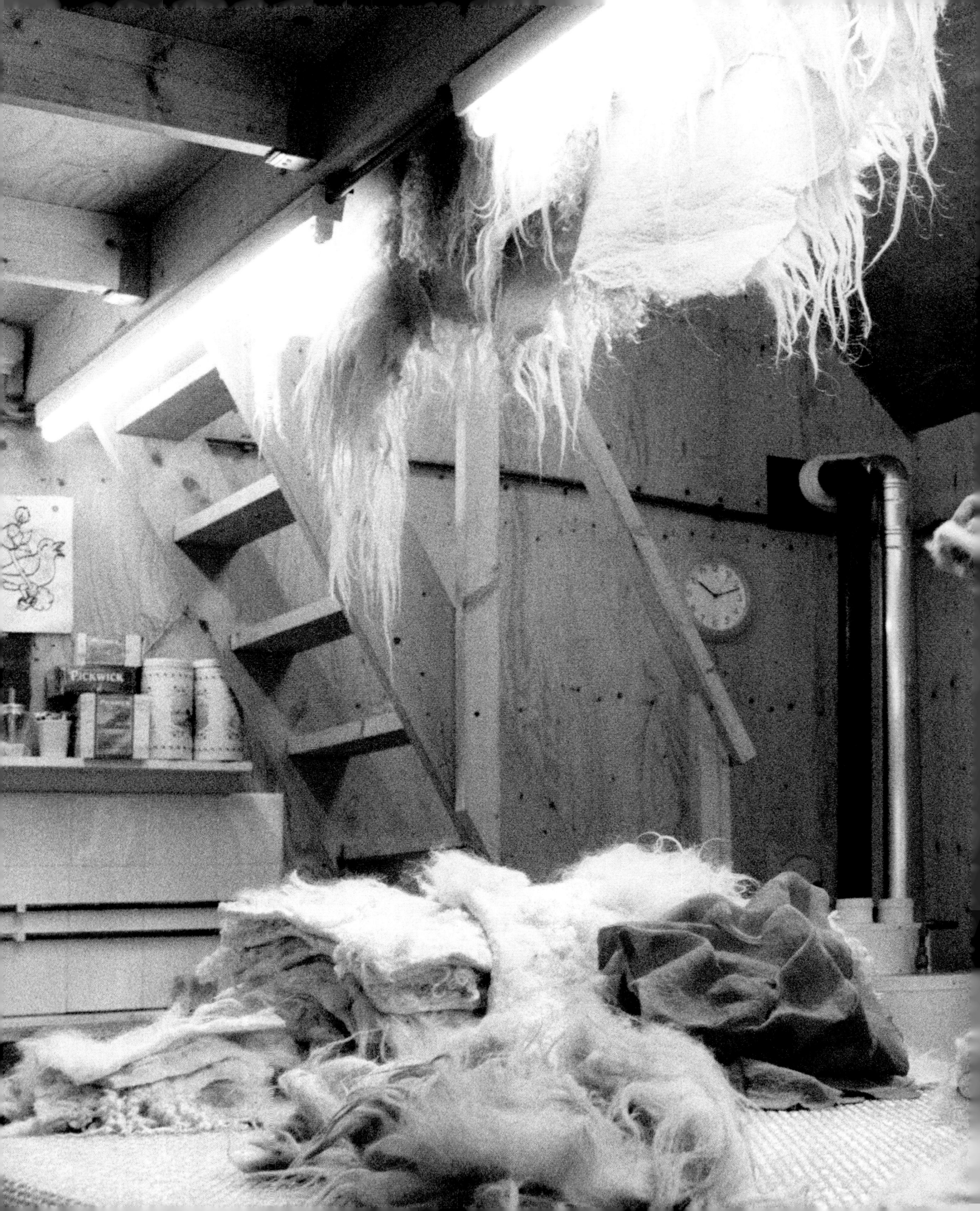

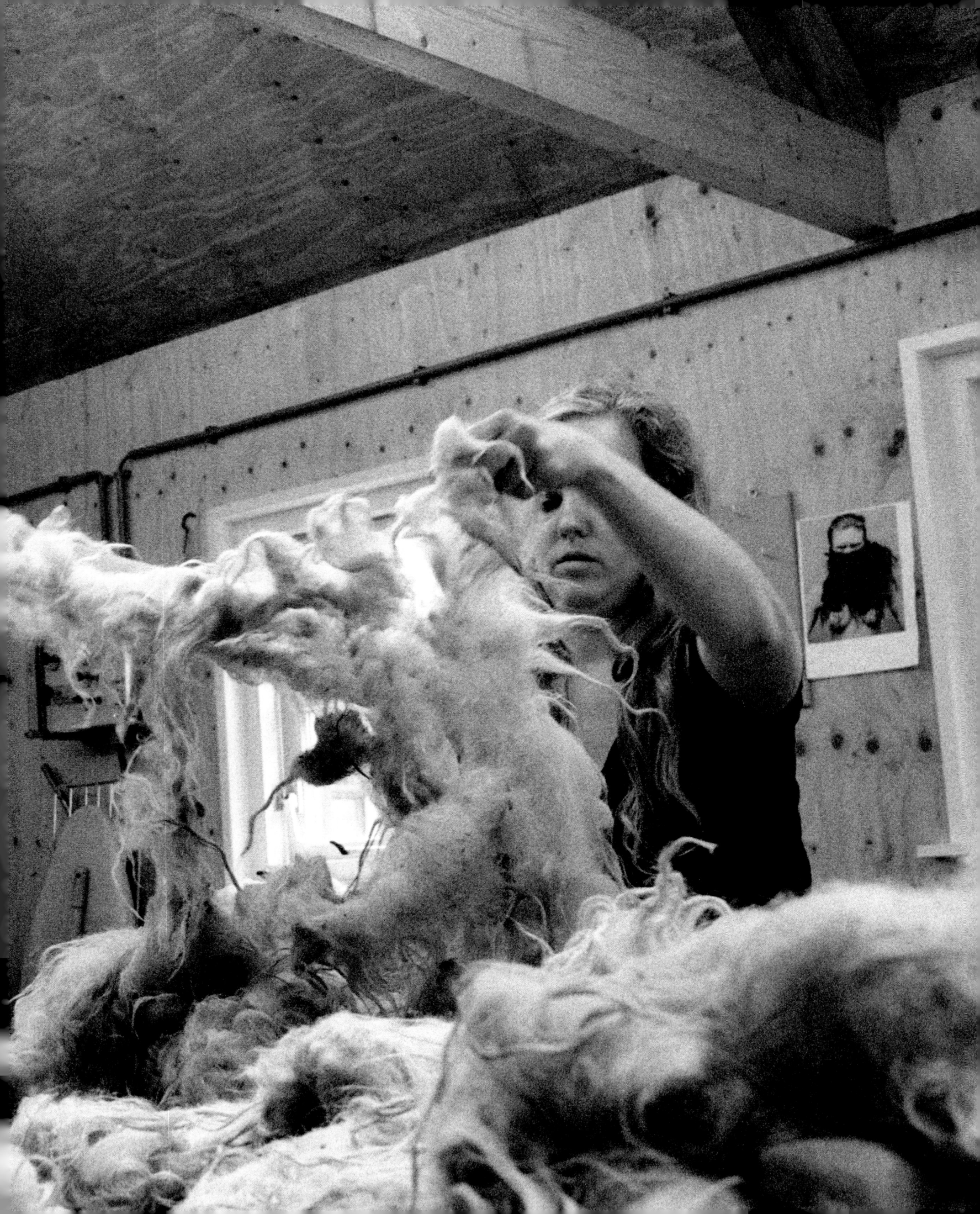

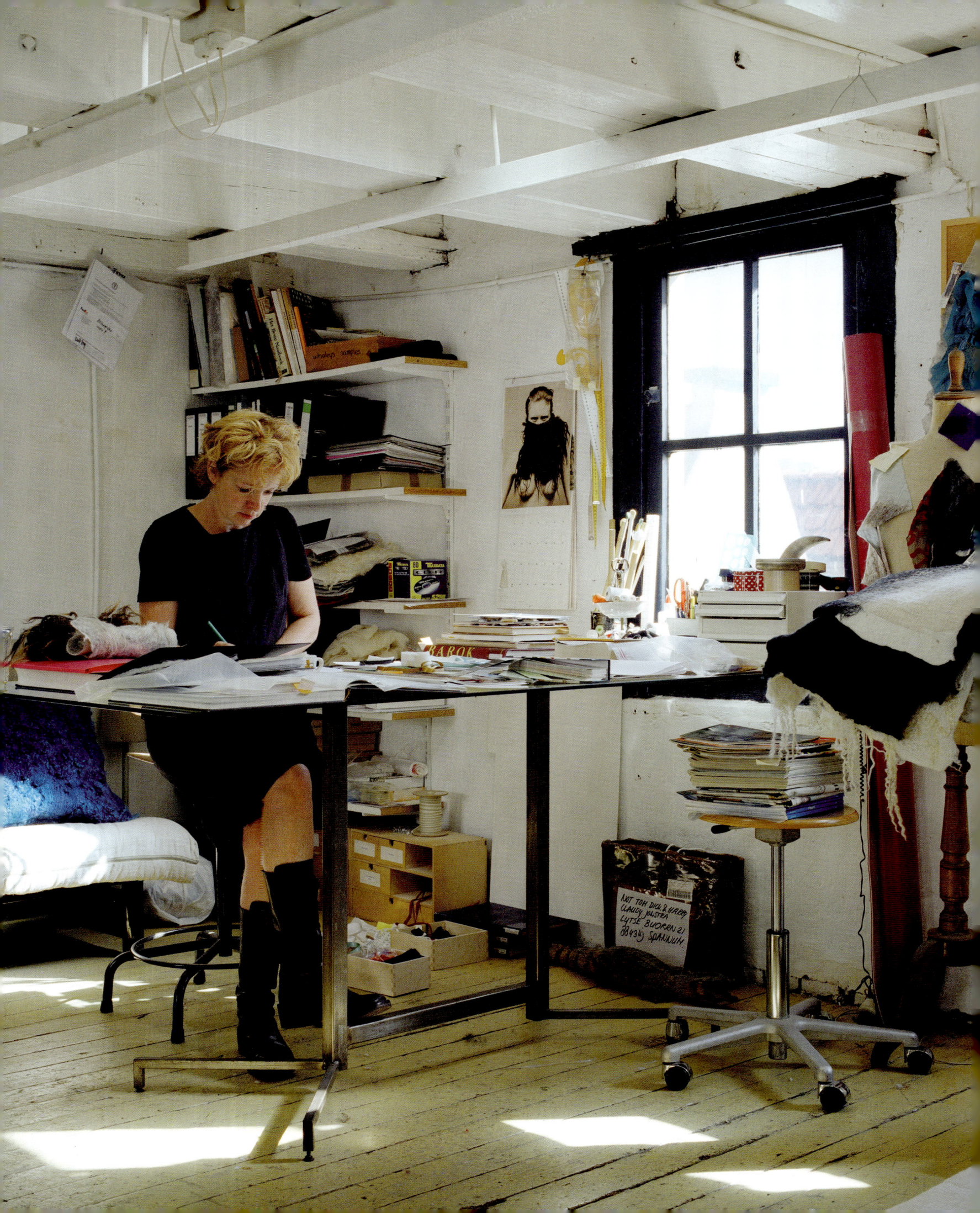

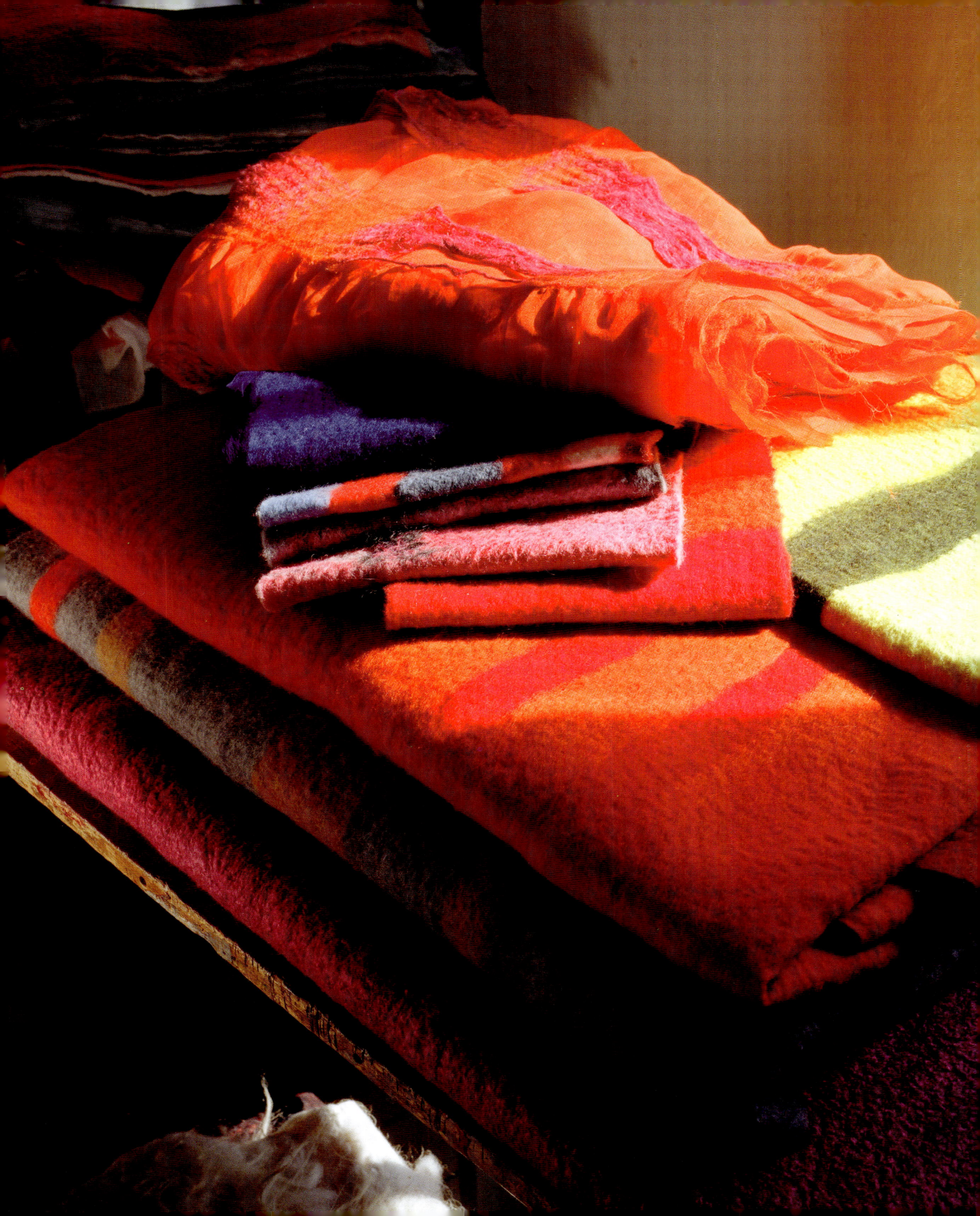

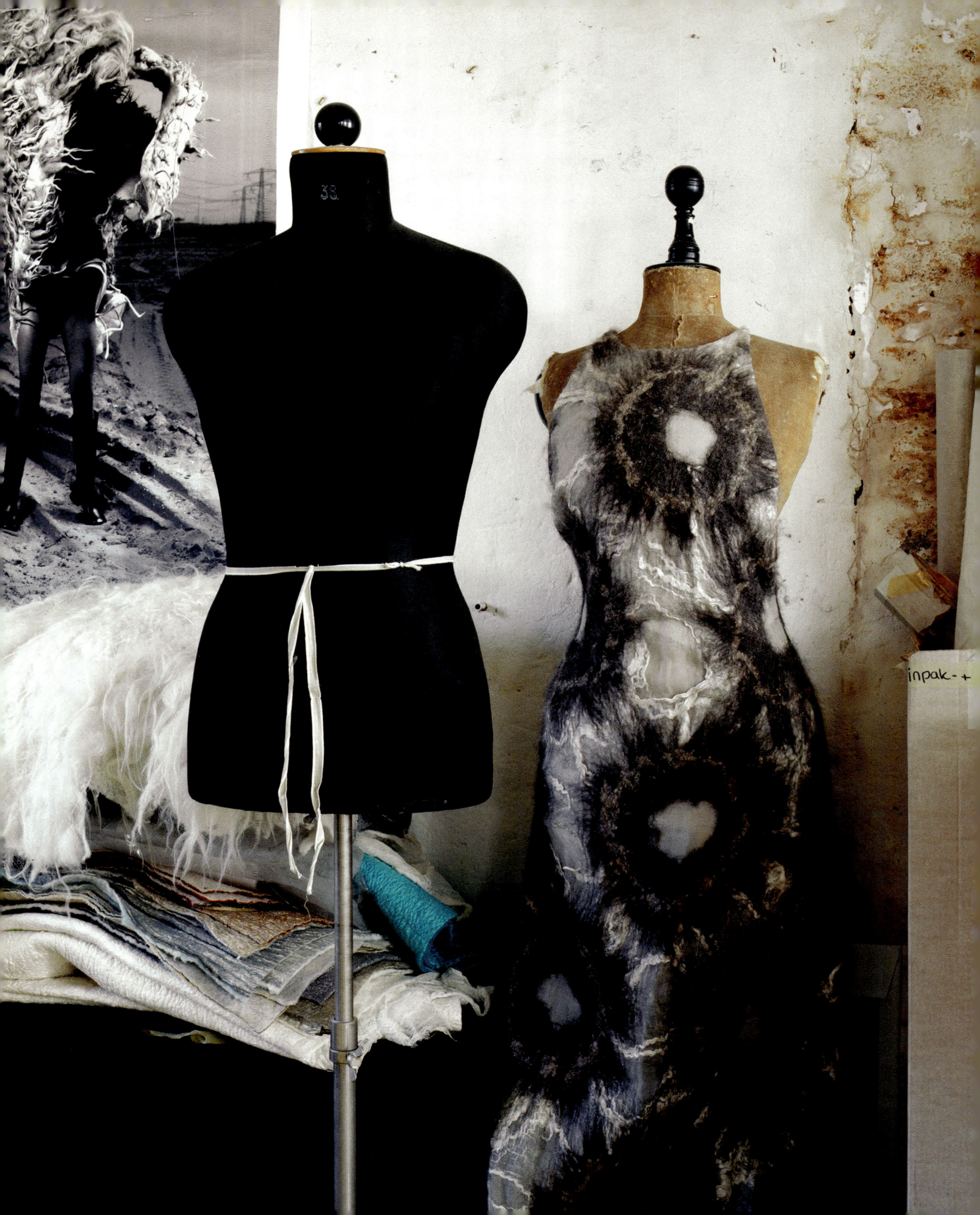

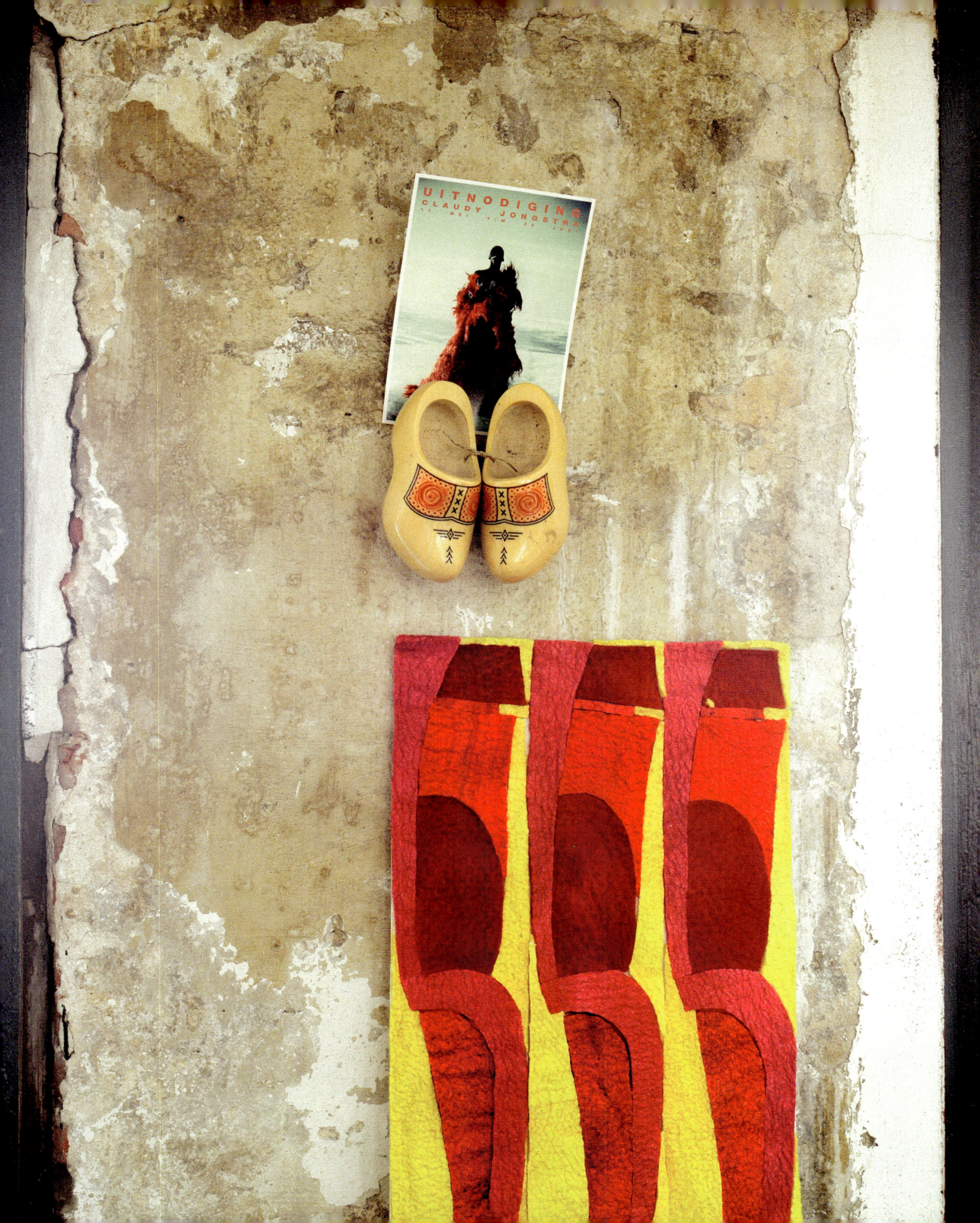

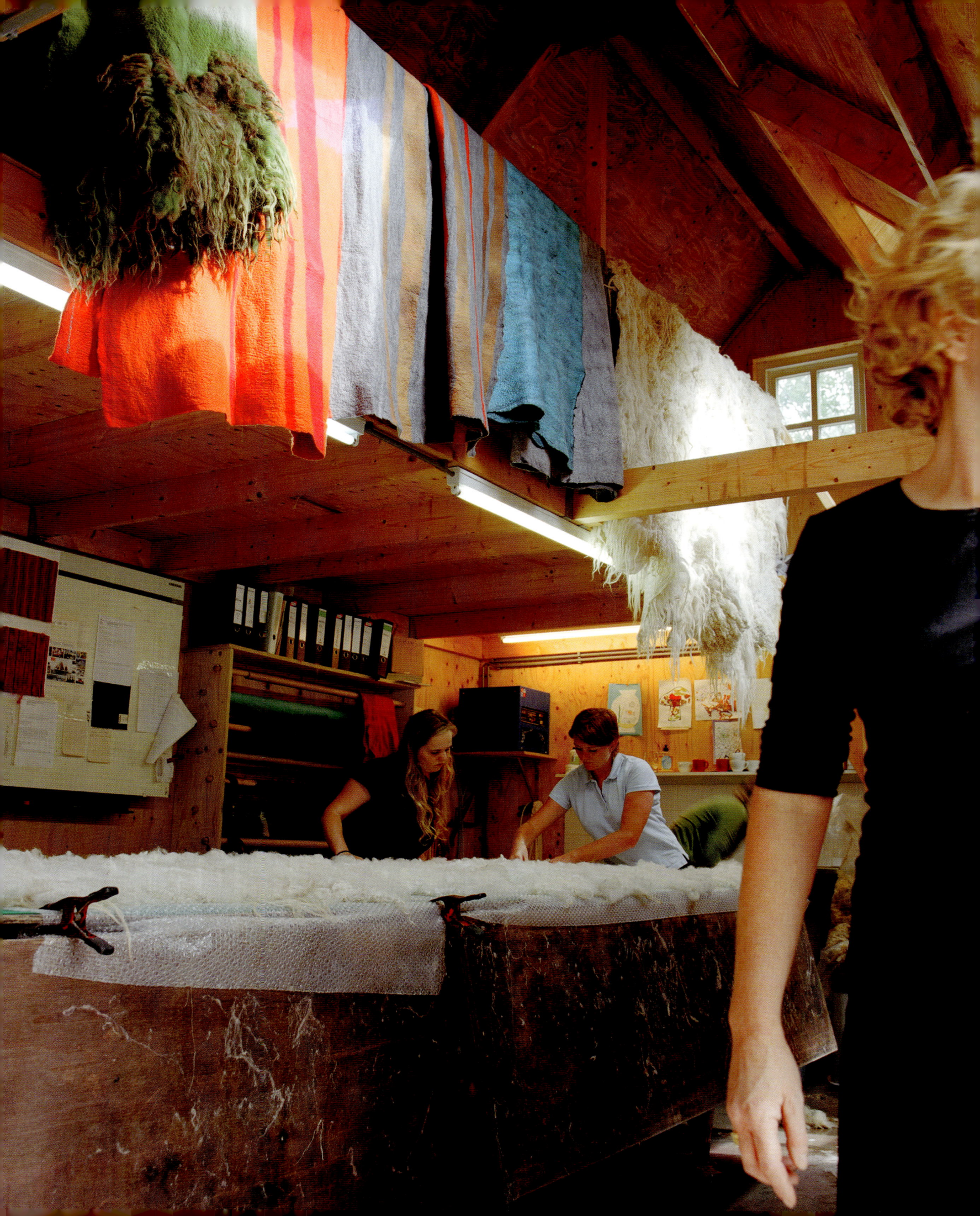

CLAUDY JONGSTRA (ROERMOND, 1963) GAAT IN 1982 NAAR DE HOGESCHOOL VOOR DE KUNSTEN UTRECHT, AFDELING MODEVORMGEVING. HIERNA START ZE HAAR EIGEN LABEL NÓT TOM DICK & HARRY, EN WERKT TEGENWOORDIG ONDER DE NAAM STUDIO CLAUDY JONGSTRA. ZE WERKT VEEL VOOR INTERNATIONALE MODEONTWERPERS, ARCHITECTEN EN MUSEA.

Claudy Jongstra en het vergeten vilt. Het zou een sprookje kunnen zijn. Over hoe een meisje een eeuwenoud materiaal omtovert tot iets nieuws. Tot een magisch materiaal. En zo in een klap wereldberoemd wordt. De waarheid ligt er niet ver vandaan. Wanneer ze in 1994 in het Tilburgse Textielmuseum een Mongoolse yurt ziet, een grote vilten nomadentent, raakt Claudy Jongstra in de ban van vilt. Het ingelegde patroon en de kleuren overweldigen haar. Ze weet meteen: dit is mijn materiaal. En: ze ziet er ontelbare mogelijk-heden voor vernieuwing in. Eenvoudig is dat niet, een van 's werelds oudste textieltechnieken tot iets nieuws te transformeren. Daar komt haar gedrevenheid ('ik ben 200% procent perfectionistisch') goed bij van pas.

Ze maakt zich het vilten eigen en mooie ontwerpen ontstaan: stoffen die zowel ruw en ruig, als verfijnd en fragiel zijn. Door wol van diverse dieren (schapen, kamelen, geiten, yaks) te combineren met ragfijne zijden vezels of een zijden-organza ontstaat een onverwacht licht en luchtig materiaal. De toevoeging van linnen, katoenen of synthetische garens zorgt voor levendige en mooie structuren. Jongstra geeft vilt een eigentijdse en eigenzinnige uitstraling, en krijgt daar internationale erkenning voor.

Het verleidelijke vilt van Jongstra vindt direct zijn weg naar (inter)nationale modeontwerpers zoals John Galliano, Donna Karan, Alexander van Slobbe, Christian Lacroix. Maar ook industrieel ontwerpers (Hella Jongerius, Ettore Sottsass), architecten (Jo Coenen, Rem Koolhaas) en musea uit binnen- en buitenland (Stedelijk Museum Amsterdam, MoMa New York) weten haar te vinden. Echt bekend wordt ze als in 1999 de Jedi warriors in Star Wars Episode 1: The Phantom Menace, jassen dragen van haar vilt. Een bijzondere, en bijzonder snelle, start voor een onafhankelijke ontwerper. Hoewel Jongstra een modeachtergrond heeft (kunstacademie Utrecht) blijkt haar kracht vooral te liggen in de stoffenproductie. Haar innovatieve stoffen kennen tal van toepassingen: in kostuums, in haute couture, in interieurs en in architectuur. De kussens, kleden, gordijnen en wanddoeken maken ruimtes mooier, zachter, menselijker en behaaglijker. Dat is mede dankzij de unieke eigenschappen van wol om kou, vocht en geluid te absorberen. Elk ontwerp kent eigen variaties in kleur en structuur en is daardoor uniek. Hier en daar een figuratief of geometrisch patroon, sober, evenwichtig.

Het is een primitief ambacht overigens, dat van de viltmaker. Met behulp van water, zeep, warmte en wrijving ontstaat er een dichte zware stof. Voor de kleuren gebruikt ze natuurlijke verven waarvoor planten de kleurstoffen leveren. Hoe Claudy Jongstra het vilt precies maakt, behoort tot de goed bewaarde bedrijfsgeheimen van haar Friese viltmakerij. De werkwijze is door het gebruik van een speciale viltrobot - die niemand mag zien - steeds verder vervolmaakt. Het vilt heeft nog steeds een handmatig uiterlijk, maar kan wel op grote schaal worden geproduceerd.

De rust in Friesland, de afzondering, de stilte: het past heel erg bij de meditatieve manier van werken. 'Het is echt een ambacht. Het handmatige ervan spreekt me aan, dat het met zorg is ontworpen en niet met 30.000 stuks uit een machine komt rammelen.' In haar vakmanschap gaat ze zo ver dat ze het productieproces van begin tot eind in eigen hand houdt. Claudy Jongstra is waarschijnlijk de enige ontwerper met een eigen schaapskudde. Het levert een prachtig, wederom sprookjesachtig, plaatje op: de viltvrouw met de tweehonderd schapen.

CLAUDY JONGSTRA (ROERMOND, 1963) ENTERED THE UTRECHT SCHOOL OF THE ARTS IN 1982, WHERE SHE STUDIED FASHION DESIGN. SHE LATER LAUNCHED HER OWN LABEL: NOT TOM, DICK AND HARRY. THESE DAYS SHE OPERATES UNDER THE NAME STUDIO CLAUDY JONGSTRA. AND HER CLIENTS INCLUDE INTERNATIONAL FASHION DESIGNERS, ARCHITECTS AND MUSEUMS.

'Claudy Jongstra and the forgotten fabric' It has the ring of a fairy tale, about how a young girl transforms a centuries-old material into something totally new - a magic fabric - and becomes world-famous. Actually, this is not far from the truth. Ever since Claudy Jongstra walked into the Textile Museum in Tilburg and saw her first Mongolian yurt (a large nomad tent made of felt), she has been fascinated by the material. Bowled over by the colours and the inlaid patterns, she knew she had found her material. An added advantage of felt is its countless possibilities for innovation. But it was no easy task to transform the world's oldest textile techniques into something totally new. Happily, Jongstra is an extraordinarily single-minded person: 'I'm a 200% perfectionist.'

She began by mastering the art of felting, going on to create unusual designs: fabric that was rough and coarse, or delicate and fragile. By combining the wool of various animals (sheep, camels, goats, and yaks) with silk organza or diaphanous silk fibres, she produced a surprisingly light and airy material. The addition of linen, cotton or synthetic yarns made possible lively and attractive structures. Jongstra has given felt a contemporary feel and an off-beat appeal which has earned her international recognition.

Her intriguing felt fabrics have found their way to designers in Holland and abroad, including John Galliano, Donna Karan, Alexander van Slobbe, and Christian Lacroix. As well as to industrial designers (Hella Jongerius, Ettore Sottsass), architects (Jo Coenen, Rem Koolhaas), and museums at home and abroad (Stedelijk Museum Amsterdam, MoMa New York). In 1999 she attained true fame when the Jedi warriors in Star Wars Episode 1, The Phantom Menace, were attired in coats made of her felt. Truly a meteoric start for an independent designer! Although Jongstra's background is in fashion (Utrecht School of the Arts), her strong suit is the actual creation of material. Her innovative fabrics are suitable for countless applications: costumes, haute couture, interiors, and even architecture. Her pillows, curtains and wall hangings enhance any interior, making it softer, more comfortable and more human. These qualities flow in part from the ability of wool to absorb cold, dampness and sound. Each design is unique, with its own variations in colour and structure, and occasionally a figurative or geometric pattern, which is always sober and in equilibrium.

Felt-making is a primitive craft, in which water, soap, heat and friction are combined to produce a heavy, compact fabric. For colour Jongstra relies on natural plant-based paints. The exact procedure is a trade secret of her workshop in Friesland, but the process has been perfected with the aid of a specially designed 'felt robot' – which no one is allowed to see. Thanks to this innovation, the felt retains the appearance of having been hand-made, but can be produced on a large scale.

The peace and quiet of Friesland, the isolation, the silence: all this is wonderfully suited to a meditative manner of working. 'It really is a craft,' Jongstra says. 'It's the manual nature of the process that appeals to me, as well as the fact that the product is designed with care and doesn't come rolling out of some machine, 30,000 pieces at a time.' Her craftsmanship is underlined by the fact that she has total control over the whole process, from start to finish. And Claudy Jongstra may well be the only designer in the world with her own flock of sheep. It is an enchanting thought: the felt lady with her two hundred sheep!

www.claudyjongstra.com

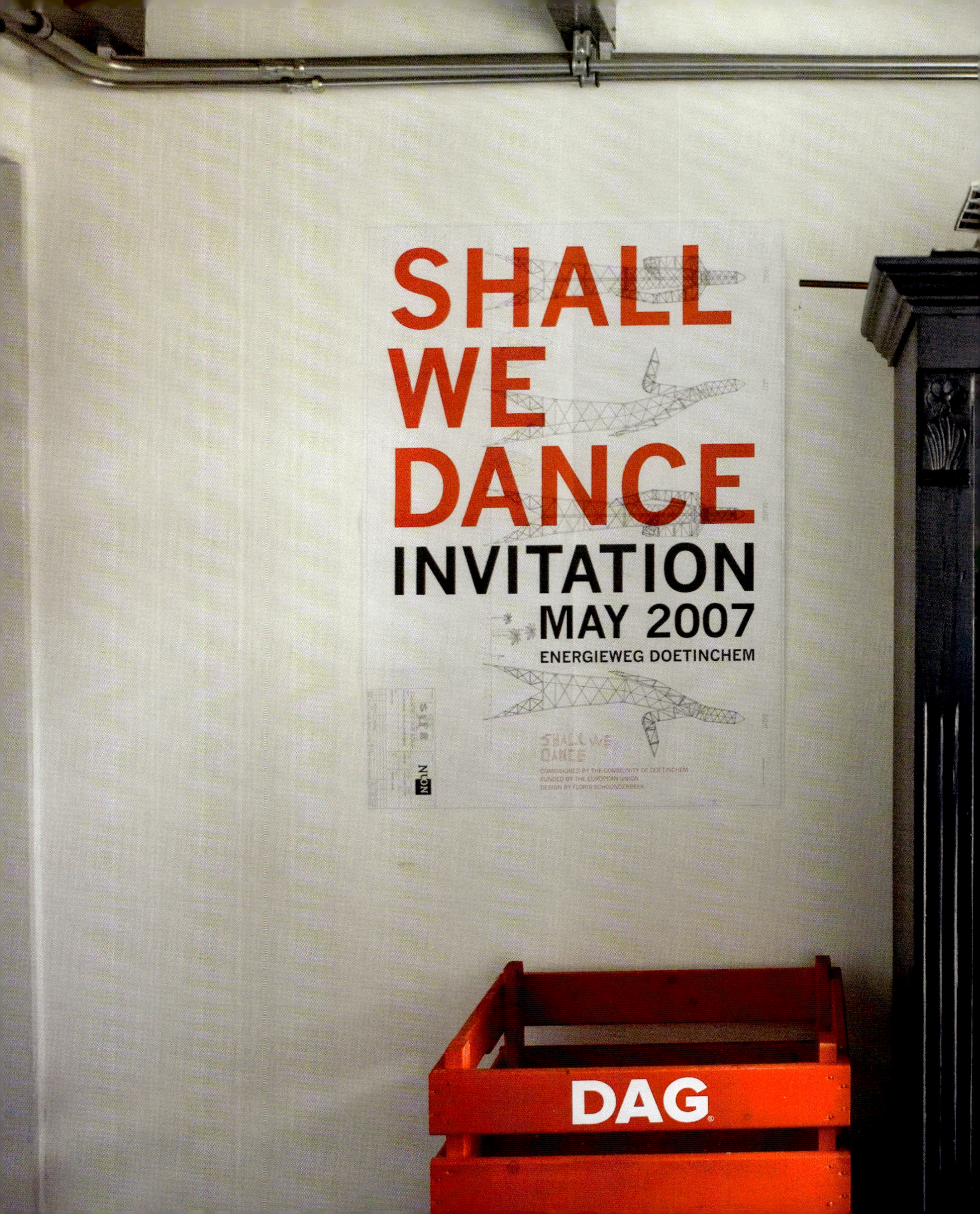
SHALL
WE
DANCE
INVITATION
MAY 2007
ENERGIEWEG DOETINCHEM
SHALL WE
DANCE
COMISSIONED BY THE COMMUNITY OF DOETINCHEM
FUNDED BY THE EUROPEAN UNION
DESIGN BY FLORIS SCHOONDERBEEK
DAG

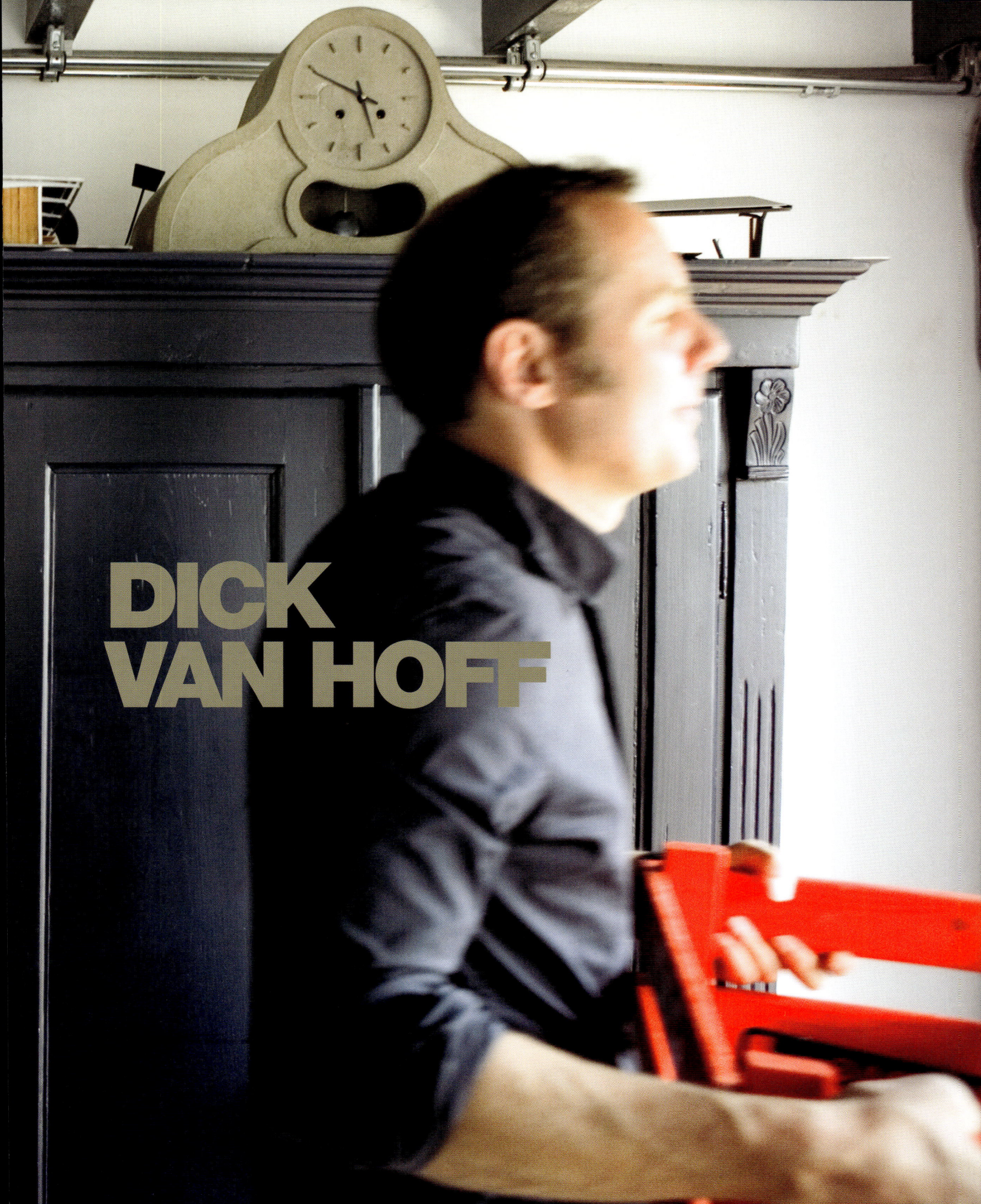

DICK
VAN HOFF

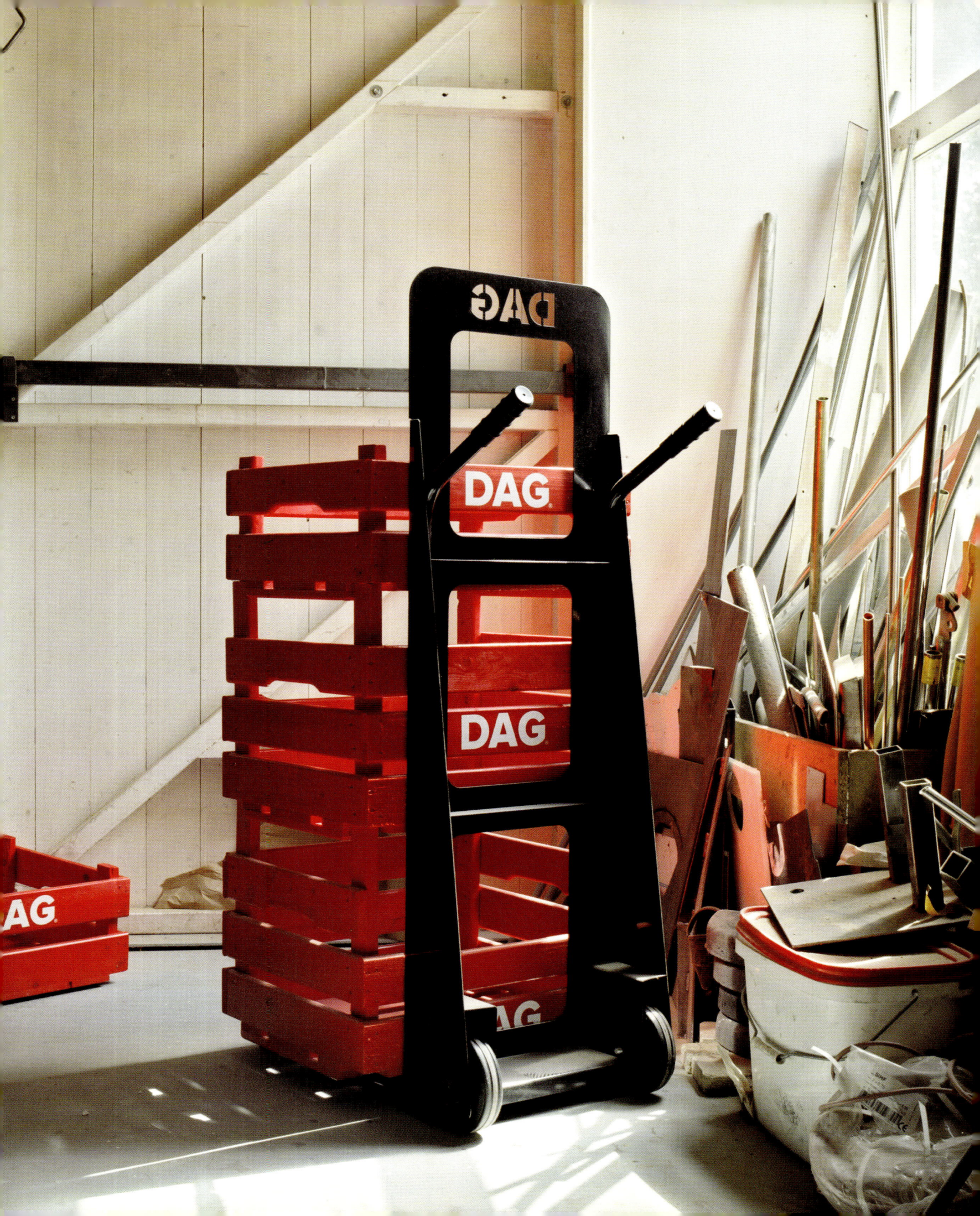

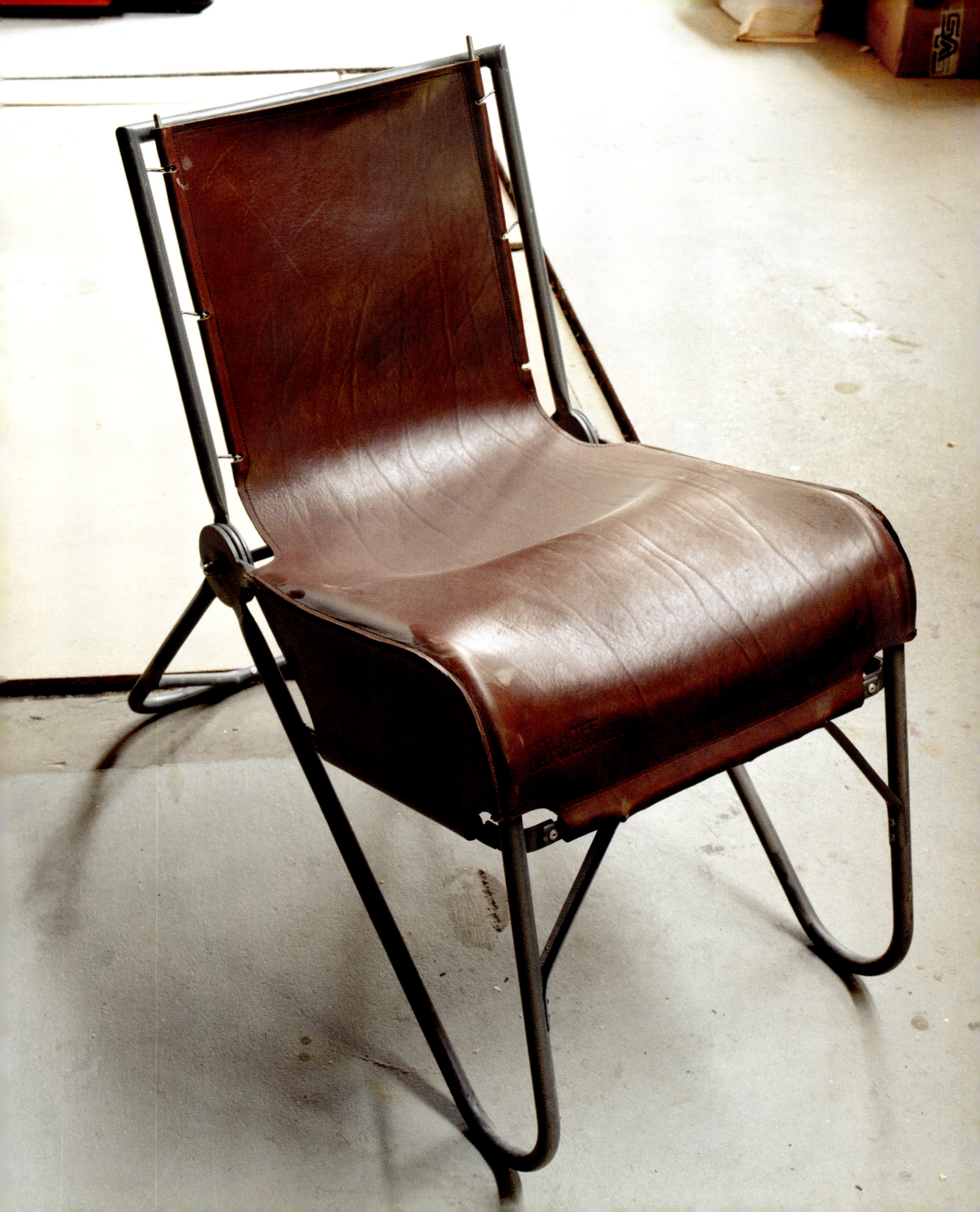

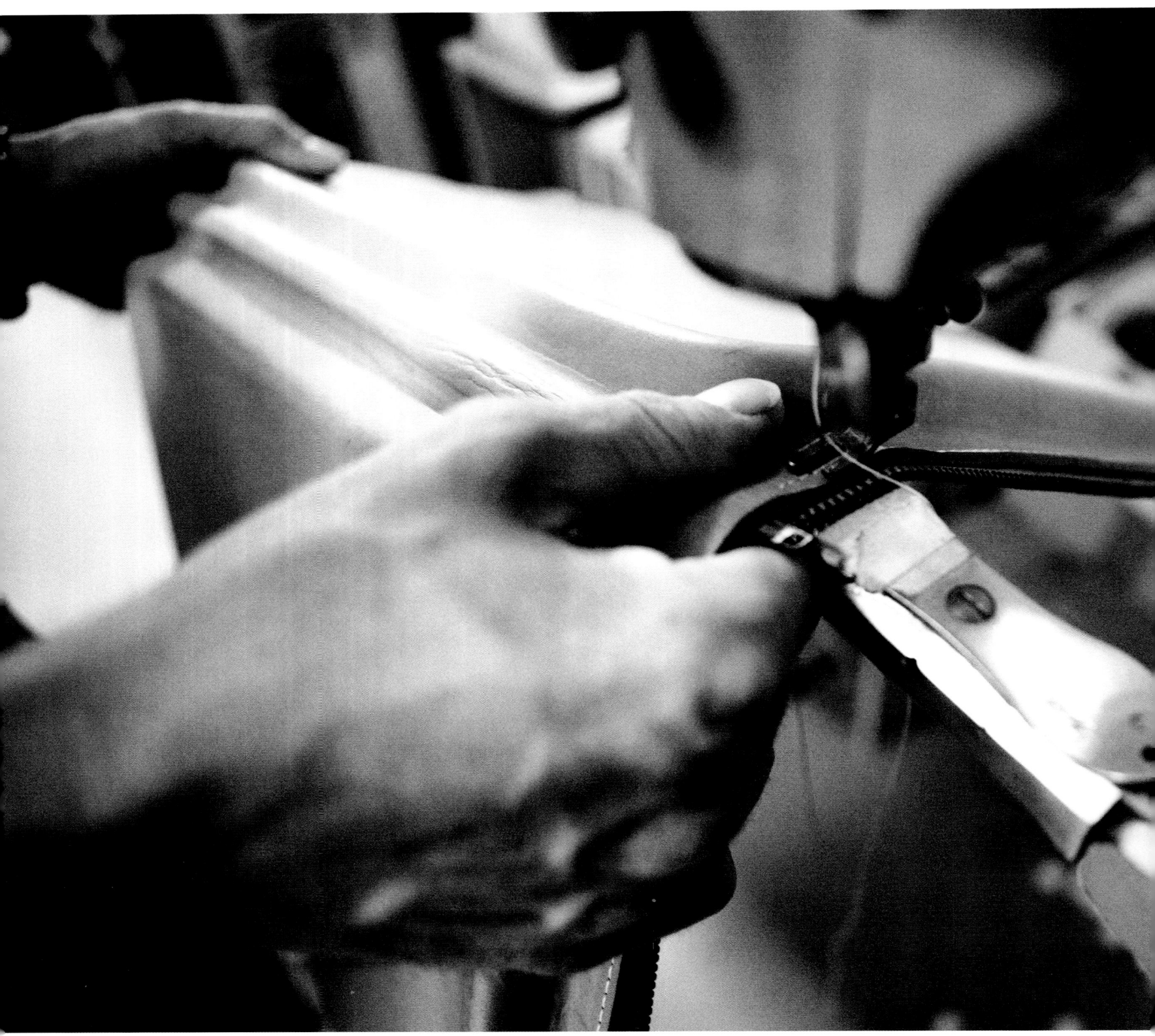

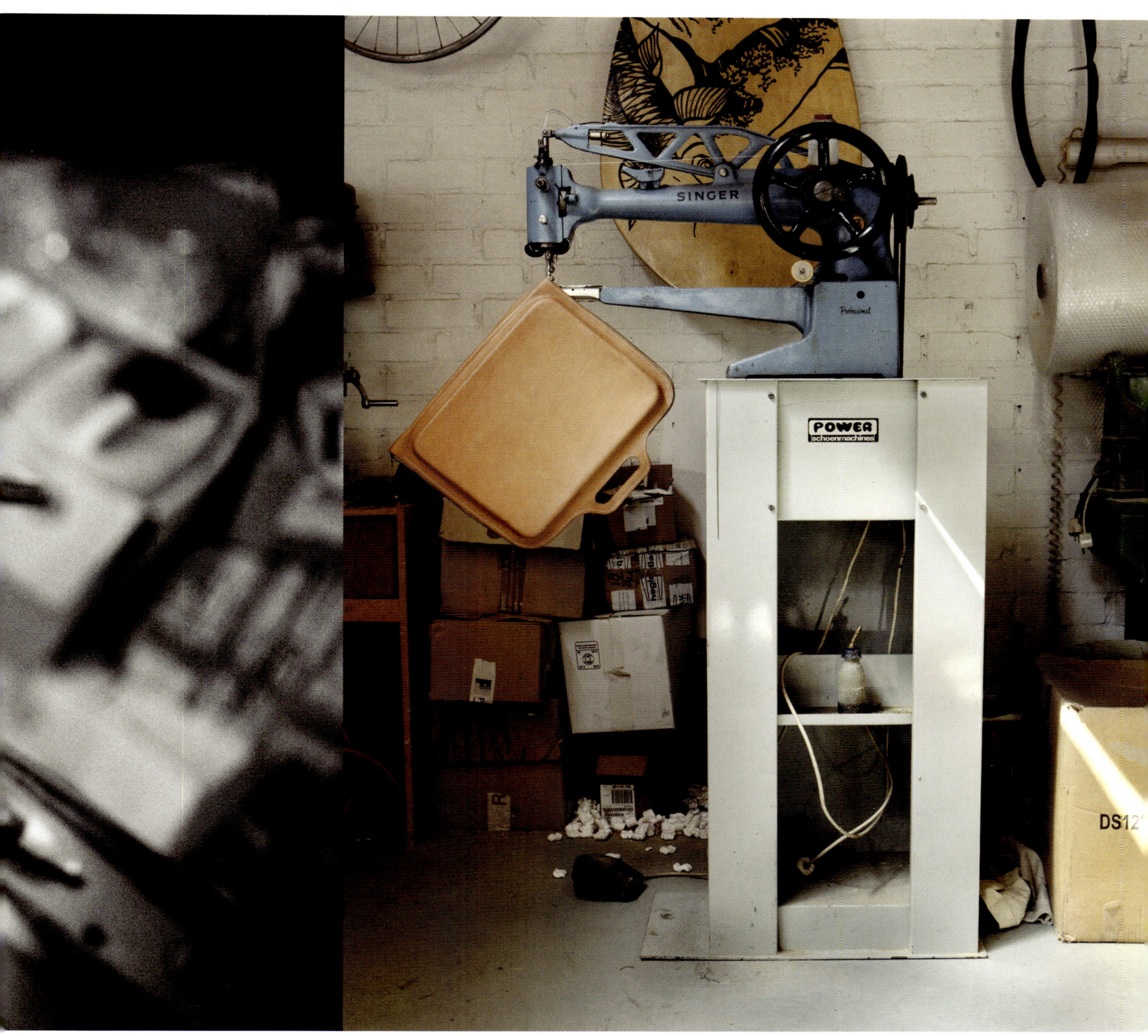

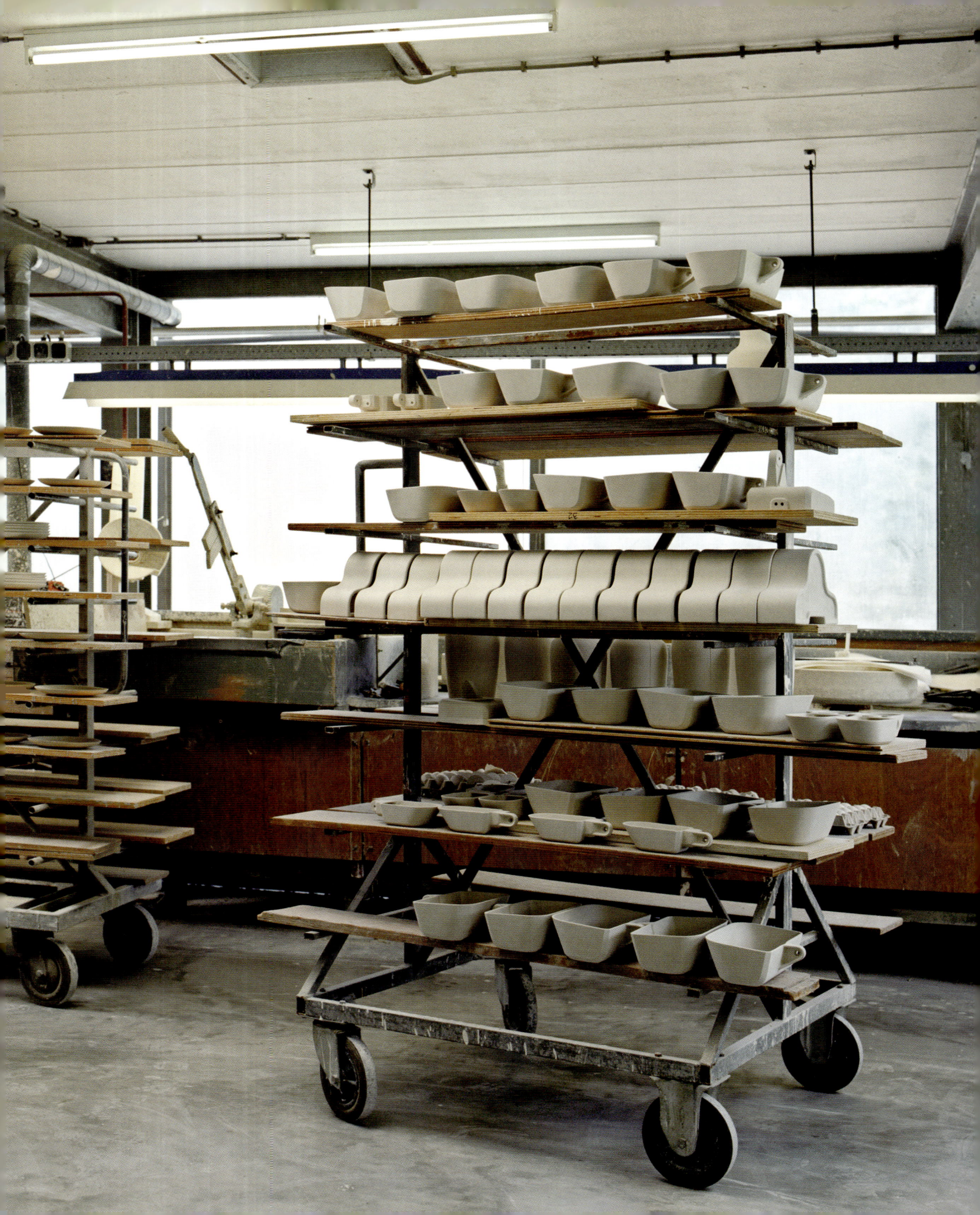

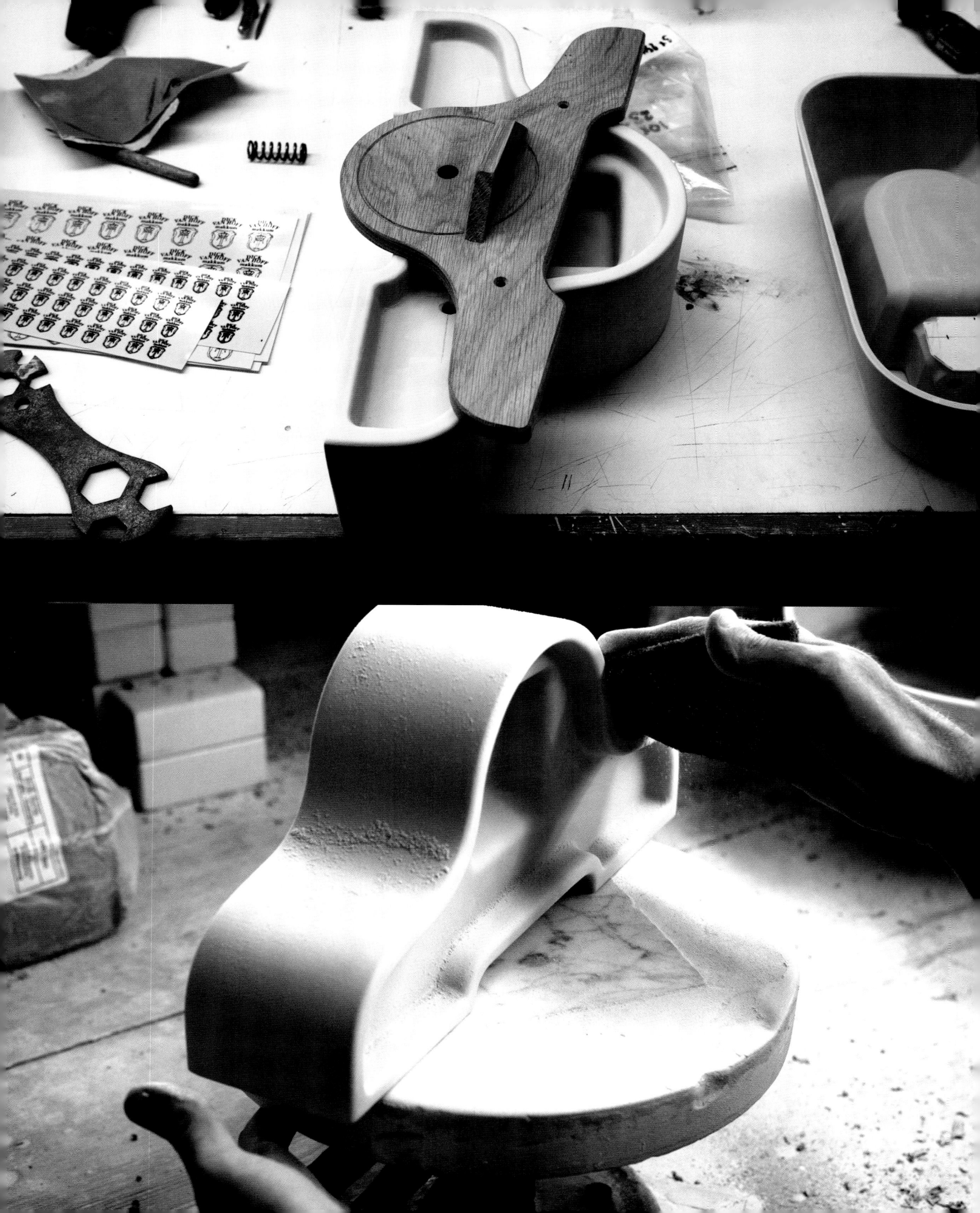

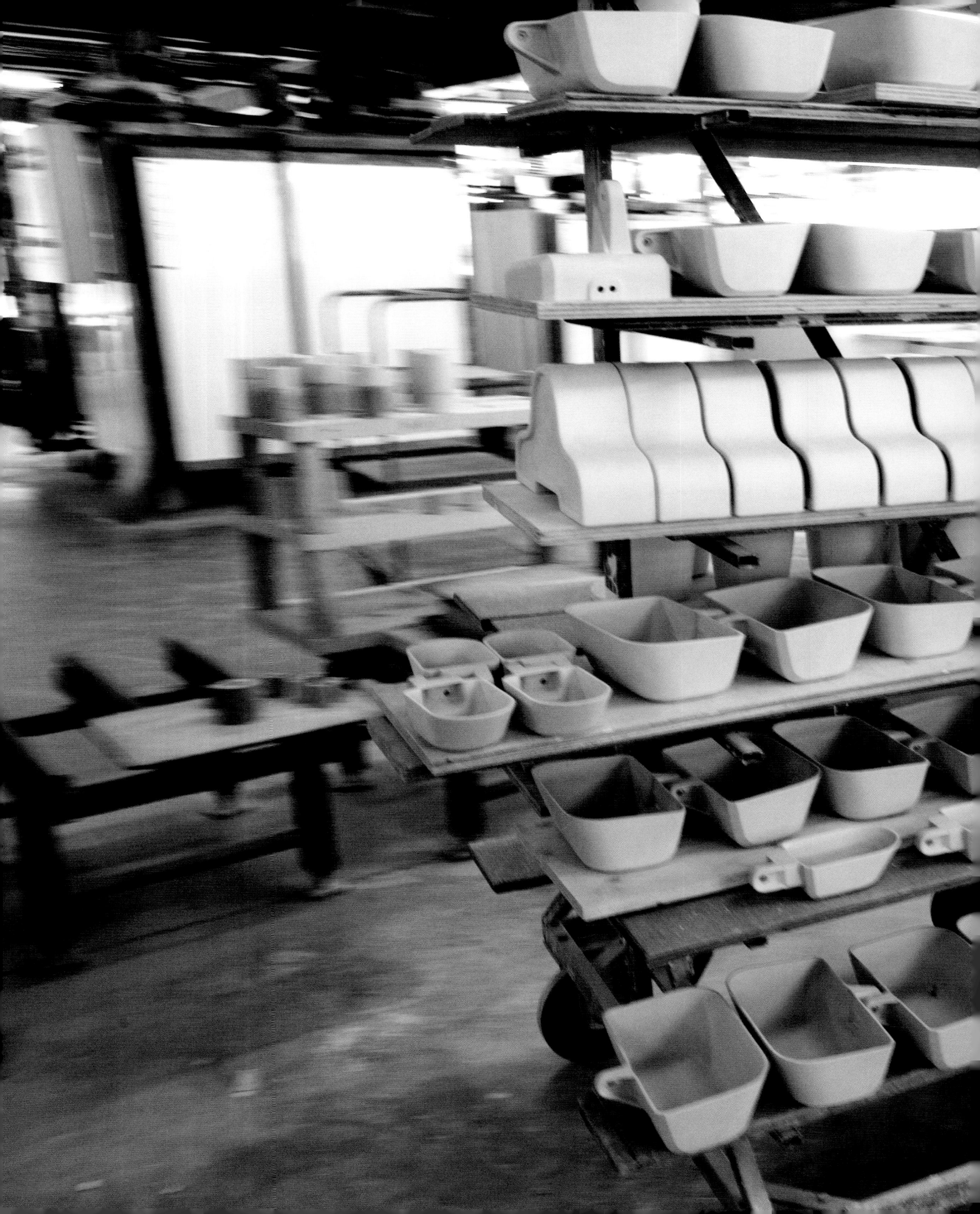

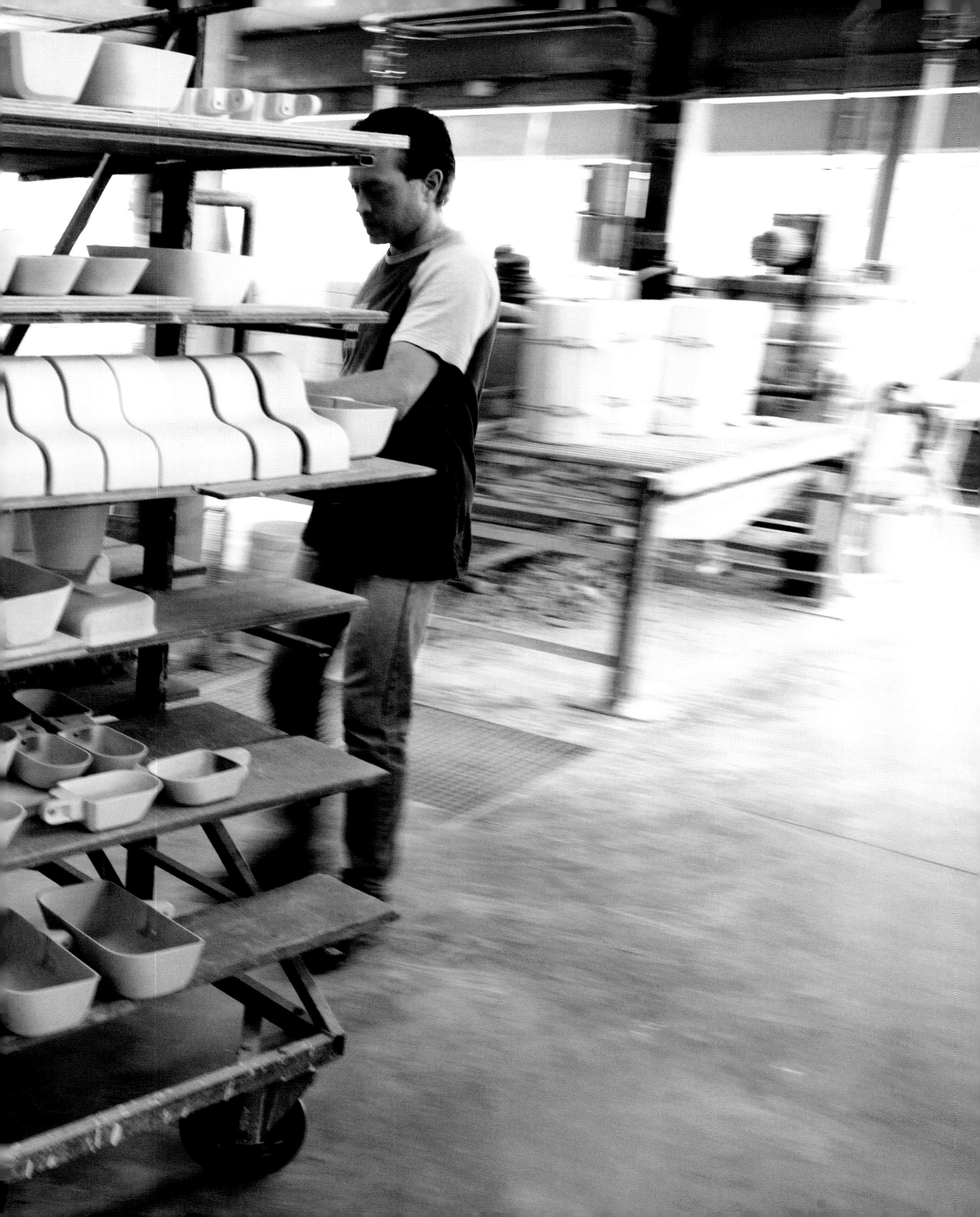

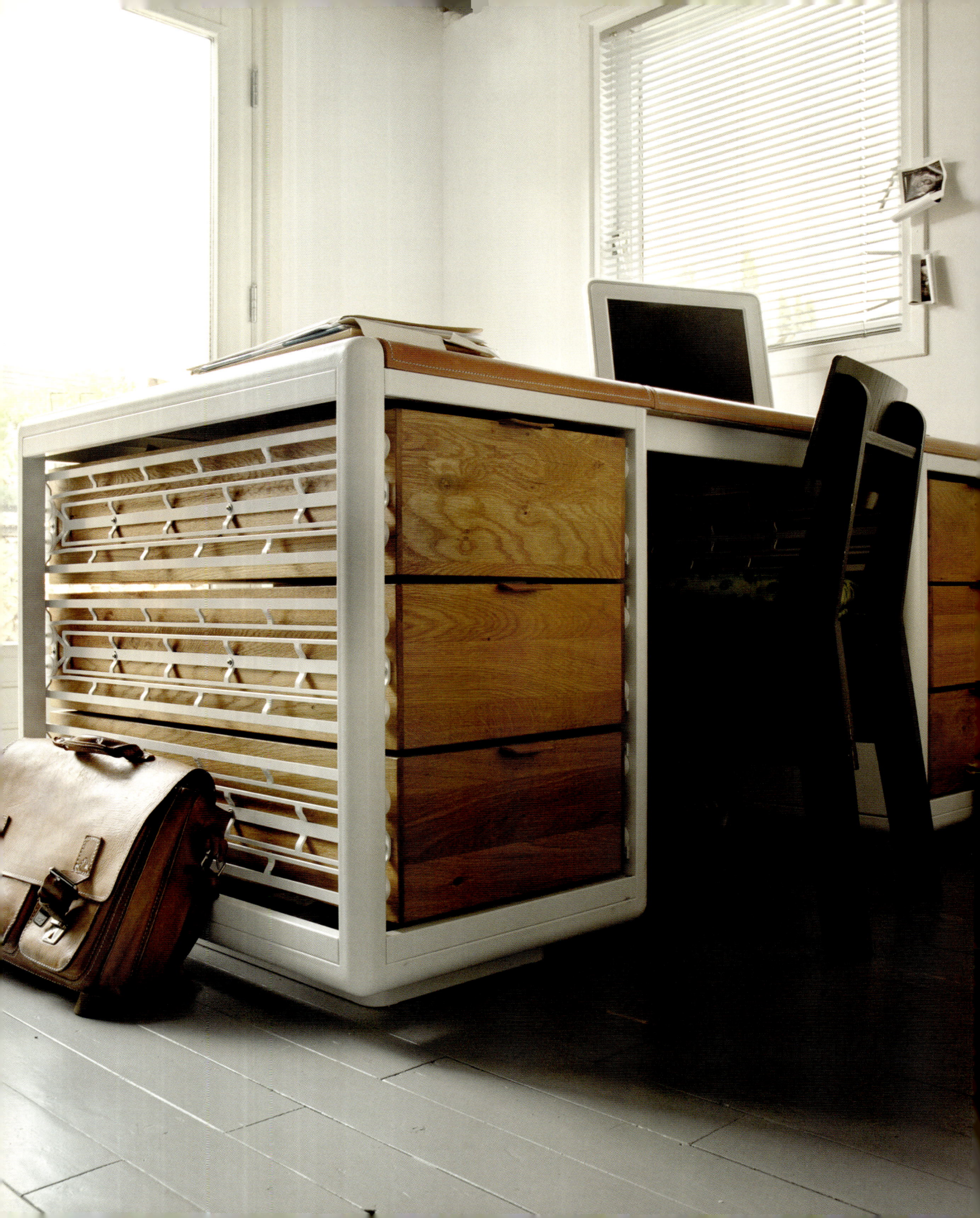

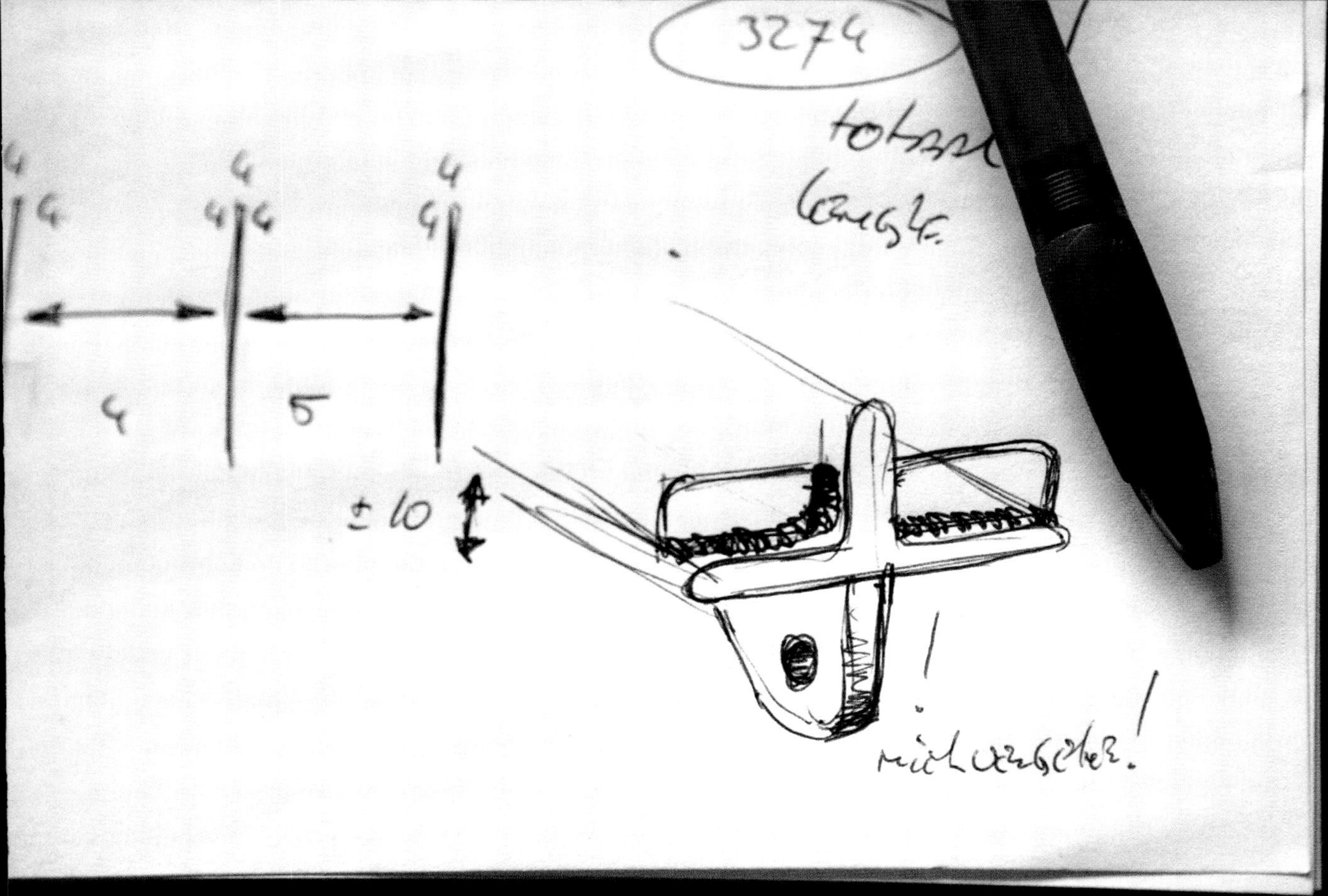
3274
±10

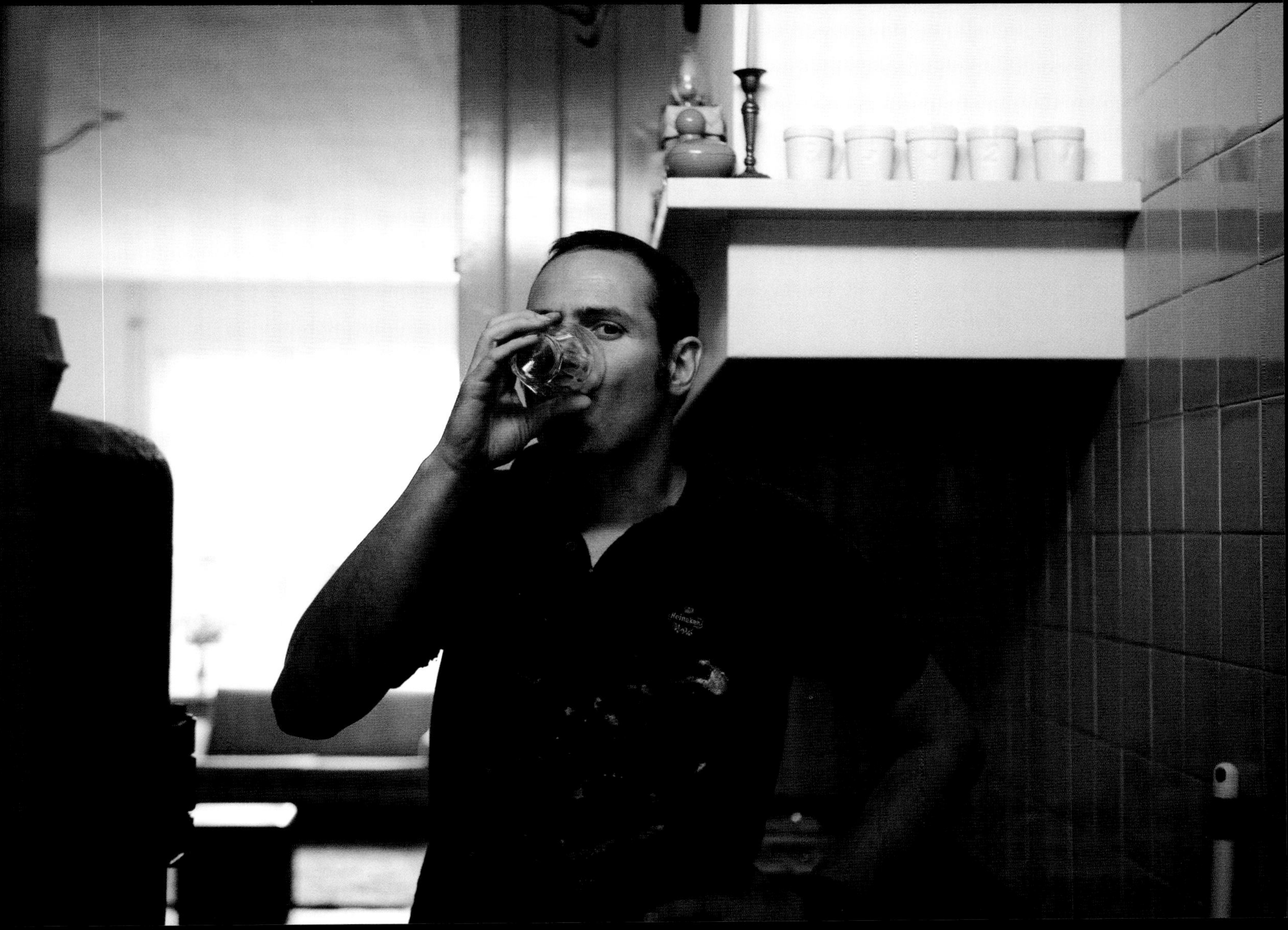

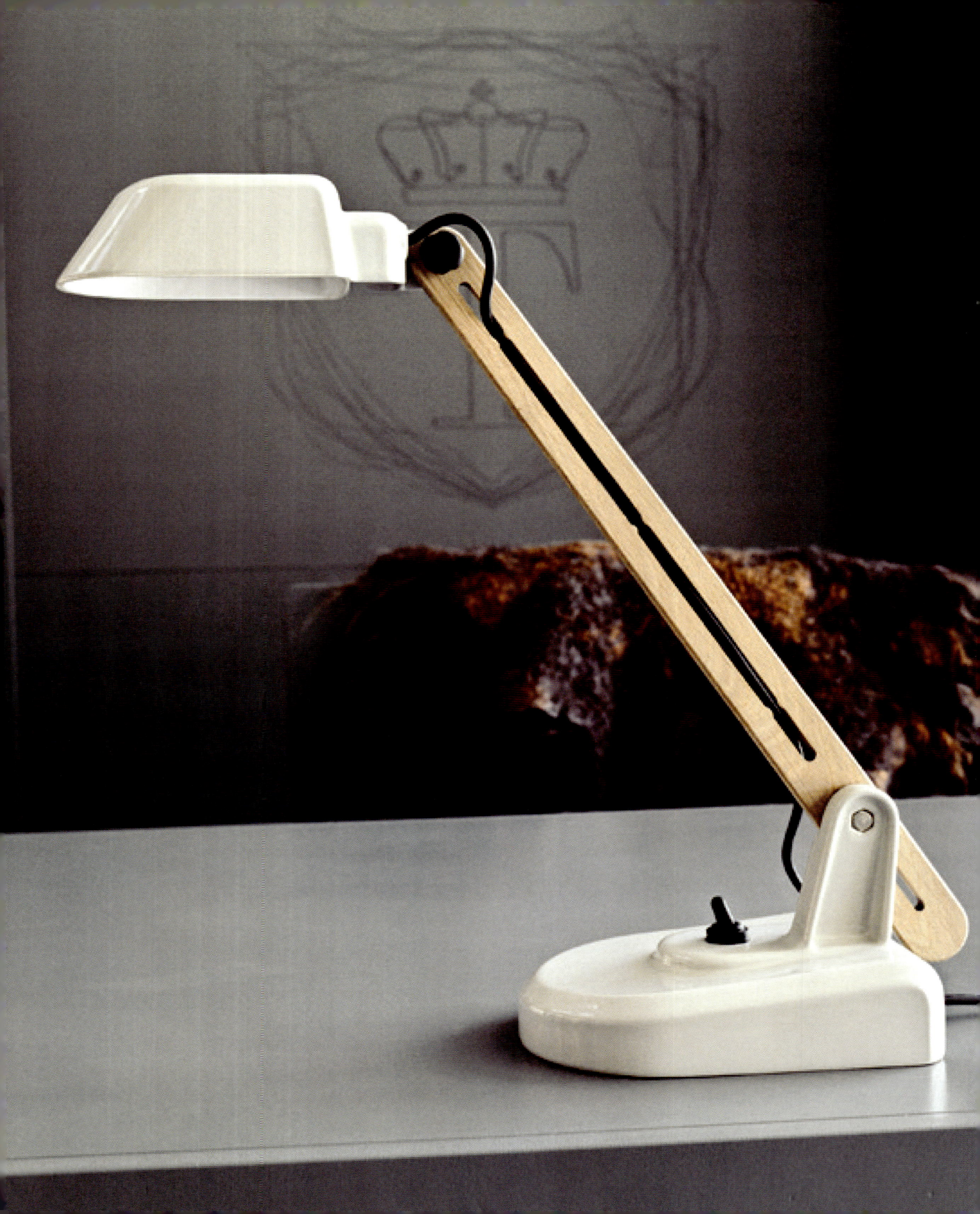

DICK VAN HOFF (AMSTERDAM, 1971) VOLGT
HET LBO, RICHTING BOUWTECHNIEKEN, HET
MBO, RICHTING ETALEREN EN DECOREREN,
EN DE HOGESCHOOL VOOR DE KUNSTEN
IN ARNHEM, WAAR HIJ IN 1996 AFSTUDEERT
IN 3D DESIGN. HIJ WERKT SINDS 1996 ALS
ZELFSTANDIG ONTWERPER. EEN AANTAL
VAN ZIJN PRODUCTEN IS OPGENOMEN IN
DE COLLECTIE VAN DROOG DESIGN.

Gefascineerd door helderheid maakt ontwerper Dick van
Hoff spullen die zijn wat ze zijn, eerlijk en niets verhullend.
Hij heeft geen behoefte objecten te decoreren. Wat zijn hoofd
bedenkt, maken zijn handen, en terwijl hij bezig is, stuurt
hij bij. Omdat Van Hoff alles zelf doet, kan dat. 'Het kenmerkt
mijn werk,' zegt hij hierover in ELLE Wonen. 'Ik vind dat je
het er aan af ziet als een object niet door de ontwerper zelf
is geproduceerd. Er mist dan vaak een bepaald gevoel voor
materialen en verhoudingen.'

De manier waarop iets wordt gemaakt, vormt de basis
van een ontwerp van Van Hoff. De vorm komt voort uit de
functie, maar ook uit de techniek die gebruikt wordt. Net
als het werk dat hij maakt, is Van Hoff wars van pretenties;
trends noemt hij 'de luizen in de pels van deze tijd'. Mooie
plaatjes interesseren hem niet, spullen met een ziel des te
meer. Als iets goed werkt, ziet het er ook goed uit, vindt hij.
De eerlijkheid die zo kenmerkend is voor zijn ontwerpen,
wordt helder geïllustreerd door een van zijn eerste ontwerpen.
In 1996 ontwierp hij een mengkraan waarbij de koperen
pijpen met warm en koud water niet in de muur, maar
daarbuiten samenkomen. De zogenaamde STOPkraan,
opgenomen in de collectie van Droog Design, maakt
zichtbaar waar het warme en koude water vandaan komt
en probeert niets te verhullen.

Iedere ochtend om half acht stapt Van Hoff in zijn
bruine overall de werkplaats binnen, in zijn achtertuin in Velp.
Een ontwerper, ja, maar vooral ook een ambachtsman die
met een enorm gevoel voor materiaal en techniek met zijn
handen bezig is. Met een etaleur als vader is de liefde voor
het vak met de paplepel ingegoten. Als klein jongetje al liep hij
rond met een hamer en spijkers. Dat hij op de kunstacademie
terecht zou komen, lag niet voor de hand. Eerst volgde hij
opleidingen aan het Lager Beroepsonderwijs (LBO) richting
bouwtechnieken en het Middelbaar Beroepsonderwijs
(MBO) richting etaleren/decoreren, met het doel zijn vader
achterna te gaan. Maar zijn hunkering naar meer kennis over
materialen en technieken brachten hem naar de Hogeschool
voor de Kunsten in Arnhem. Sinds zijn afstuderen in 1996
werkt Dick van Hoff als zelfstandig ontwerper zonder
personeel. Hij doet alles zelf, perfectionist als hij is. Als hij
hulp nodig heeft, zoekt hij samenwerking met kleine bedrijven op
de Veluwe, met mensen die dezelfde taal spreken, ambachts-
mannen die vergroeid zijn met hun beroep. Net als hij zelf.

Het zijn vaak de dingen die niets met vormgeving
te maken hebben, die Van Hoff inspireren. Een serie
keukenapparaten met handaandrijving, in 2003 aangekocht
door Museum Boijmans van Beuningen in Rotterdam, is
een goed voorbeeld van zijn liefde voor het ambachtelijke.
Er zit geen stekker aan, je zult zelf aan de slag moeten om
je deeg gekneed te krijgen. Maar ook kachel Stonestove,
een robuust exemplaar gemaakt van beton, grijpt terug naar
vroeger tijden en verwarmt het huis op een traditionele, bijna
primitieve manier. En daarmee is Van Hoff precies waar hij
zijn wil. Bij de bron.

DICK VAN HOFF (AMSTERDAM, 1971) BEGAN
HIS SCHOOLING IN LOWER VOCATIONAL
SCHOOL (ARCHITECTURAL TECHNIQUES)
AND INTERMEDIATE VOCATIONAL SCHOOL
(WINDOW-DRESSING AND DECORATION).
HE THEN WENT ON TO STUDY 3D DESIGN
AT THE ACADEMY OF ART AND DESIGN IN
ARNHEM, GRADUATING IN 1996. SINCE THEN
HE HAS BEEN AN INDEPENDENT DESIGNER.
A NUMBER OF HIS PRODUCTS ARE PART OF
THE DROOG DESIGN COLLECTION.

Dick van Hoff is fascinated by clarity, and the things he makes
are straightforward objects which have nothing to conceal. They
need no decoration: they are what they are. Van Hoff designs as
he goes along, his hands constructing what was conceived in his
head. Where necessary, the design is fine-tuned in the course of
the process. This is only possible because Van Hoff works alone.
'This is something that's typical of my work,' he said in an interview
in ELLE Wonen. 'I really believe that you can tell when an object
wasn't made by the designer himself. There's often something
missing, a certain feel for the material and for proportion.'

The way an object is made forms the basis of Van Hoff's
designs. The form flows not only from the function, but also from
the technique which is used. Like the objects he makes, Van Hoff
has no pretensions, and he regards trends as the bane of our times.
He couldn't care less about pretty pictures, but he is fascinated by
'objects with a soul'. For him, something that works is by definition
attractive. The honesty which characterizes his work is epitomized
by one of his earliest pieces. His 1996 design for a mixer tap has
copper pipes for hot and cold water mounted on the outside
instead of being sunk into the wall. This so-called STOP tap,
which is part of the Droog Design collection, has nothing to hide:
anyone can see where the hot and cold water are coming from.

Every morning at seven-thirty Van Hoff dons his brown overalls
and opens the door to his workplace in the backyard of his house
in Velp. He is a designer, but above all he is an artisan, someone
who works with his hands and has a close affinity with his material.
The son of a window-dresser, he was brought up on creativity and
working with his hands. Even as a toddler, he used to walk around
carrying a hammer and a few nails. And yet, no one expected him
to end up at an art academy. He started out in lower vocational
school (architectural techniques) and intermediate vocational
school (window-dressing and decoration), and originally intended
to follow in his father's footsteps. But he had an urge to know
more about materials and techniques, and he ultimately opted for
the Arnhem Academy of Art and Design. Since his graduation in
1996, Dick van Hoff has been an independent designer. Like the
perfectionist he is, he does everything himself. If he needs help, he
chooses to collaborate with small companies in the Veluwe area.
Here, in the rural east of the country, people speak his language, and
artisans are one with their profession, as he is.

Van Hoff often finds inspiration in things that have little to do
with design. The series of hand-operated kitchen appliances, bought
in 2003 by Museum Boijmans van Beuningen in Rotterdam, are a
good example of his love for artisanal workmanship. There's no cord
attached, and you'll have to pitch in if you want your bread kneaded.
But there are also pieces such as Stonestove, a robust specimen
made of cement which harks back to the distant past, heating the
house in a traditional, almost primitive manner. This puts Van Hoff
exactly where he likes to be: at the source.

www.vanhoffontwerpen.nl

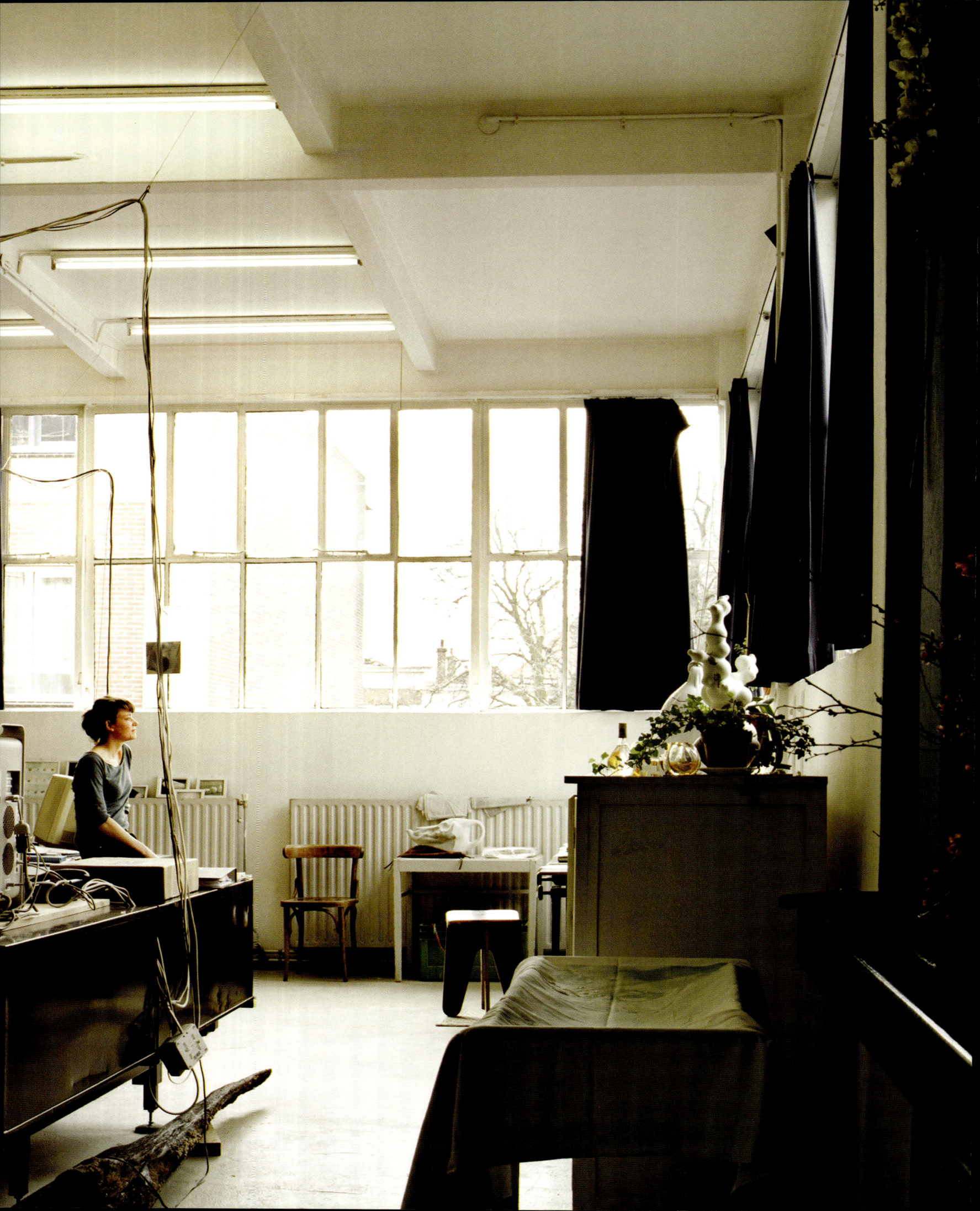

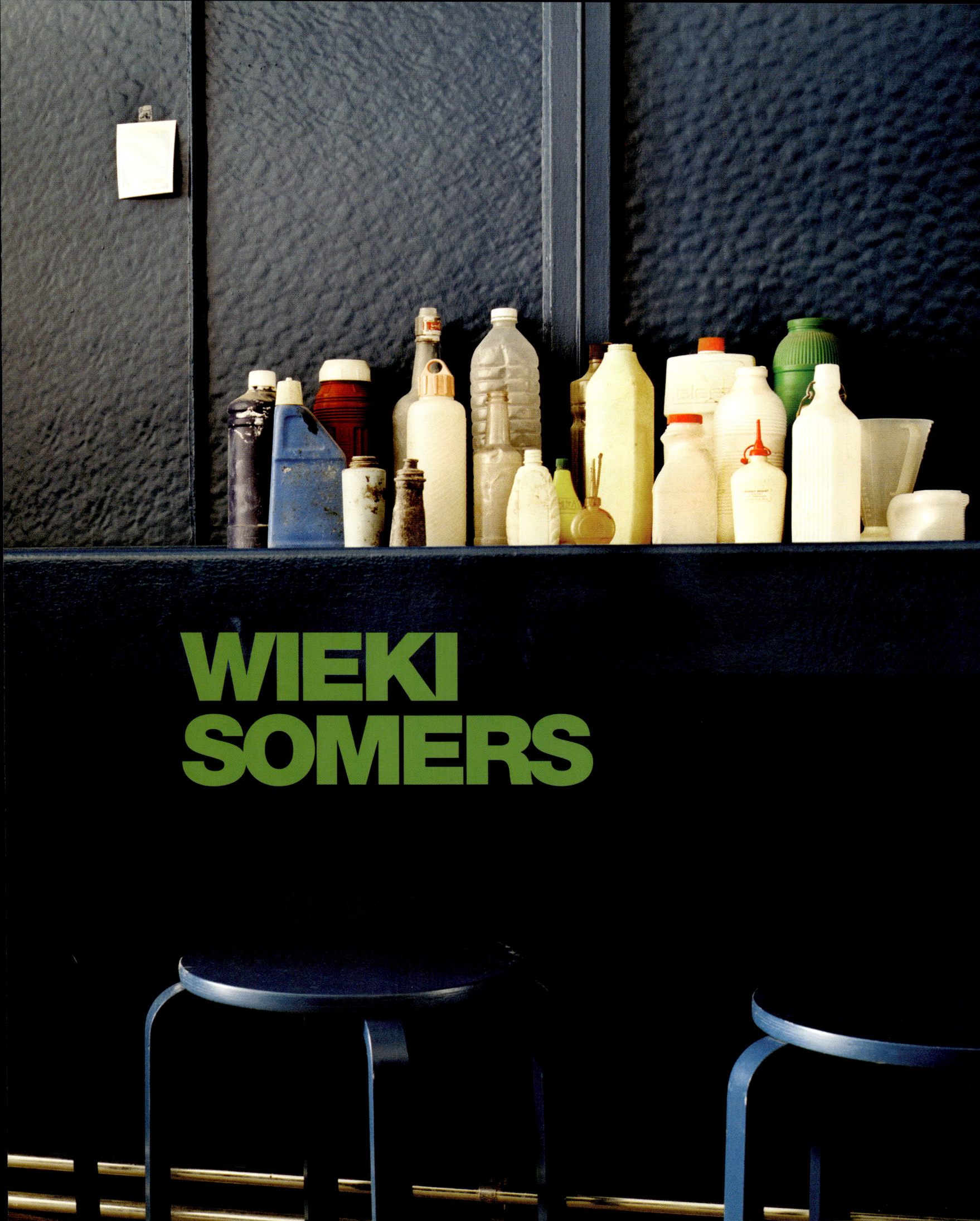

WIEKI
SOMERS

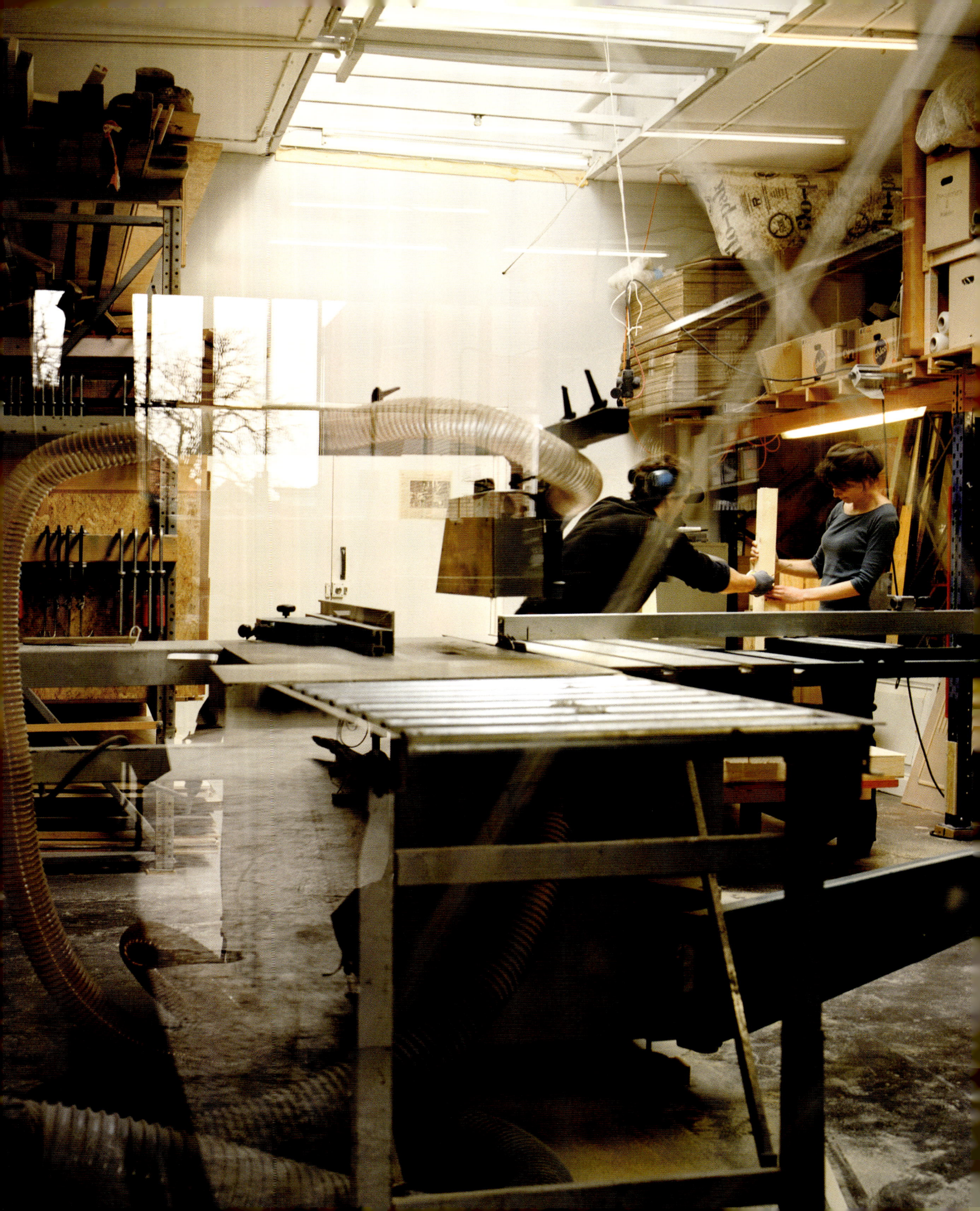

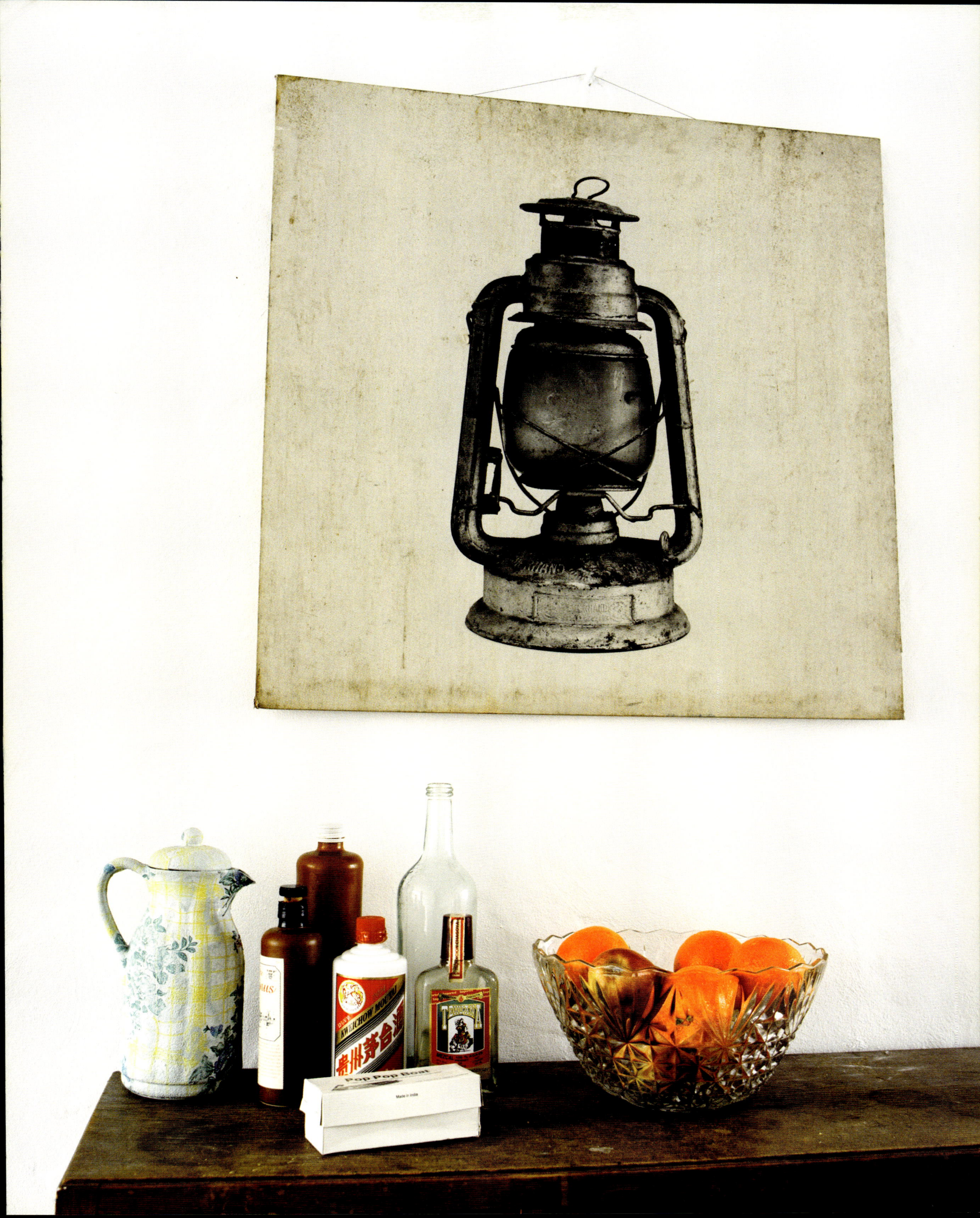

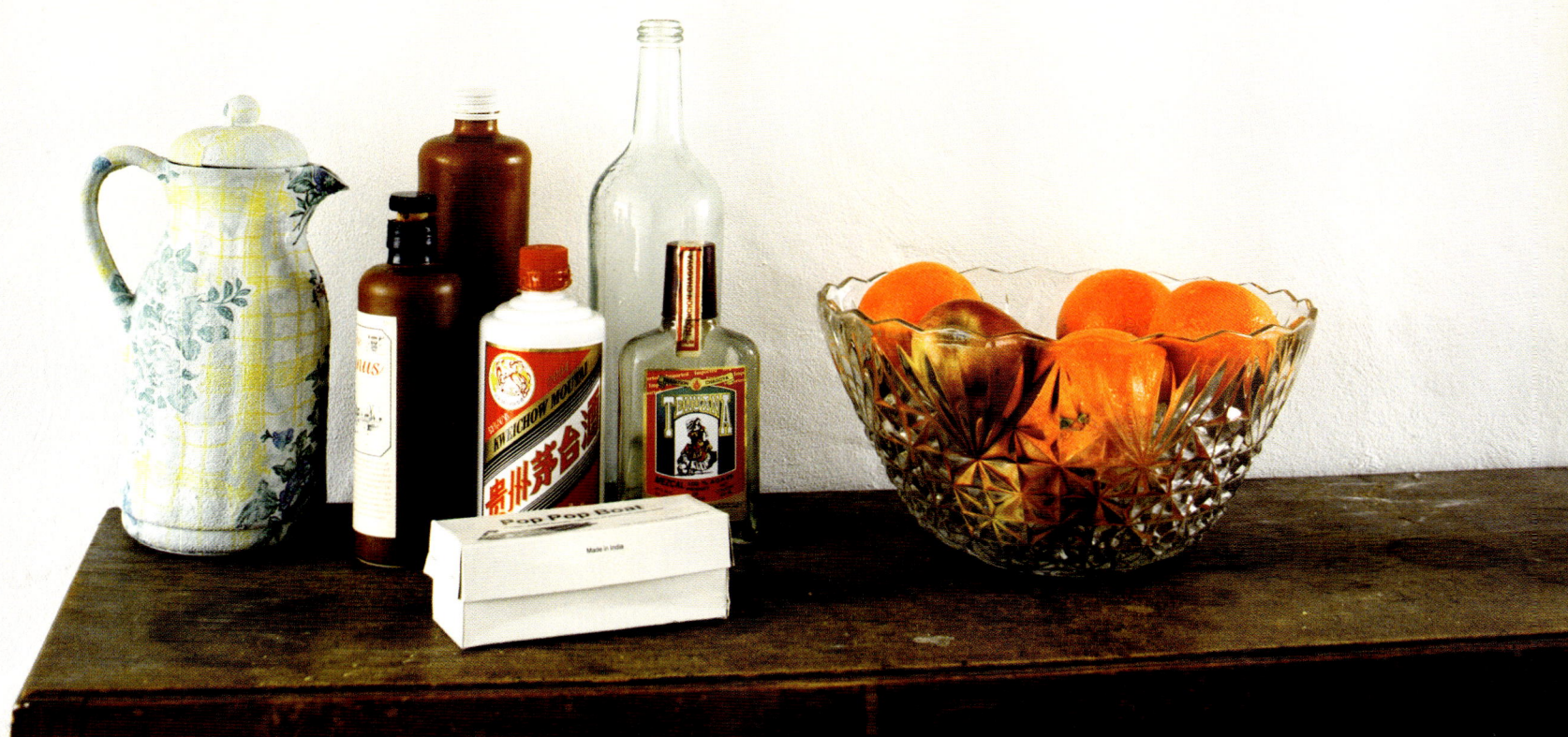

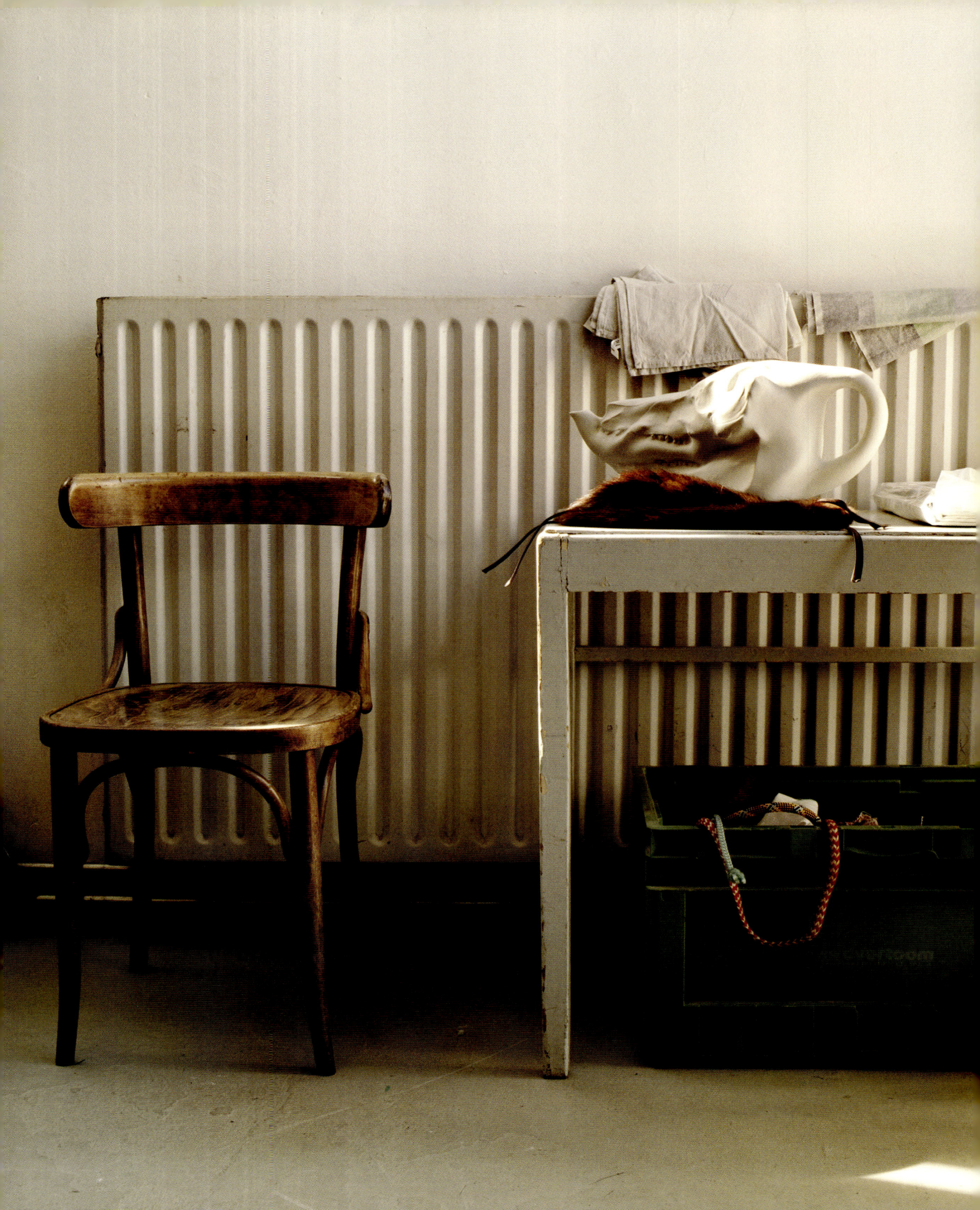

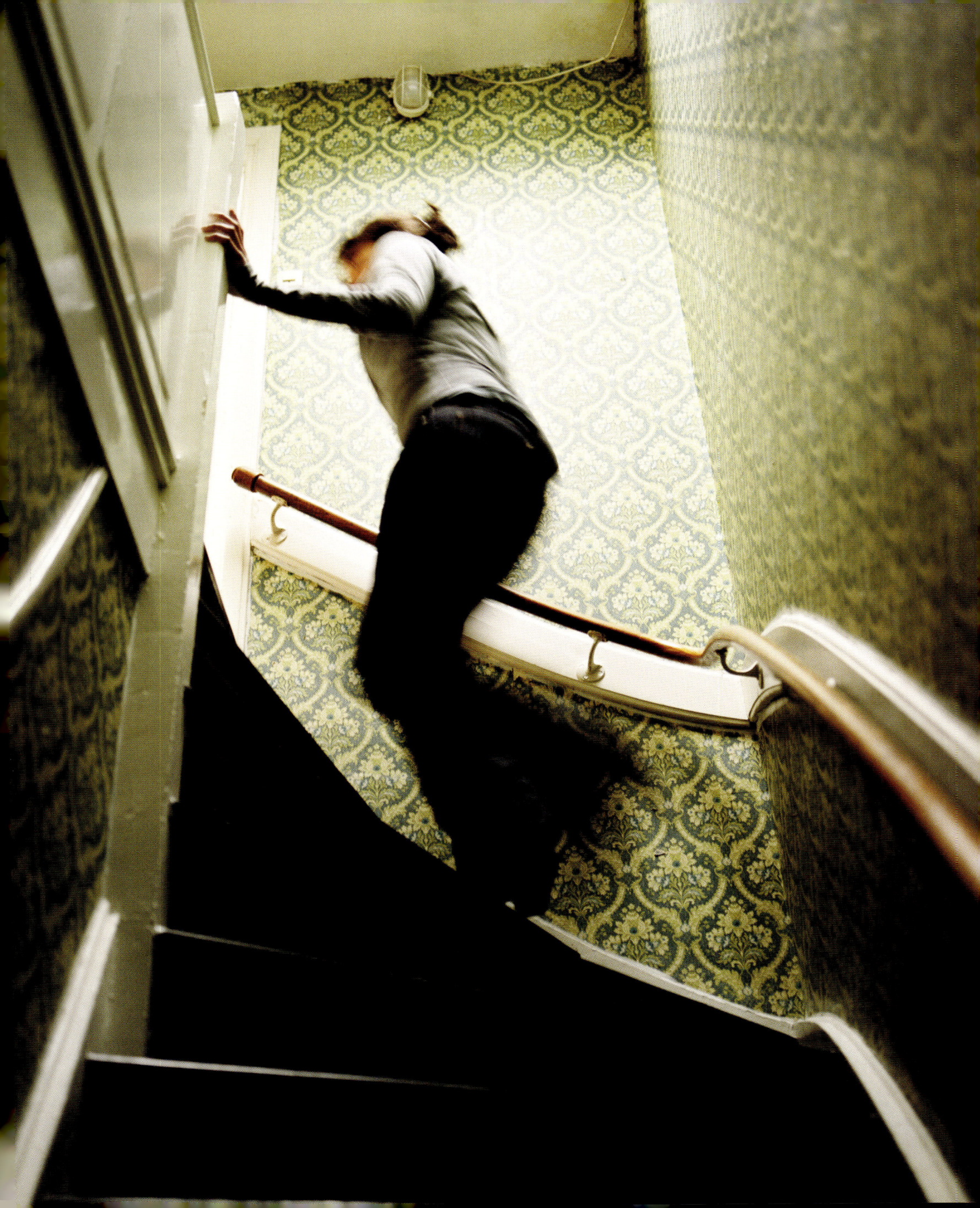

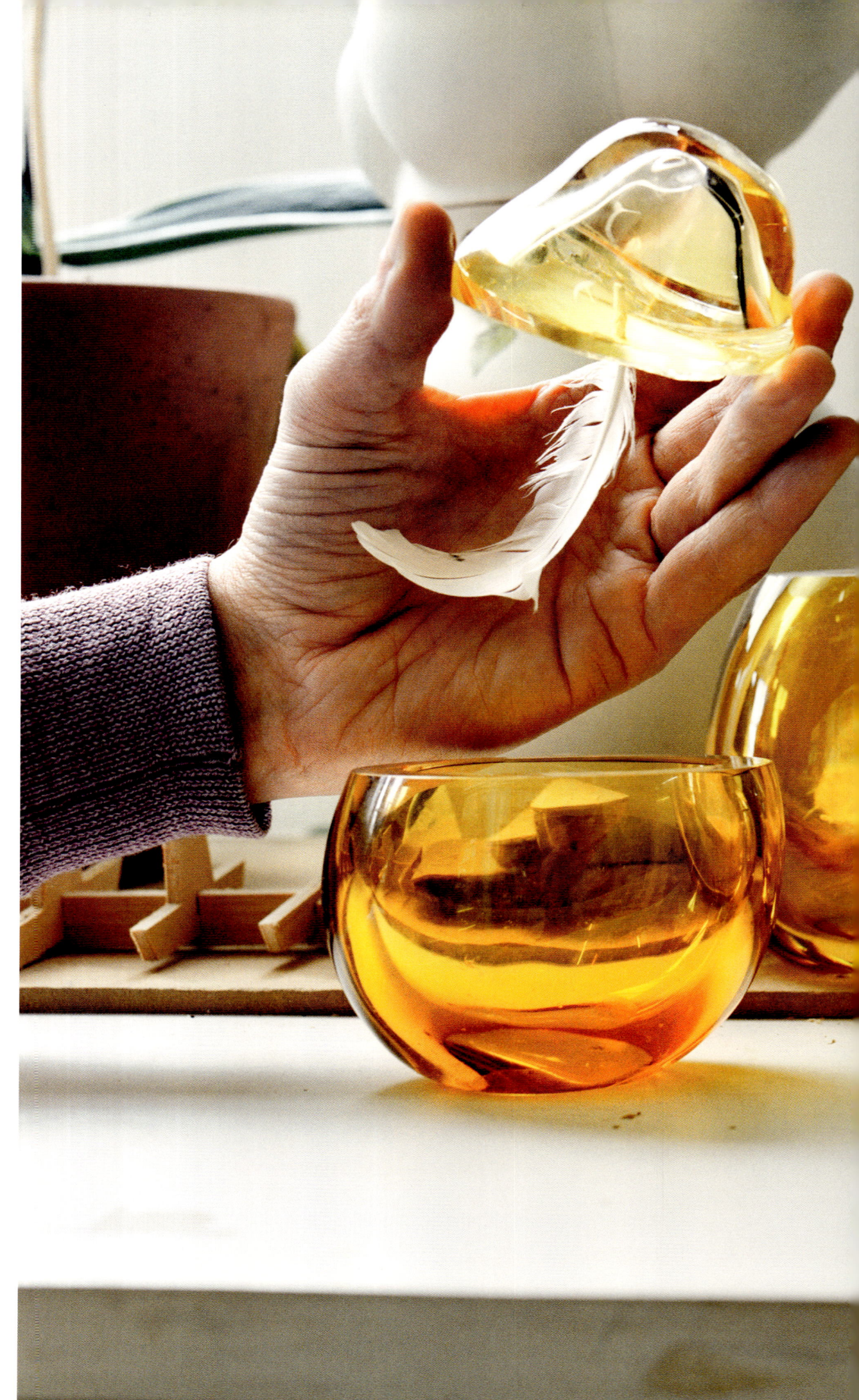

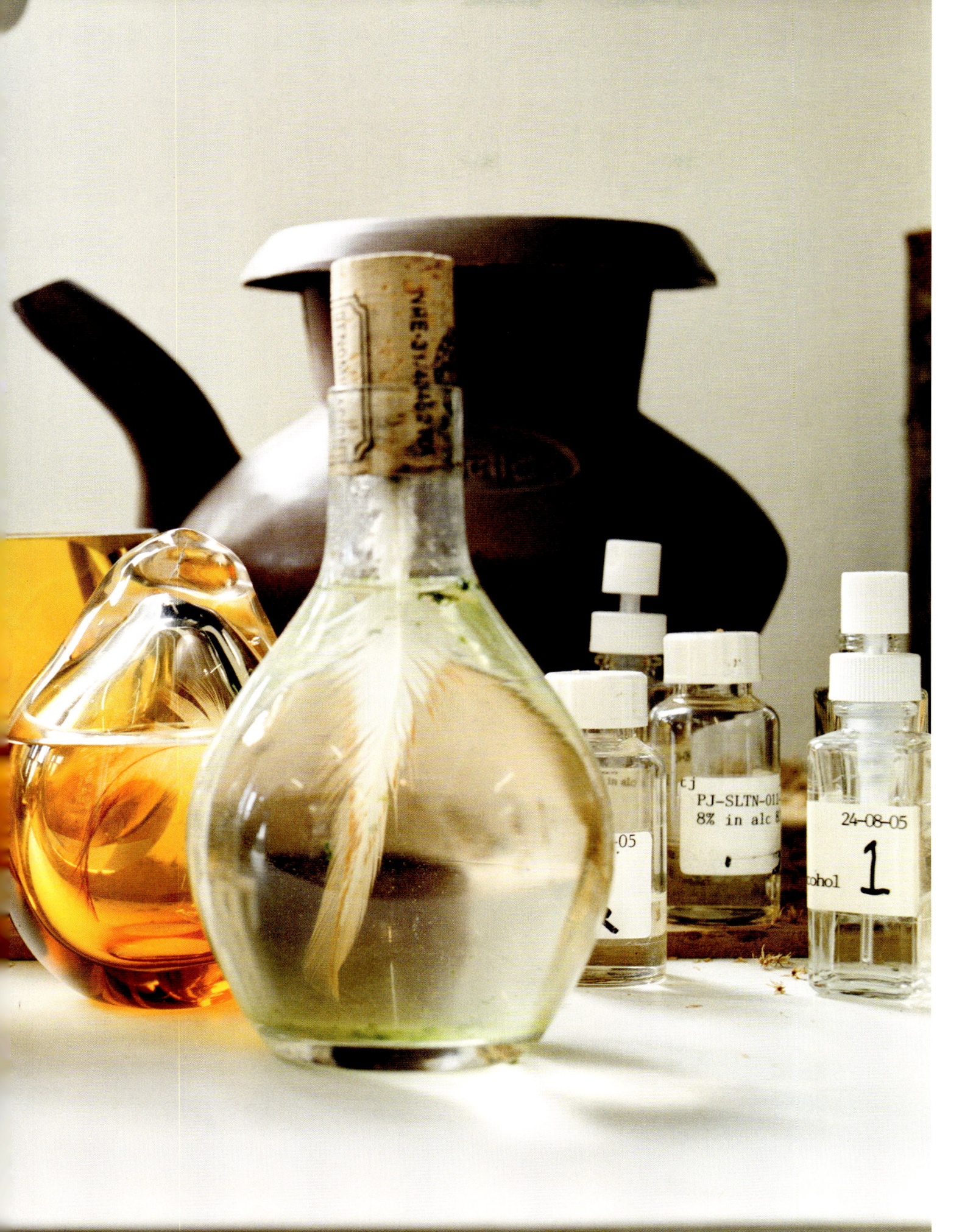

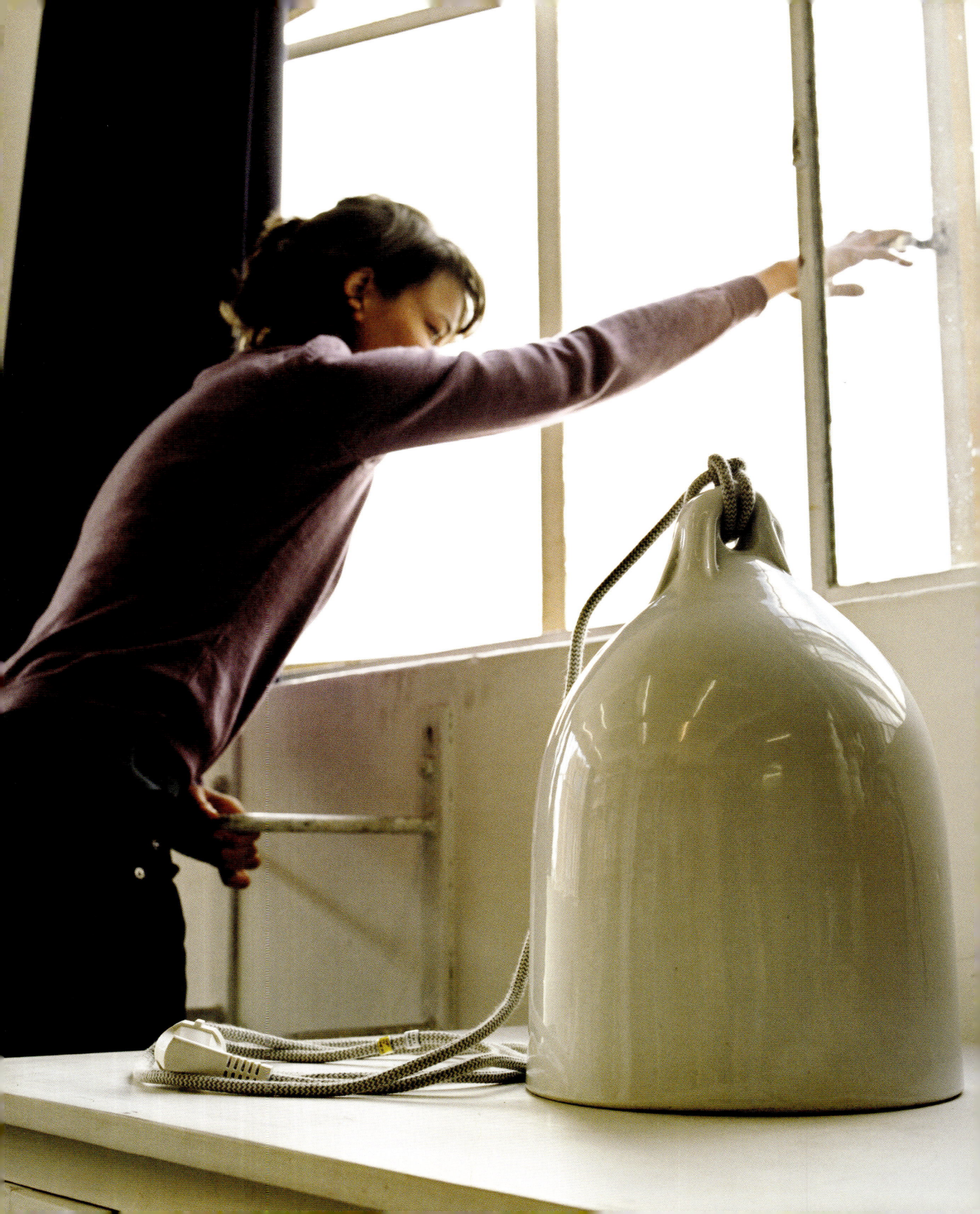

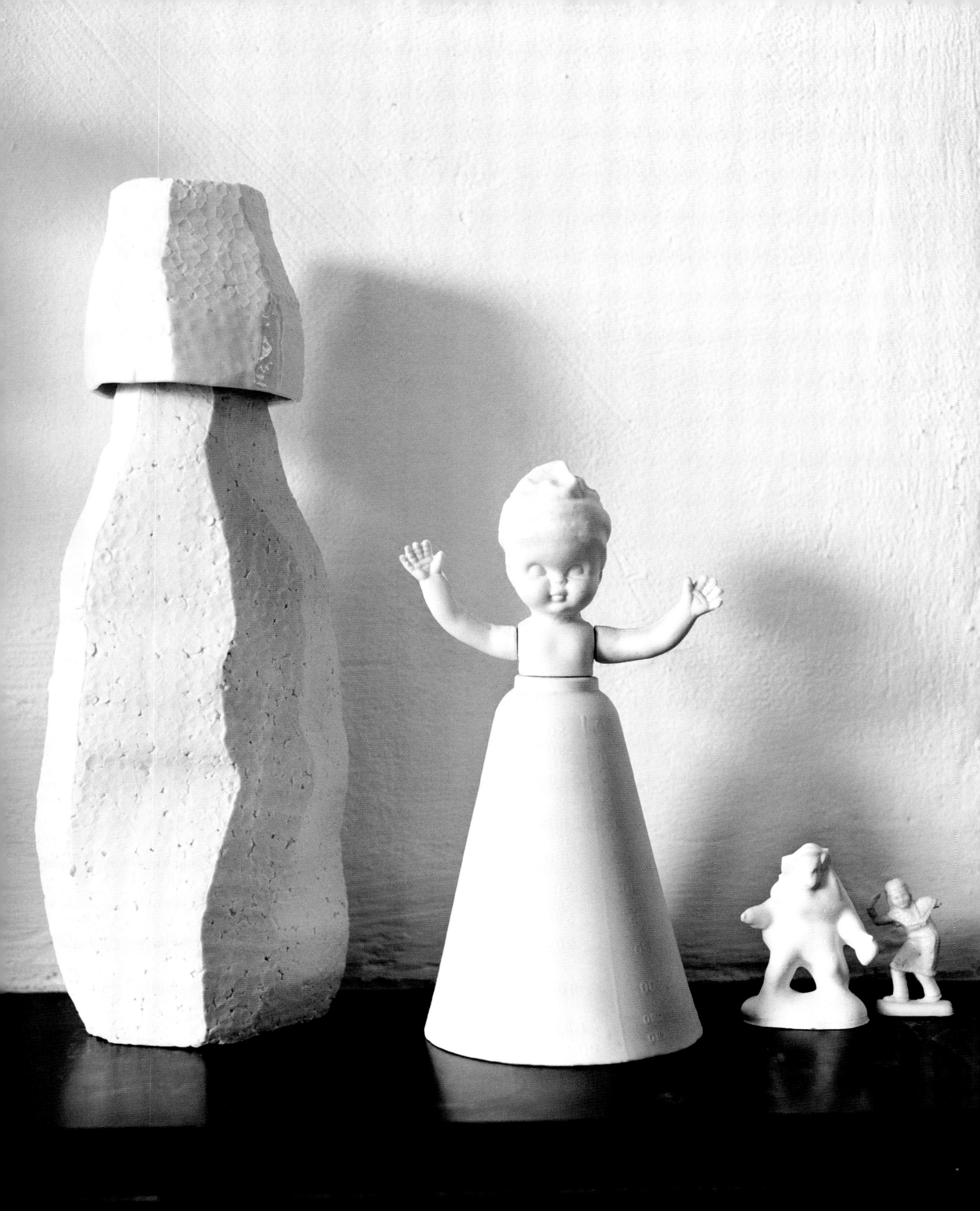

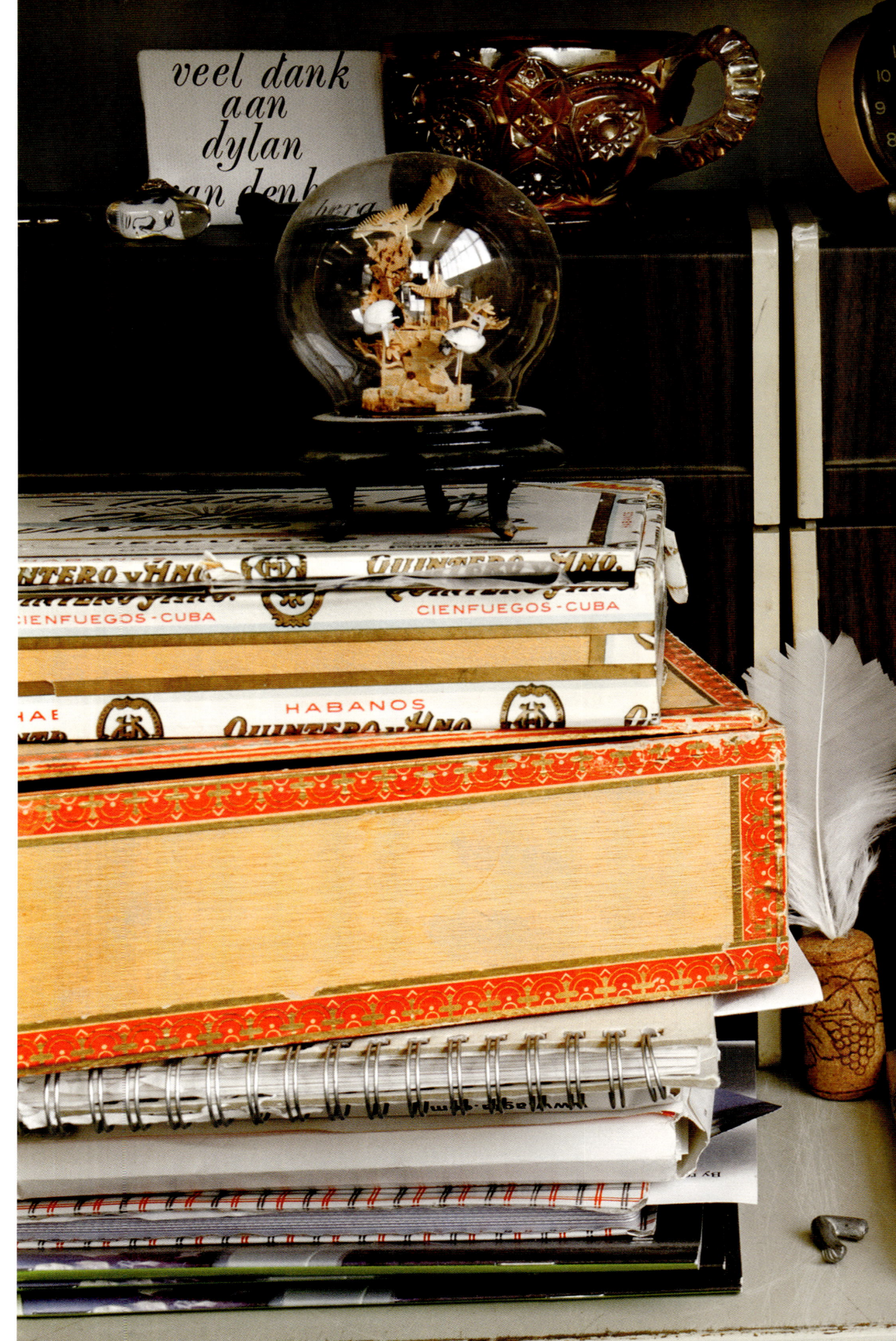

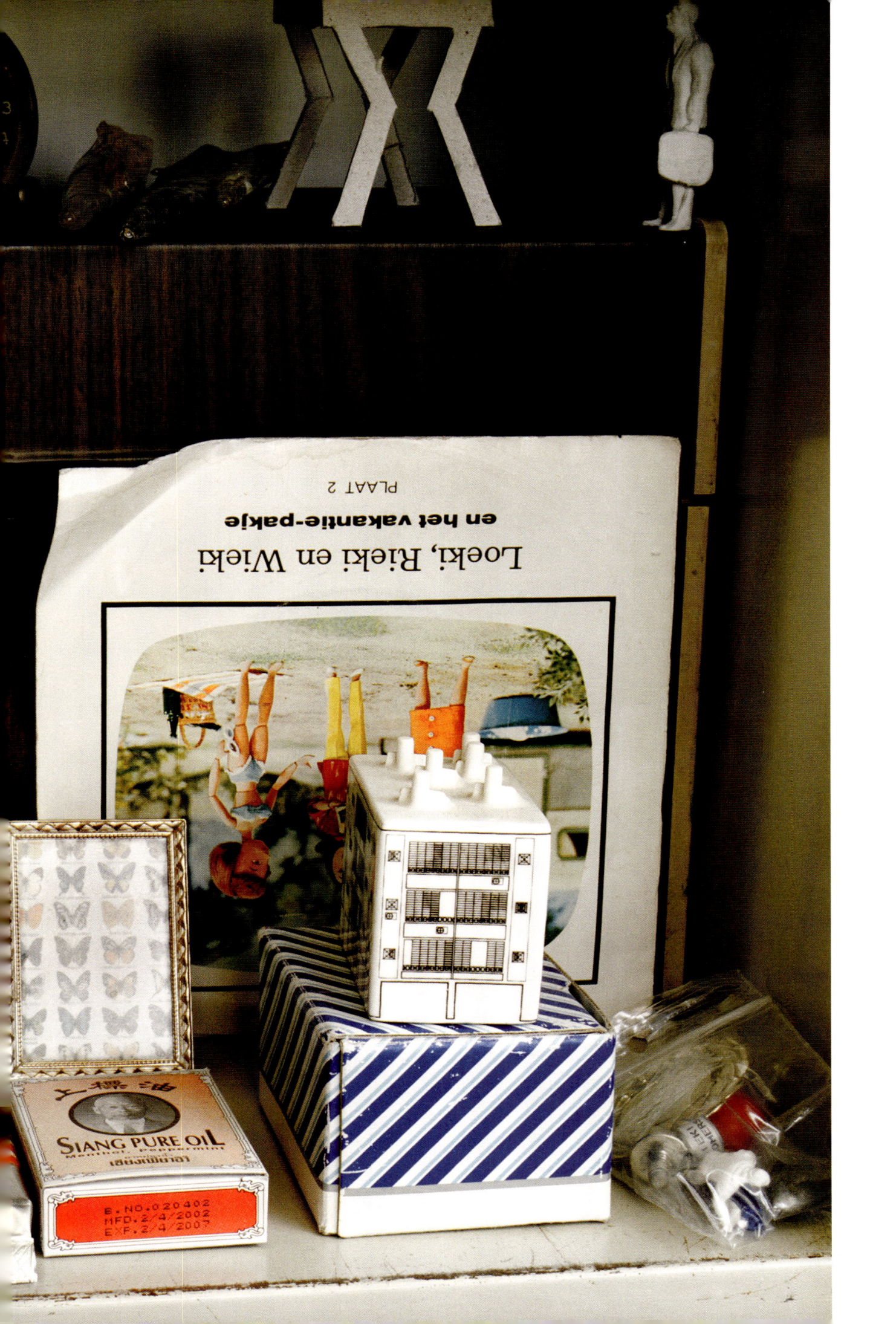

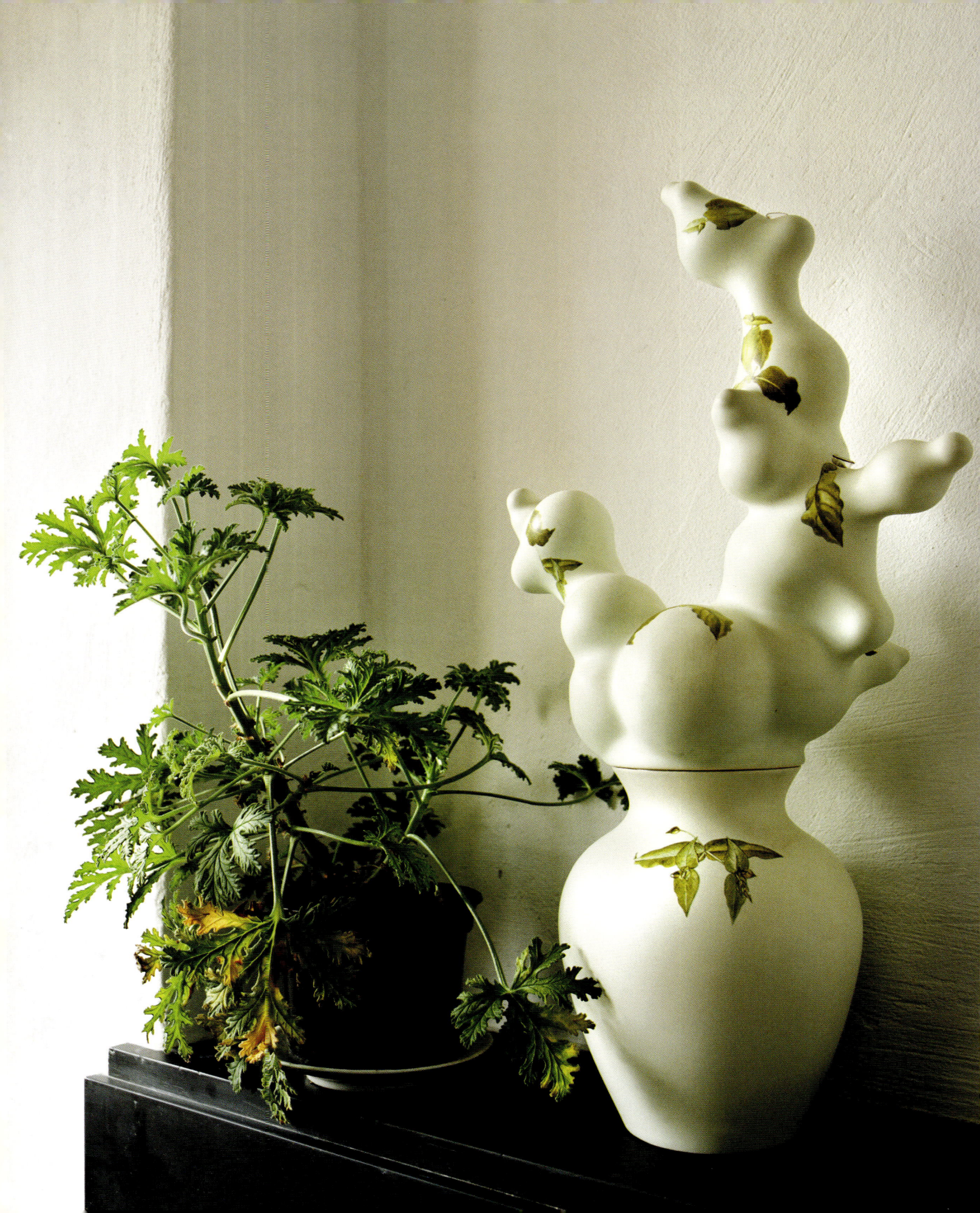

WIEKI SOMERS (SPRANG CAPELLE, 1976)
STUDEERT IN 2000 AF AAN DE DESIGN
ACADEMY IN EINDHOVEN. DATZELFDE JAAR
RICHT ZE STUDIO WIEKI SOMERS OP.
ONDER HAAR OPDRACHTGEVERS ZIJN
DROOG DESIGN EN HELLA JONGERIUS EN
ZE WERKT SAMEN MET HET EUROPEES
KERAMISCH WERKCENTRUM.
ALLE PROJECTEN KOMEN TOT STAND IN NAUWE
SAMENWERKING MET DYLAN VAN DEN BERG.

Wie wil ontdekken wie Wieki Somers is, als ontwerper maar ook als mens, kan het best even in de Bathboat gaan liggen, een badkuip in de vorm van een binnenstebuiten gekeerde roeiboot. Wieki Somers ontwierp hem om ook thuis het gevoel te kunnen hebben dat je ronddobbert in een bootje, als een eenzame visser op zee. Om de gedachten de vrije loop te laten en volledig te ontspannen, waar een bad tenslotte voor bedoeld is. En daar houdt Somers van. Van spullen die de fantasie van de gebruiker prikkelen en pas af zijn als ze in gebruik zijn. De Bathboat is typerend voor haar dromerige ontwerpinslag en haar rijke gevoel voor esthetiek, die in al haar werk terug te vinden is. Somers presenteerde de Bathboat in 2006 op de Salone del Mobile in Milaan. Een prototype van het ontwerp werd aangekocht door Museum Boijmans Van Beuningen en inmiddels is de Bathboat een van de beroemdste ontwerpen uit haar oeuvre.

Verbaasd was ze, toen ze in het derde jaar van de Design Academy genomineerd werd voor een designprijs. Het was de voorbode van wat er komen ging: haar afstudeerproject When hard meets soft, een kleine serie kleurrijke muffinvormige poefs, betekende Wieki Somers' doorbraak. Wieki was nog maar 24 jaar oud en trok de aandacht van de internationale pers, die haar beschreef als iemand om in de gaten te houden. Dat vertrouwen maakte ze waar door tot op de dag van vandaag alledaagse dingen op een zeer poëtische wijze te benaderen, en haar dromen om te zetten in functionele producten.

Somers bedenkt heldere concepten, maar besteedt ook veel aandacht aan de uiteindelijke verschijningsvorm. Esthetiek is belangrijk, al hoeft dat niet altijd 'aantrekkelijk' te betekenen. Voor de tentoonstelling 'Lekker Decadent' in museum Het Princessehof in Leeuwarden ontwierp Somers een theepot in de vorm van een schedel van een zwijn, met een muts van waterrattenbont. 'Niets is decadenter dan dieren laten lijden om de menselijke behoefte aan status en extravagantie te bevredigen,' verklaart ze haar ontwerp. Ze combineerde iets smakelijks - thee - met iets onsmakelijks - dode beesten - en toch werden er van de High Tea Pot een heleboel verkocht.

Van een parfum dat naar het bos ruikt (Amber) tot een ring waarover je moet wrijven om de foto van een dierbare tevoorschijn te toveren (My Precious, als verwijzing naar de ring uit Tolkiens Lord of the Rings): Somers' dankt haar ideeën aan haar rijke fantasie. De ideeën komen vanzelf en op de meest onverwachte ogenblikken, ze hoeft er nauwelijks iets voor te doen. Soms zijn het de materialen zelf die een idee aandragen. 'Er is niets mooiers dan je te laten verrassen door hoe materialen reageren,' zegt ze in dagblad Trouw. Daarom probeert ze graag dingen uit. Wat kun je allemaal doen met porselein, met glas, leer, kunststof of hout? Materiaal dat ze per ongeluk tegenkomt, kan zomaar leiden tot een nieuw ontwerp. Een ontwerp dat bedoeld is om bij weg te dromen. Want pas dan is een ontwerp van Wieki Somers helemaal af.

WIEKI SOMERS (SPRANG-CAPELLE, 1976)
GRADUATED FROM THE DESIGN ACADEMY IN
EINDHOVEN IN 2000. THE SAME YEAR SHE
FOUNDED STUDIO WIEKI SOMERS. HER
CLIENTS INCLUDE DROOG DESIGN AND
HELLA JONGERIUS, AND SHE COOPERATES
WITH THE EUROPEAN CERAMIC WORKCENTRE.
ALL HER PROJECTS ARE REALIZED IN CLOSE
COLLABORATION WITH DYLAN VAN DEN BERG.

If you want to discover who Wieke Somers is, as a designer and as a person, you have only to climb into the 'Bathboat', a bathtub in the form of a rowboat. The design springs from a desire to capture that sense of bobbing around in a boat, like a lonely fisherman at sea, allowing your thoughts to wander, while you enter a state of total relaxation. After all, isn't this what bathtubs were made for? The design is typical Somers, featuring objects which tickle the viewer's fancy, which are not complete until someone uses them. The Bathboat reflects her somewhat nostalgic approach to design, and the aesthetic instincts which play such a prominent role in her work. The Bathboat was launched in 2006 at the Salone del Mobile in Milan. A prototype of the design was purchased by Museum Boijmans Van Beuningen, and today it is one of the most popular designs in her oeuvre.

During her third year at the Design Academy in Eindhoven, Somers was pleasantly surprised when she was nominated for a design prize. This was clearly a sign of things to come. Her final project, entitled 'When Hard Meets Sofas' (a small series of colourful muffin-shaped hassocks), was a breakthrough. At the tender age of 24, Wieki was being touted by the international press, as 'someone to keep an eye on'. She proved them right then, and continues to do so, with her poetic approach to everyday objects, and her gift for turning her dreams into functional products.

Not only are her concepts crystal-clear, Somers directs at least as much attention to the ultimate manifestation of the object. The aesthetic element is crucial, although it doesn't always translate into 'attractive'. For an exhibition entitled 'Deliciously Decadent' in the museum Princessehof in Leeuwarden, Somers designed a teapot shaped like the skull of a swine, with a matching tea cosy made from the skin of a water rat. 'There is nothing more decadent than causing suffering to animals in order to fulfil a human need for extravagance and status,' she says, in clarifying her design. She combined something tasty (tea) with something highly distasteful (dead animals). And yet that hasn't prevented a great many people from buying her High Tea Pot.

From a forest-scented perfume (Amber) to a ring that you can rub to call up the photo of a loved one (My Precious, a reference to the ring in Tolkien's Lord of the Rings), Somers finds her design concepts in her own rich lode of imagination. Ideas spring to mind automatically, often unexpectedly, with no conscious effort on her part. Sometimes the material itself suggests an idea. 'There's nothing more fascinating than allowing yourself to be surprised by the way materials react,' she says in an interview in the Dutch newspaper Trouw. That's why she's always experimenting. What kind of design might emerge from a material like porcelain combined with glass, leather, plastic or wood? New materials she comes across by chance can result in a new design, a design made in heaven. Only then is Wieki Somers truly satisfied.

www.wiekisomers.com

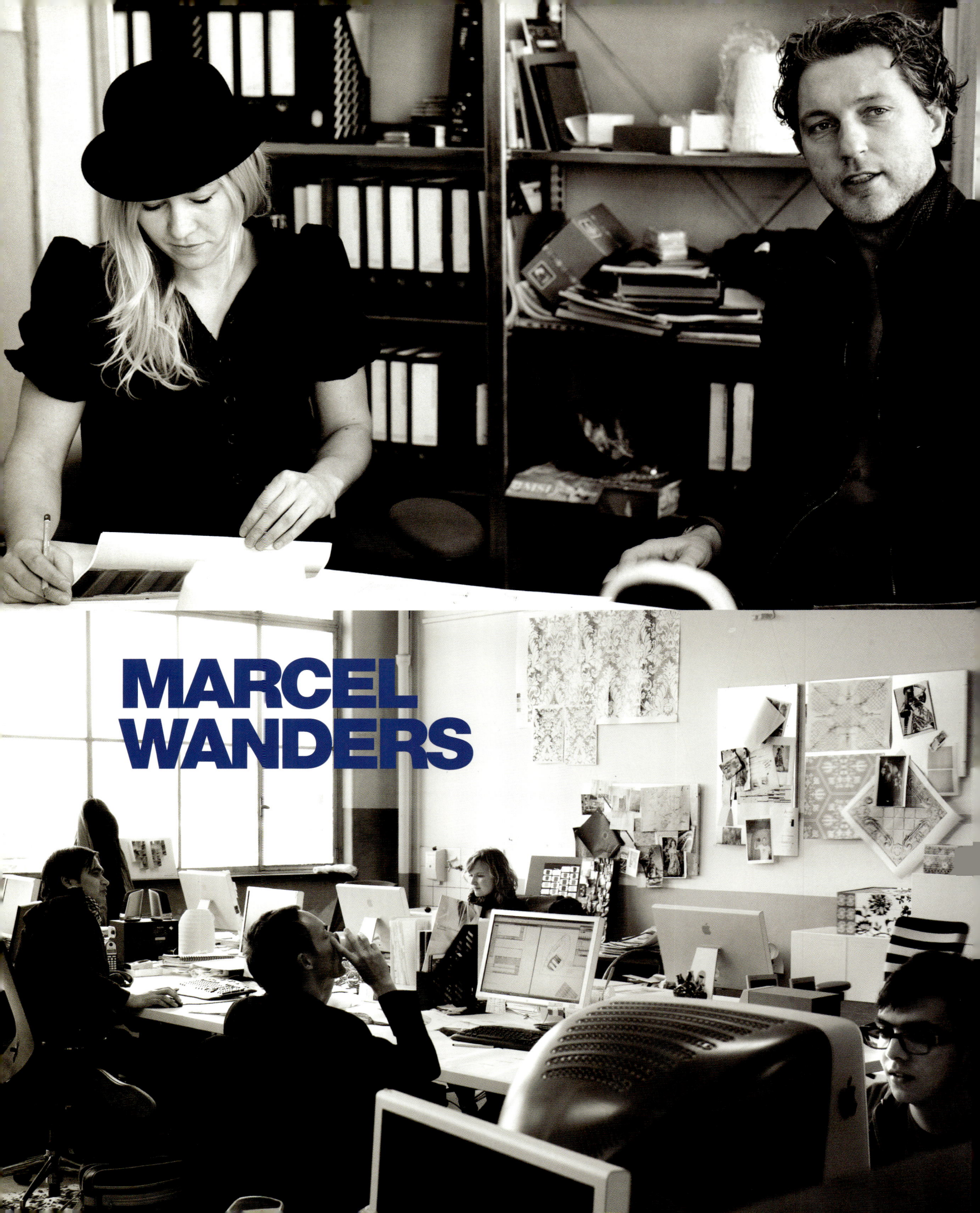

MARCEL WANDERS

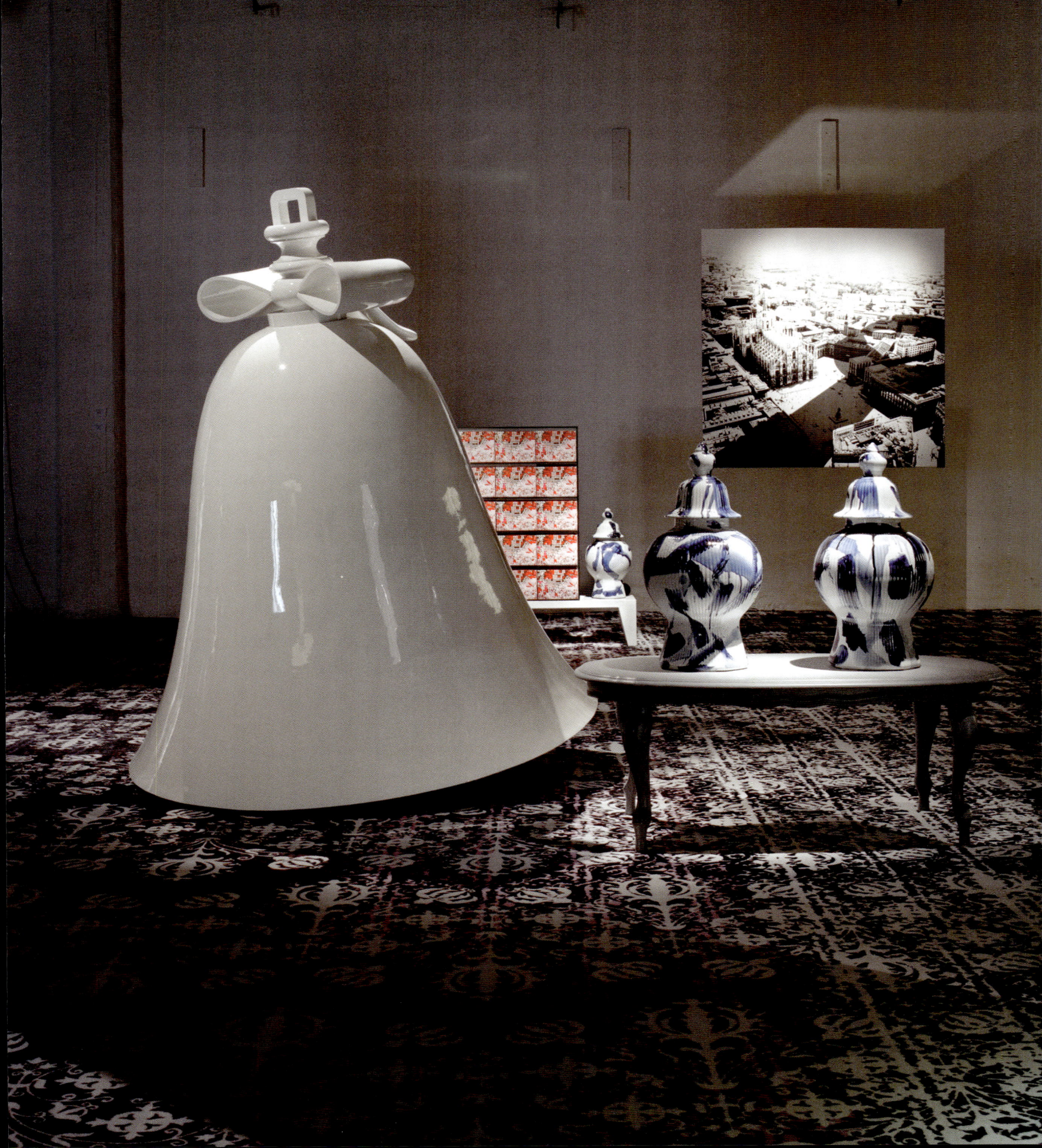

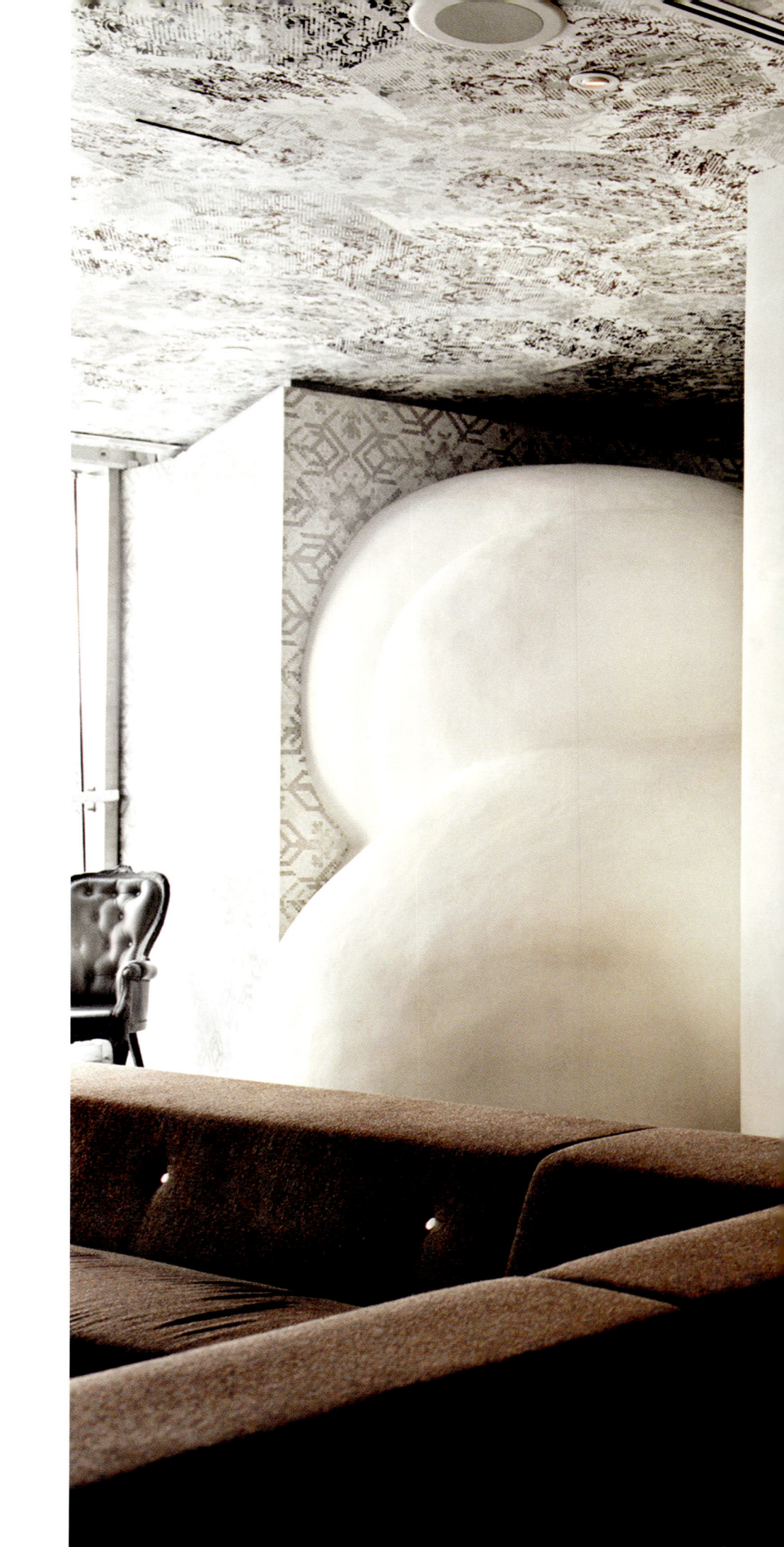

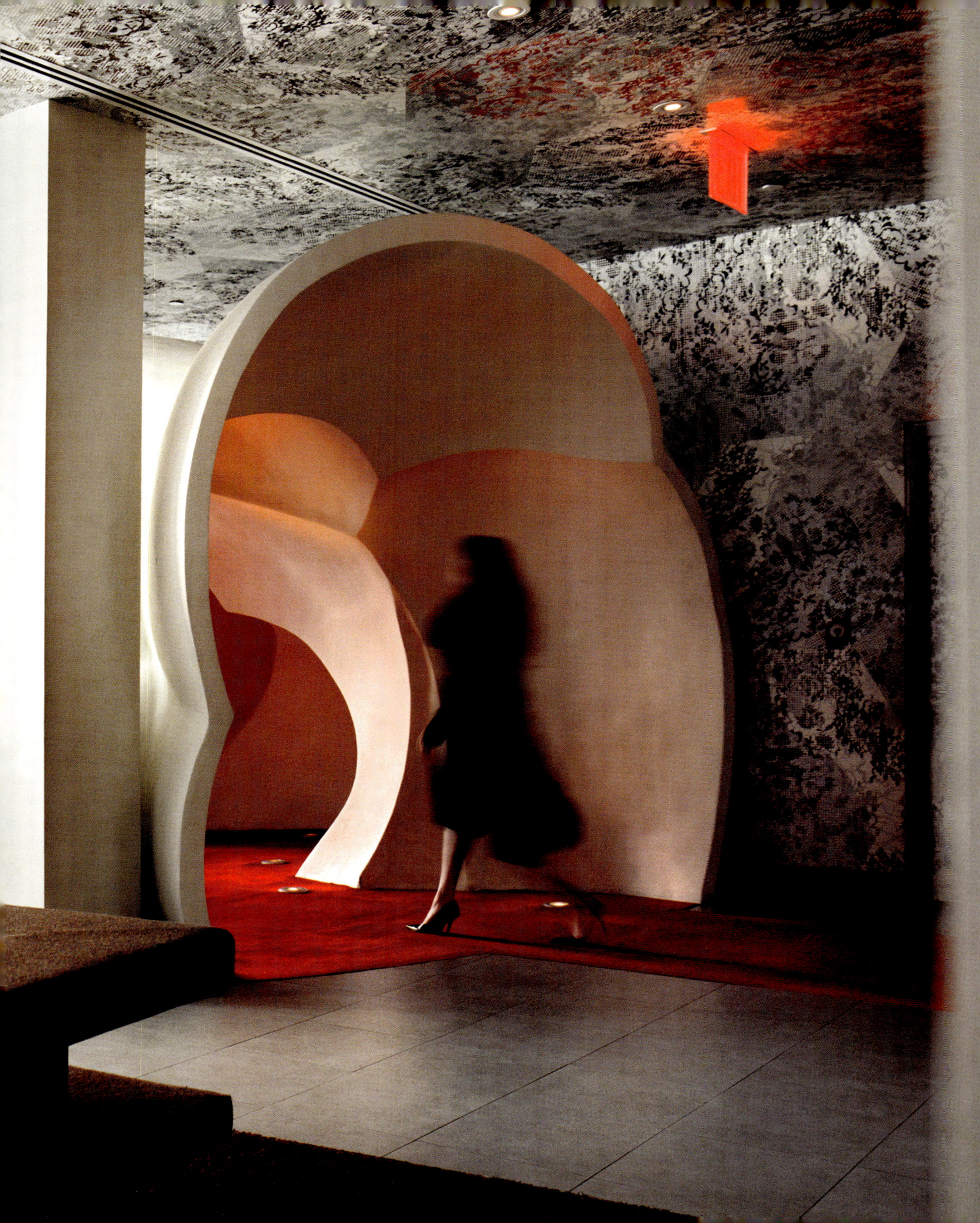

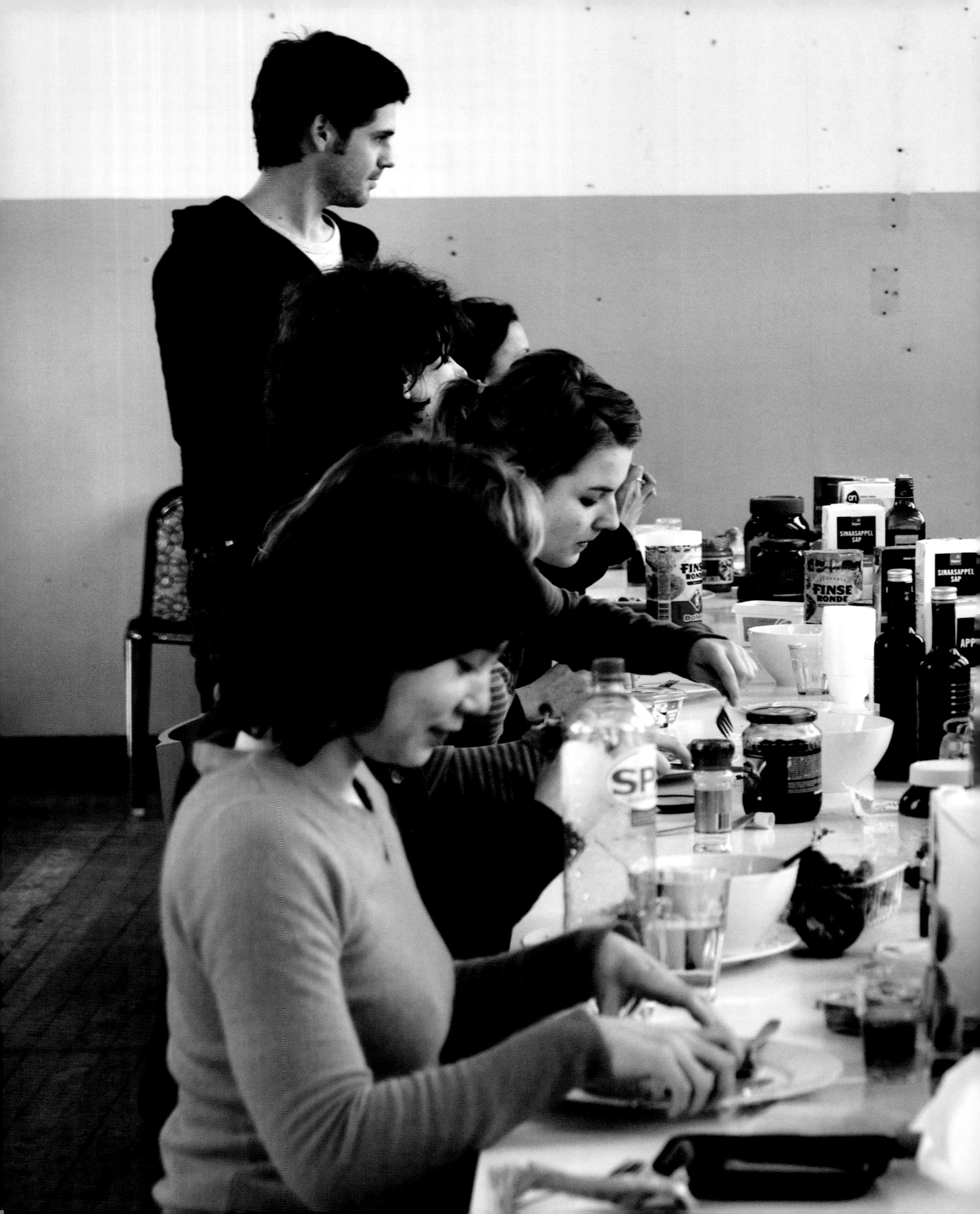

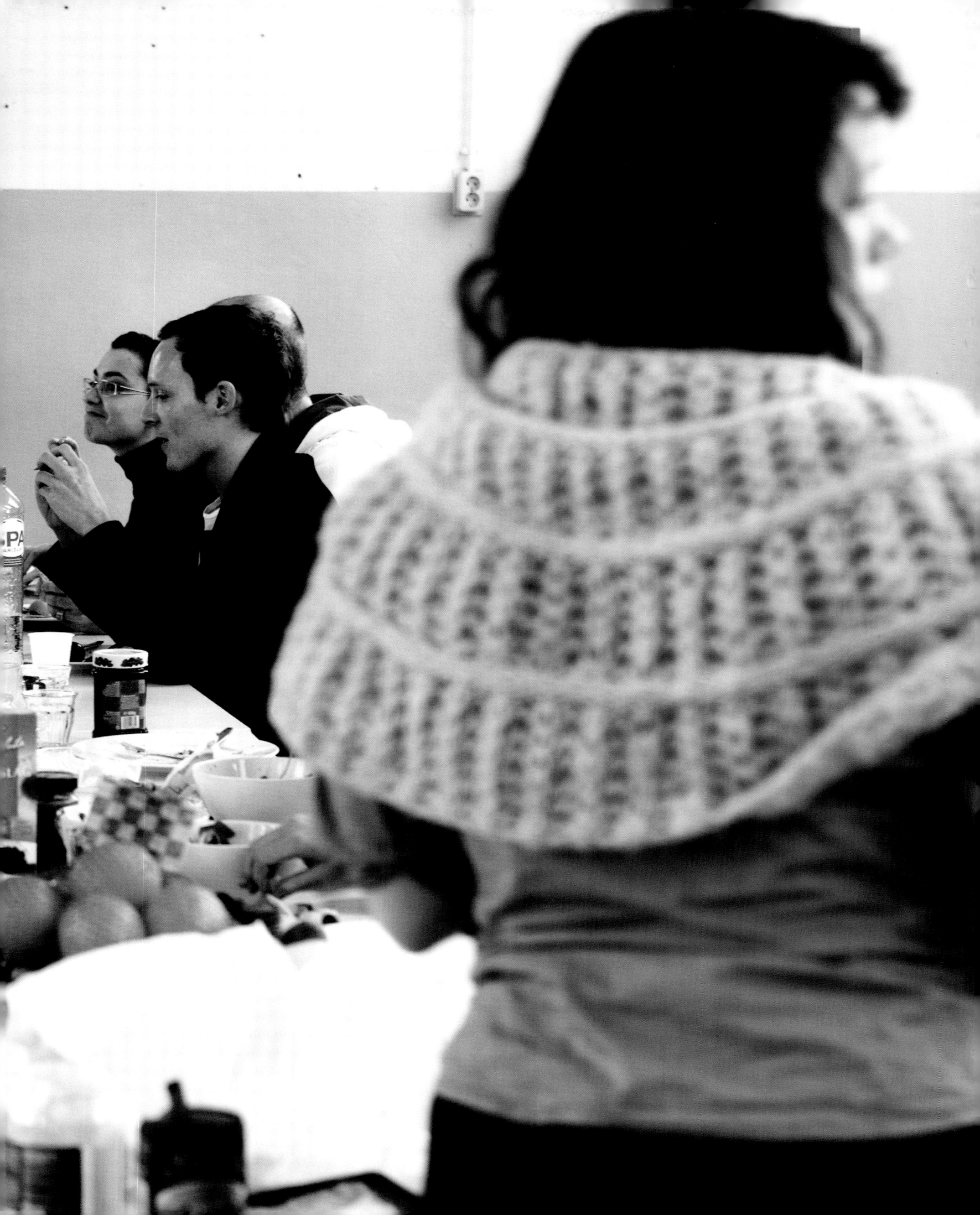

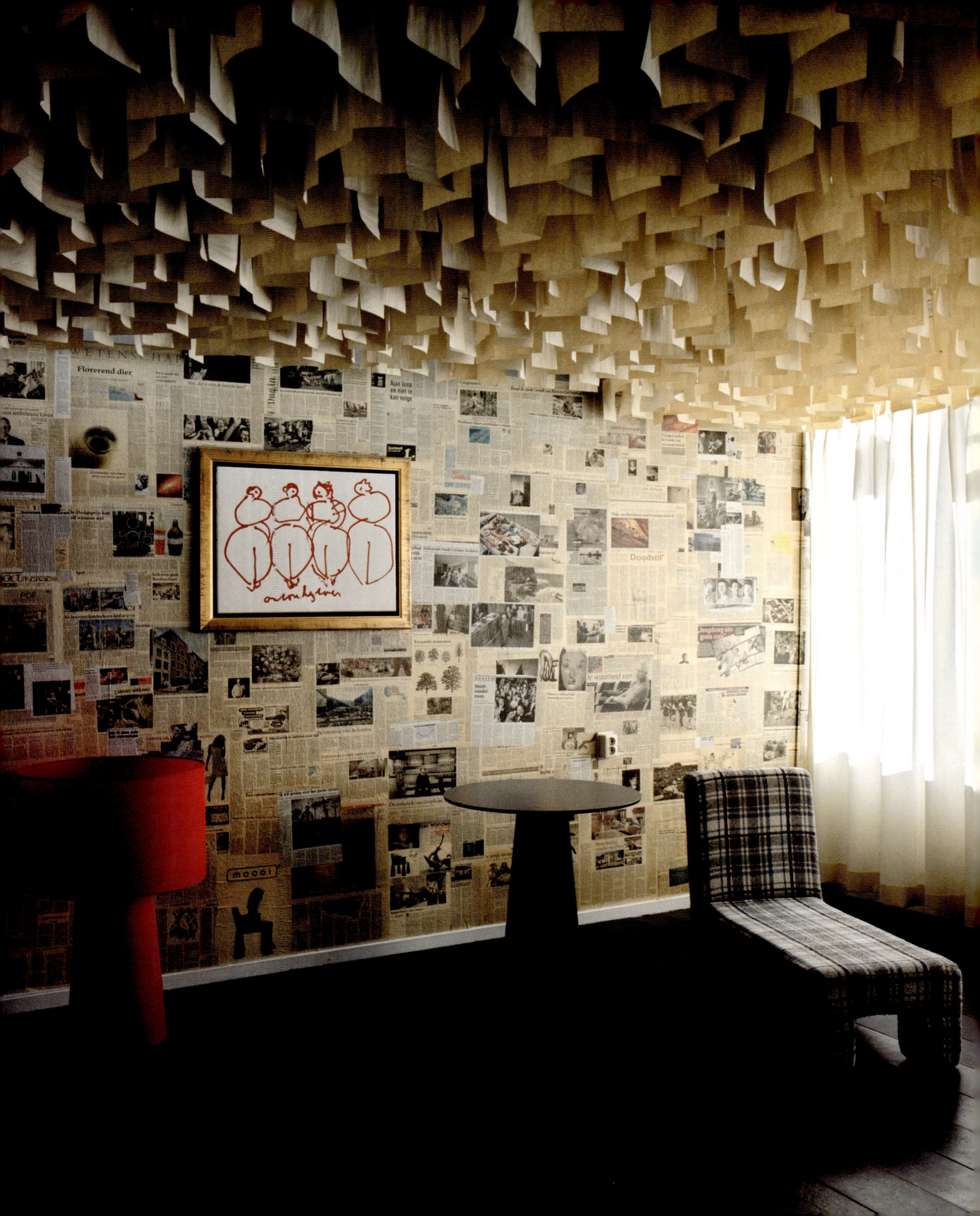

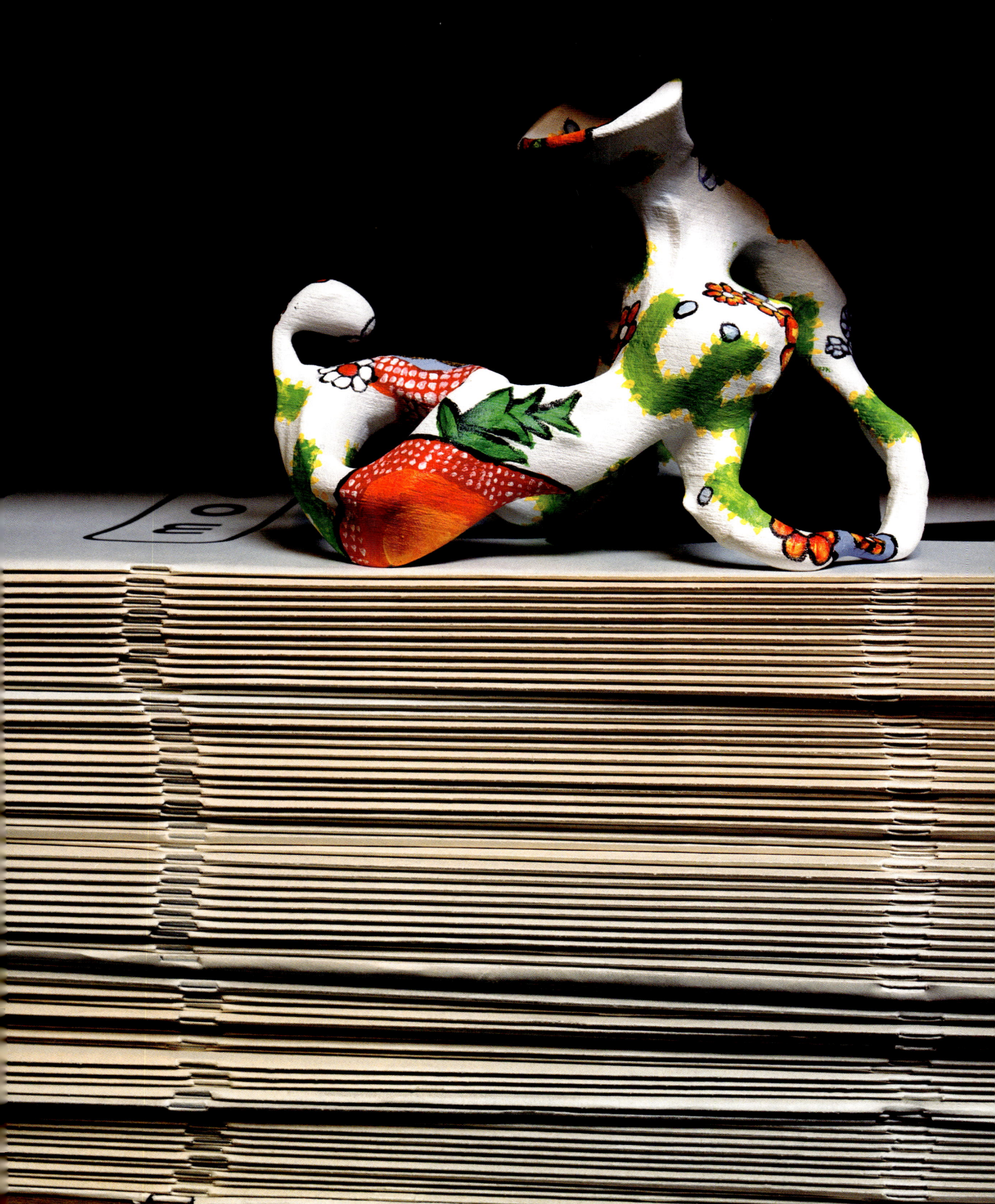

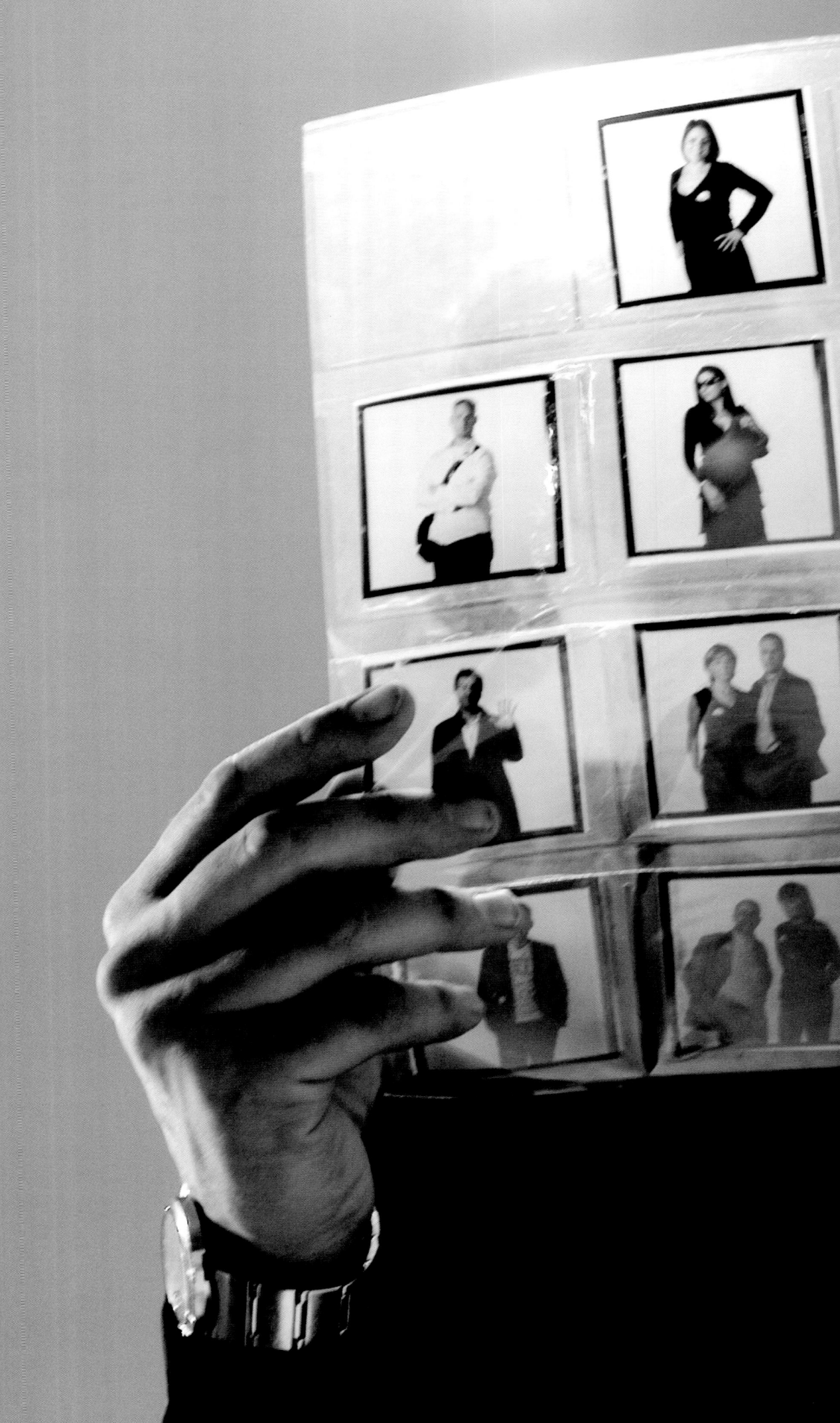

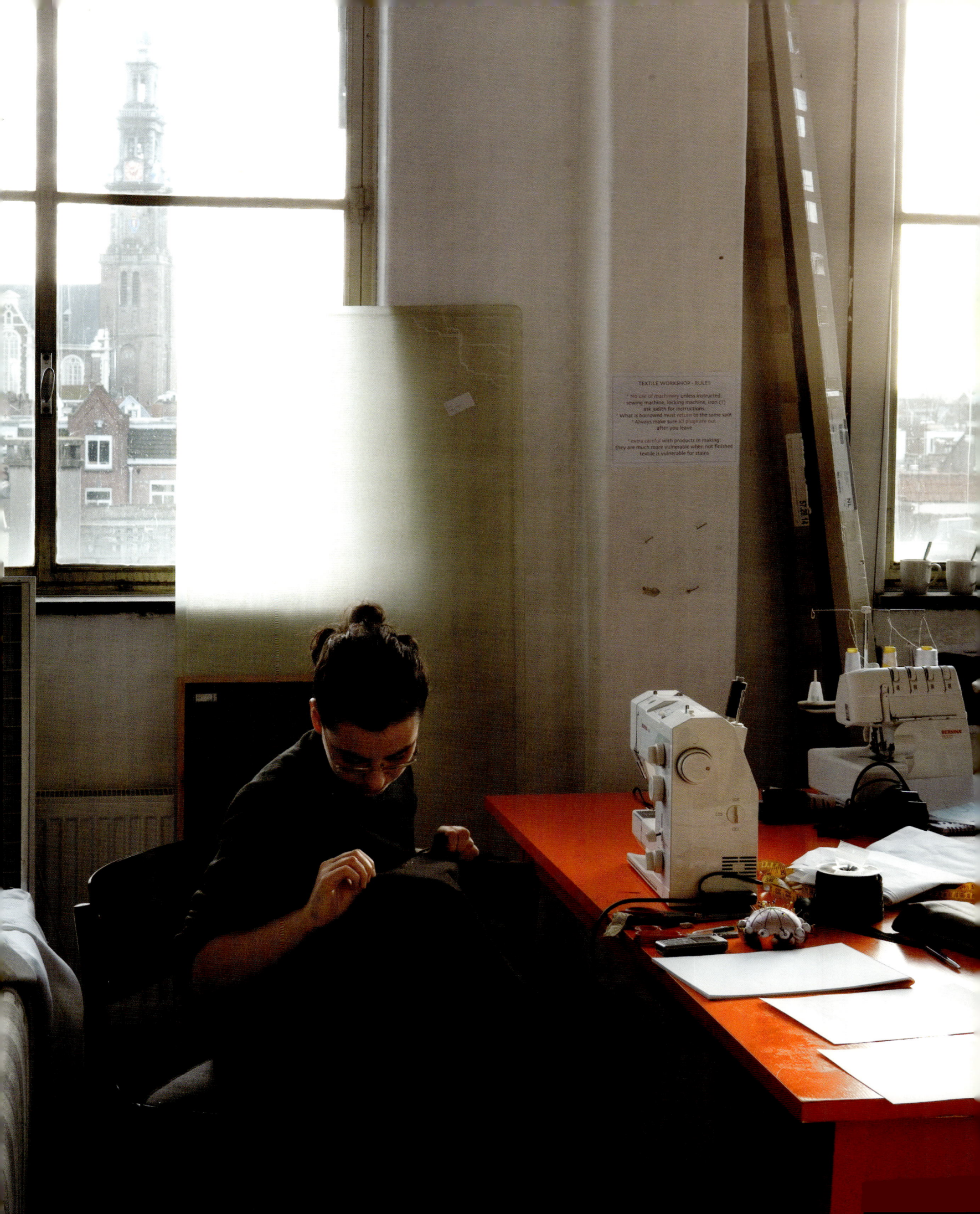

TEXTILE WORKSHOP - RULES

* No use of machinery unless instructed:
sewing machine, locking machine, iron (!)
ask Judith for instructions.
* What is borrowed must return to the same spot
* Always make sure all plugs are out
after you leave

* extra careful with products in making:
they are much more vulnerable when not finished
textile is vulnerable for stains

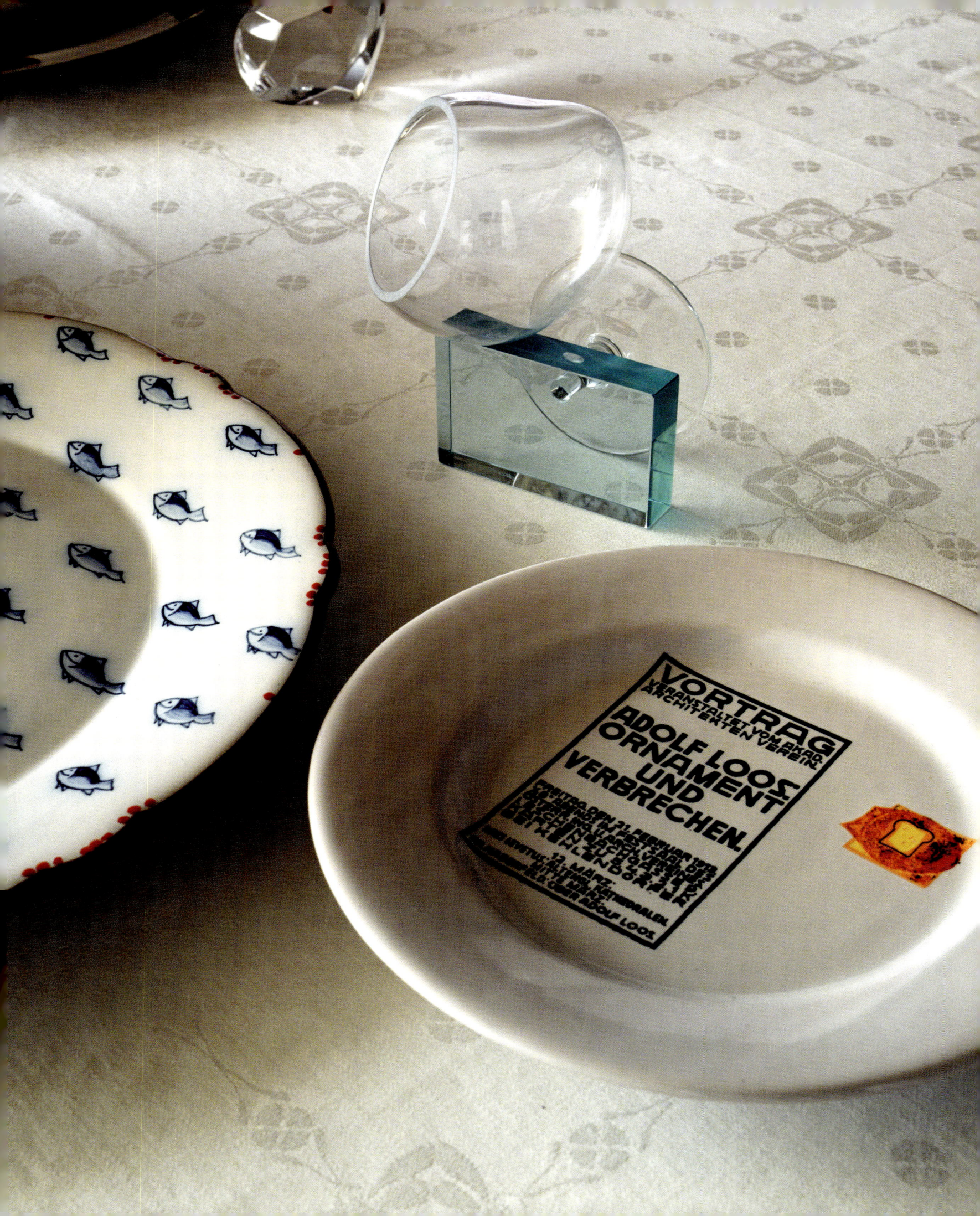

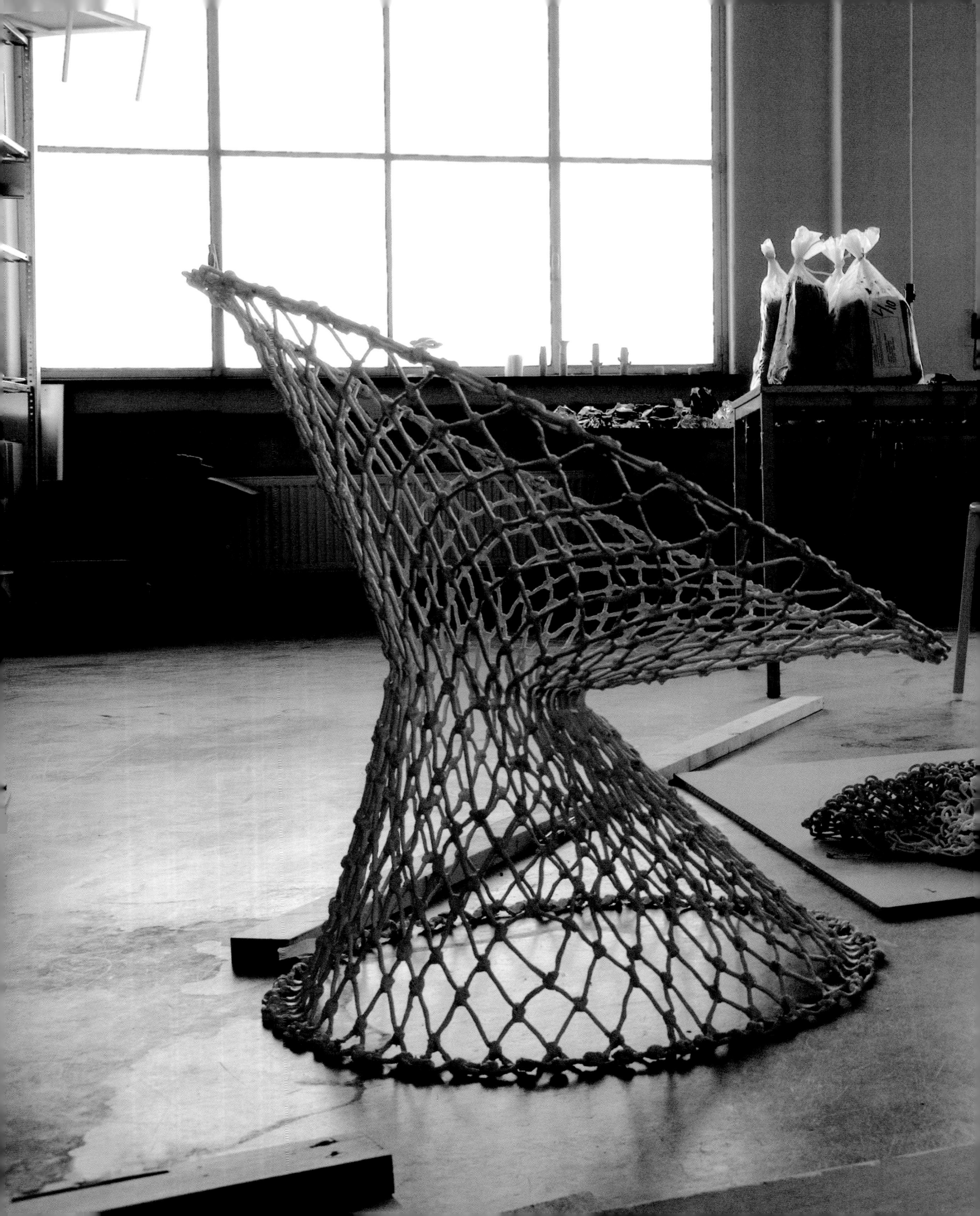

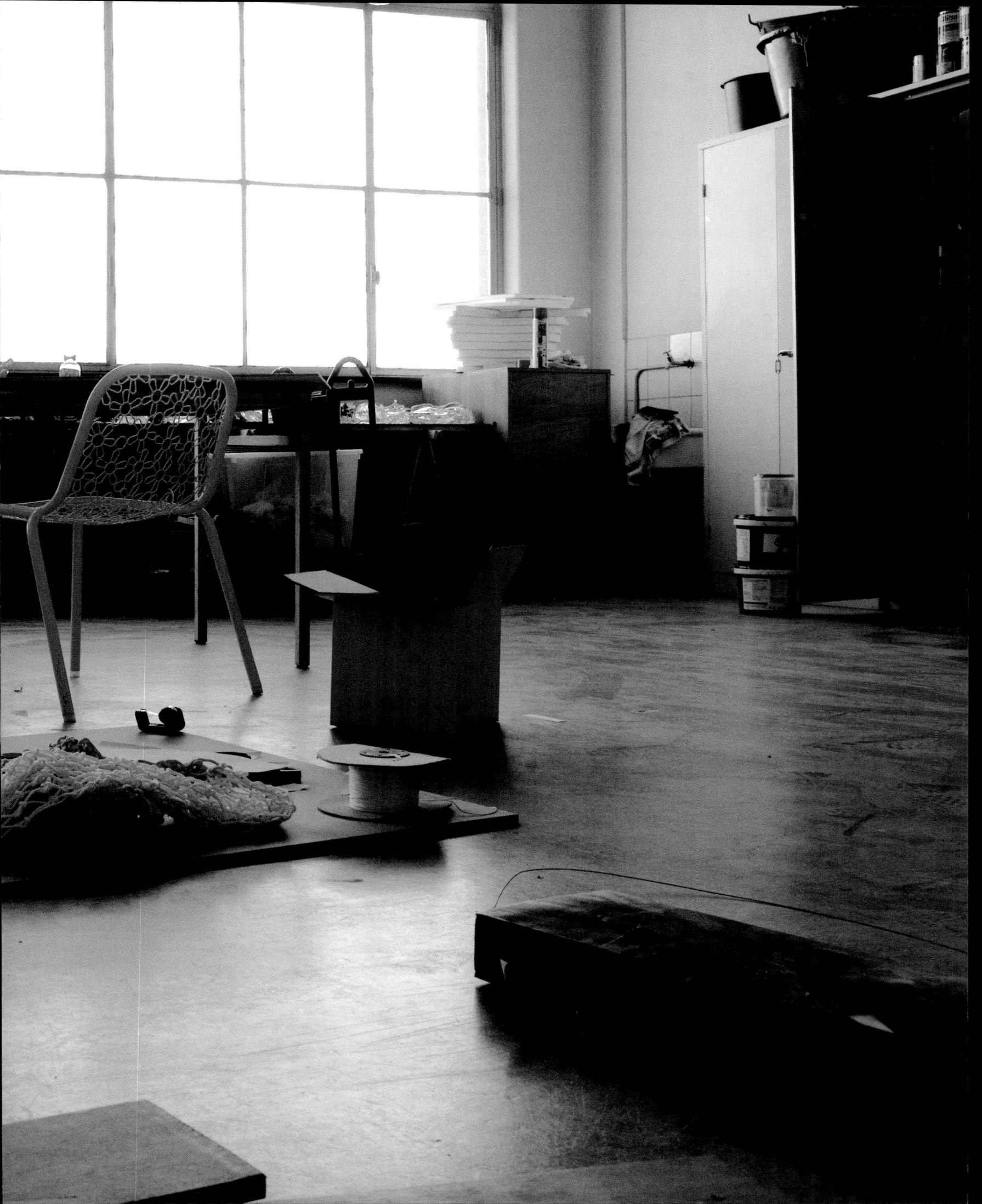

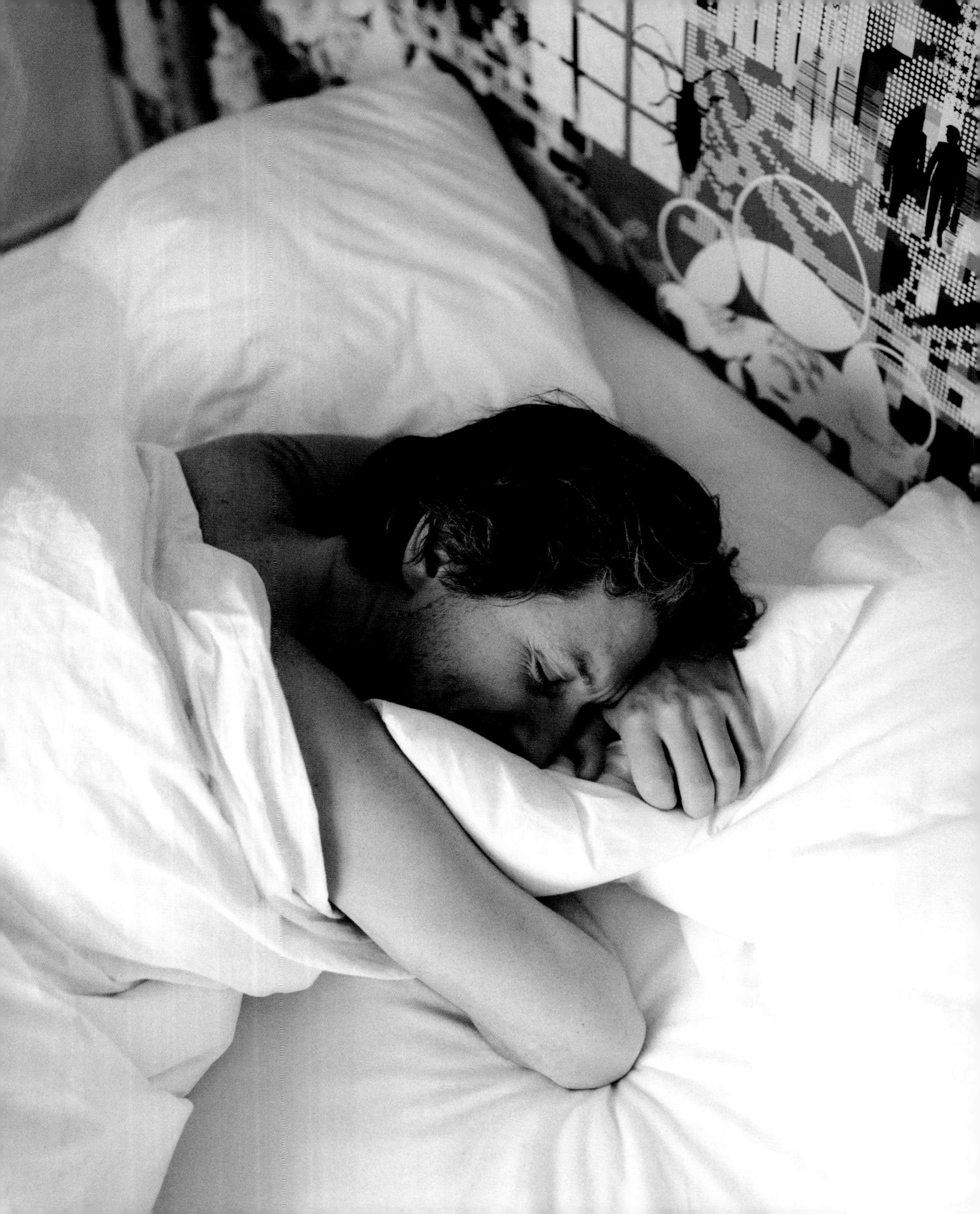

MARCEL WANDERS (BOXTEL, 1963) SCHARRELT
NA EEN JAAR DESIGN ACADEMY IN EINDHOVEN
ZIJN OPLEIDING BIJ ELKAAR IN HASSELT,
MAASTRICHT EN ARNHEM, WAAR HIJ IN 1995
AFSTUDEERT. HIJ START DIRECT ZIJN EIGEN STUDIO:
WANDERS WONDERS, INMIDDELS OMGEDOOPT
TOT MARCEL WANDERS STUDIO. DE STUDIO
ONTWERPT INTERIEURS EN INTERIEUR-PRODUCTEN
VOOR VERSCHILLENDE GROTE DESIGNLABELS,
WAARONDER B&B ITALIA, MOROSO, FLOS EN
MOOOI (HET DOOR HEM OPGERICHTE LABEL).

Wanneer zelfs de Nederlandse vrouwenbladen aandacht besteden
aan een industrieel ontwerper, is er toch wel wat wonderlijks aan de
hand. Deze sterstatus is door Marcel Wanders mede zelf gecreëerd.
In zijn Amsterdamse studio huist een goed geoliede marketing- en
pr-machine die 'een marketingstrategie als een guerrillaoorlog'
voert. Als hij gevraagd wordt model te staan in een kledingcam-
pagne voor het Amerikaanse Gap, doet hij dat. Bang voor een
overkill aan publiciteit is hij niet. Hij vindt zijn werk heel visueel
en dus heel bruikbaar voor tijdschriften. 'If we want to become an
inspiration to others, we have to become communicators. Scream if
you want to be heard!'
Het buitenland kende hem die status van wonderboy eerder
toe dan Nederland. Het Amerikaanse Business Week schaarde
Marcel Wanders in 2002 al onder de 25 meest innovatieve mensen
van Europa, de Britse krant The Observer noemde zijn studio een
van de meest inspirerende huizen van multidisciplinair design.
En de jury van de ELLE Decoration International Design Awards
verkoos hem tot 'designer of the year 2006'. Terug naar waar het
om gaat: zijn ontwerpen. Die zien er uit alsof ze er altijd al waren.
Helder, eenvoudig, commercieel en speels. Hij grijpt daarbij graag
terug op het verleden, maar maakt dan wel gebruik van nieuwe
technieken. Dankzij een flinke dosis ruimtevaarttechnologie, af-
komstig van de Technische Universiteit in Delft, wordt de ouderwetse
macramé-techniek nieuw leven ingeblazen als Wanders in 1996
de Knotted Chair voor Droog Design ontwerpt. Het is een anderhalf
kilo wegende stoel van met epoxyhars versterkt touw. De stoel wordt
nu al als een klassieker gezien. Met Bertjan Pot bedacht hij daarna
de Carbon Chair van gefixeerde vezels, en de Crochet Chair: een stoel
die bestaat uit gehaakte lapjes. Maar ook zonder high-tech-procédé
brengt Wanders vroegere tijden in beeld, bijvoorbeeld in de New
Antiques voor Cappellini. Die meubelen bestaan 'gewoon' uit hout
en leer. De lamp Big Shadow, ook voor Cappellini, is overigens zo
populair dat Wanders meerdere processen voert tegen kopieerders.
Veel ontwerpen zijn gemaakt met een vette knipoog. Lekker banaal
creatief zijn de Airborne Snotty Vase, een enorme uitvergroting van een
heel klein stukje snot, en de Egg Vase: gemaakt door hardgekookte
eieren in een condoom te stoppen en vervolgens in porseleinslib te
dopen en bakken.
Na een jaar Design Academy wordt Wanders er vanaf getrapt
('ik was te eigenwijs'). Hij scharrelt zijn opleiding bij elkaar in
Hasselt, Maastricht en Arnhem, waar hij in 1995 cum laude
afstudeert. Hij start direct zijn eigen studio: Wanders Wonders,
inmiddels omgedoopt tot Marcel Wanders Studio. Vanaf zomer
2007 huist de studio in een enorme Amsterdamse school die tevens
ruimte biedt aan andere creatieve bedrijven. Marcel Wanders Studio
ontwerpt interieurs en interieurproducten voor alle grote designlabels,
waaronder Cappellini, Bisazza, B&B Italia, Poliform, Moroso, Flos en
Moooi, het label dat hij in 2000 oprichtte en waarvan hij nu alleen
nog art director is. Moooi (een verbastering van het Nederlandse
woord voor schoonheid) is gekozen om zijn drijfveer: schoonheid.
Marcel Wanders wil design niet alleen functioneel laten zijn, hij wil
producten maken waar mensen van kunnen houden. Het vrouwenti-
jdschrift Red vertrouwt hij toe: 'Ik wil een wereld maken waarin wij
kunnen leven als prinsen en prinsessen. Niet als schooiers en losers.'

MARCEL WANDERS (BOXTEL, 1963). AFTER A
YEAR AT THE ACADEMY FOR INDUSTRIAL DESIGN
(NOW DESIGN ACADEMY) IN EINDHOVEN, WANDERS
GLEANED HIS TRAINING FROM VARIOUS SCHOOLS IN
HASSELT, MAASTRICHT AND ARNHEM, WHERE HE
GRADUATED IN 1995. HE WASTED NO TIME SETTING
UP HIS OWN STUDIO: WANDERS WONDERS (NOW
MARCEL WANDERS STUDIO). THE FOCUS IS ON
INTERIOR DESIGN, ALONGSIDE INDIVIDUAL ITEMS
COMMISSIONED FOR A VARIETY OF PRESTIGIOUS
DESIGN LABELS, INCLUDING B&B ITALIA, MOROSO,
FLOS EN MOOOI (THE BRAND HE FOUNDED HIMSELF).

When even the women's magazines in Holland highlight the work of an
industrial designer, then you know there's something unusual going on.
This star status was created in part by Marcel Wanders himself.
His Amsterdam studio features a well-oiled PR machine and a marketing
strategy borrowed from guerrilla warfare. When asked to pose as a model
in a publicity campaign for the American clothing chain Gap, Wanders didn't
hesitate a second. Nor is he afraid of publicity overkill. He sees his work as
highly visual, which means it's simply made for glossy magazines. 'If we want
to become an inspiration to others, we have to become communicators.
If you want to be heard, scream!'
Marcel Wanders achieved star status abroad even before he made the
grade in Holland. In 2002 the American magazine Business Week included
him in a list of the 25 most innovative people in Europe, while the British
newspaper The Observer called his studio one of the most inspiring houses
specializing in multi-disciplinary design. And in 2006 the jury of the ELLE
Decoration International Design Awards voted him 'Designer of the Year'.
But back to what it's all about: his designs. They look as if they have always
been there: they are simple, lucid, playful… and commercial. Wanders delves
into the past, but makes grateful use of new techniques. Thanks to a sizable
dose of space technology borrowed from the Technical University Delft, he
breathed new life into old-fashioned macramé techniques. Take the Knotted
Chair he did for Droog Design in 1996: made of rope reinforced with epoxy
resin, and weighing in at a kilo and a half, it is already a classic. Together with
Bertjan Pot, he dreamed up the Carbon Chair, made of fixed fibres, and the
Crochet Chair. But even without the use of high-tech processes, Wanders
manages to bring the past to life, as in the New Antiques line for Cappellini.
This is 'ordinary' furniture, that is, it's made of the customary leather and
wood. The lamp Big Shadow, another Cappellini design, has become so
popular that Wanders is currently involved in litigation against several would-
be imitators. Many of his designs are tongue-in-cheek. The Airborne Snotty
Vase, consisting of a minuscule drop of snot, is both banal and creative. And
then there is the Egg Vase, made by stuffing hard-boiled eggs into a condom
and then dipping them in porcelain silt and firing them.
After a year at the Academy for Industrial Design Wanders was expelled
('I was too cocky'). The rest of his training was acquired in Hasselt, Maastricht
and, finally, Arnhem, where he graduated cum laude. He immediately set up
his own studio: Wanders Wonders, which now goes by the name of Marcel
Wanders Studio. In the summer of 2007, the studio will be moving to large
accommodations in a former Amsterdam school, which is home to other
creative enterprises. Marcel Wanders Studio designs interiors and products
for the interior for all the major design labels, including Cappellini, Bisazza,
B&B Italia, Poliform, Moroso, Flos and Moooi, the label he co-founded in
2000 and in which he is now involved solely as art director. The word Moooi,
a variation on the Dutch word for beautiful, symbolizes Wanders' driving
force: he wants to make the kind of products people fall in love with. He once
confided to the Dutch women's magazine Red: 'I want to create a world
where we can all live like princes and princesses. Not like scroungers and
losers.'

www.marcelwanders.com

95

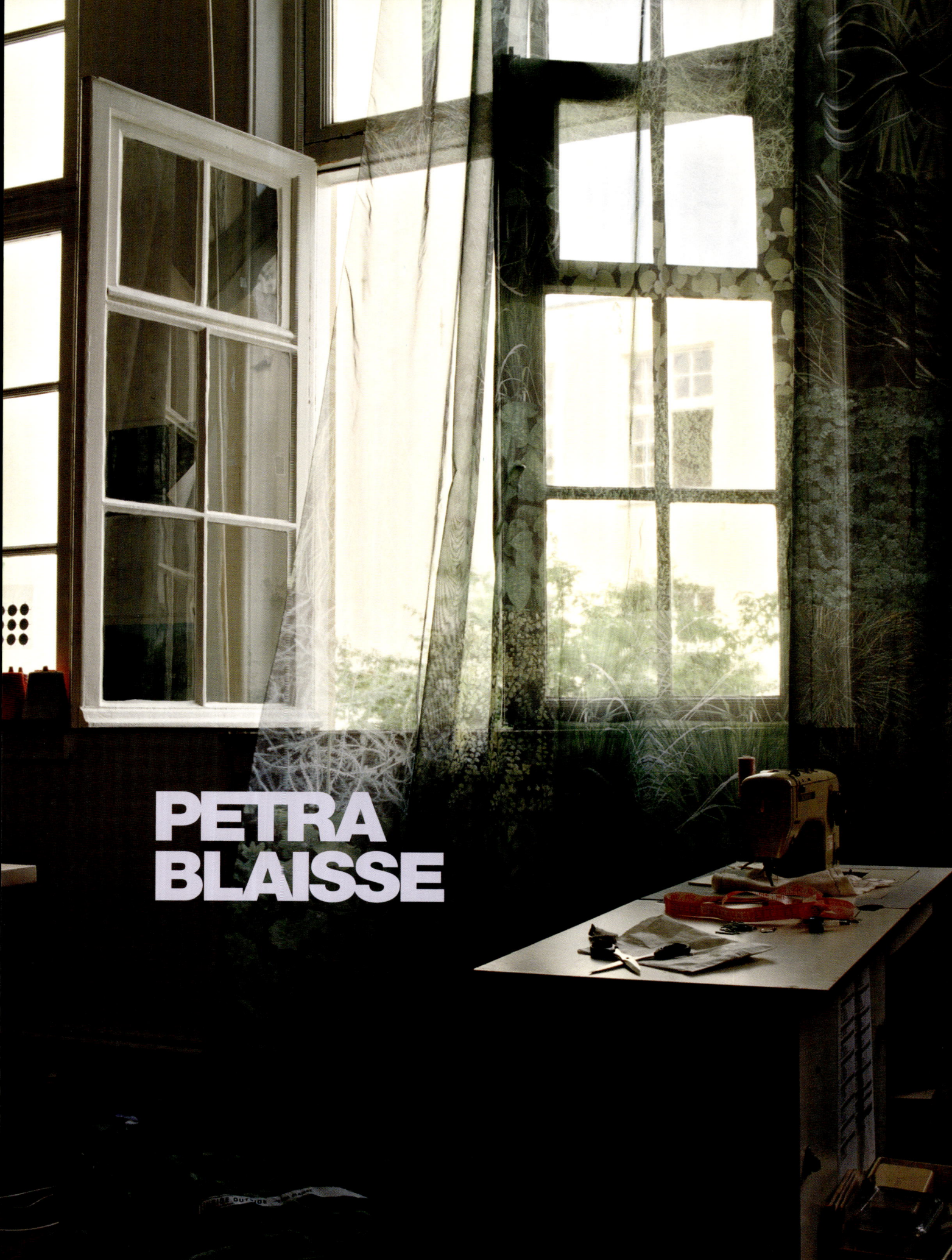

PETRA BLAISSE

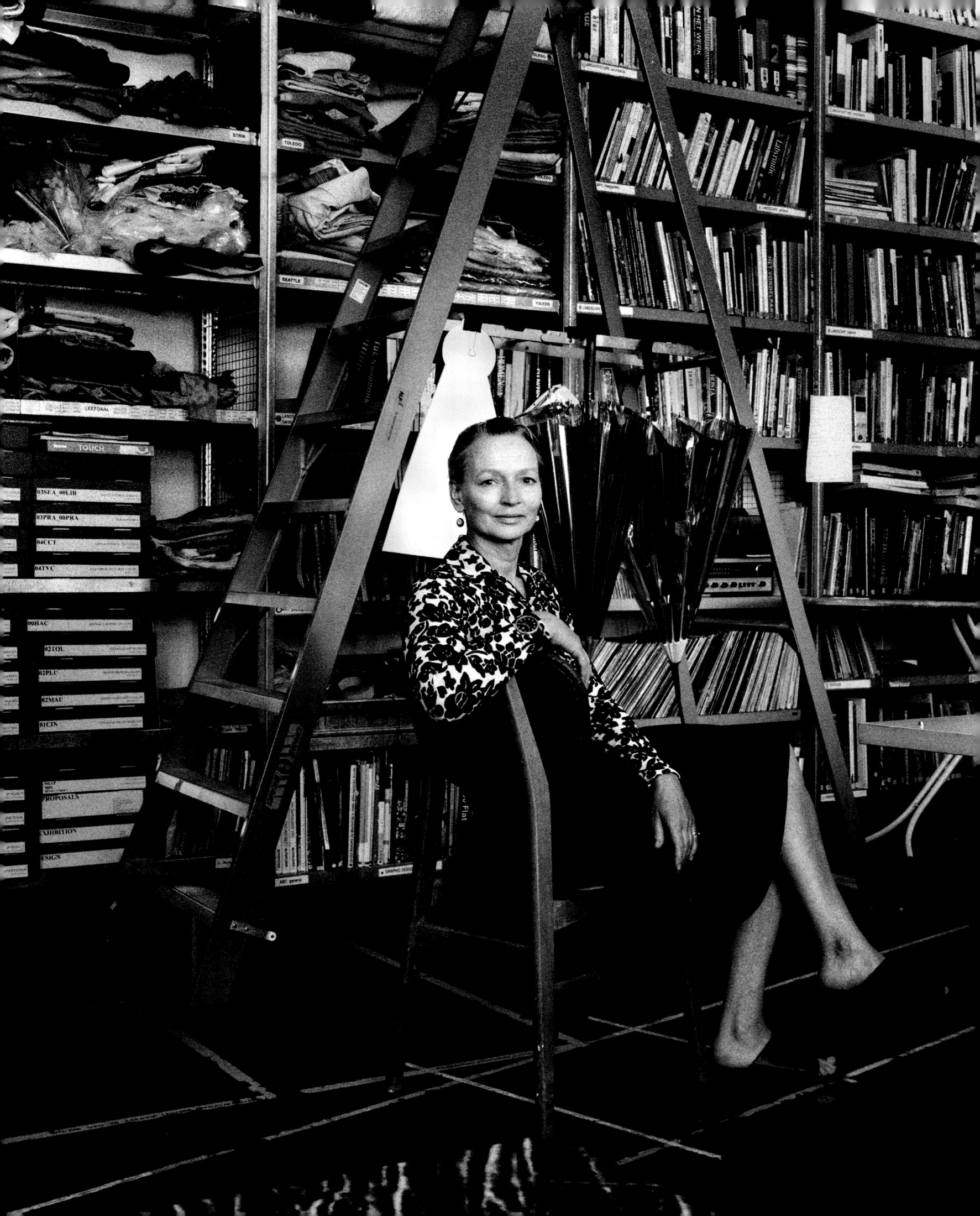

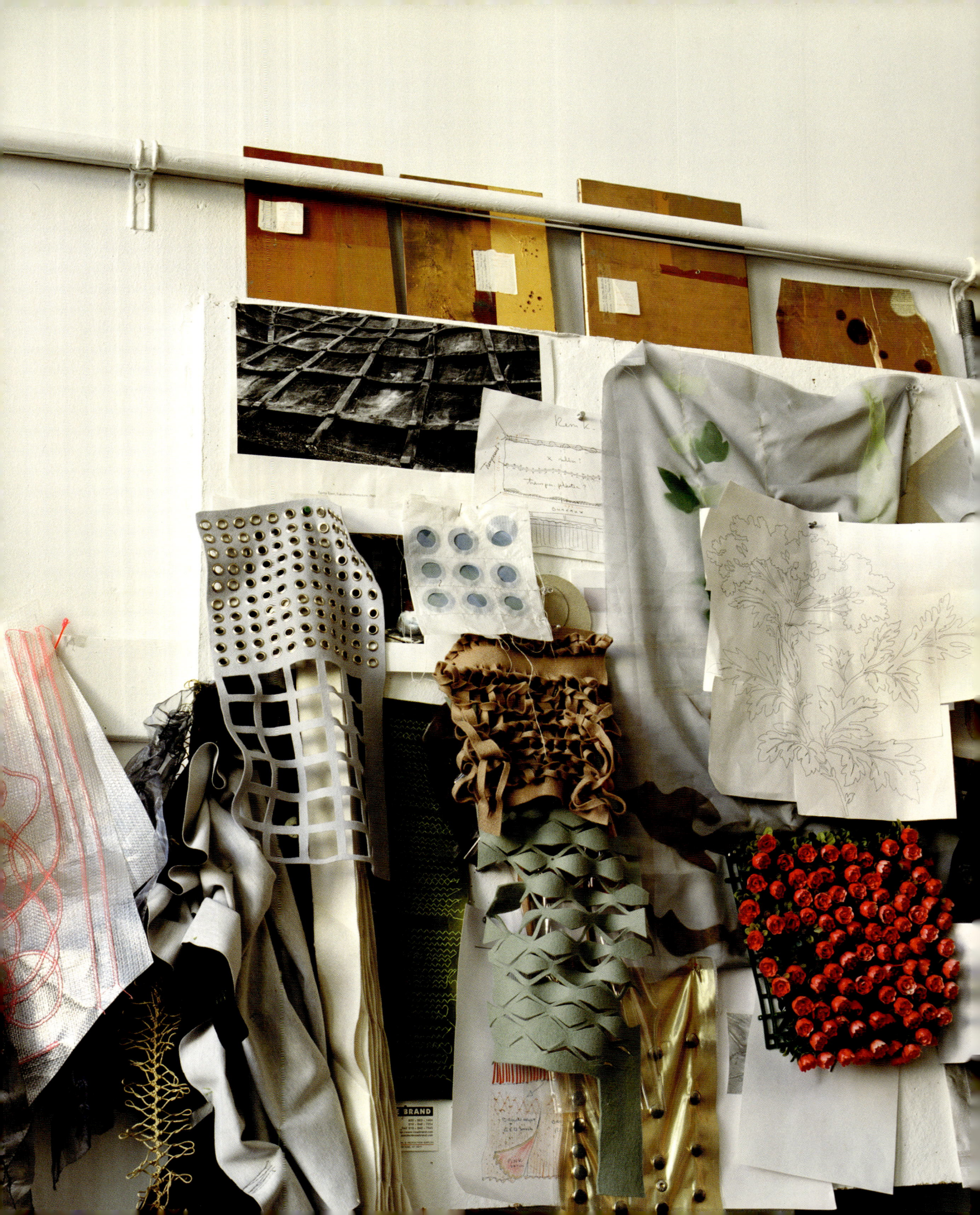

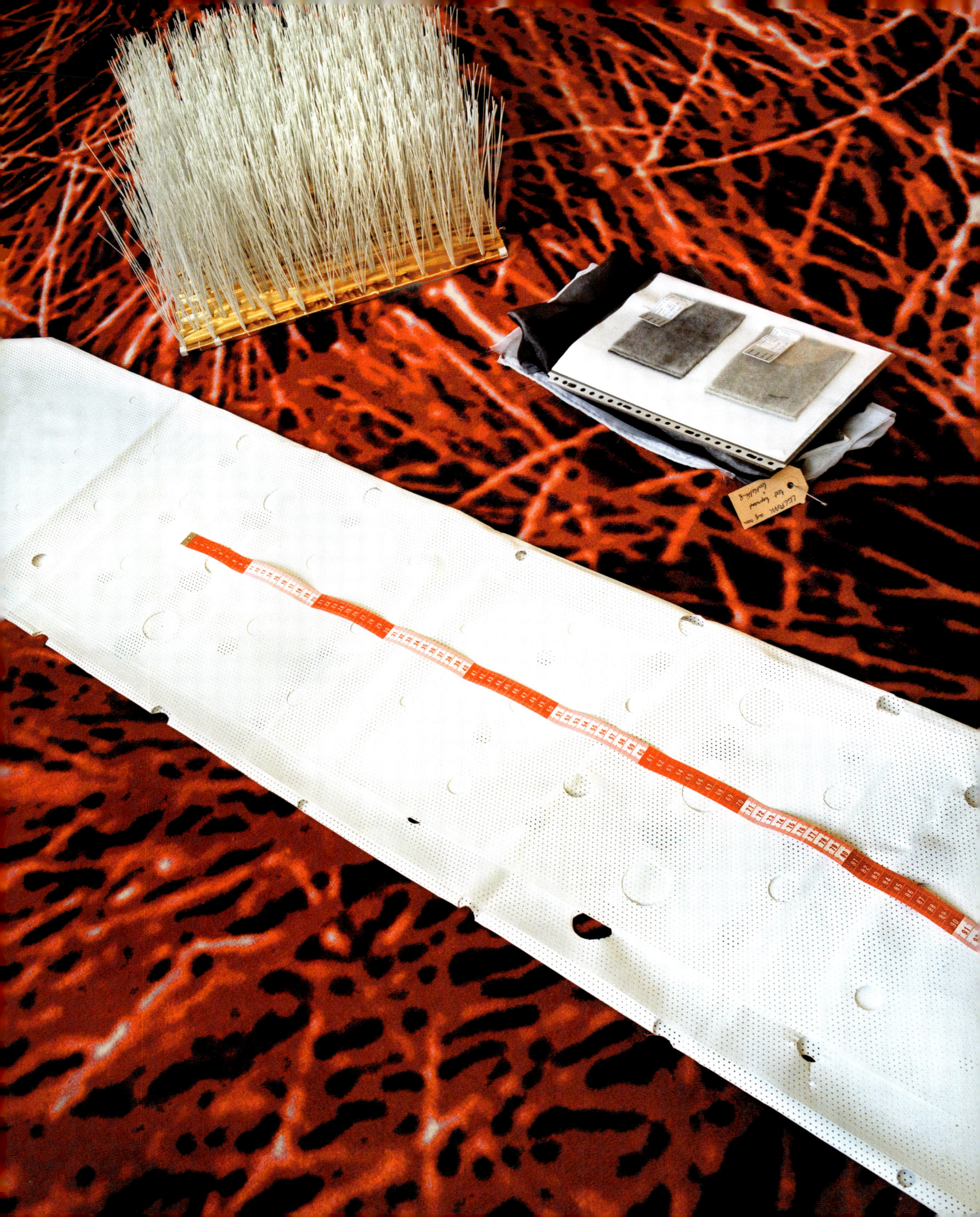

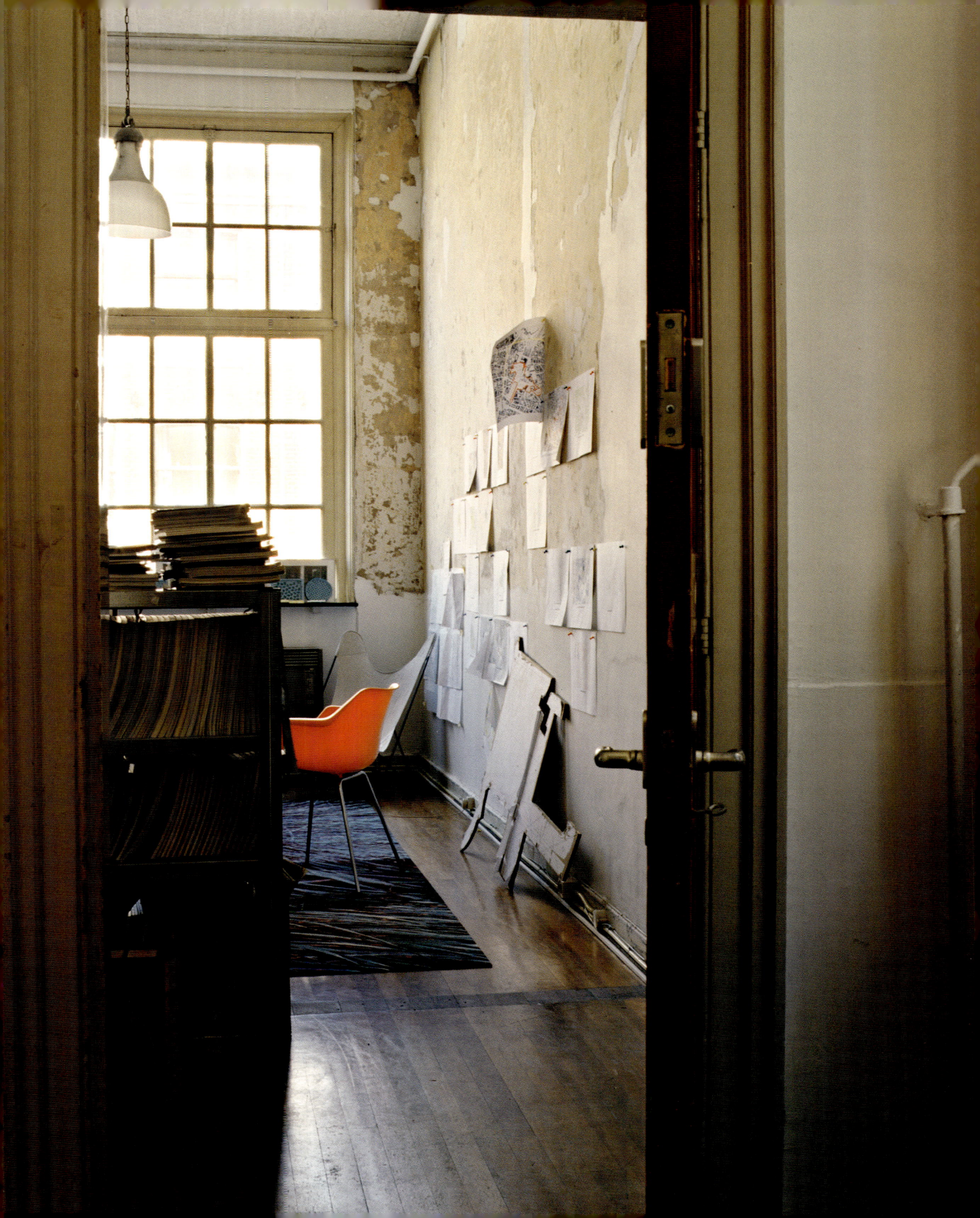

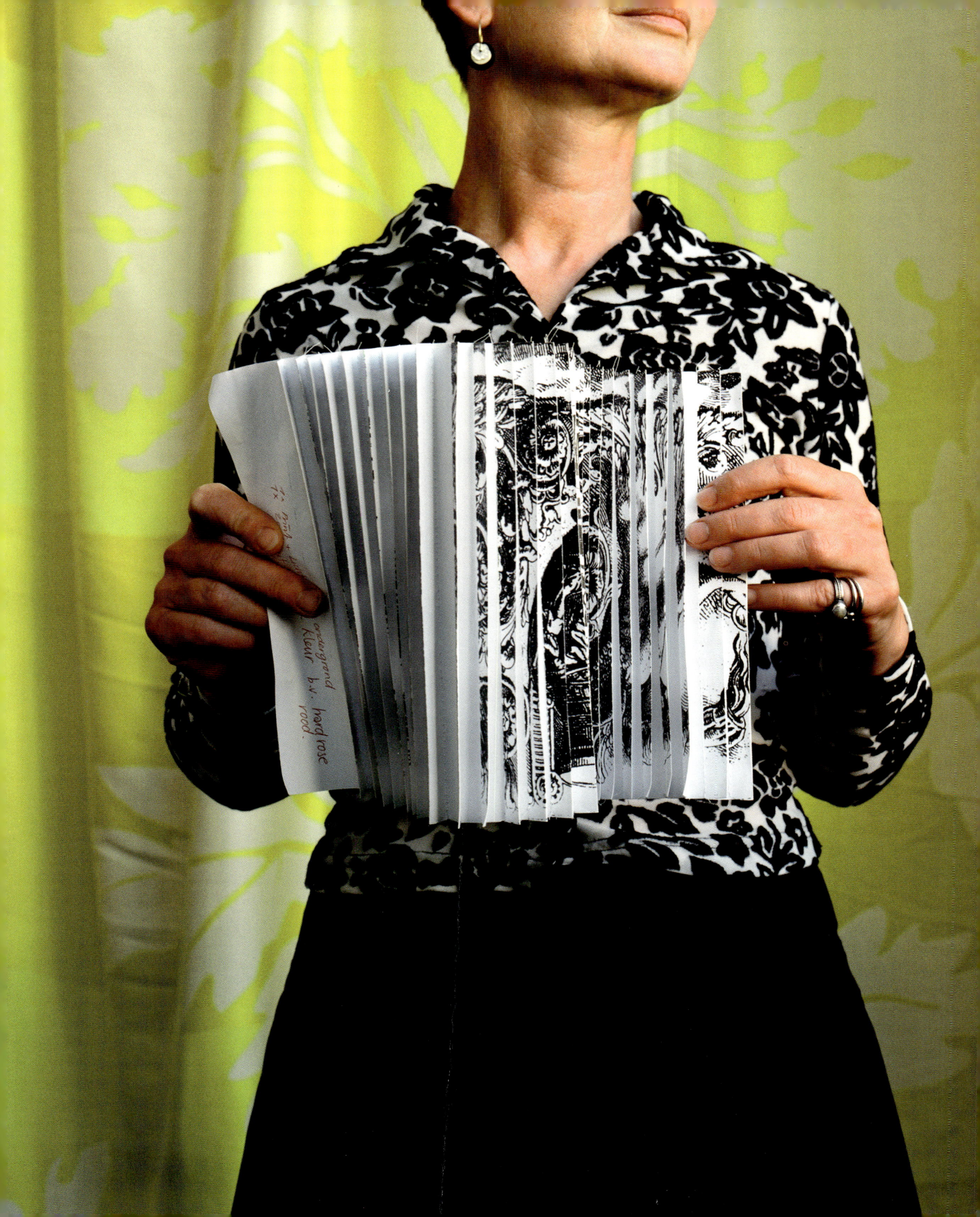

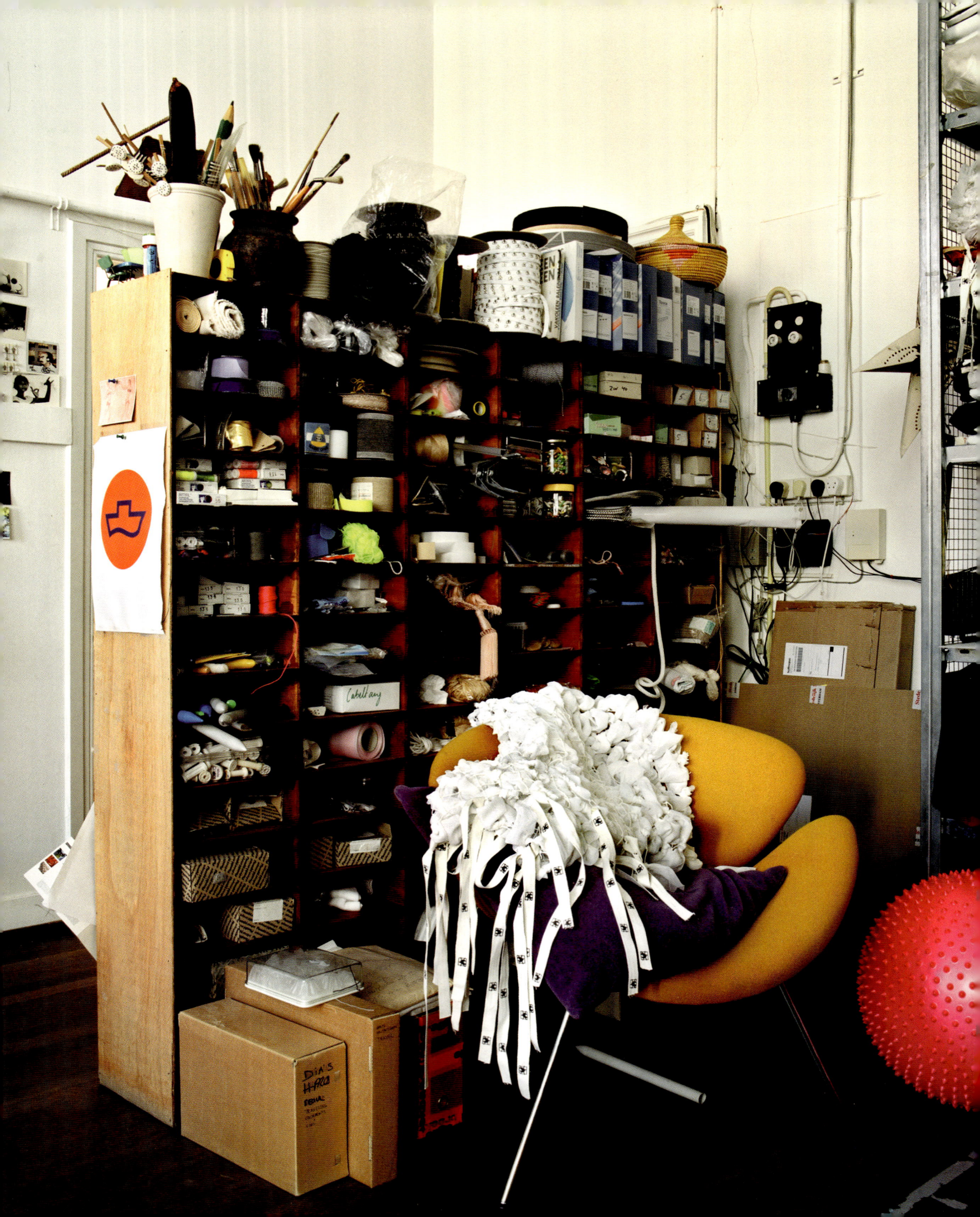

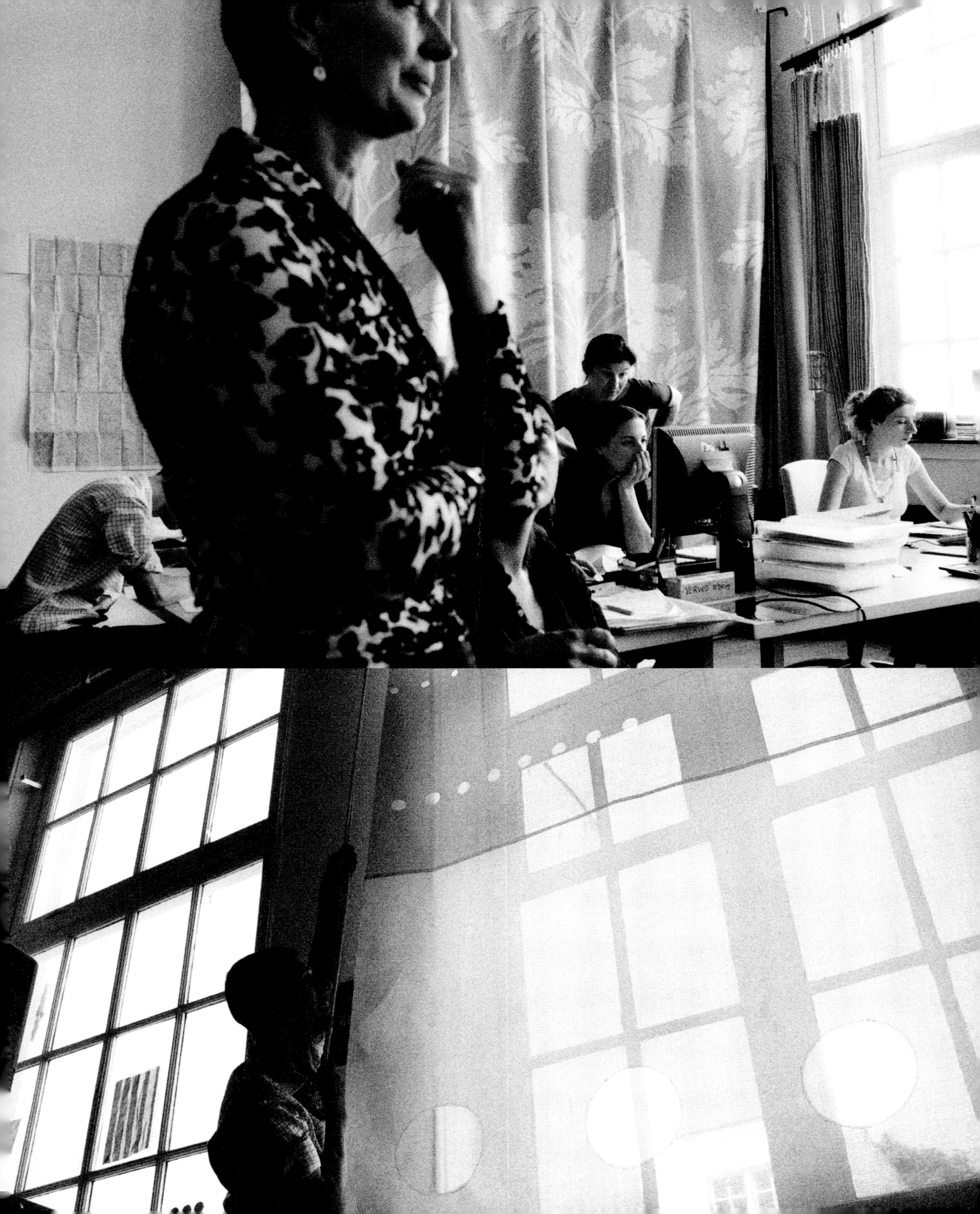

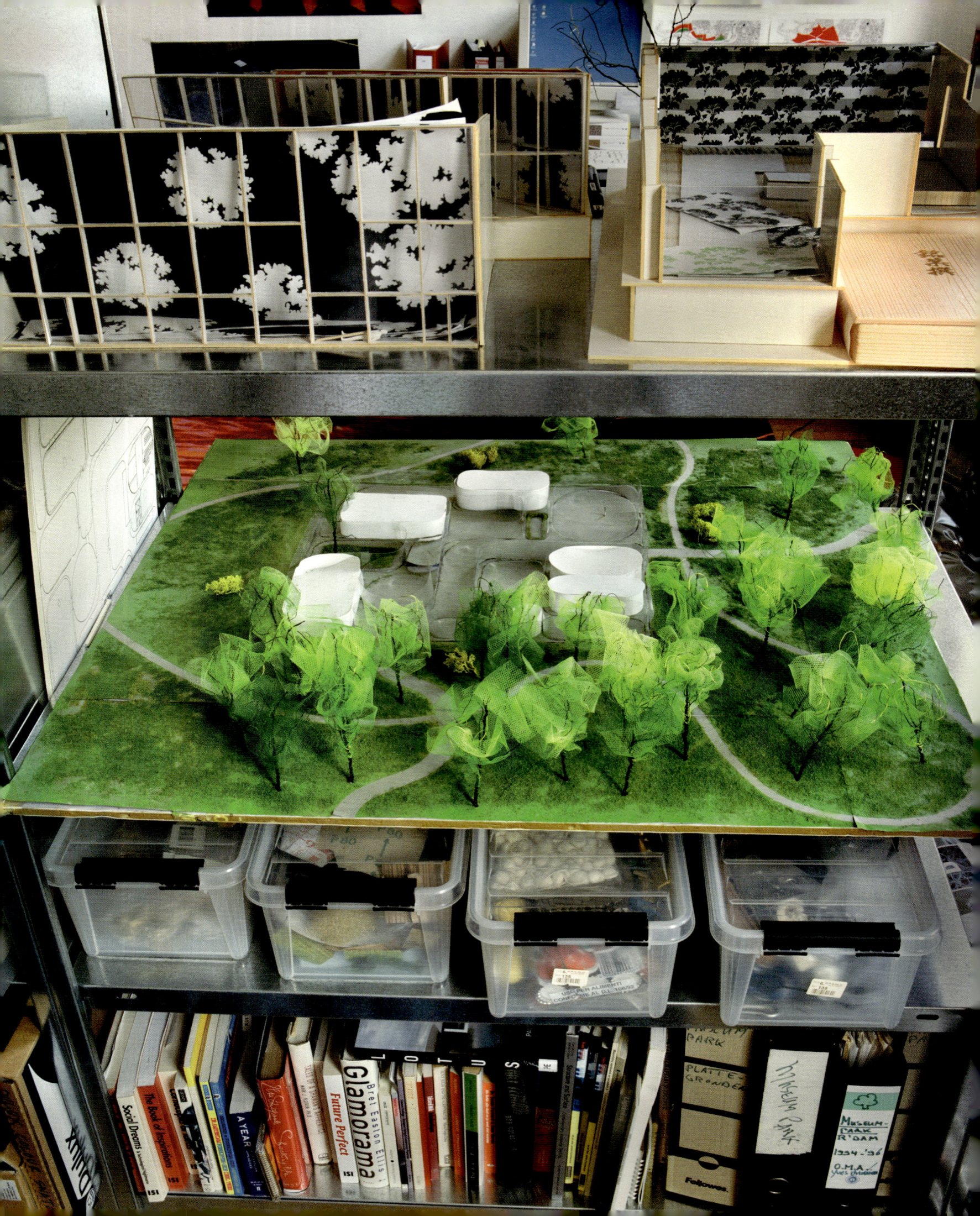

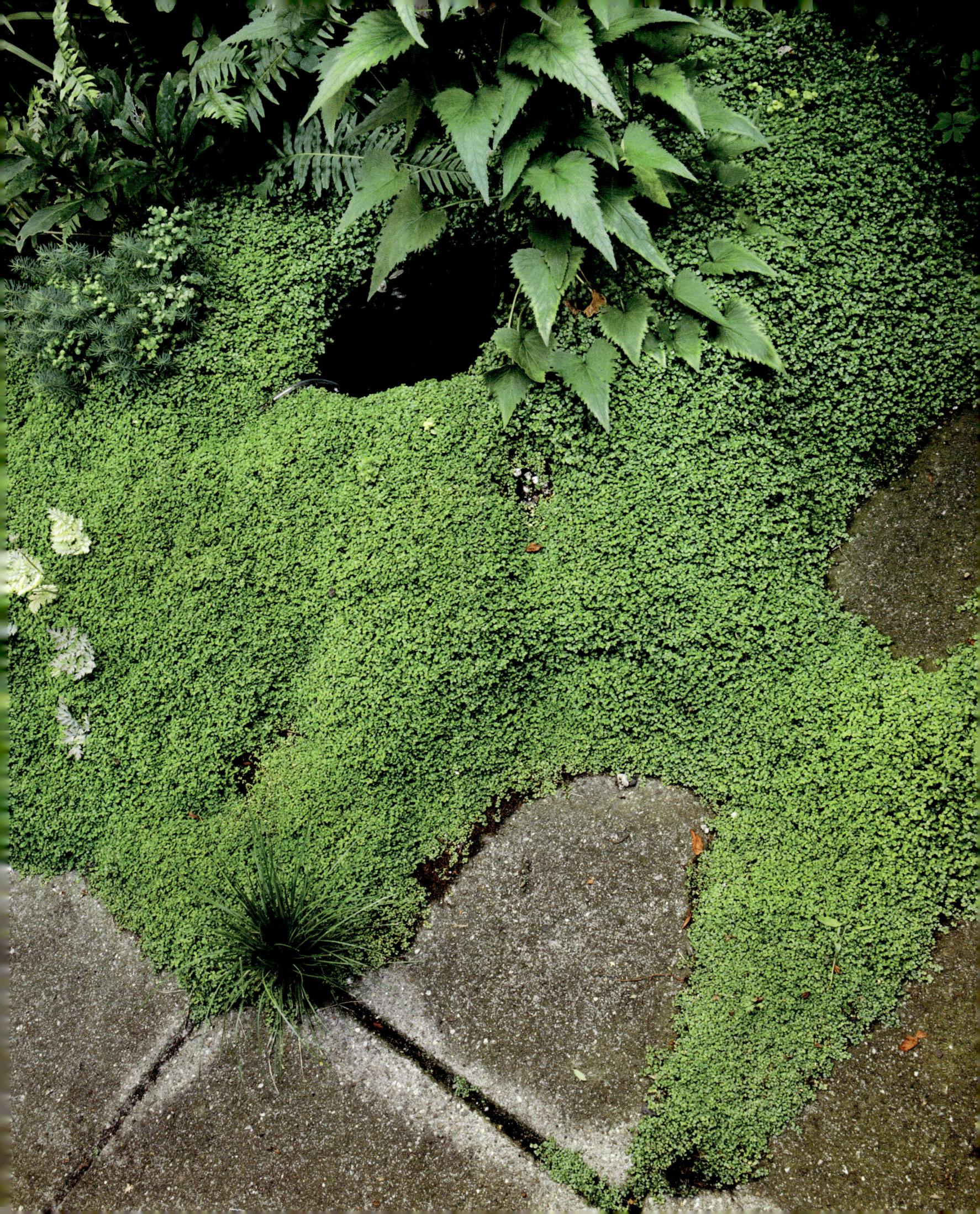

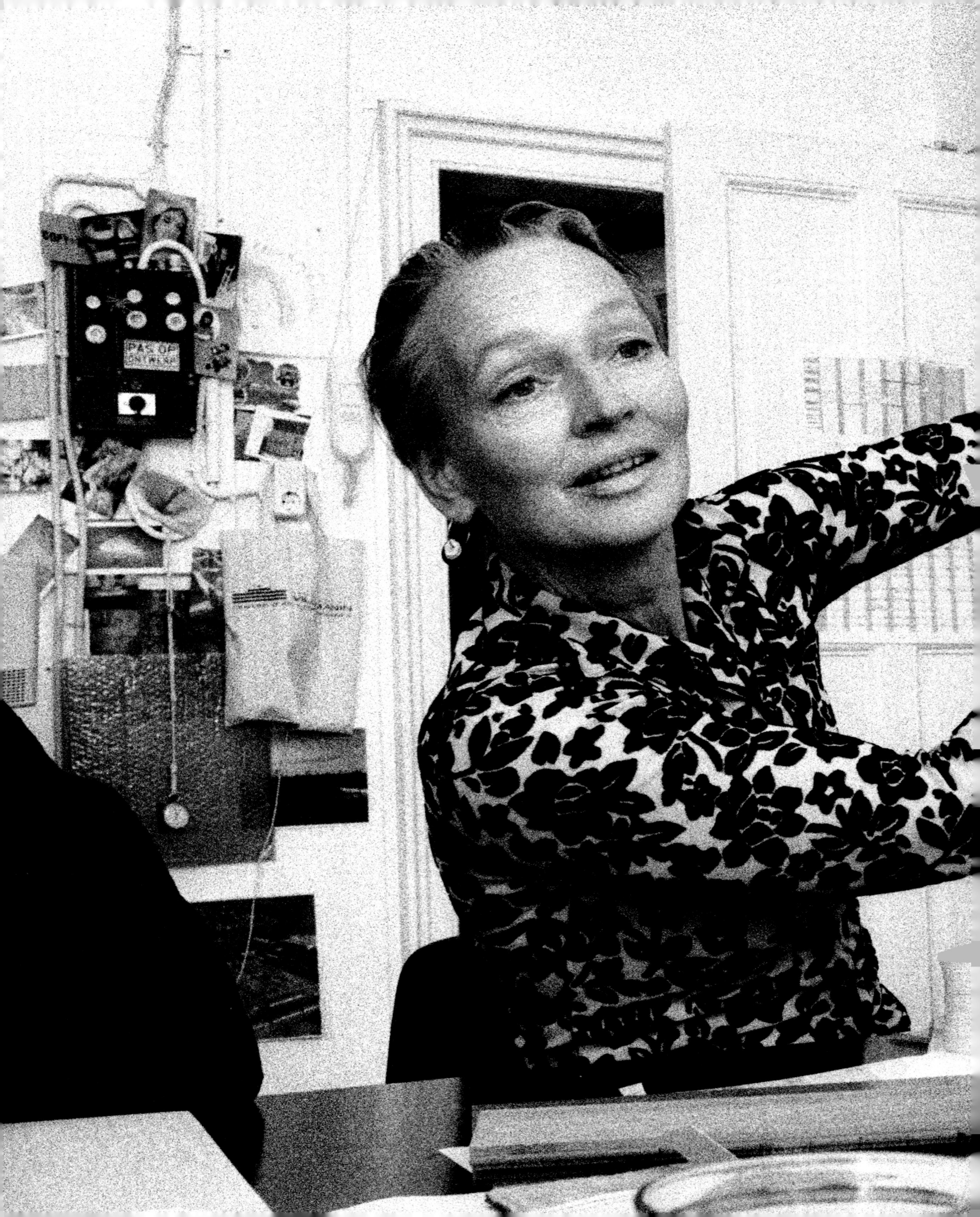

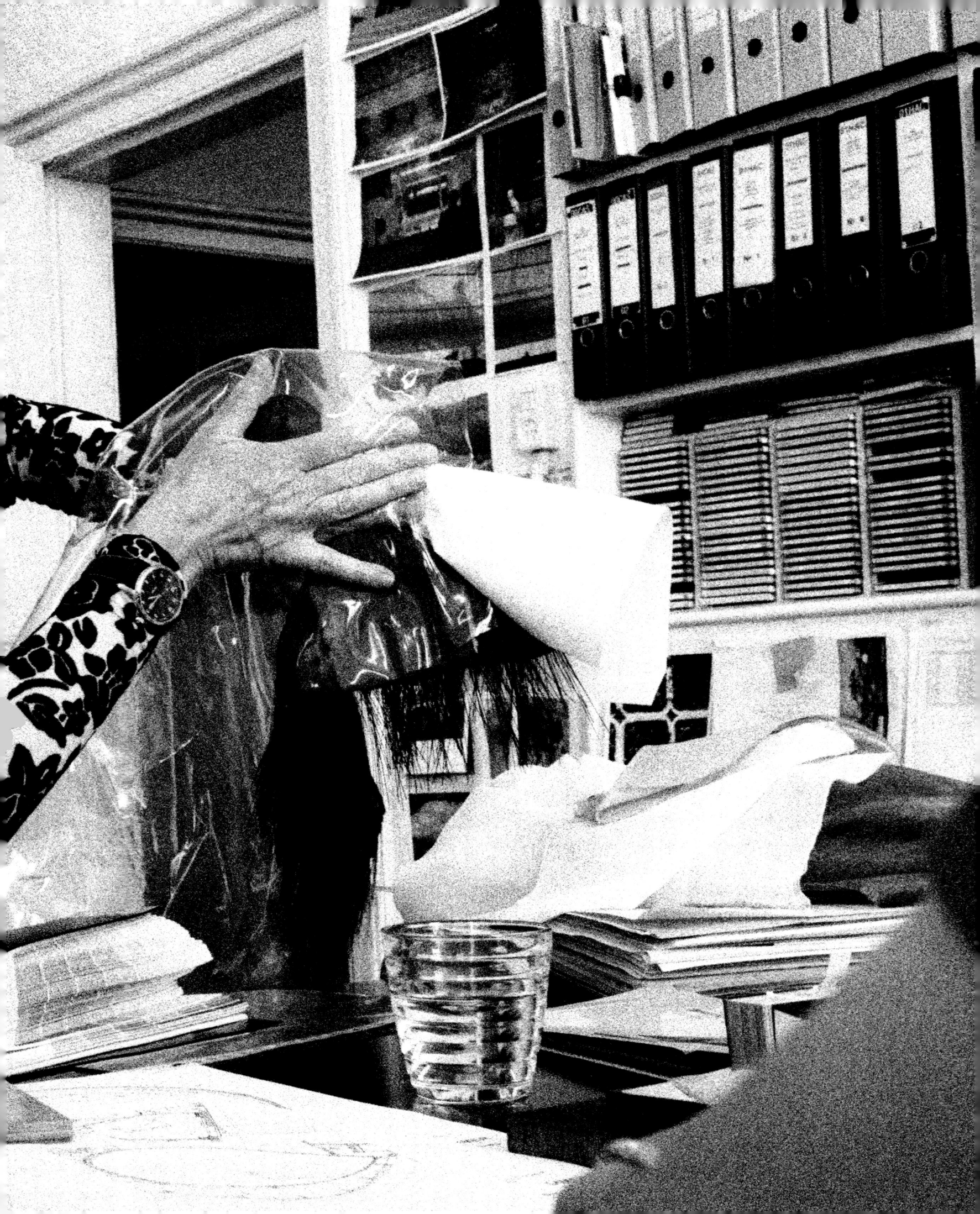

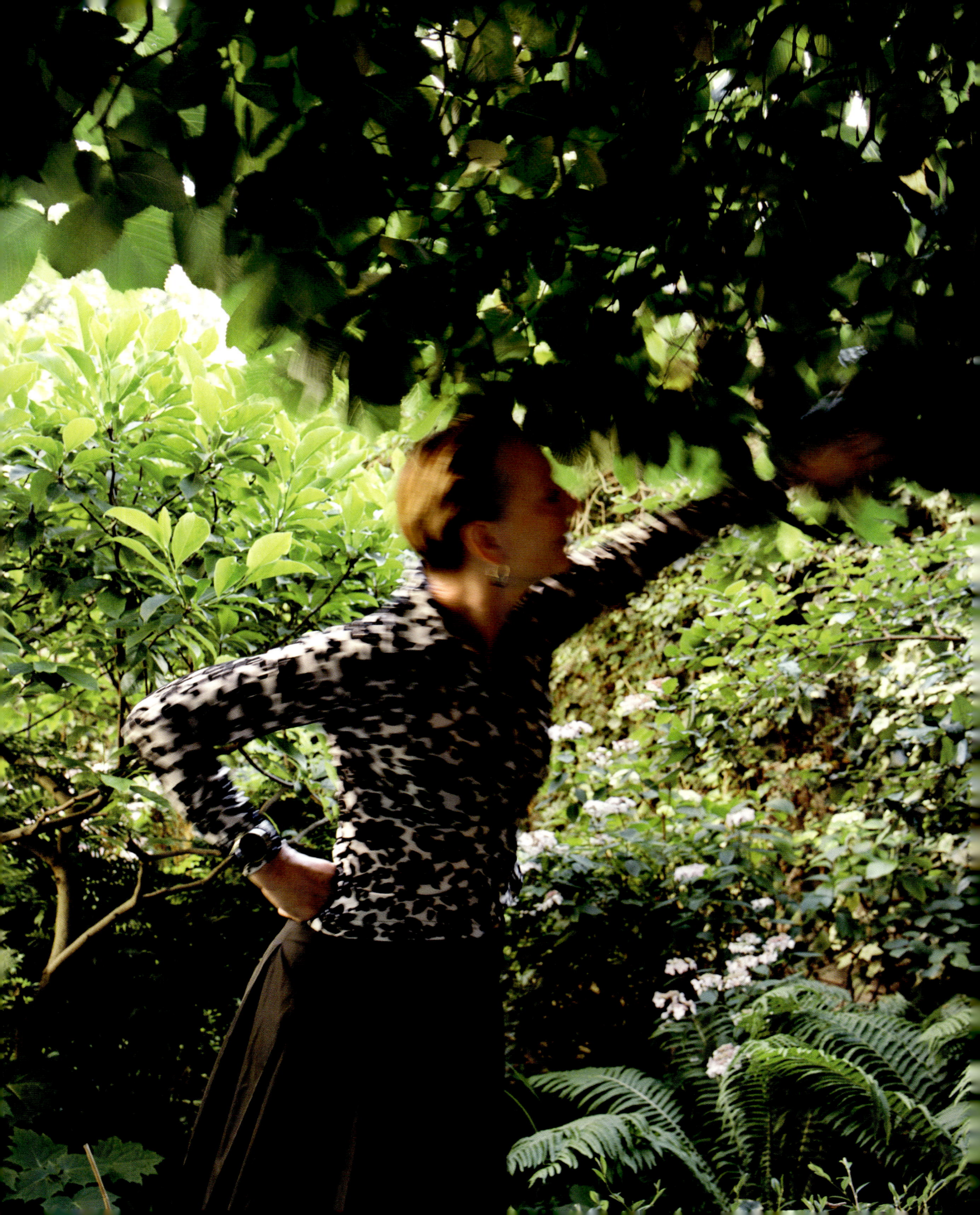

PETRA BLAISSE (LONDEN, 1955) GROEIT OP IN LONDEN, LISSABON, WENEN, PARIJS EN STOCKHOLM. ZE STUDEERT VANAF HAAR ZEVENTIENDE AAN KUNSTACADEMIES IN LONDEN EN GRONINGEN. VAN 1978 TOT 1987 WERKT ZE BIJ HET STEDELIJK MUSEUM IN AMSTERDAM EN SINDSDIEN ALS FREE-LANCE LANDSCHAPS- EN INTERIEURONTWERPER. IN 1991 RICHT ZE HET ONTWERPBUREAU INSIDE OUTSIDE OP. ZE WERKT WERELDWIJD SAMEN MET STEDENBOUWKUNDIGEN EN ARCHITECTEN, ONDER MEER MET HET OFFICE FOR METROPOLITAN ARCHITECTURE (OMA) VAN REM KOOLHAAS.

De beweging van gras, van zonlicht, van kevertjes. Maar ook van de natte gele slierten in de autowasstraat. Beweging inspireert landschaps- en interieurontwerper Petra Blaisse. In het radioprogramma Kunststof noemt ze het een deformatie. 'Zit ik in de auto in de wasstraat, vind ik het weer beeldschoon, al die slierten die op en neer bewegen. Met de zon die er van achter doorheen komt. Ik zie de hele tijd wat.'

Beweging, mobiliteit, de tijdelijkheid van dingen: het komt telkens terug in haar werk. De Seattle Public Library, waarvoor Blaisse het algemene interieuradvies, het landschapsontwerp en diverse textiele objecten maakte, is een continue beweging. Van buiten naar binnen en van beneden naar boven. Grote planttapijten draaien en vouwen zich buiten om het gebouw heen waarna zij hun weg vinden naar binnen. Daar veranderen zij in textiele tapijten om uiteindelijk boven op het dak weer over te gaan in een heus grasveld. Petra Blaisse vindt dat de meest interessante manier om te werken: het veroorzaken en accentueren van de verbindingen tussen en de bewegingen door binnen en buiten.

Binnen en buiten: Inside Outside. Het vormt niet toevallig de naam van de studio die ze in 1991 oprichtte en die tal van opdrachten voor interieur en exterieur verricht. Van een daktuintje tot een 100.000 m2 groot stadspark in Milaan of het masterplan voor de stadshaven van Riga. Van winkelgordijn tot monumentale doeken (2.622 m2 groot) voor het Casa da Música in Porto. En evengoed producten-series zoals vinyl behang met uitvergrote ouderwetse knopen, en keramische tegels met tulpen of de maancyclus erop. Maar of het nu een gordijn of landschap betreft, ze zijn altijd hecht verbonden met de context, met de architectuur, het landschap, de ruimte.

Na haar (niet afgemaakte) studies aan kunstacademies in Londen en Groningen werkte Petra Blaisse van 1978 tot 1987 bij het Stedelijk Museum Amsterdam waar ze onder meer aan tentoonstellingen meewerkte. Sindsdien werkt Blaisse als freelance ontwerper. Haar carrière kreeg een belangrijke impuls door de samenwerking met het Office for Metropolitan Architecture (OMA) van Rem Koolhaas ('We zijn als een soort satelliet aan hen verbonden'). Zelfstandig maar ook met stedenbouwkundigen en architecten werkt ze inmiddels aan de meest uiteenlopende projecten in Europa, Azië en de Verenigde Staten. Bij voorkeur al in de conceptuele fase zodat ze nog iets wezenlijks kan toevoegen. Tegenover de 'statische en onbeweeglijke strengheid van de architectuur' wil ze 'flexibele en vloeiende oplossingen' stellen die interieur en exterieur met elkaar verbinden. Haar kleurrijke, elegante ontwerpen bieden bovendien vaak een slimme oplossing voor problemen met akoestiek, warmte, licht en zon.

Per project vormt ze het liefst een team van vijf, zes specialisten. 'Ik vind het ontzettend interessant met verschillende creatieve en slimme mensen aan hele verschillende opdrachten te werken. Ik wil niet in één brein en één groep zitten. Iedereen spreekt namelijk wat anders in me aan. Het moet toegepast werk zijn, geen kunst. De kunstacademie was niets voor mij, die navelstaarderij, dat alles uit je zelf moeten komen. Geef mij maar producten die gebruikt gaan worden, die ruimtelijk zijn en nuttig.'

PETRA BLAISSE (LONDON, 1955) GREW UP IN LONDON, LISBON, VIENNA, PARIS AND STOCKHOLM. FROM THE AGE OF SEVENTEEN SHE ATTENDED ART ACADEMIES IN LONDON AND GRONINGEN. BETWEEN 1978 AND 1987 SHE WAS ON THE STAFF OF THE STEDELIJK MUSEUM AMSTERDAM, BUT ULTIMATELY OPTED FOR A FREELANCE CAREER AS LANDSCAPE AND INTERIOR DESIGNER. BLAISSE SET UP HER OWN DESIGN STUDIO, INSIDE OUTSIDE, IN 1991. TODAY SHE COLLABORATES WITH ARCHITECTS AND URBAN PLANNERS WORLDWIDE, INCLUDING REM KOOLHAAS AND HIS OFFICE FOR METROPOLITAN ARCHITECTURE (OMA).

The movement of grass, and sunlight, and beetles, even the motion of the sodden yellow strips at the car-wash. Landscape and interior decorator Petra Blaisse is fascinated by movement, a trait she once referred to in a radio interview as an occupational deformation. 'I'm sitting there at the car-wash, and to me the sight of all those strips going up and down is beautiful. Especially back-lit by the sun. I see things like that wherever I look.'

Movement, mobility, the transitoriness of things: these are recurring concepts in her work. The Seattle Public Library, for which Blaisse contributed general interior advice, the landscape design, and various textile objects, is an on-going project: from inside to outside, from top to bottom. Huge tapestries of plants fold themselves around the exterior walls, ultimately finding their way inside. There they metamorphose into textile tapestries, which then turn into a field of grass on the roof. Petra Blaisse regards this as the ideal working method, because it creates and accentuates the links between the inside and the outside, and the movements within each of them.

Inside Outside: it is no coincidence that this is also the name of the design studio Blaisse founded in 1991, and for which she has carried out countless commissions, both interior and exterior. From a modest roof garden to a city park in Milan covering 100,000 square metres, or the master plan for an urban harbour in Riga. From shop curtains to a monumental canvas measuring 2,622 square metres for the Casa da Música in Porto. And then there are the product series: vinyl wallpaper featuring huge old-fashioned buttons, and ceramic tiles decorated with tulips or the cycles of the moon. But whether it's a curtain or a landscape, her designs are always intertwined with the context, with the architecture, the landscape, the space.

After her - unfinished - studies at art academies in London and Groningen, Petra Blaisse worked from 1978 to 1987 at the Stedelijk Museum in Amsterdam, where she was also involved in exhibition design. Since then she has been a freelance designer. Her career gained a major impetus through her collaboration with the Office for Metropolitan Architecture (OMA) set up by Rem Koolhaas ('We're connected to them like a kind of satellite.'). Independently, but also in collaboration with urban planners and architects, she has been part of a wide variety of projects in Europe, Asia and the United States. Blaisse prefers to enter a project in the conceptual phase, so that she can contribute something essential. Her aim is to counter the 'static and immovable austerity of architecture' with 'flexible and flowing solutions' which link interior and exterior. Moreover, her elegant and colourful designs often provide ingenious solutions to problems having to do with acoustics, heat, light and sun.

For each project she puts together a team of five or six specialists. 'What gets me going is working with clever and creative people on all sorts of projects. I don't want to operate inside a single brain or a single group. Everyone I meet appeals to a different aspect of my personality. But it has to be applied work, not art. The academy of art was not my cup of tea, all that navel-staring, the notion that it all has to come from inside you. Just give me a product that can be used by people, a produce that's three-dimensional and utilitarian.'

www.insideoutside.nl

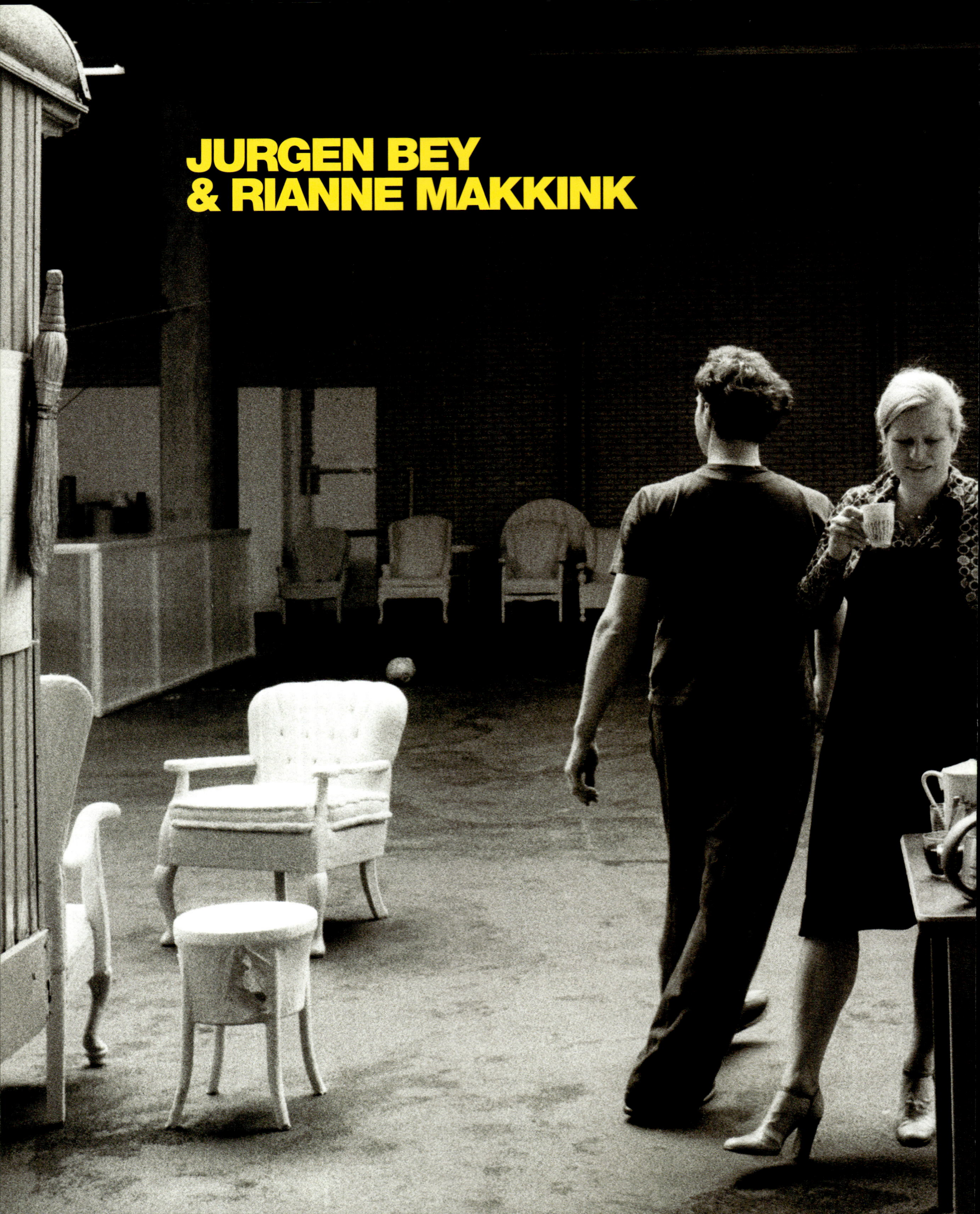

JURGEN BEY
& RIANNE MAKKINK

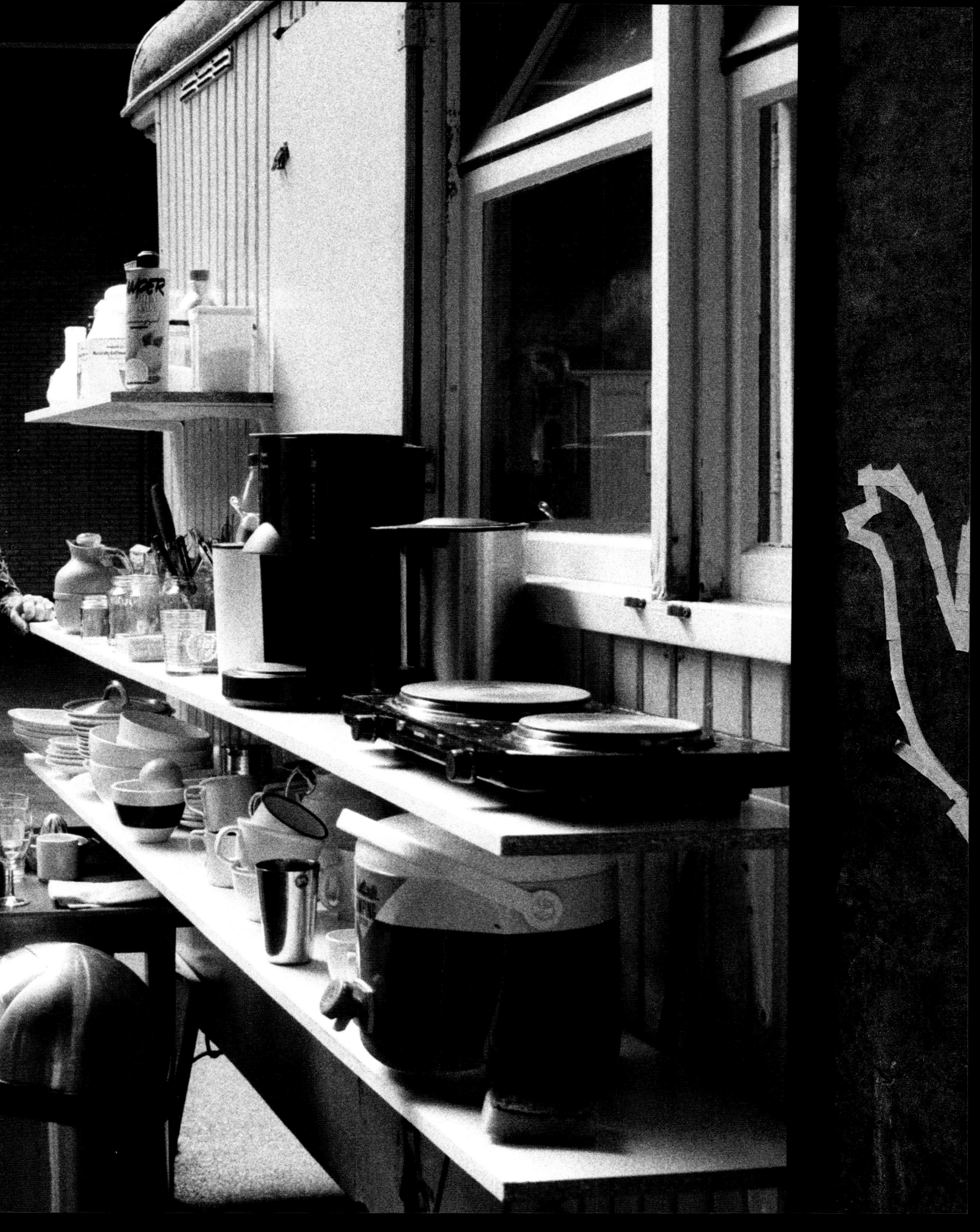

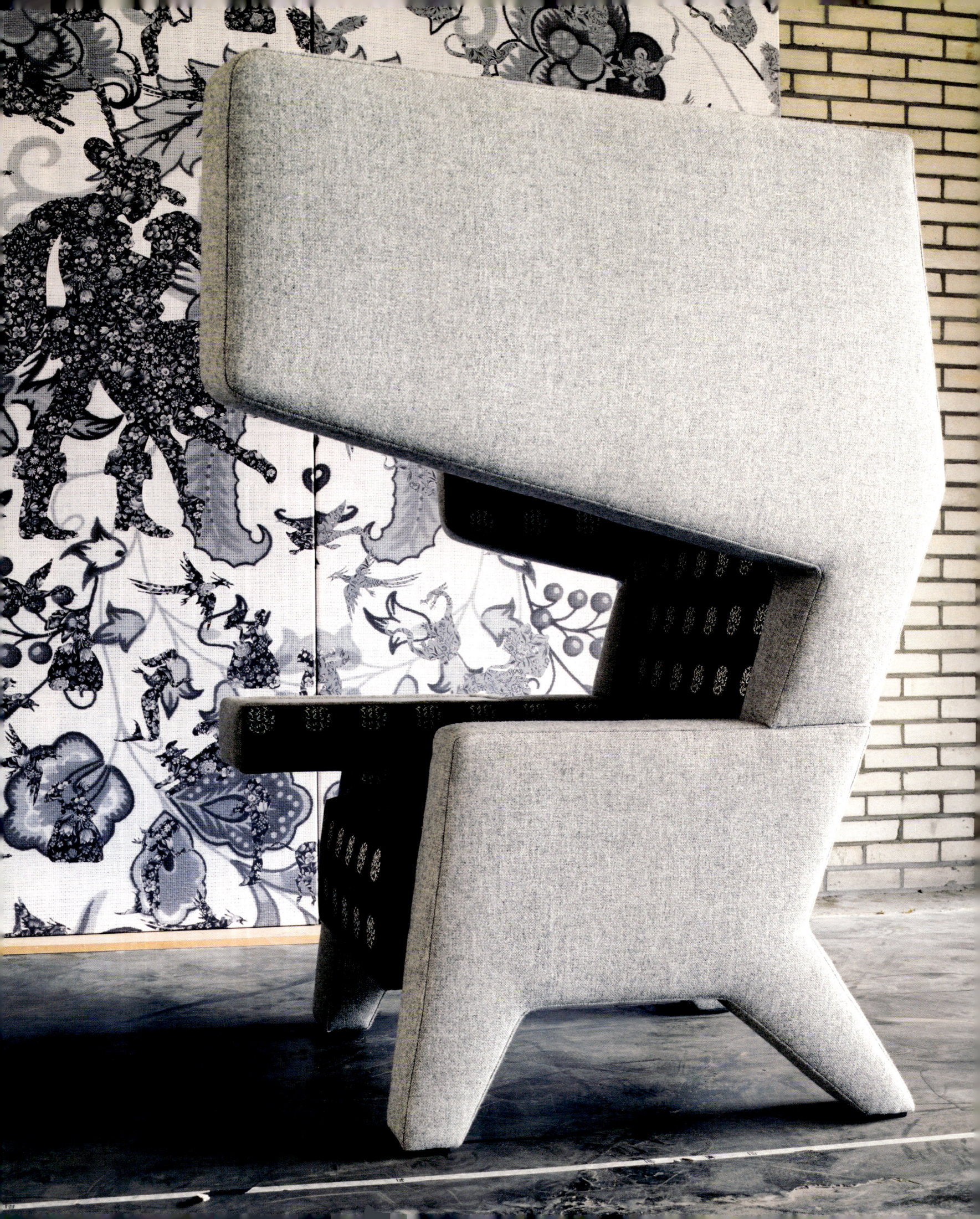

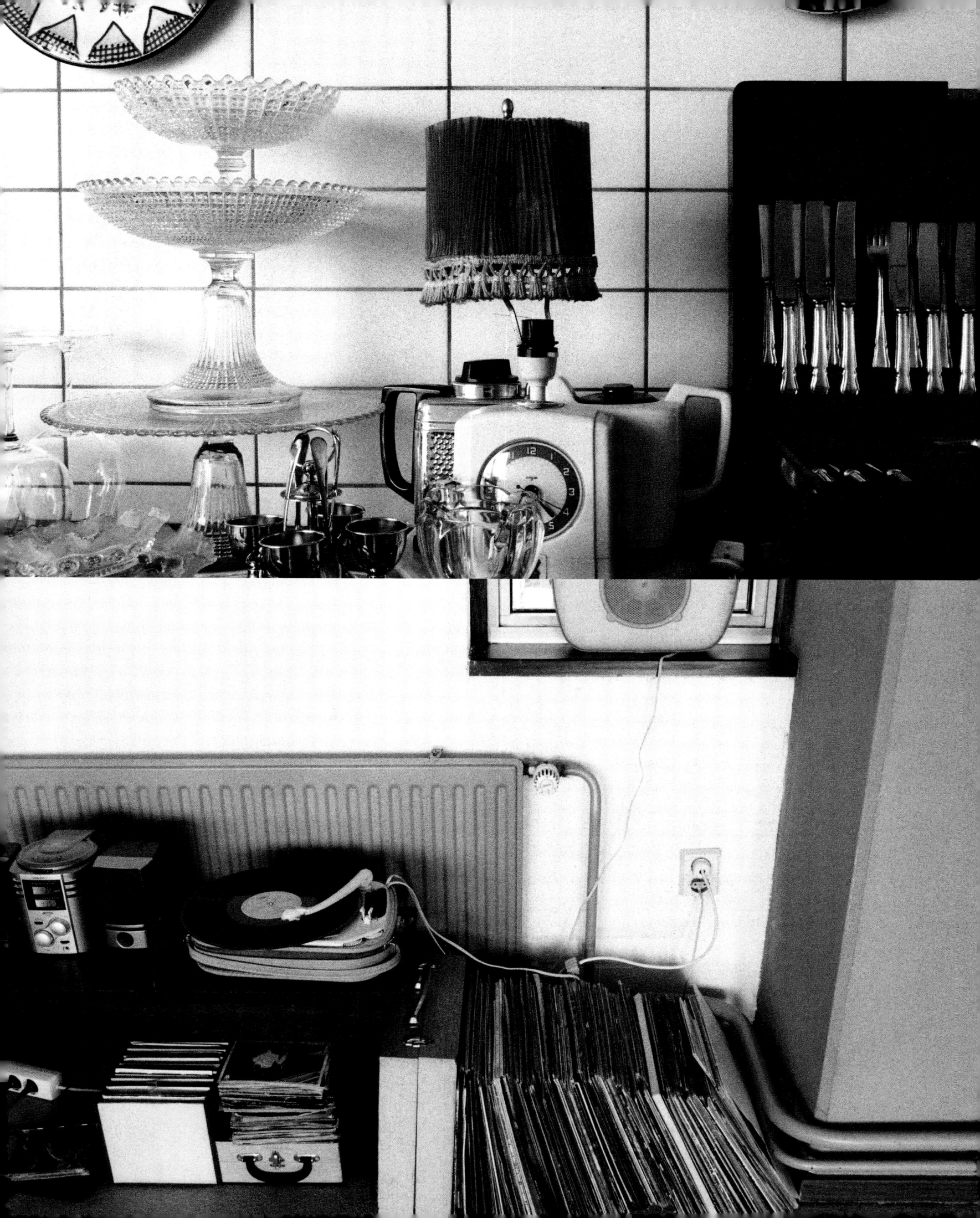

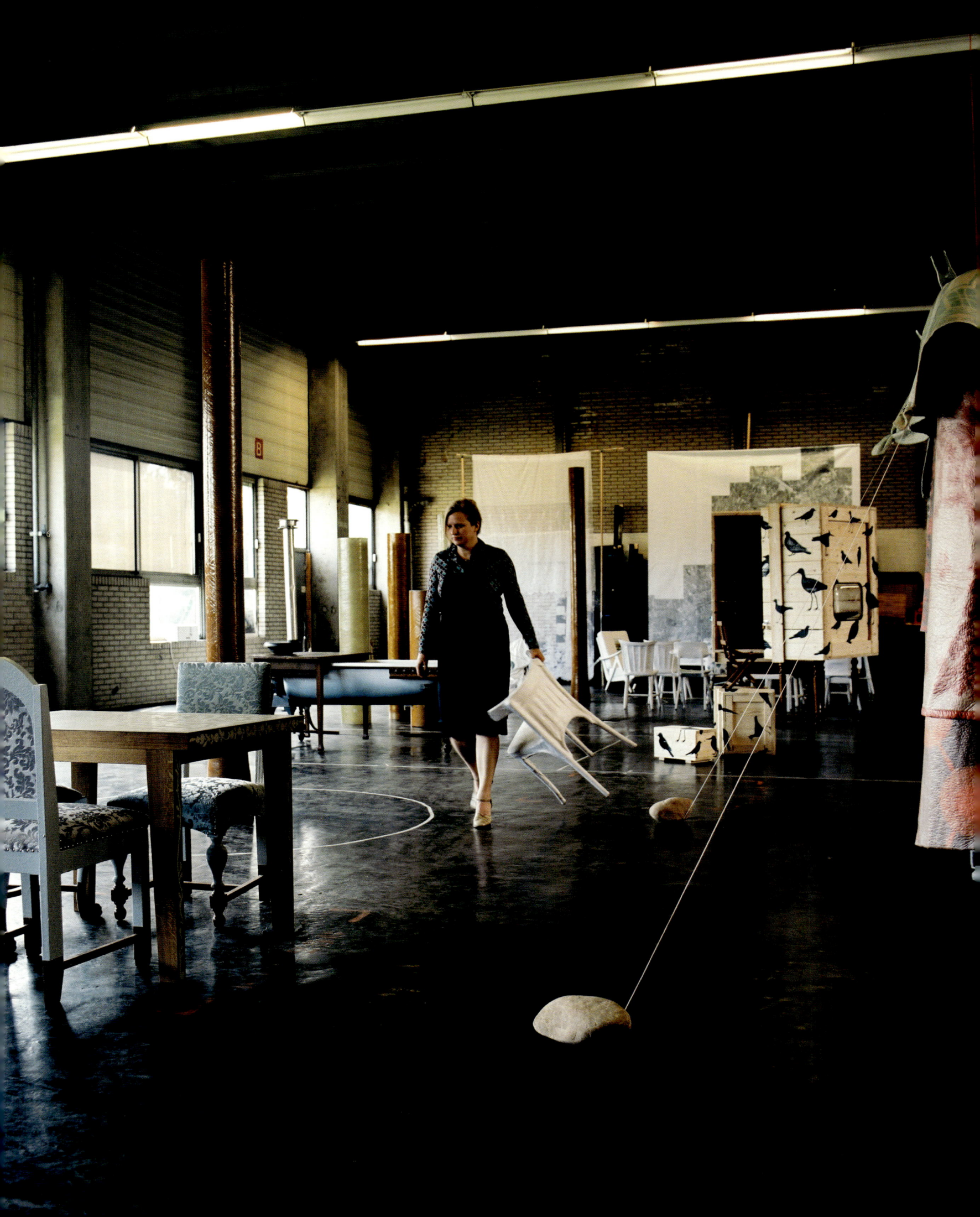

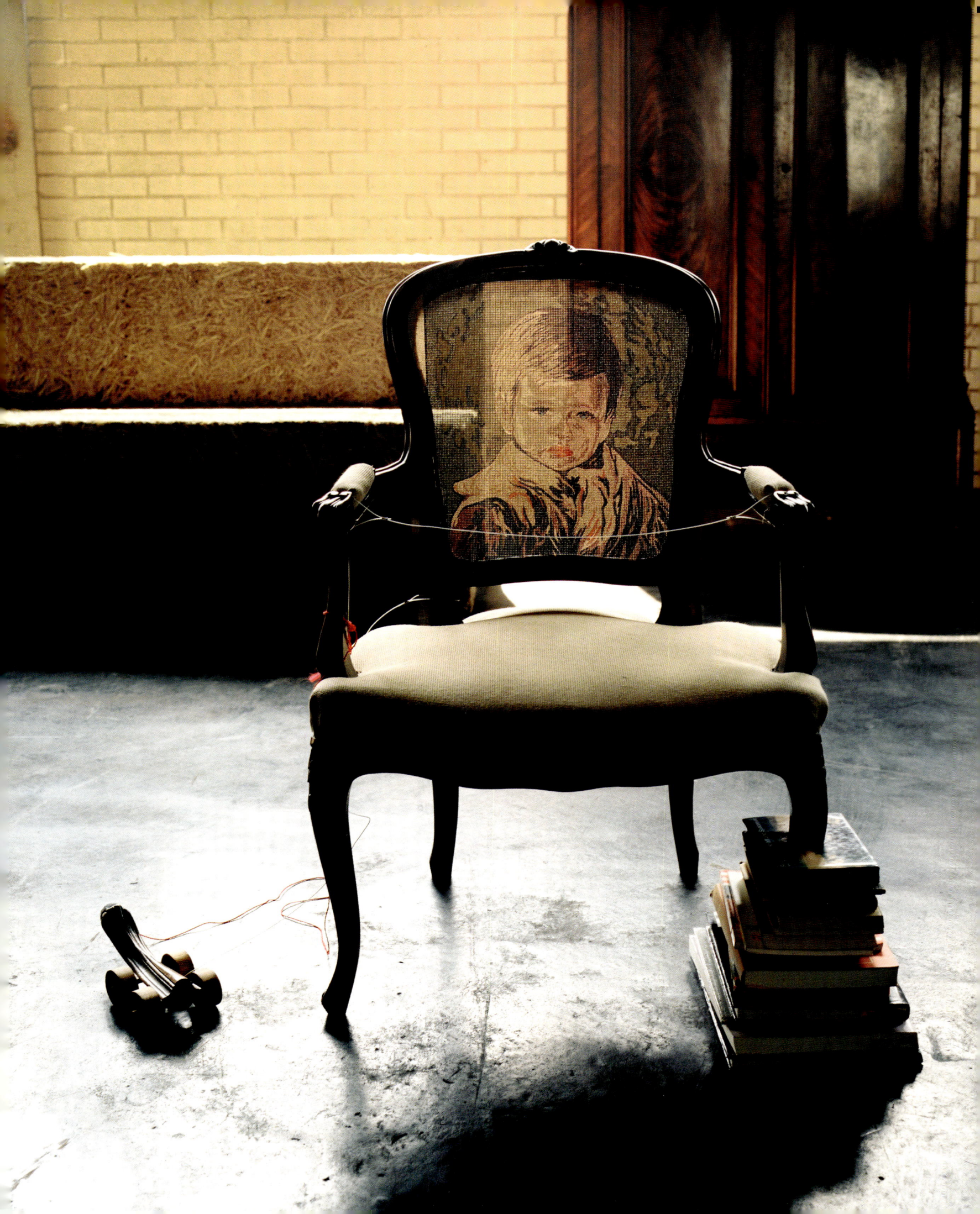

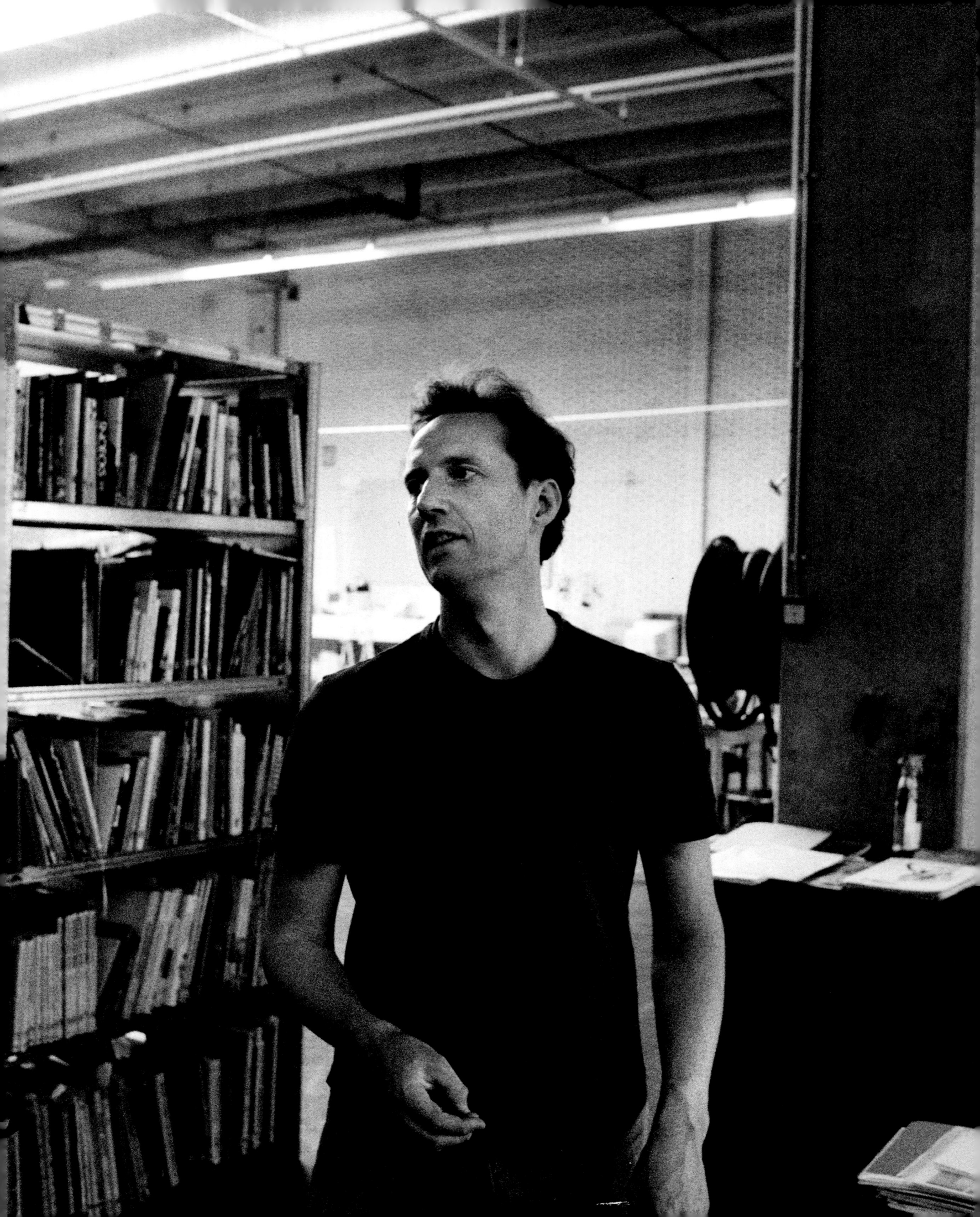

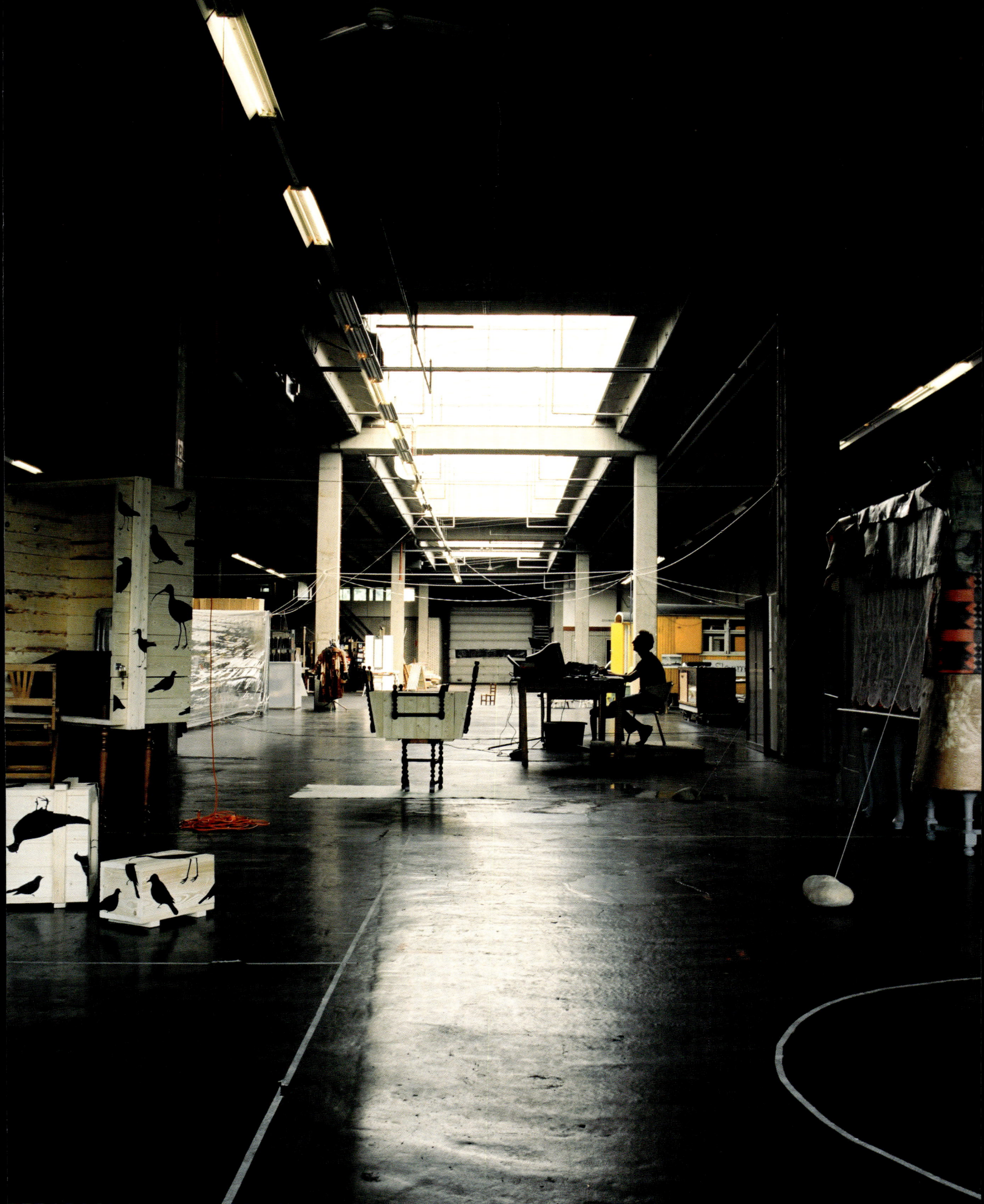

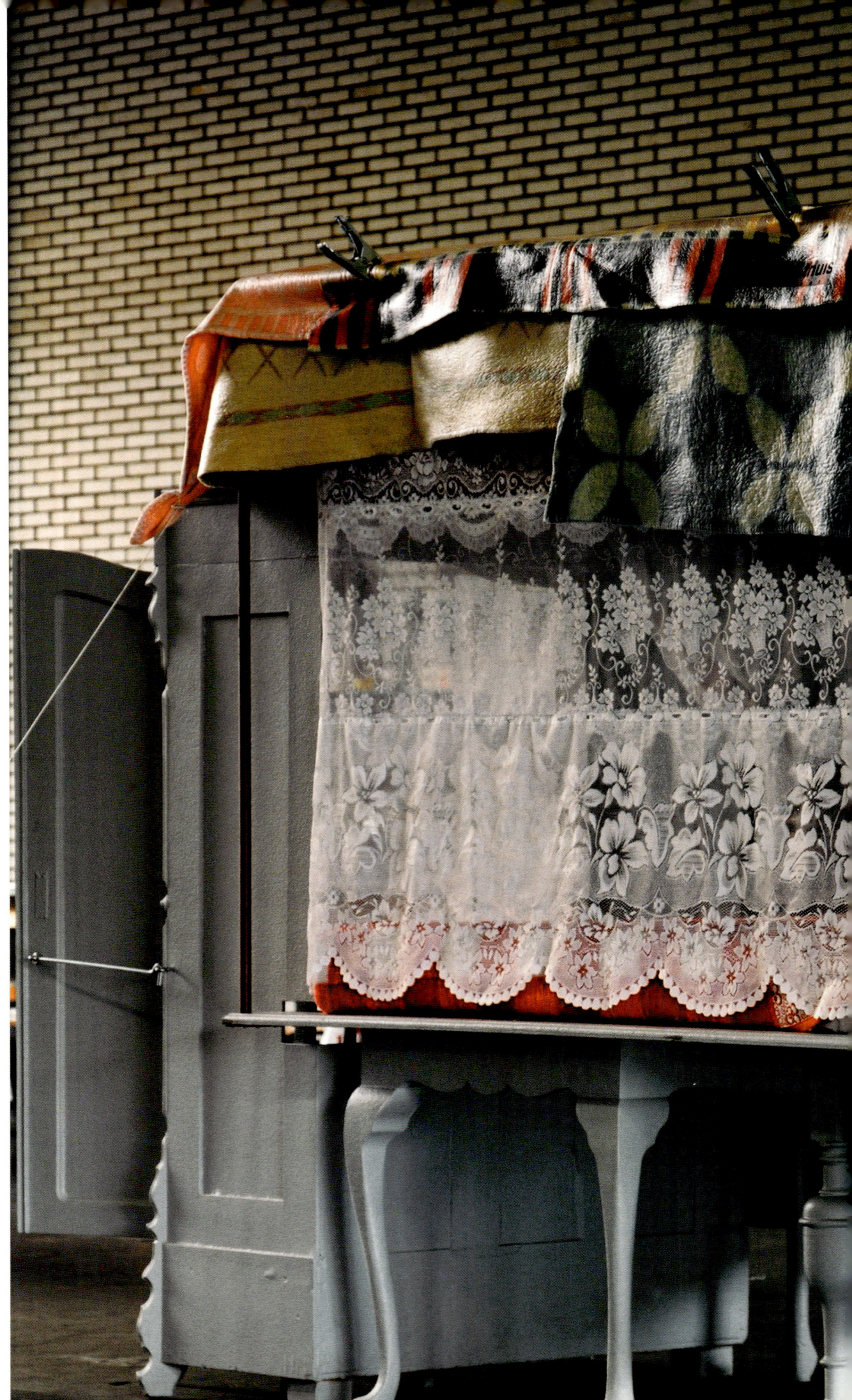

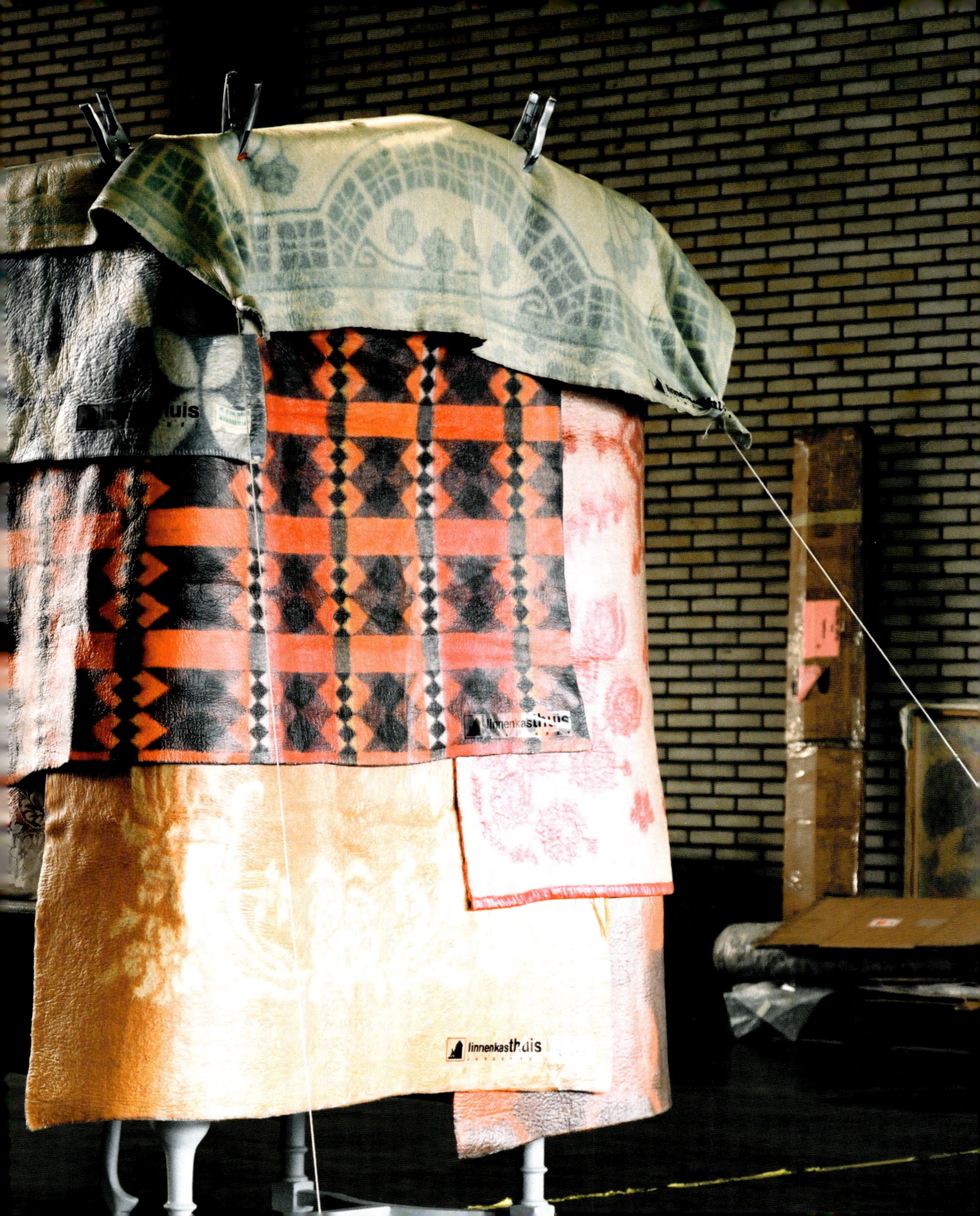

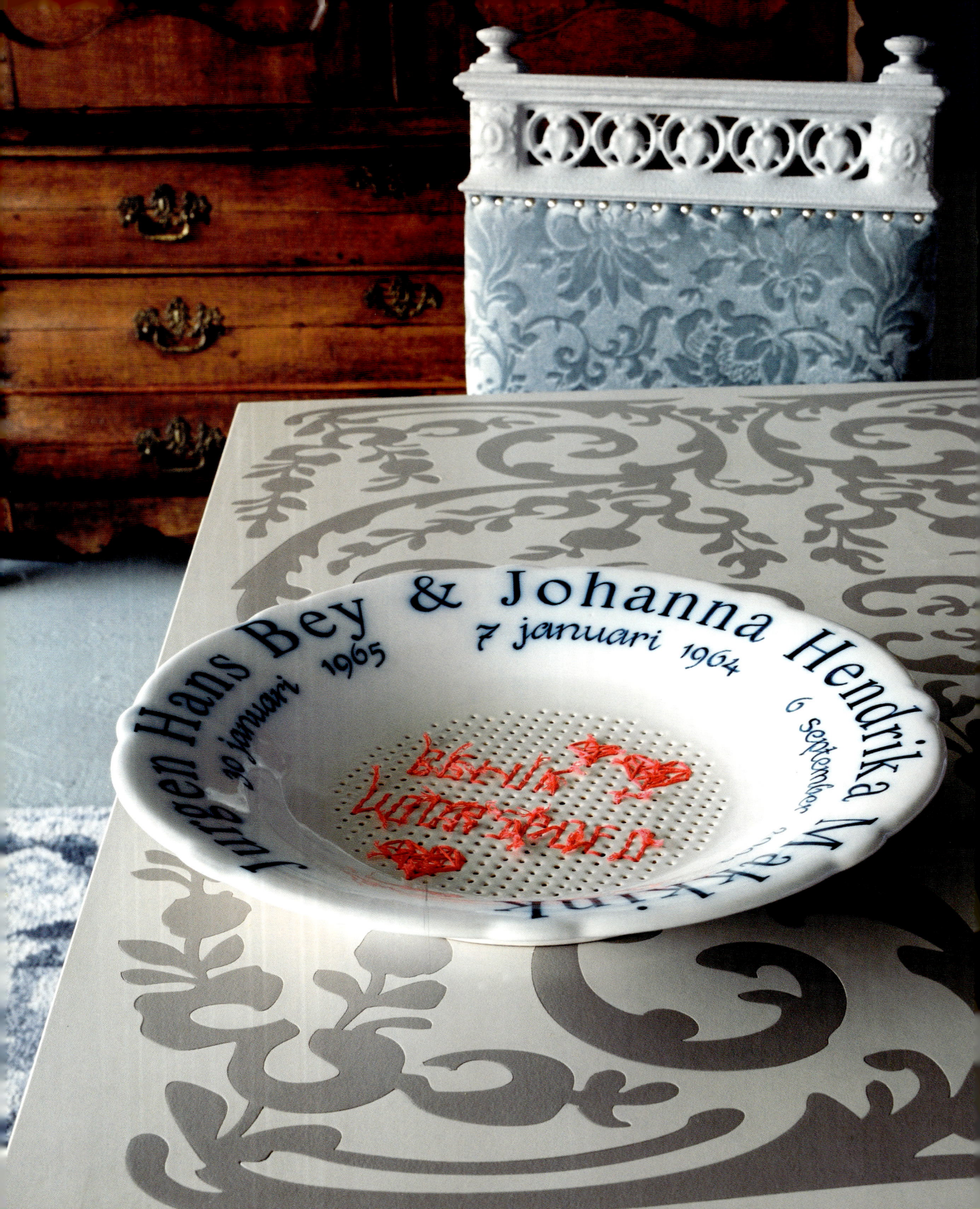

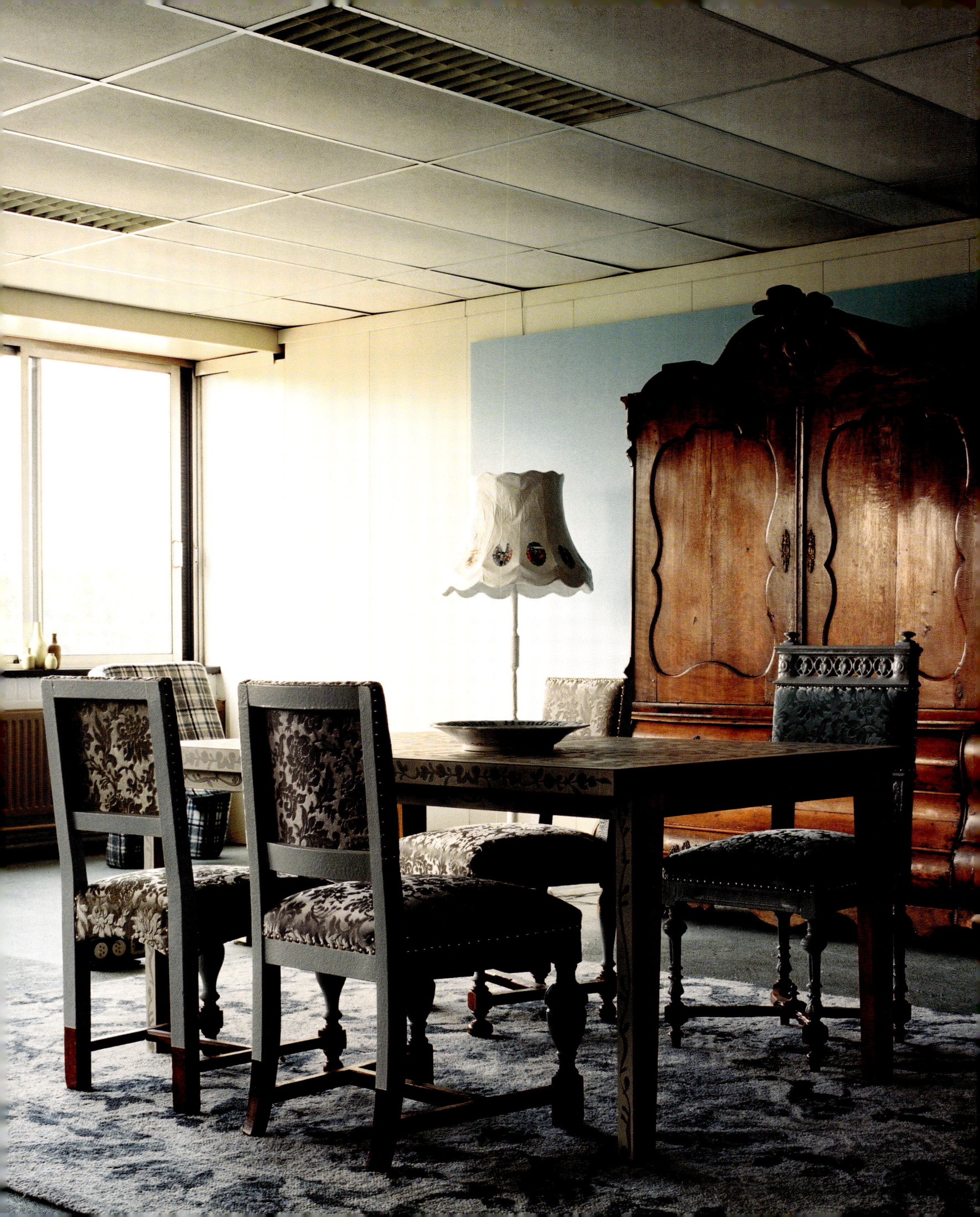

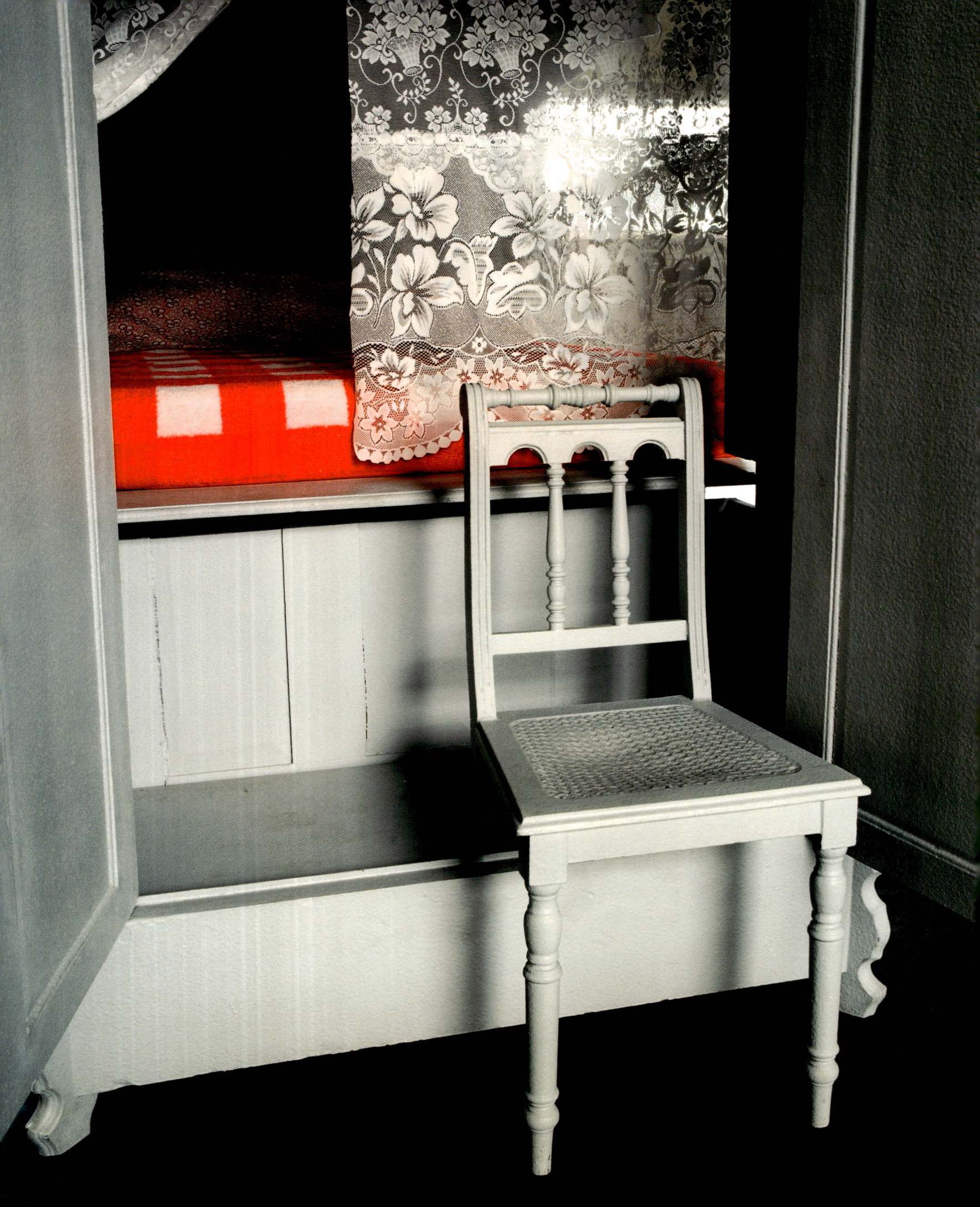

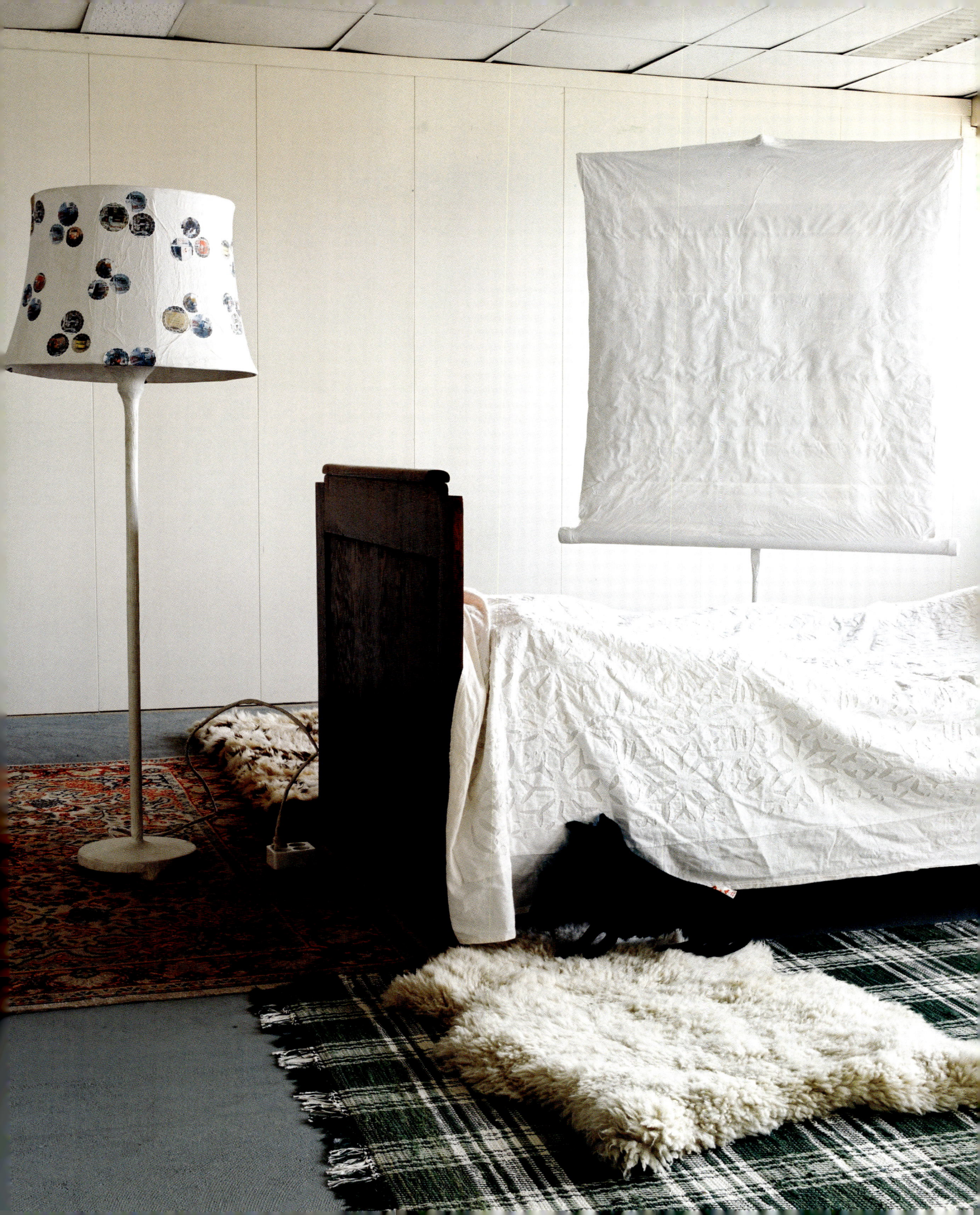

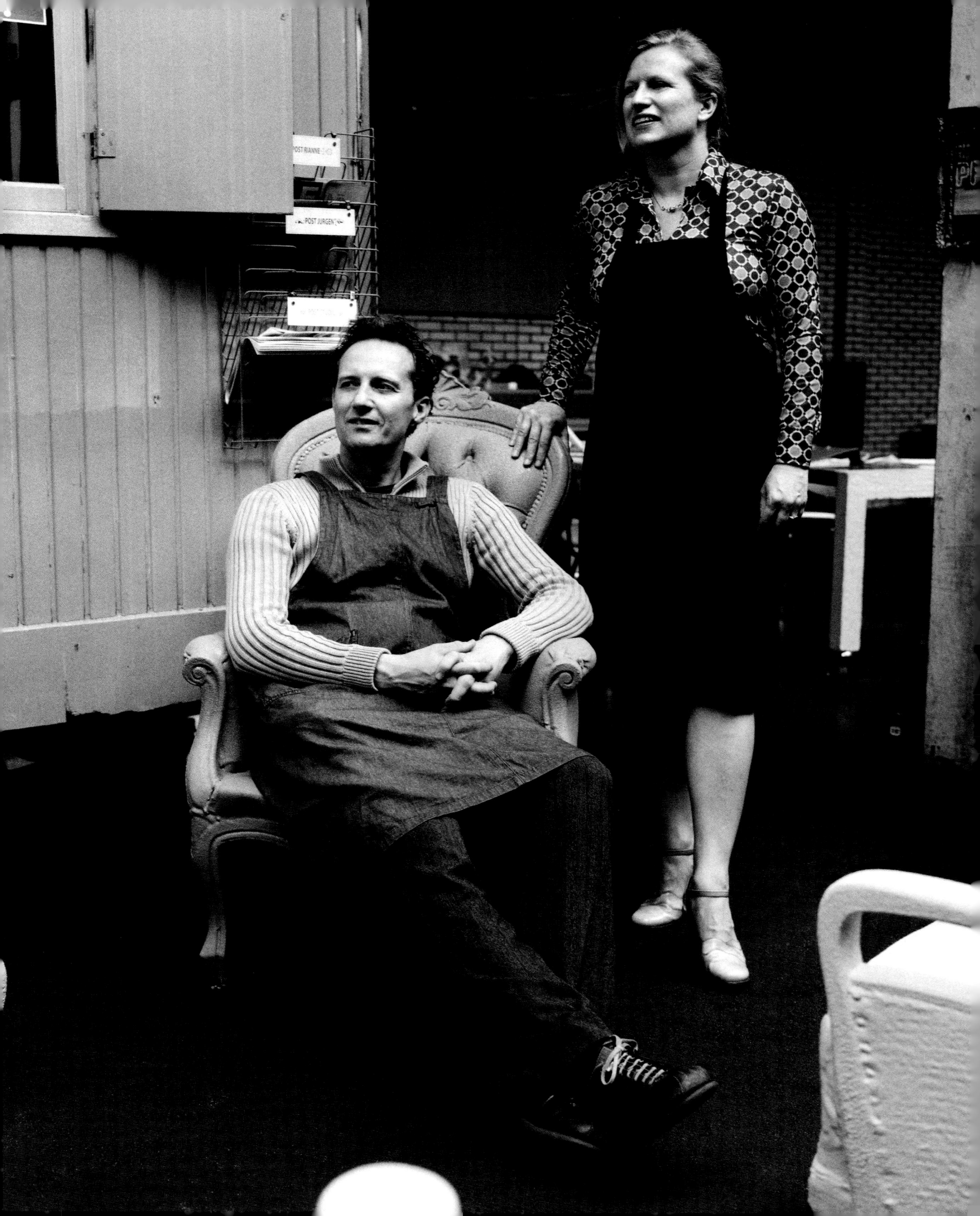

JURGEN BEY (SOEST, 1965) STUDEERDE AAN DE DESIGN ACADEMY IN EINDHOVEN EN RICHTTE DAARNA STUDIO BEY OP. SINDS 2002 VOERT HIJ EEN BUREAU MET ZIJN VROUW RIANNE MAKKINK (GORSSEL, 1964) ONDER DE NAAM STUDIO MAKKINK & BEY. ZIJ PROBEREN MET HUN ONTWERPEN ARCHITECTUUR EN VORMGEVING STEEDS MEER TE INTEGREREN. DE STUDIO WERKT MET NAME VOOR BINNENLANDSE OPDRACHTGEVERS. BEY GEEFT LES AAN HET ROYAL COLLEGE OF ART IN LONDEN.

De verhalen liggen voor het oprapen, vindt Jurgen Bey. De natuur, het menselijk gedrag, ieder voorwerp heeft een verhaal en (soms verborgen) betekenis. Die verhalen herkennen en vertalen in een nieuw product, een product dat mensen willen gebruiken, ziet hij als zijn missie als ontwerper. Daarom is Jurgen Bey constant bezig dingen om zich heen te analyseren. Als een onderzoeker. Hij verbaast zich daarbij over de vele mooie dingen die al bestaan. En ziet geen reden daar iets geheel nieuws aan toe te voegen. Liever maakt hij een nieuwe wereld van dingen die we al kennen. Soms gebeurt dat heel letterlijk. In de Kokon-serie verpakt hij oude bestaande stoelen in wit pvc waardoor een nieuwe vorm ontstaat. En voor de Light Shade Shade heeft hij ouderwetse kroonluchters in een strak omhulsel van halfdoorzichtig spiegelend folie gevat. In eerste instantie zie je een lamp met een moderne kap, als de lamp aangaat verschijnt de barokke kroonluchter.

Het idee achter Broken Family is dat aangewaaide figuren zoals schoonmoeders, neven en tantes wel degelijk tot je familie kunnen behoren. Bey verzamelde oude - en soms kapotte - theekopjes, schotels en theepotten, liet ze verzilveren en gaf zo deze 'gebroken familie' weer één gezicht. Het verhaal achter de ontwerpen is voor Bey net zo essentieel als het ontwerp en de functionaliteit. Van alle Nederlandse designers is hij de meest conceptuele ontwerper. Dat conceptueel en commercieel goed samen kunnen gaan, bewijst de boomstambank. Op en in een omgevallen boomstam monteerde Bey rugleuningen. Dit prijswinnende ontwerp voor Droog Design is op vele plekken geplaatst. De meermalen bekroonde Light Shade Shade is tevens een bestseller (en veelvuldig gekopieerd). Maar ook de niet-gerealiseerde ideeën en ontwerpen vinden hun weg naar anderen, via tijdschriften of via colleges en voordrachten.

Jurgen Bey volgde zijn opleiding aan de Design Academy, waar hij later zelf gaat doceren. Hij richtte Studio Bey op. Sinds 2002 voert hij een bureau met partner en architect Rianne Makkink onder de naam Studio Makkink & Bey. Zij proberen met hun ontwerpen architectuur en vormgeving steeds meer te integreren. Droog Design promoot Beys werk vanaf het begin. Andere opdrachtgevers zijn Moooi (interieurproducten), het Nederlands Textielmuseum (damast), Koninklijke Tichelaar Makkum (theeservies) en de Technische Universiteit Eindhoven (mobiel kunstpaviljoen Blob). Ook vanuit het buitenland komen opdrachten. Voor Jean Paul Gaultier ontwierp hij de catwalk van een modeshow, voor de stad Tokyo een stadsbank en voor het Baltic House Theater te Sint Petersburg caféstoelen. Met zijn projecten neemt Bey regelmatig deel aan tentoonstellingen in binnen- en buitenland.

Als kunstenaar en ontwerper is Jurgen Bey een inspirator voor anderen. In ieder geval voor zijn vrouw Rianne Makkink. 'Jurgen doet luikjes voor mij open en ik stap een sprookjeswereld binnen. Dat is het mooiste dat hij mij heeft gegeven. Je krijgt veel aangeleerd en vooral binnen de architectuur wordt alles gerelateerd aan economie en functionaliteit. Het mooie aan autonome kunstenaars is de vrijheid die ze hebben hun eigen wereld te creëren.'

JURGEN BEY (SOEST, 1965) STUDIED AT THE DESIGN ACADEMY EINDHOVEN, AND WENT ON TO SET UP STUDIO BEY. IN 2002 HE AND HIS WIFE **RIANNE MAKKINK** (GORSSEL, 1964) FOUNDED STUDIO MAKKINK & BEY. THEIR PROJECTS ARE AIMED AT A CLOSER INTEGRATION OF ARCHITECTURE AND DESIGN, AND THEIR CLIENTS ARE MAINLY DUTCH. BEY ALSO TEACHES AT THE ROYAL COLLEGE OF ART IN LONDON.

Stories are there for the taking, says Bey. Nature, objects, human behaviour… they all have their own story and their own – often hidden – significance. His mission as a designer is to unearth those stories and to translate them into a new product, a product that people will want to use. Jurgen Bey is constantly analyzing the objects around him. As a researcher would do. He is struck by their beauty, and sees no reason to add totally new objects to those that already exist. He prefers to create a new world made up of things we are already familiar with. Sometimes he does so quite literally. The Kokon series, for example, consists of old chairs encased in white PVC to create a new shape. And for the Light Shade Shade he placed an old-fashioned chandelier inside a cylinder made of semi-transparent foil. At first glance, it is a lamp with a modern shade, but when the light is turned on, the baroque chandelier inside is revealed.

The concept behind Broken Family is that relatives who happen to fall into your lap - think mothers-in-law, aunts, cousins, etc. - may truly be part of your family. Bey collected old, often broken teacups, saucers and teapots and then silver-plated them, so that this 'broken family' again had a single face. The underlying story is just as essential for Bey as the design and the function of the objects. Among Dutch designers, his method is easily the most conceptual, and yet there is no contradiction between 'conceptual' and 'commercial'. This is borne out by his tree-trunk bench, which consists of chair backs mounted on a fallen tree trunk. This prize-winning design for Droog Design has been realized in many locations. The much copied Light Shade Shade is another bestseller, which has received numerous awards. Those designs which have not yet been carried out are brought to public attention via magazines and lectures.

Jurgen Bey completed his artistic training at the Design Academy Eindhoven, and was on the staff for a time. Later he set up Studio Bey and from 2002 on he has collaborated with his partner, the architect Rianne Makkink, under the name Studio Makkink & Bey. Their aim is to further the integration of architecture and design. From the beginning Droog Design has actively promoted Bey's work. Other clients include Moooi (objects for the interior), the Textile Museum (damask), Royal Tichelaar Makkum (tea service), and the Technical University Eindhoven (mobile art pavilion 'Blob'). Commissions from abroad have also been forthcoming: a catwalk for a Jean Paul Gaultier fashion show, a city bench for downtown Tokyo, and café chairs for the Baltic House Theater in St. Petersburg. Bey's work is regularly included in exhibitions in Holland and abroad.

As an artist and a designer, Bey is an inspiration to others. Not least to his wife Rianne Makkink. 'Jurgen throws open the shutters, and I step into a fairytale world. That's the most beautiful thing he's given me. A lot of what we know was learned during our training and, especially in architecture, it's all about functionality and economic factors. The really great thing about autonomous artists is the freedom they have to create their own world.'

www.jurgenbey.nl

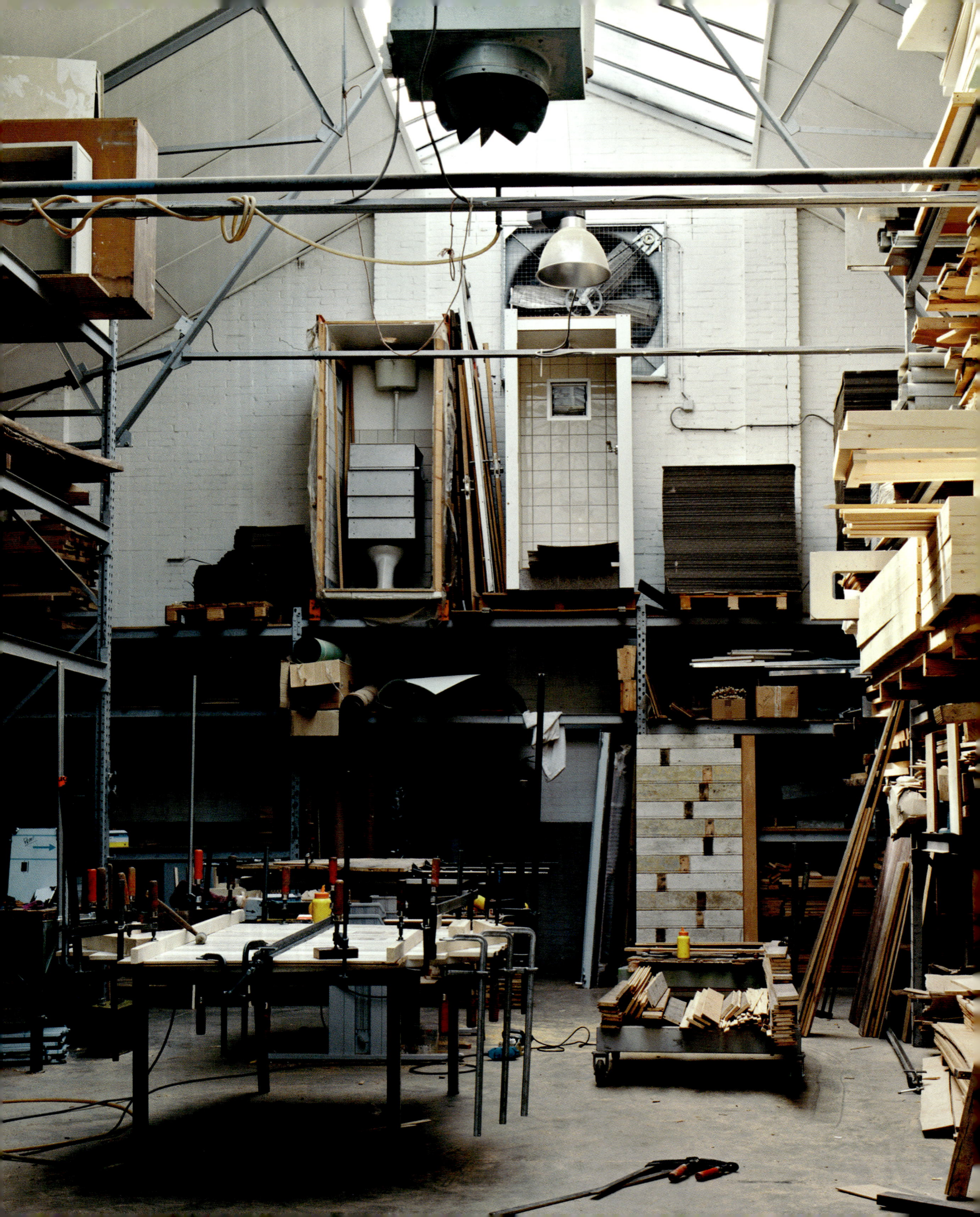

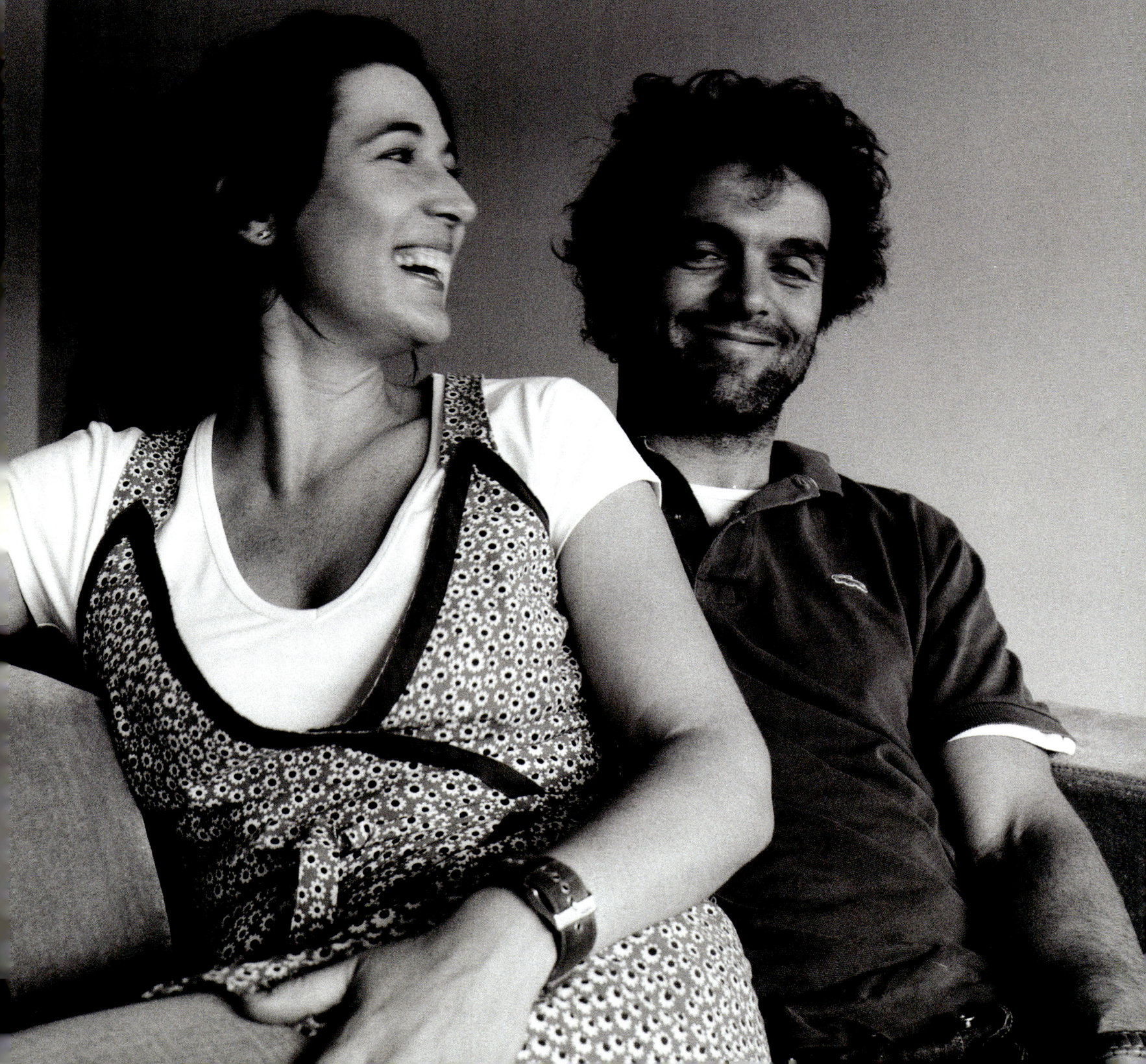

PIET HEIN EEK

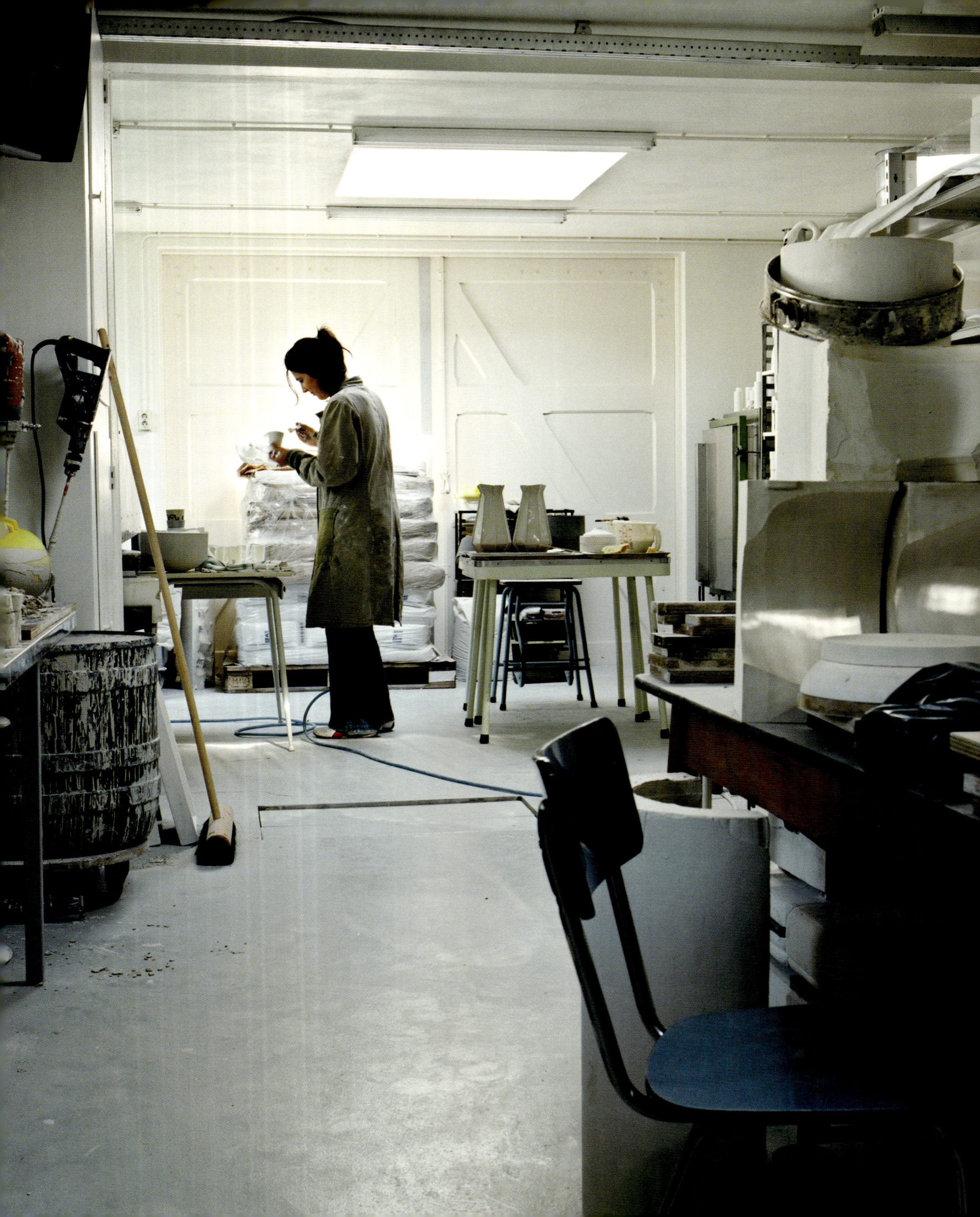

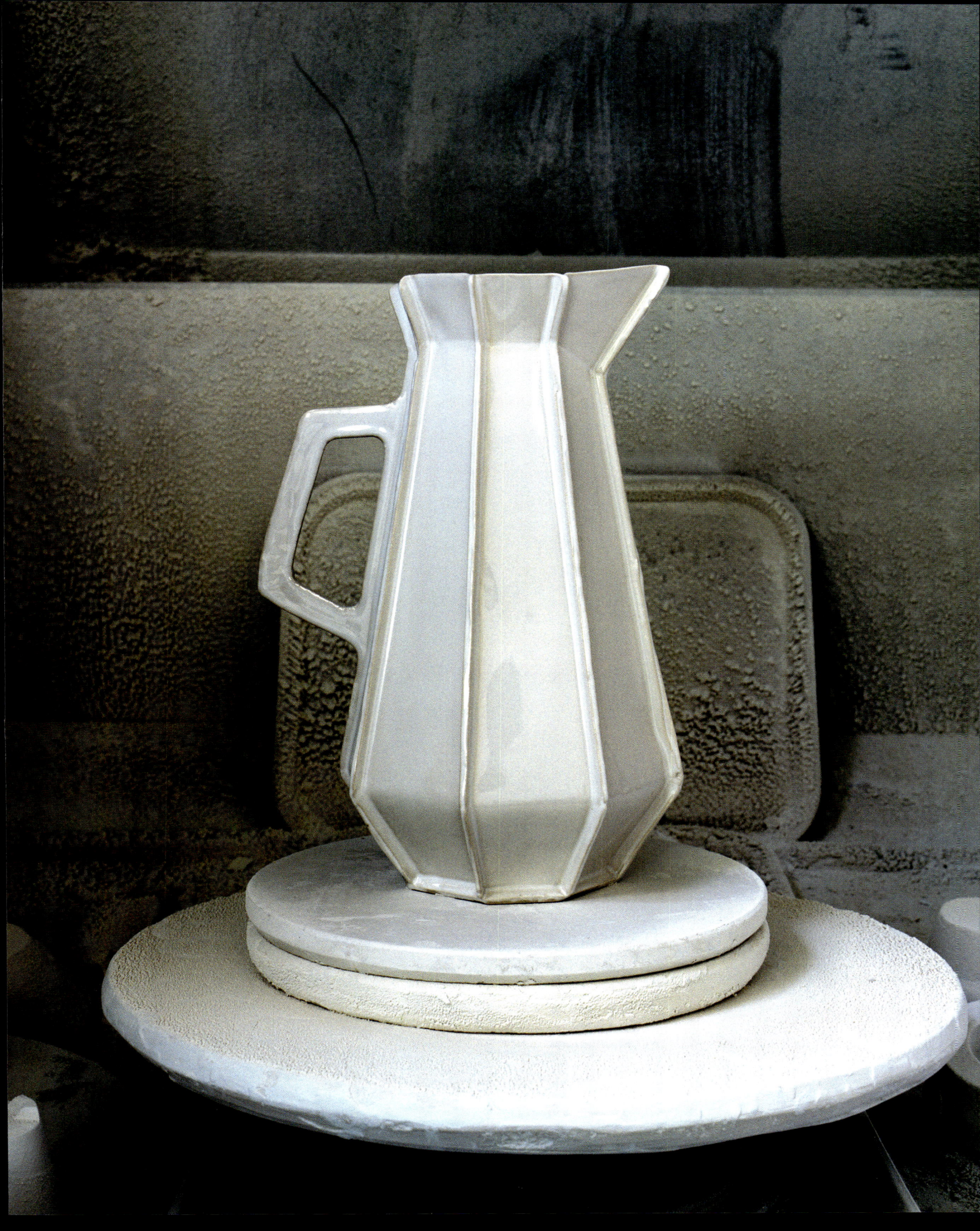

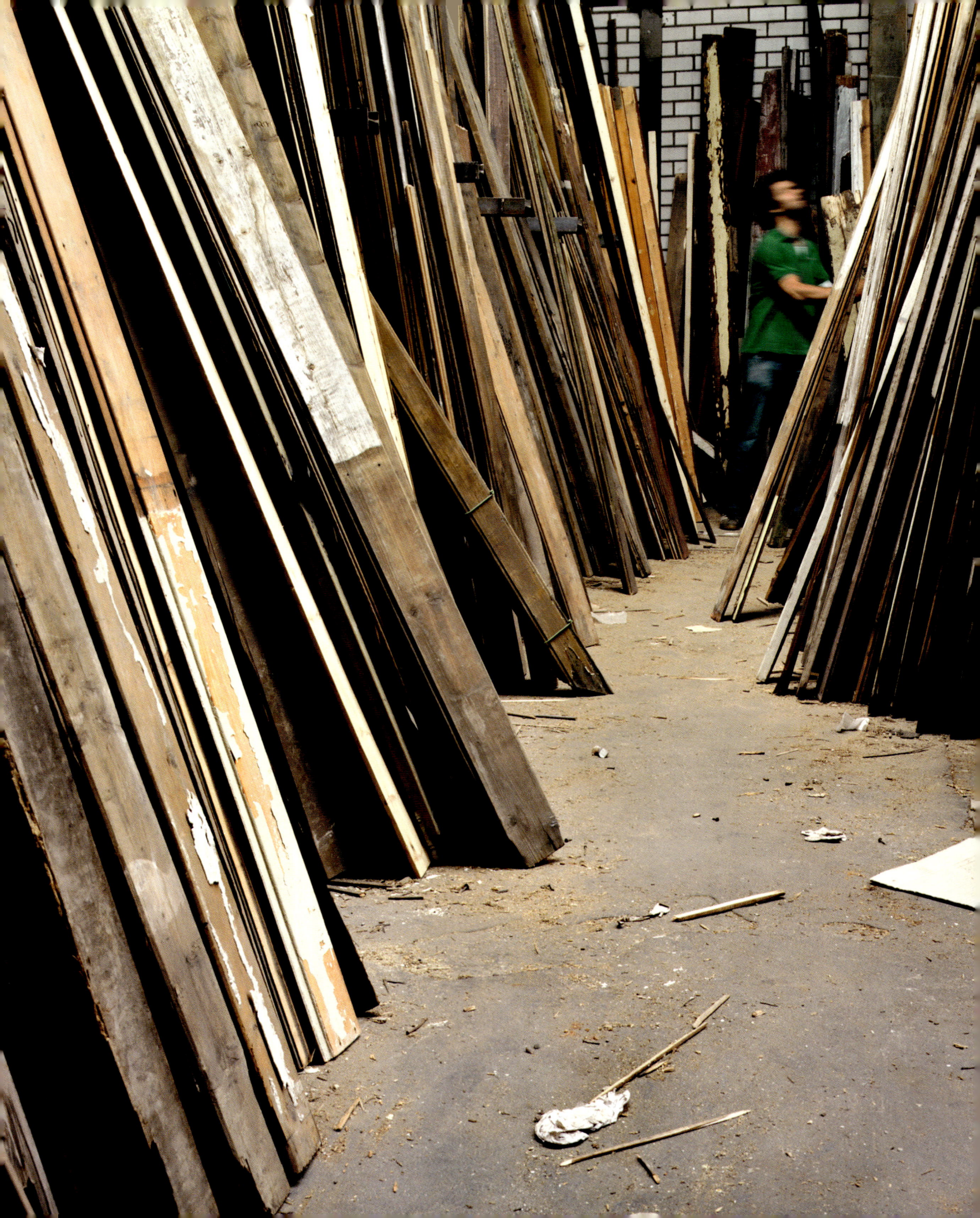

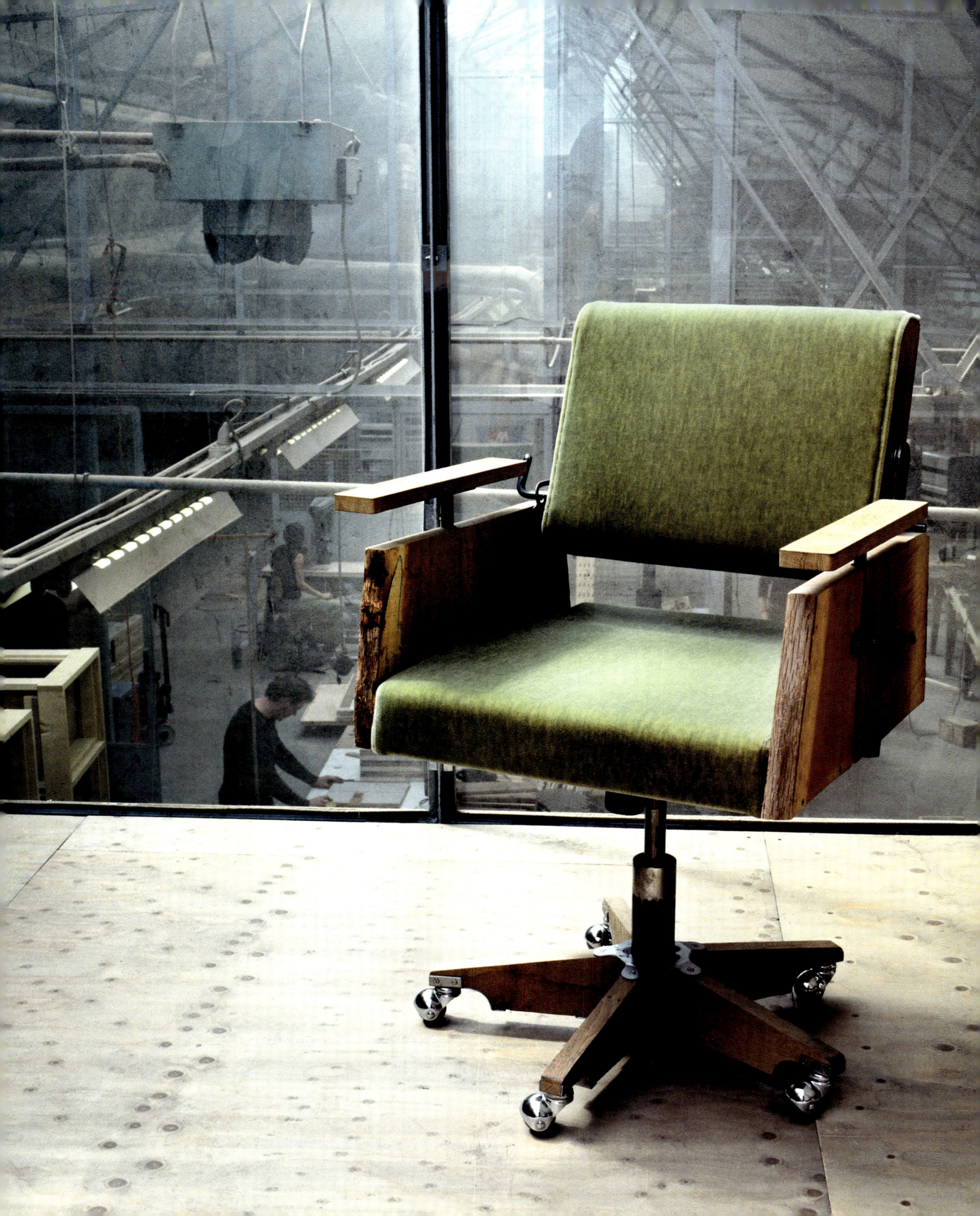

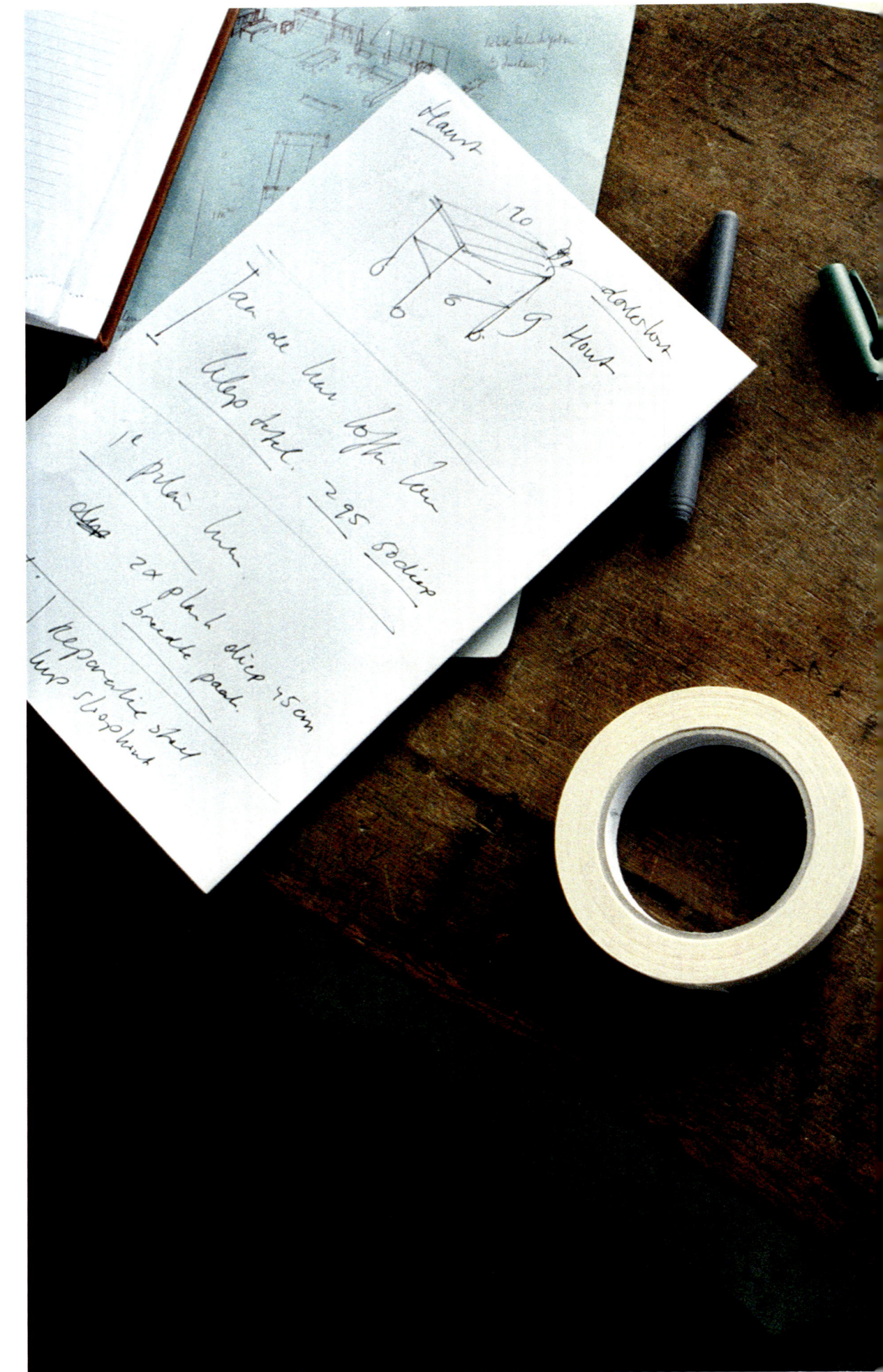

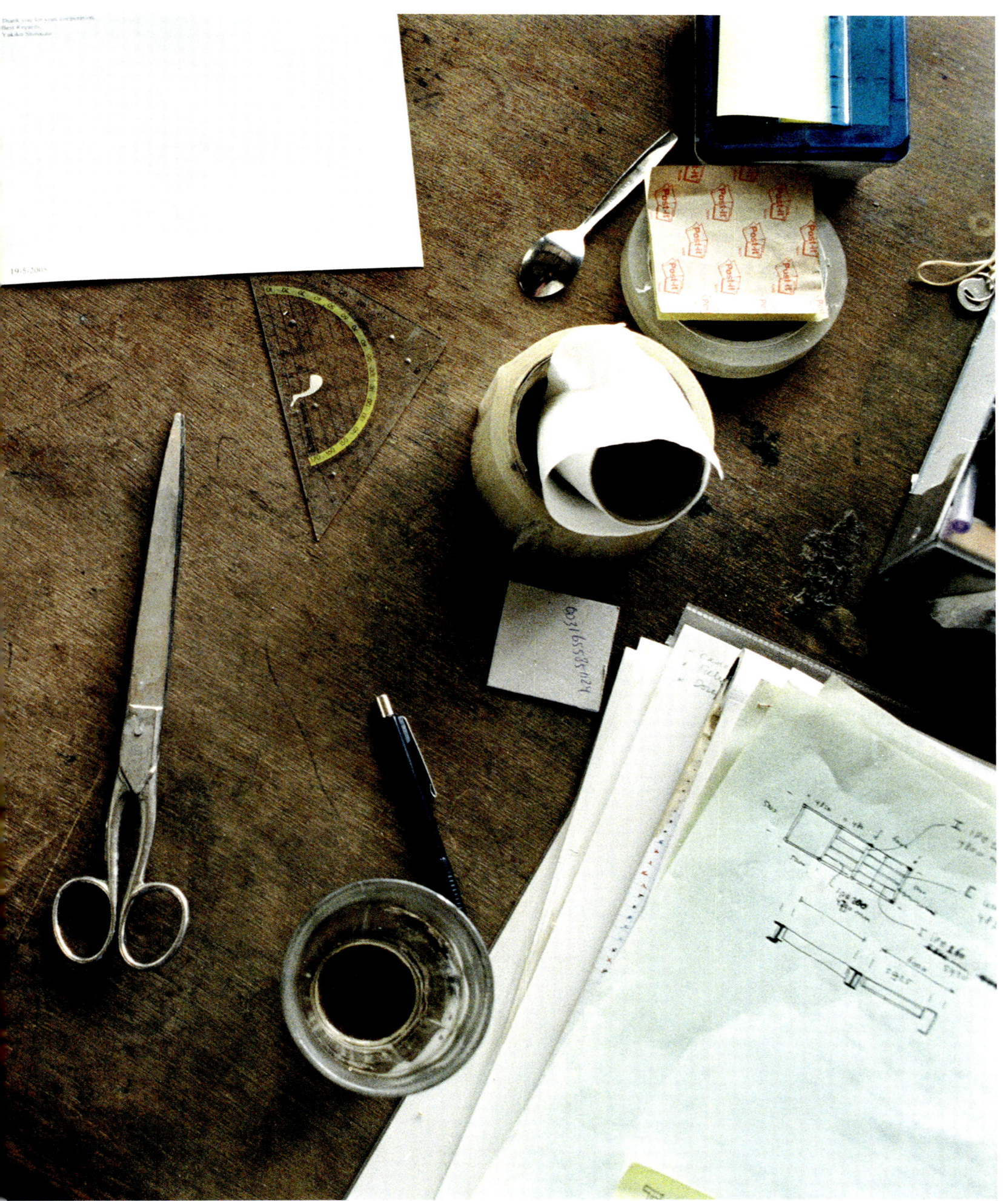

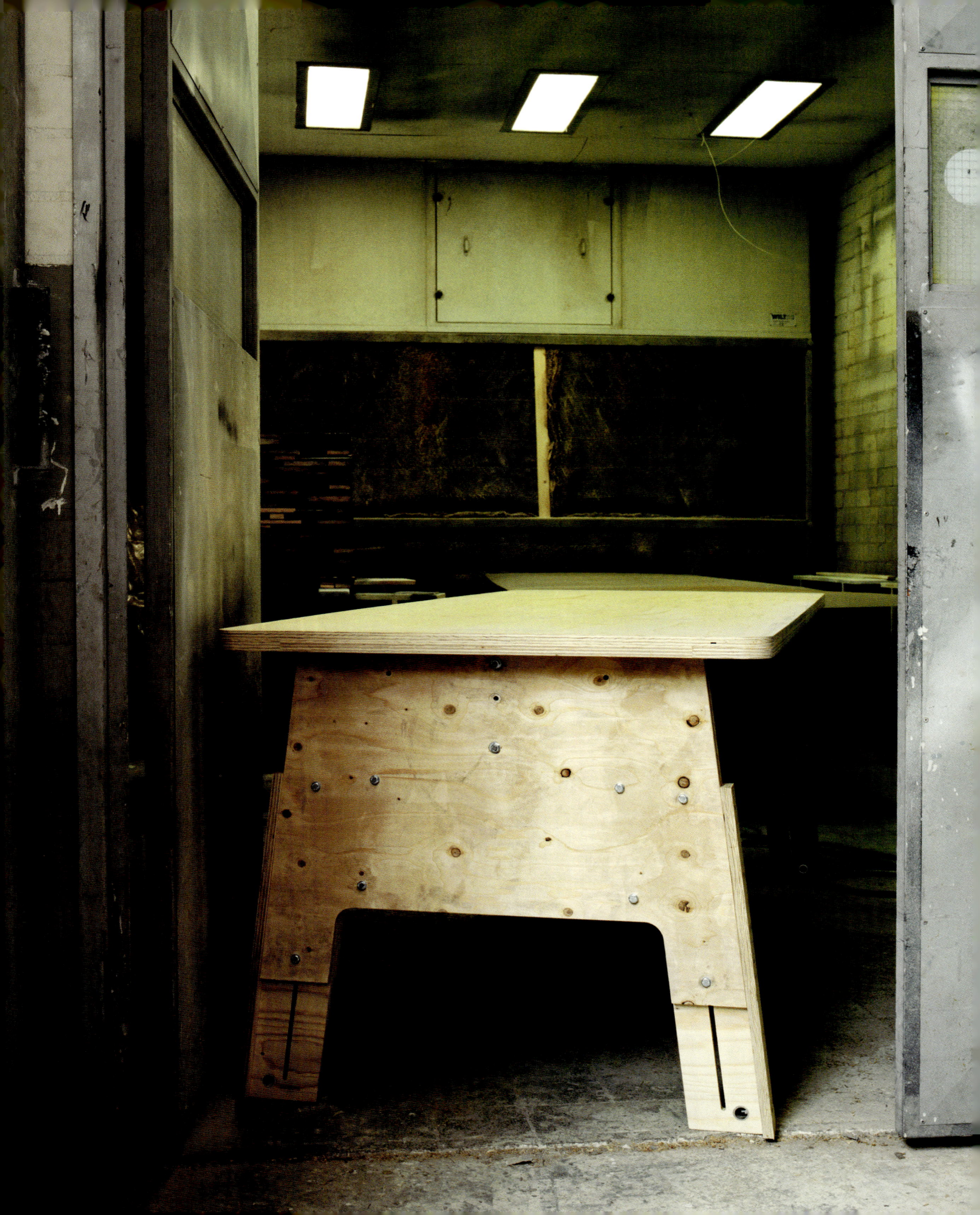

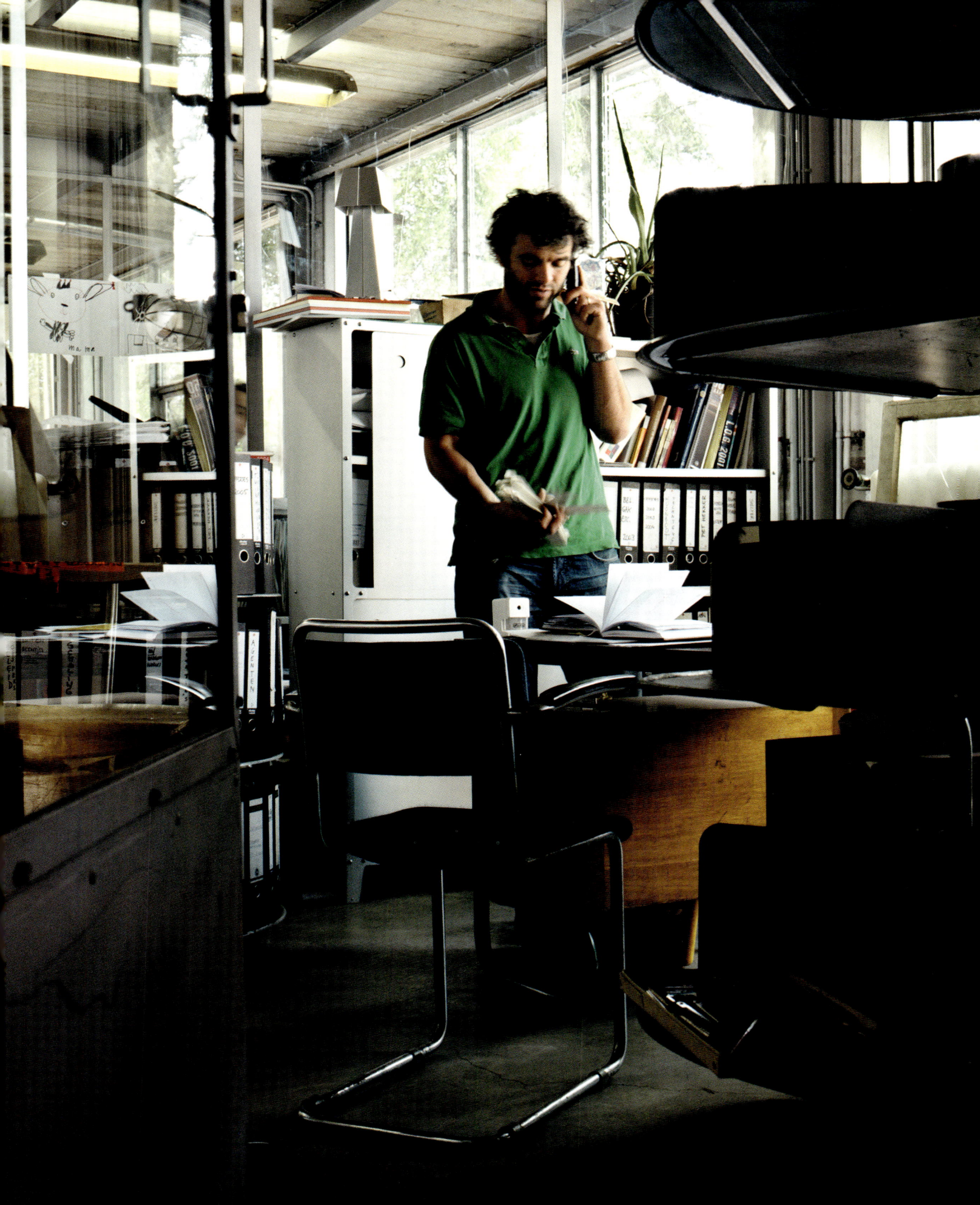

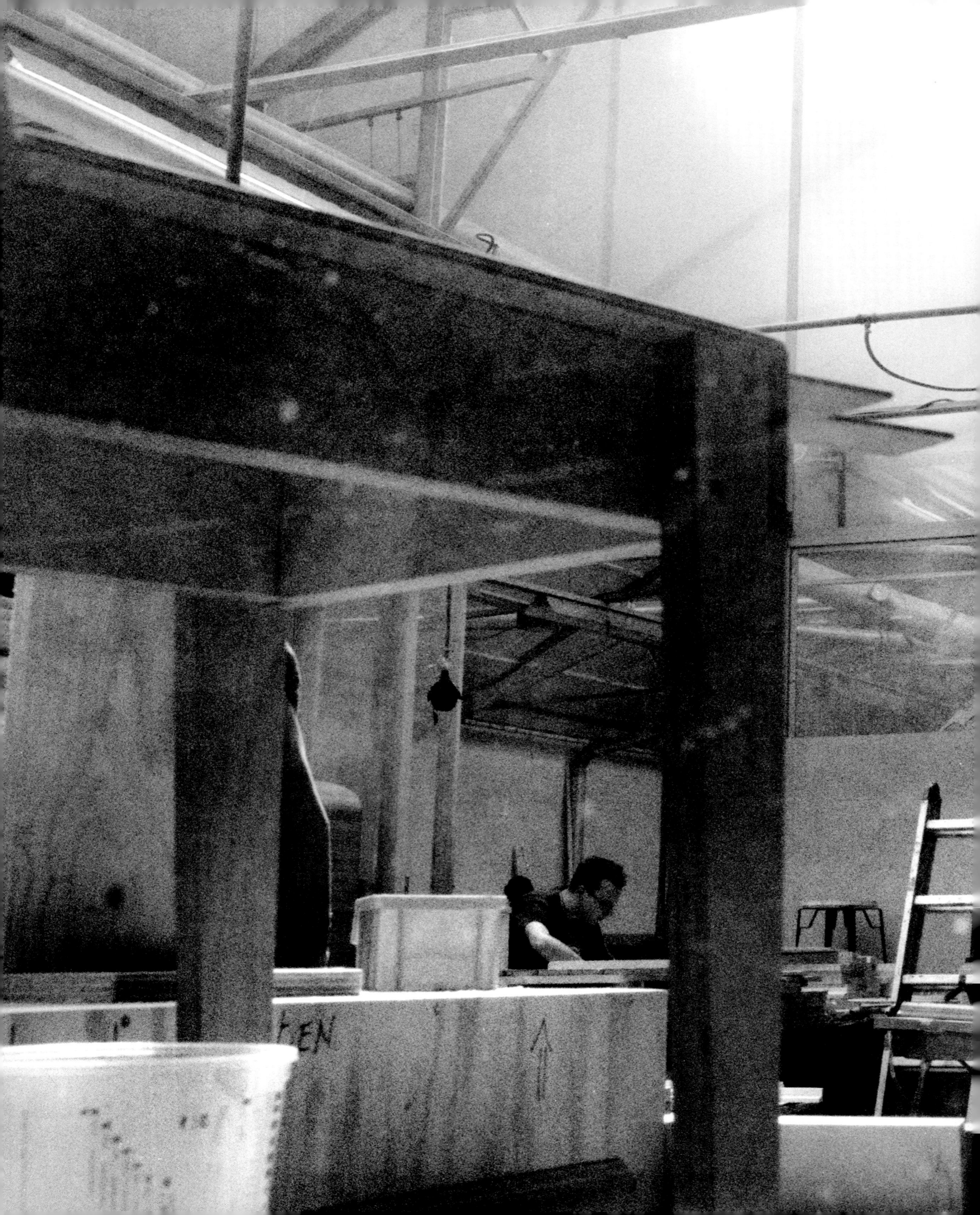

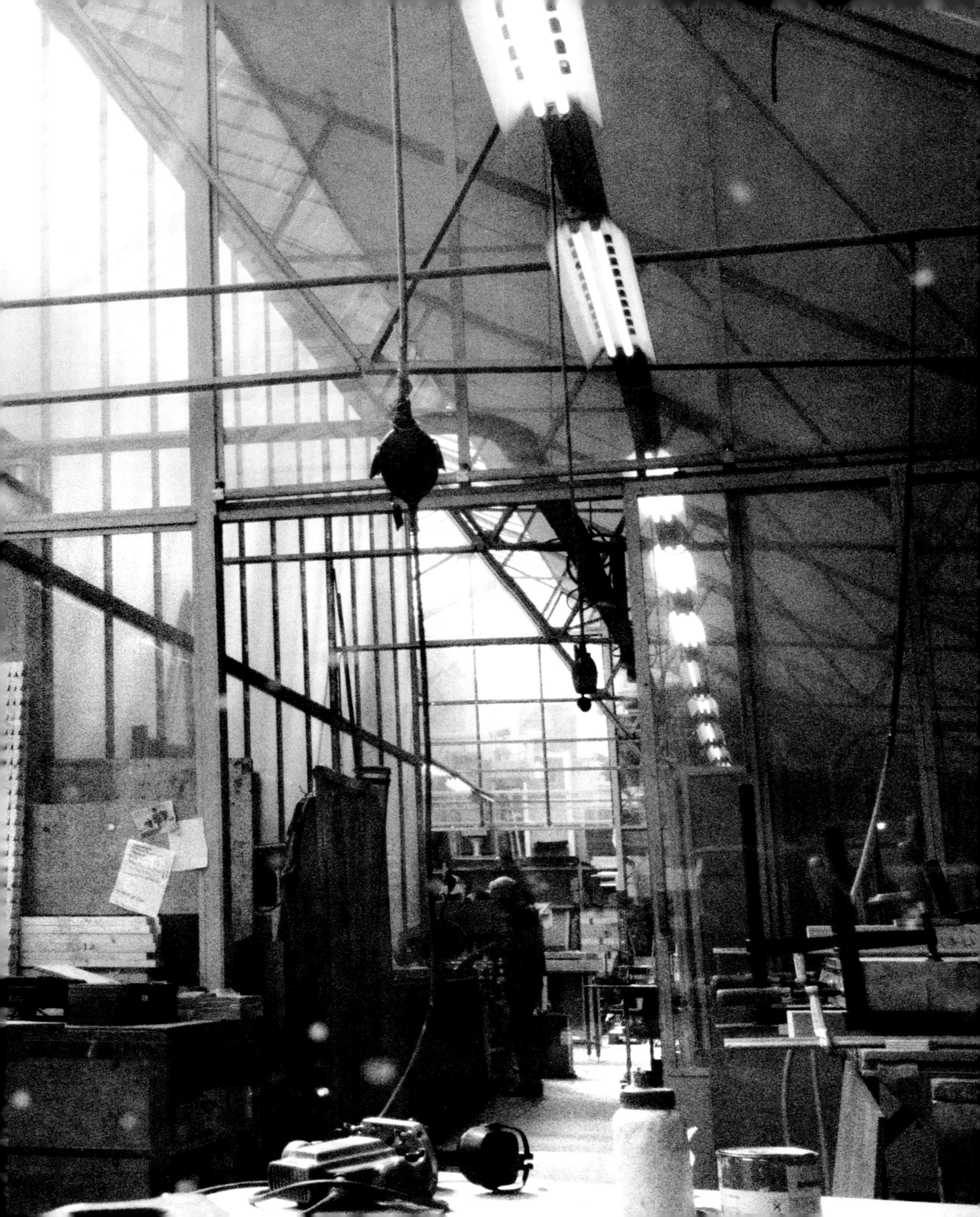

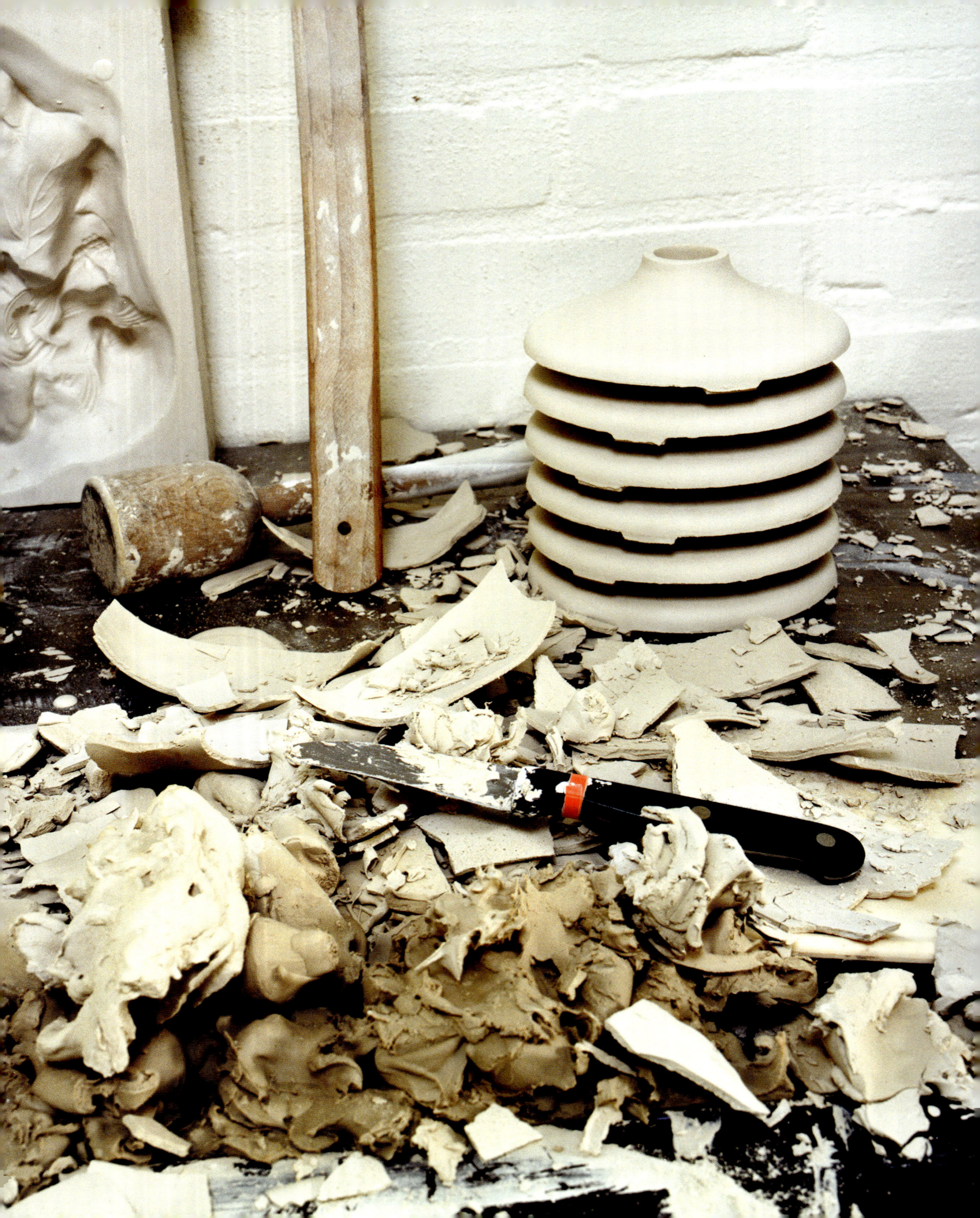

PIET HEIN EEK (EDAM, 1967) STUDEERT IN 1990 AF AAN DE DESIGN ACADEMY IN EINDHOVEN MET EEN SLOOPHOUTEN KAST. KORT DAARNA RICHT HIJ MET PARTNER NOB RUIJGROK EEN MEUBELBEDRIJF OP DAT SERIES EN WERK IN OPDRACHT UITVOERT VOOR DE NEDERLANDSE EN BUITENLANDSE MARKT. DE KOFFIESHOP IN HET MUSEUM OF MODERN ART IN NEW YORK BESCHIKTE IN DE JAREN NEGENTIG OVER MEUBILAIR VAN PIET HEIN EEK.

Wie sloophout zegt, denkt onmiddellijk aan Piet Hein Eek. Hoewel de ontwerper naar eigen zeggen net zoveel met sloophout heeft als met staal, keramiek of ijzer. Toen Piet Hein Eek in 1990 afstudeerde aan de Design Academy met een sloophouten kast, maakte dat veel indruk. Het ruwe hout, de stoere vormen, het eenvoudige en krachtige ontwerp: het gaf hem direct nationale bekendheid. 'De sloophouten kast was mijn reactie op de heersende hang naar perfectie. Ik wilde laten zien dat producten die niet perfect zijn, toch aan onze gevoelens van esthetiek en functionaliteit kunnen voldoen.'

De man die vooral niet alleen als sloophouten-Pietje bekend wil staan, heeft zijn werkterrein inmiddels aardig verbreed naar andere materialen (aluminium, staal, kunststof, plaatmateriaal, keramiek) en andere ontwerpen (interieurs, vazen, lampen). Maar zijn uitgangspunten zijn in de loop der jaren niet wezenlijk veranderd. Piet Hein Eek werkt vanuit het materiaal. En ieder materiaal vraagt om een eigen en specifieke verwerking. Als hij een oude deur gebruikt om er een kast van te maken, dan dicteert de deur hoe de kast er uit komt te zien. Zo ontstaan unieke producten die zelfs hem verrassen. Ook de techniek kan leidend zijn. Als de machine bepaalt dat het makkelijker is een metalen lamp uit vlakken op te bouwen, zoals bij de Plissélampjes, dan wordt er een streep gehaald door het oorspronkelijk ronde ontwerp. Vaak is afvalmateriaal - uit de natuur of industrie - de basis. De glanzend blank gelakte Afvaltafel is bijvoorbeeld opgebouwd uit talloze kleine houtoverblijfsels van de sloophouten kasten. Met dit economisch waardeloze materiaal gaat Eek aan de slag. Met engelengeduld worden de meubels van begin tot eind in eigen werkplaats geproduceerd. Aan die arbeids-intensieve productie van unieke stukken hangt wel een prijskaartje. Mensen zijn bereid veel geld te betalen voor de aandacht die je als ontwerper in het product stopt, merkt hij. 'Je koopt min of meer iemands attentie.'

Samen met vrouw Jeanine, die hij leerde kennen op de academie, en hun drie dochters woont Piet Hein Eek in het Brabantse Geldrop, naast zijn werkplaats en showroom. Jeanine duikt als keramiste ook vaak het atelier in. Soms werken ze samen aan projecten. De serieproductie en de opdrachten voert Piet Hein Eek overigens samen met partner Nob Ruijgrok uit. Achter hen staat een dertig man sterk team. Of het nou een boomstammenbureau, een fauteuil van sloophout of een kast met koelceldeuren is, bij Piet Hein Eek zie je hoe de producten gemaakt zijn. De ontwerpen moeten zijn als een open boek, vindt hij. En dus zie je bij de Lastafel met stoelen de lasnaden zitten, het is zelfs een wezenlijk onderdeel van het ontwerp. De Boomstammenmeubels hebben ruige kanten waar zelfs het schors nog op zit. De lijn tussen idee en eindproduct is altijd kort en herkenbaar, legt Eek uit in het dagblad Trouw. 'Ik vind een inspirerende deur en hup, ik maak er op een logische manier een kast omheen. Langer is mijn verhaal niet. Moet het ook niet zijn, vind ik. Vormgevers met een stilistisch uitgangspunt houden vaak een ellenlang betoog om hun eindresultaat te verklaren. Daar houd ik niet van.'

PIET HEIN EEK (EDAM, 1967) GRADUATED FROM THE ACADEMY FOR INDUSTRIAL DESIGN (NOW THE DESIGN ACADEMY) IN EINDHOVEN, IN 1990 WITH A CABINET MADE OUT OF SCRAP WOOD. SHORTLY AFTERWARDS HE AND HIS PARTNER NOB RUIJGROK SET UP THEIR OWN COMPANY, SPECIALIZING IN FURNITURE SERIES, ALONGSIDE COMMISSIONED WORK FOR CUSTOMERS IN HOLLAND AND ABROAD. IN THE NINETIES THE COFFEESHOP AT NEW YORK'S MUSEUM OF MODERN ART FEATURED FURNITURE DESIGNED BY PIET HEIN EEK.

When you hear 'scrap wood', you automatically think of Piet Hein Eek. Even though the designer himself says he's equally fond of working in steel, ceramics and iron. When he graduated from the Design Academy Eindhoven in 1990 with a scrap wood cabinet, he attracted considerable attention. The rough wood, the robust shape, the simplicity and power of the design brought him national recognition. 'The scrap wood cabinet was my reaction to the passion for perfection that was dominant then. I wanted to show people that products that aren't perfect can still appeal to our sense of beauty and functionality.'

Since then, the man who has resolved not to go down in history as 'scrap-wood Piet' has considerably broadened his sphere of activity, opting not only for new materials (aluminium, steel, synthetics, sheet material, ceramics), but also new objects (interiors, vases, lamps). And yet in essence Piet Hein Eek's departure points have barely altered over the years. He always starts with the material. And each material calls for its own specific approach. If he decides to use an old door to make a cabinet, then it is the door that dictates what the cabinet will ultimately look like. Occasionally the result even surprises the maker. In some cases it's the technique that takes over: if the machine decides that it's easier to construct a metal lamp using planes, as in the case of the Plissé Lamps, then he has no qualms about x-ing out the original round design. In many cases, scrap material - whether natural or industrial in origin - is the raw material. Take the shiny white Afvaltafel (Scrap Table), for example, which is made from countless tiny pieces of wood left over from the scrap wood cabinets. This is Eek's starting point: worthless material. Then, patiently and painstakingly, the piece of furniture takes shape in his own workplace. Naturally, there is a connection between the labour-intensive method involved in producing unica, and the ultimate price. He has learned that people are willing to pay a great deal of money for the attention to detail that is invested in such an article. 'In a sense, what they're paying for is the attention, the dedication of the maker.'

Piet Hein Eek lives in Geldrop in the province of Noord Brabant, together with his wife Jeanine, whom he met at the academy, and their three daughters. His workplace and showroom are next door. Jeanine, a ceramic artist, also spends her working hours in the studio. Occasionally they collaborate on projects. The commissioned items and the various series are executed by Piet Hein Eek, together with his partner Nob Ruijgrok, with the support of a thirty-man team. Whether the work at hand is a desk that used to be a tree trunk, an armchair made of scrap wood, or a cabinet whose doors were taken from a cold storage cell, with Eek you always see how the object was made. He believes that designs ought to be an open book. So when you look at the welded table with chairs, not only can you see the welds, they are an intrinsic part of the design. The pieces in the Tree Trunk series have rough sections, some with the actual bark still on them. The line between idea and finished product is always short and recognizable, Eek explained in an interview in the Dutch daily Trouw. 'When I come across a door that shows promise, I look for a logical way of constructing a cabinet around it. That's the long and the short of it. No reason to make things more complicated than they are. Designers who are wedded to a stylistic departure point will bend your ear for an hour, trying to explain the end result. That's not my style.'

www.pietheineek.nl

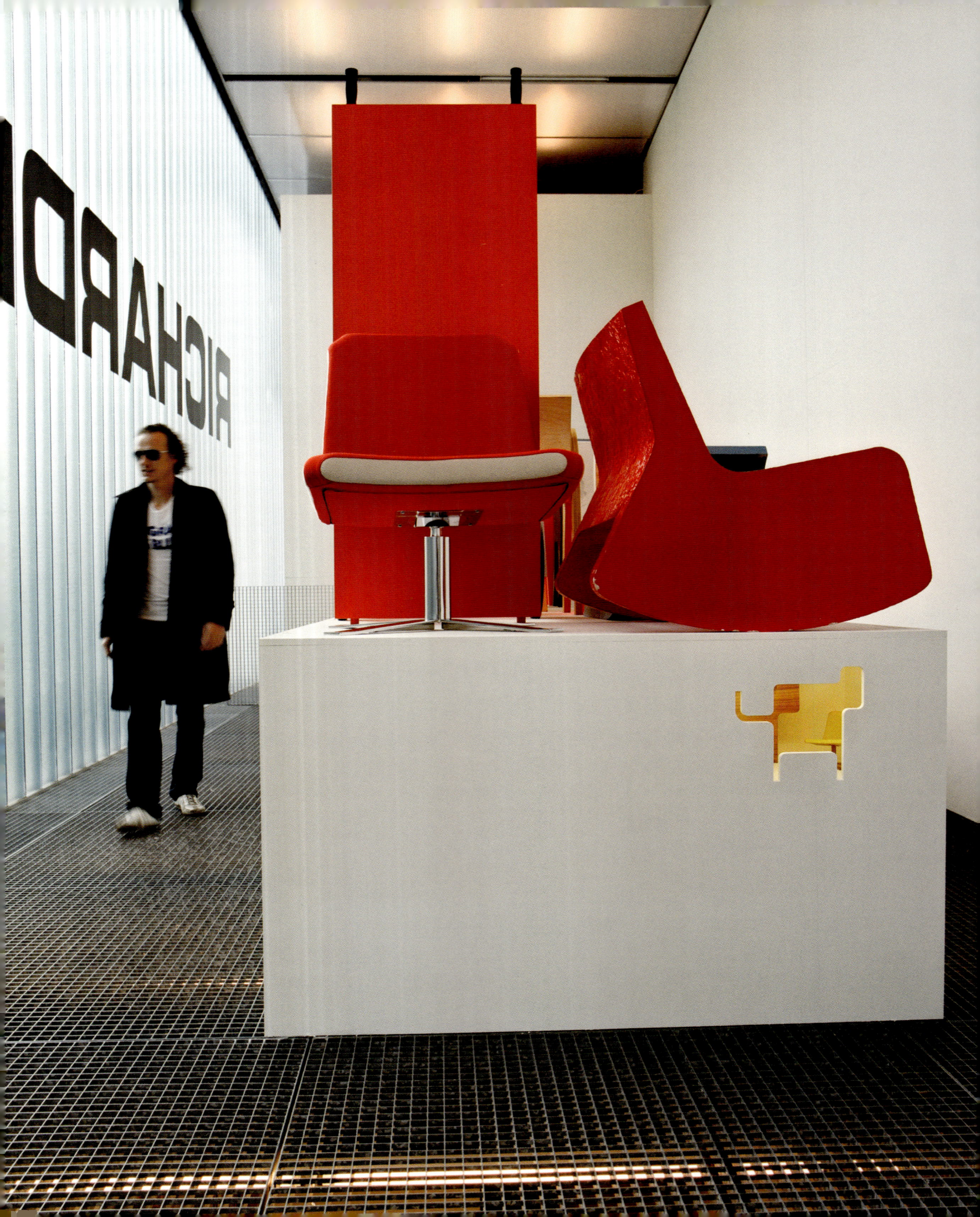

RICHARD HUTTEN

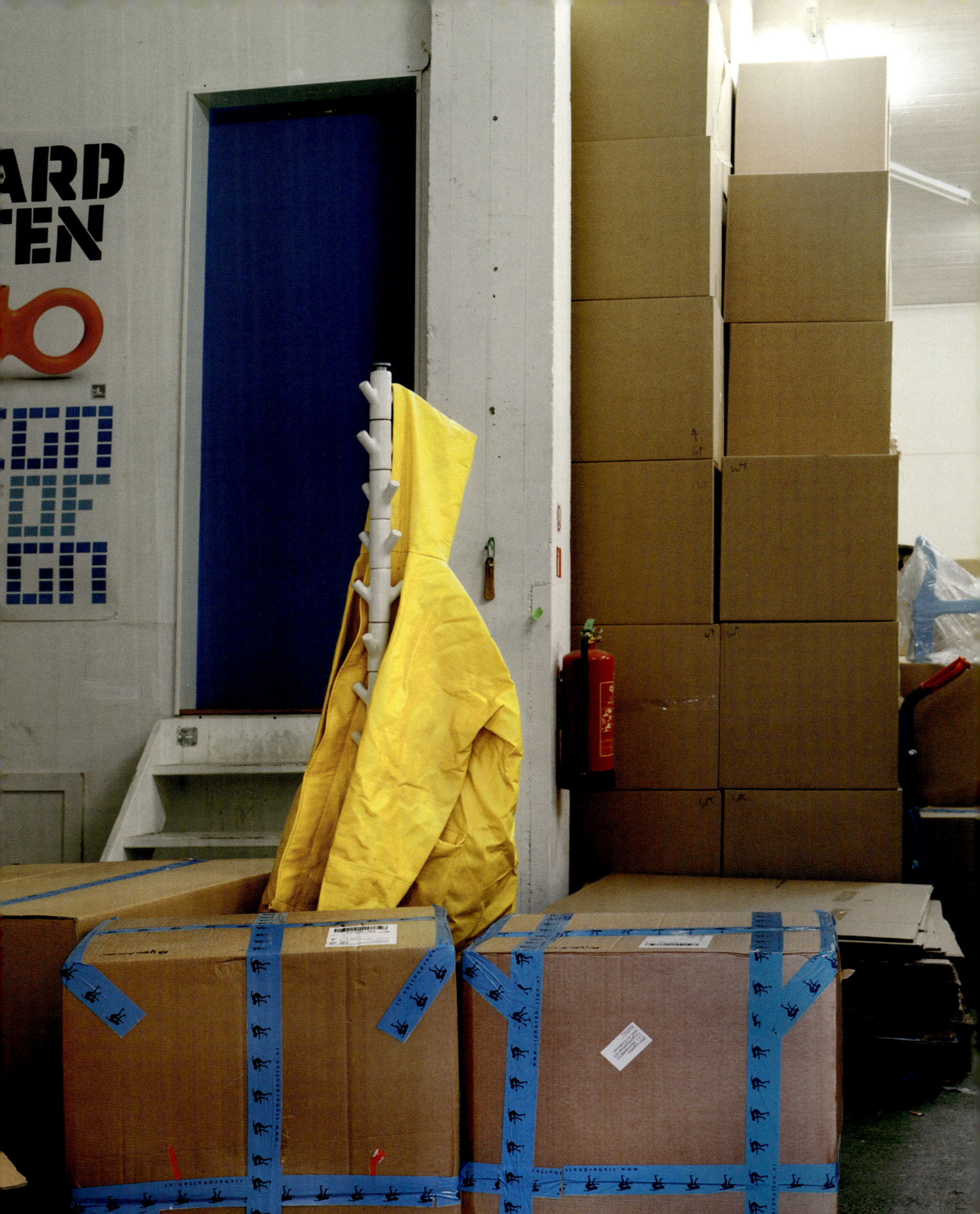

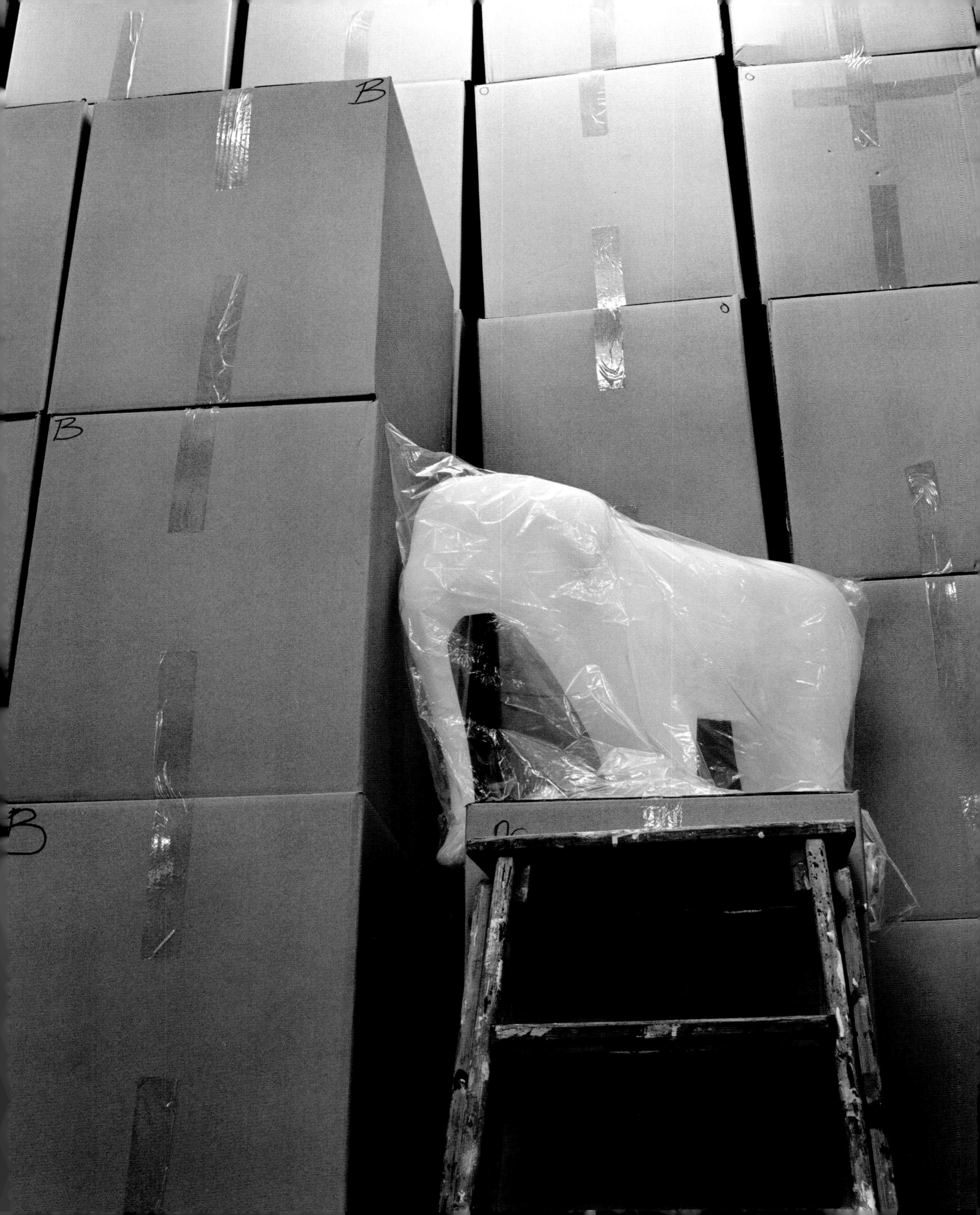

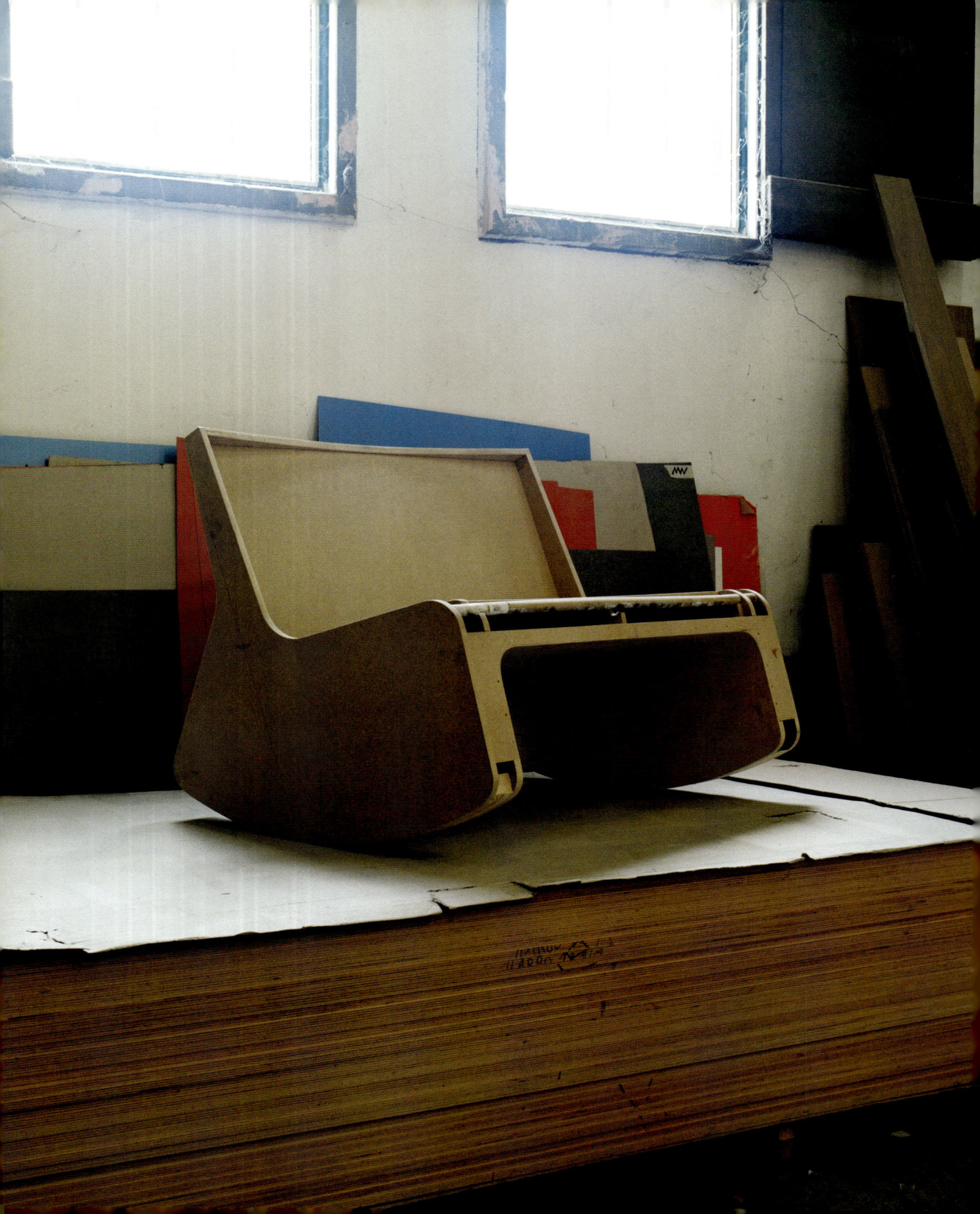

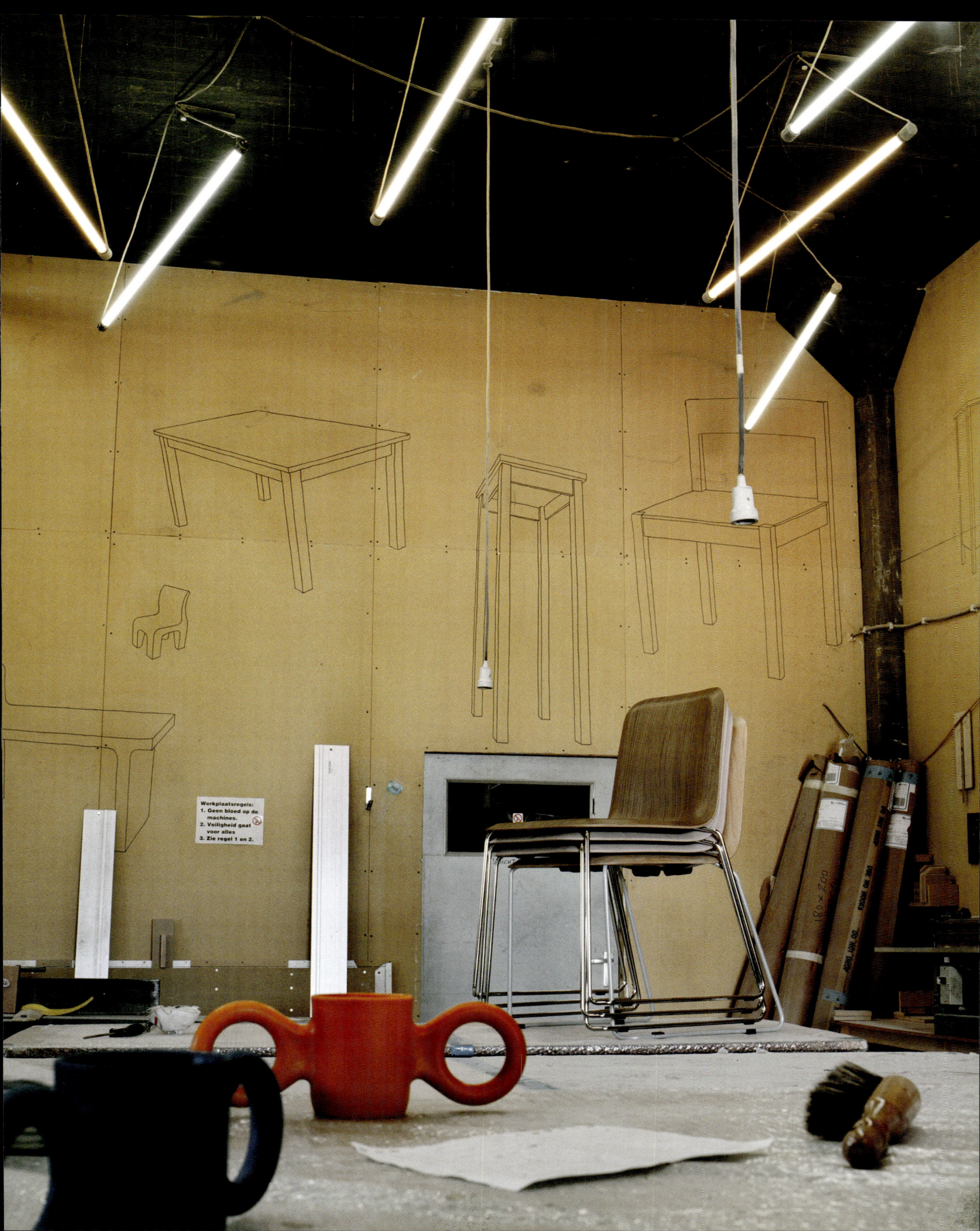

Werkplaatsregels:
1. Geen bloed op de machines.
2. Veiligheid gaat voor alles.
3. Zie regel 1 en 2.

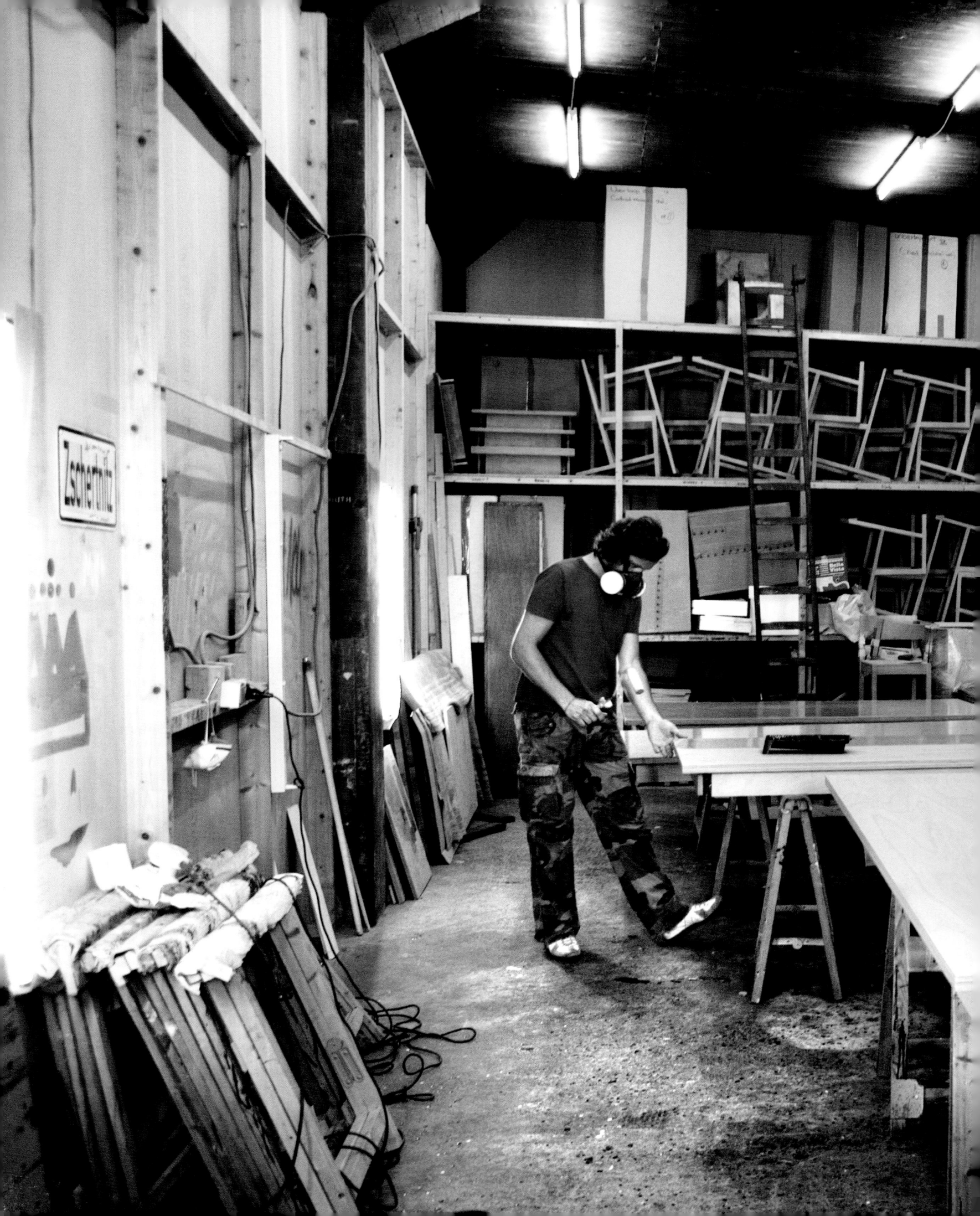

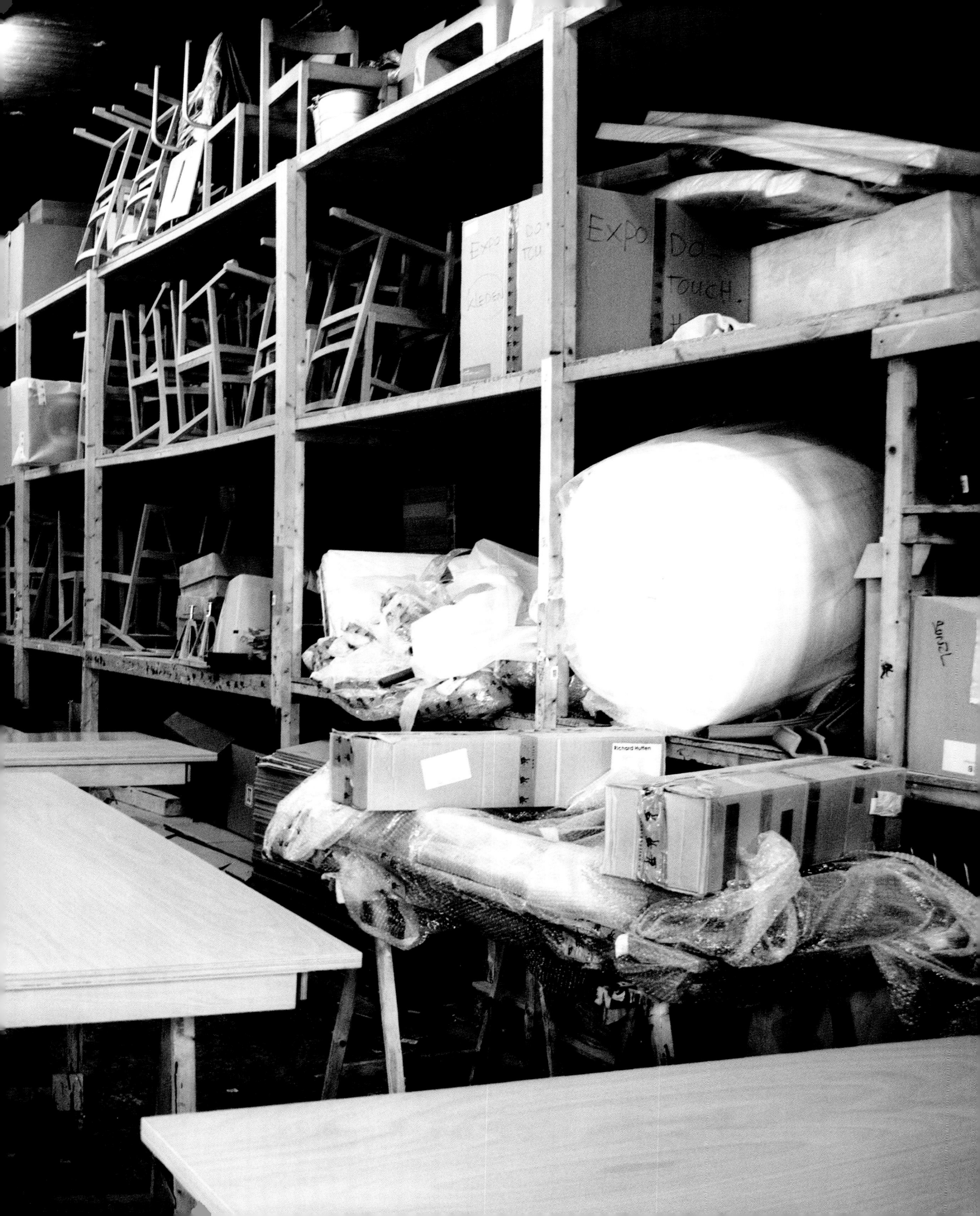

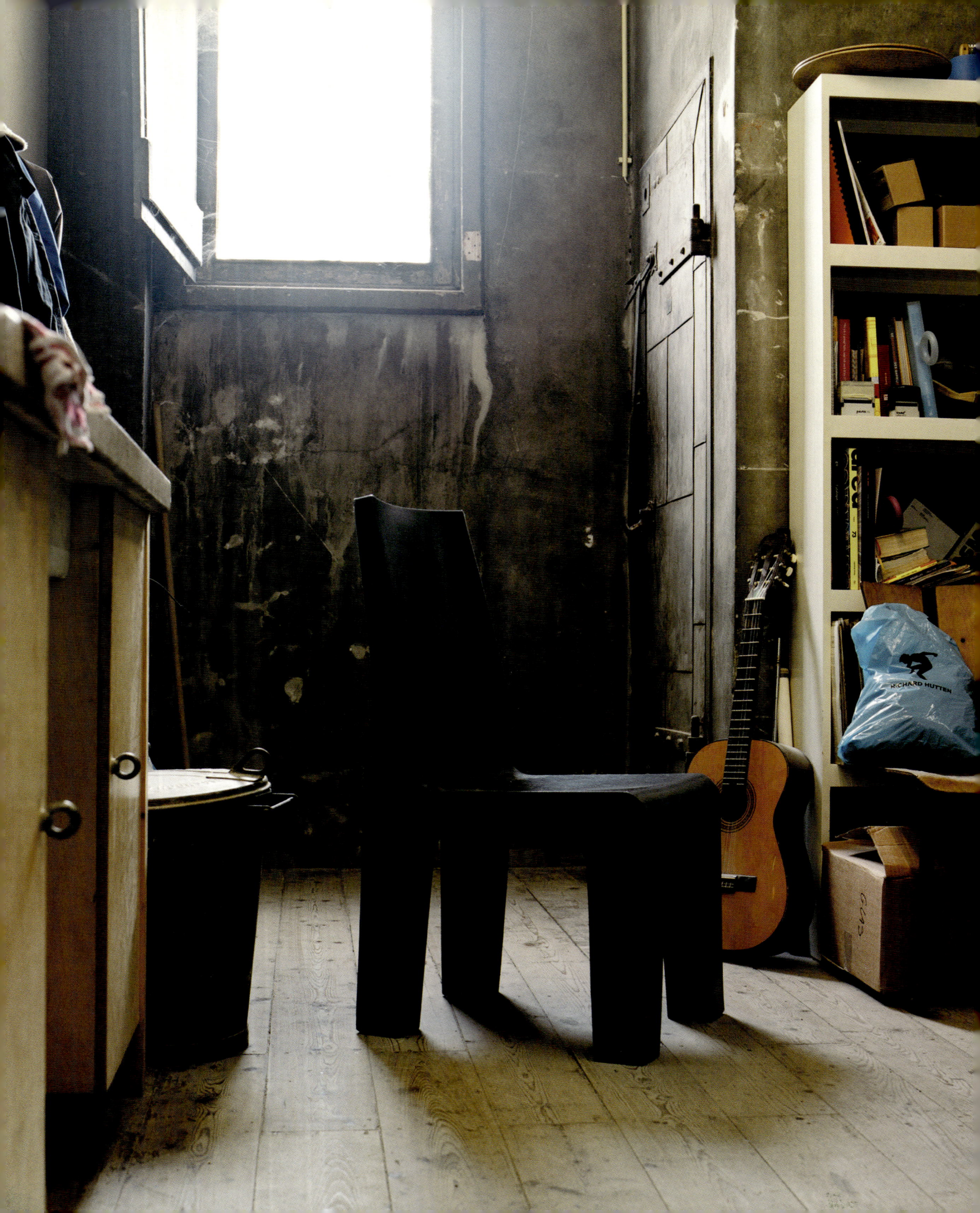

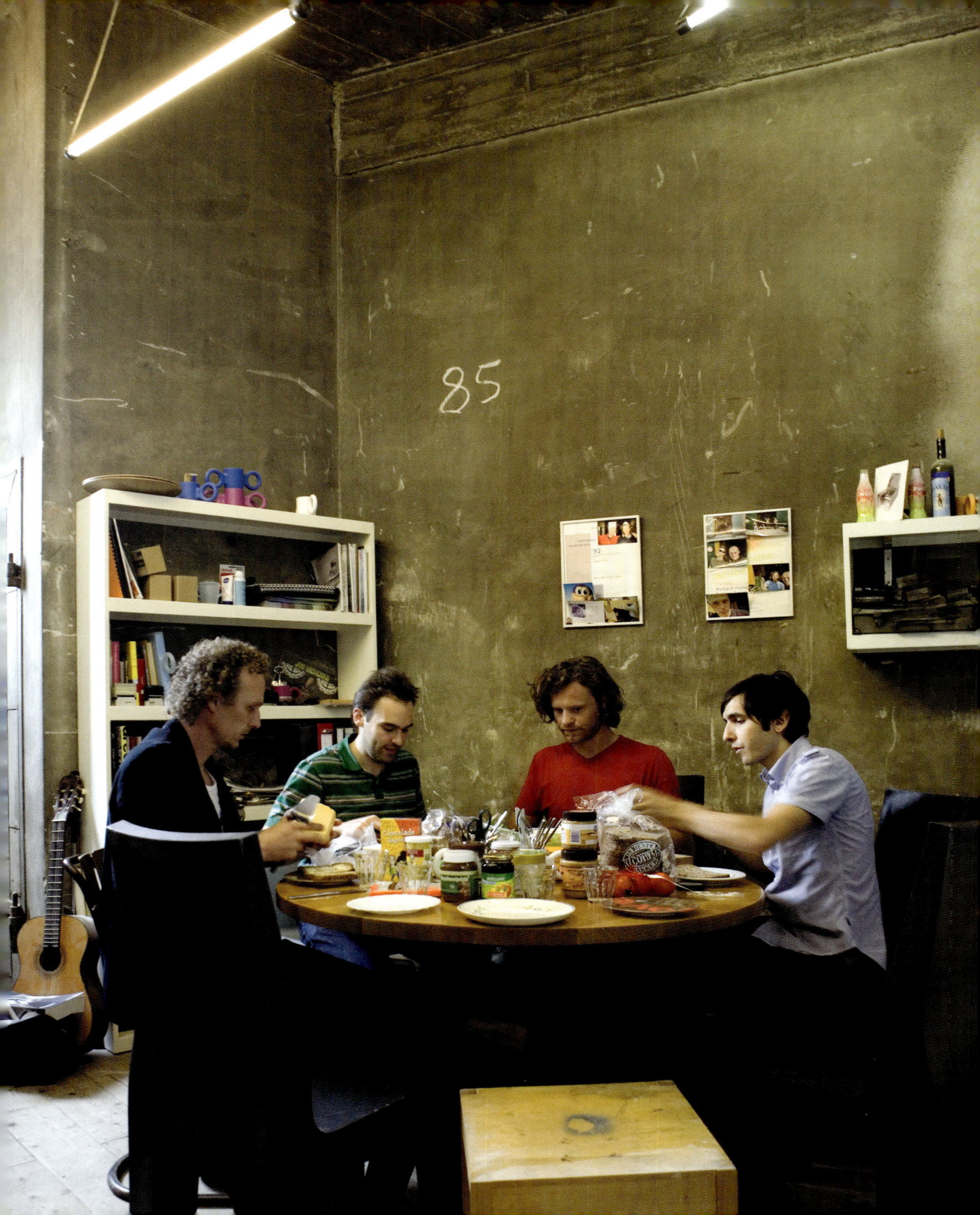

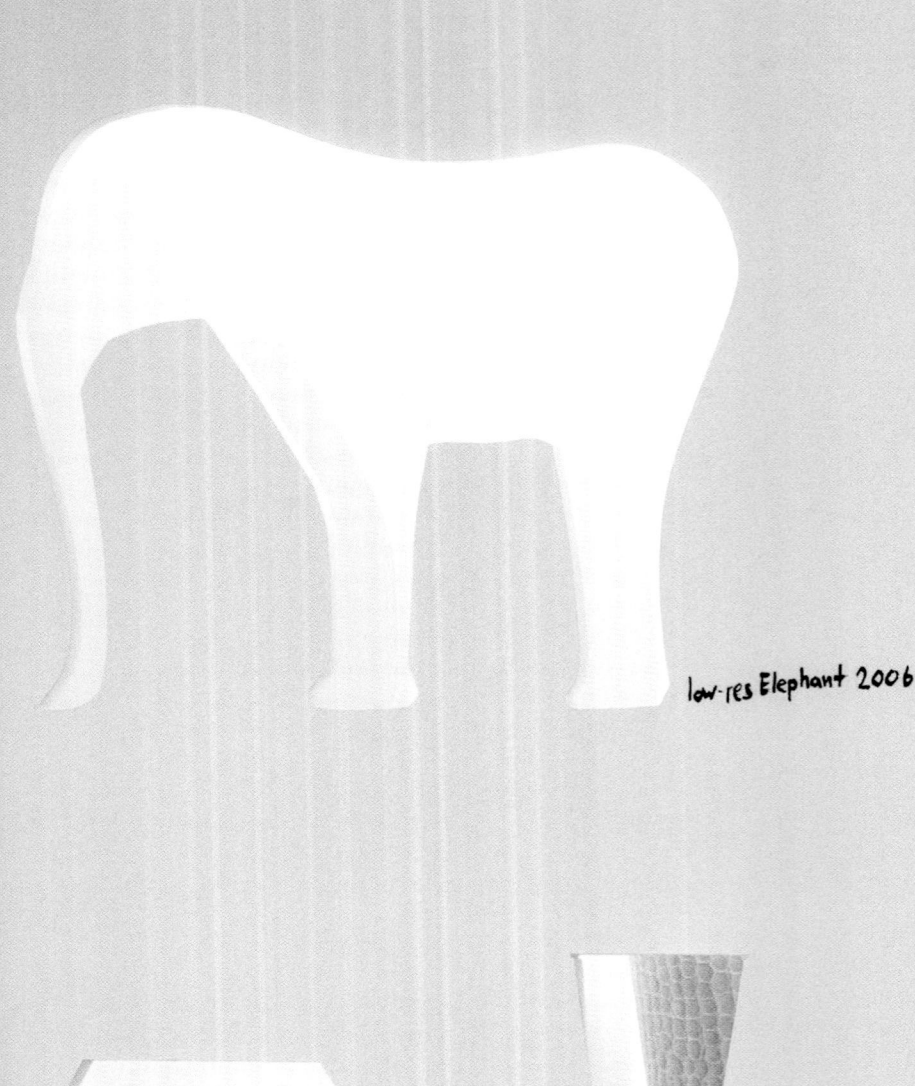

low-res Elephant 2006

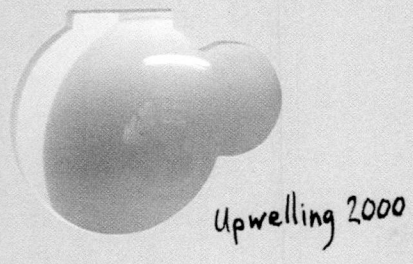

Upwelling 2000

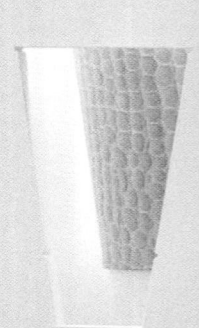

Dutch-Vase 2001

Tafel-schaal 1994

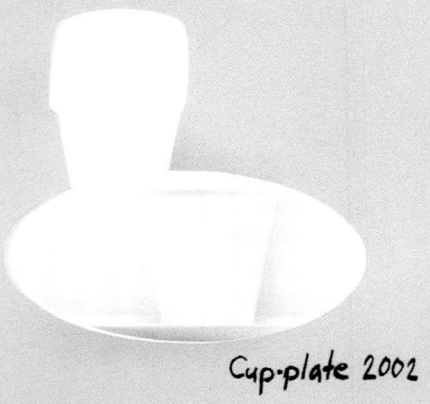

Cup-plate 2002

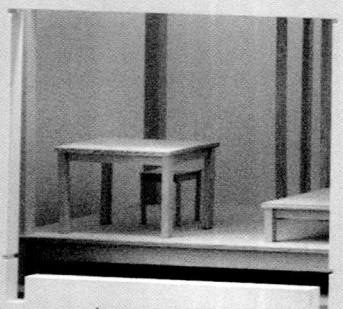

Tafel op tafel model 1990

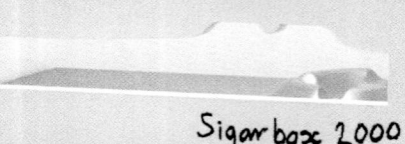

Sigaren box 2000

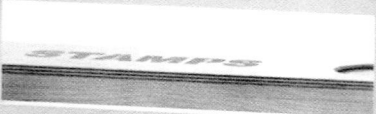

Stamps box 2000

Fruittray 1997

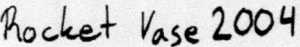
Rocket Vase 2004

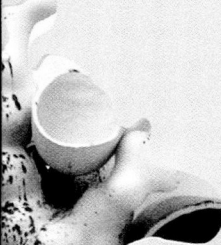
Hommage 2006

Drawingbox 2000

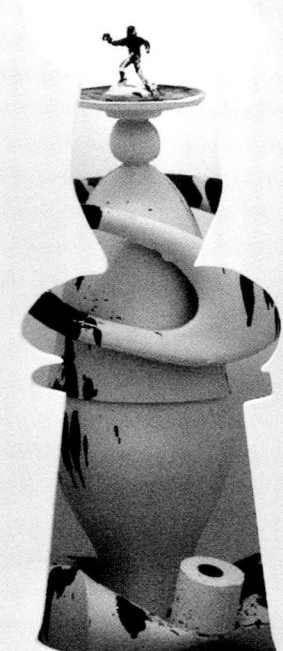
Hommage 2006

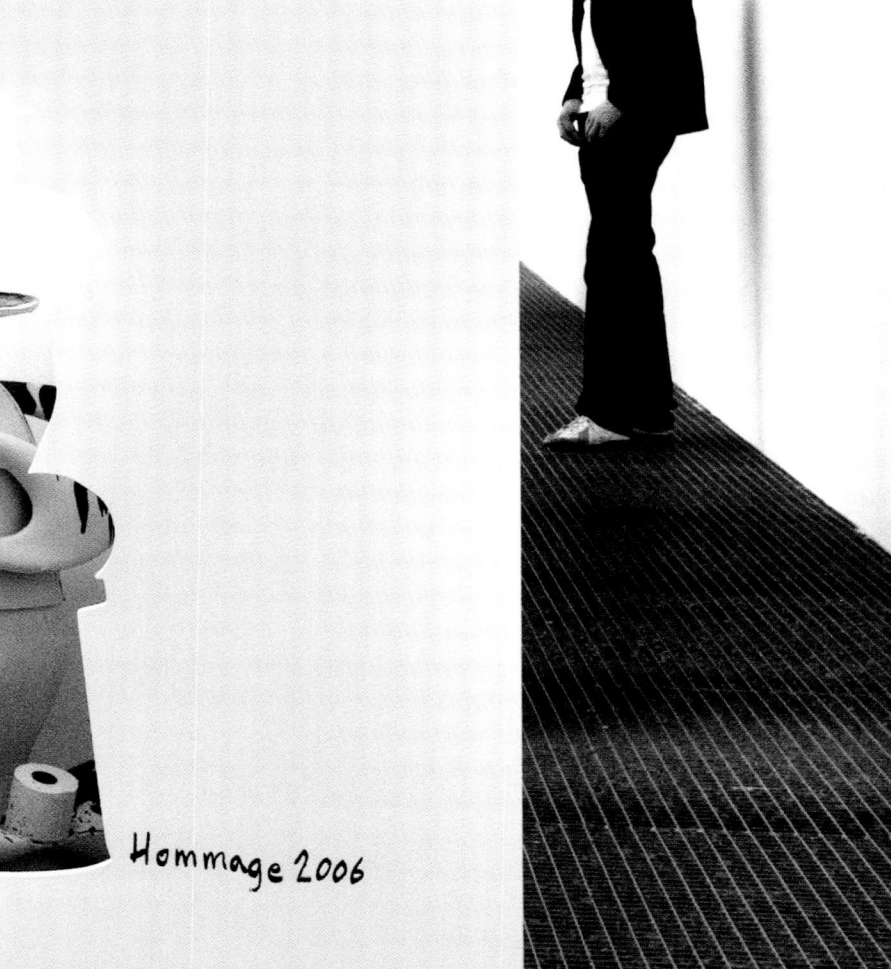

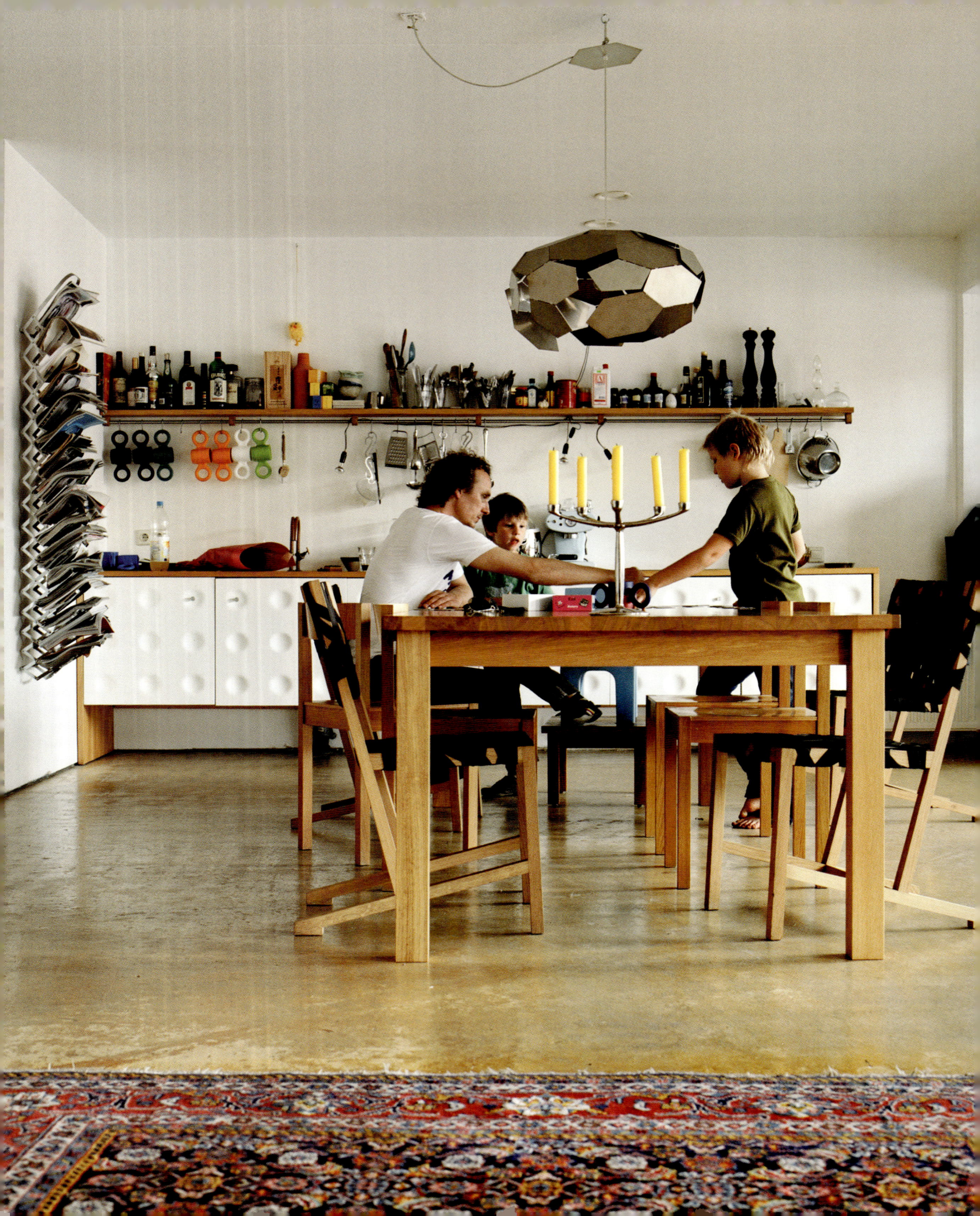

RICHARD HUTTEN (ZWOLLERKERSPEL, 1967) GAAT OP ZIJN ZEVENTIENDE NAAR DE DESIGN ACADEMY IN EINDHOVEN. IN 1991 STUDEERT HIJ AF EN BEGINT HIJ ZIJN EIGEN DESIGN-STUDIO IN EINDHOVEN. ENKELE JAREN LATER VERHUIST HIJ NAAR ROTTERDAM OM ER TE WONEN EN WERKEN. HIJ WERKT VOOR UITEEN-LOPENDE OPDRACHTGEVERS, WAARONDER DONNA KARAN IN NEW YORK, KPN NEDERLAND, HET NEDERLANDS ARCHITECTUUR INSTITUUT (NAI) EN HET CENTRAAL MUSEUM IN UTRECHT.

'Ik wil mensen verblijden, niet verleiden,' is een terugkerende uitspraak van Richard Hutten. Hoewel het werk van deze wereldberoemde ontwerper in de beginjaren zeer conceptueel van aard was, is functionaliteit het allerbelangrijkste geworden in zijn werk, dat vaak wordt omschreven als humoristisch en intelligent. Menselijk handelen vormt de inspiratiebron voor het ontwikkelen van speelse producten met een opvallende eenvoud. Beker Domoor, stoel Sexy Relaxy en 'skippybalstoel' Zzzidt zijn daarvan voorbeelden bij uitstek. Ze zijn doordacht en tegelijkertijd vanzelfsprekend, en toveren een glimlach op het gezicht.

Amper zeventien jaar oud en net doordrongen van het feit dat je van ontwerpen - wat hij, weliswaar als spel, al jaren deed - je beroep kon maken, meldt Hutten zich aan bij de Design Academy in Eindhoven. Hij behoort er tot de aller-jongsten. In 1991 studeert hij af en richt zijn eigen studio op. Met zitbank The Cross (1994) krijgt Hutten internationale erkenning. Aanvankelijk zijn het vooral Japanners die Richard Hutten bejubelen om zijn heldere ontwerpstijl. Het is het universele karakter van zijn werk, de frisheid en de humor in zijn ontwerpen, die voor zijn doorbraak zorgen.

Het duurt niet lang of hij groeit uit tot een van de beroemdste ontwerpers van Nederland, met een collectie die het zal schoppen tot de woonkamers van Karl Lagerfeld en Koningin Beatrix, en zalen van musea over de hele wereld. Niet zelden worden meerdere functies gebundeld in één ontwerp, zoals bij de Ding-serie (2000). Voor deze meubel-collectie neemt Hutten zijn No sign of design stoel als basis. Door meerdere stoelen aan elkaar te 'plakken' ontstaan er nieuwe, interessante meubelstukken, die zowel de functie van zitmeubel als tafel vervullen.

Huttens werkveld is breed. Van stoel tot kinderbeker, van balie tot USB-stick, als het ontworpen kan worden, wil Hutten het ontwerpen. In de Koreaanse hoofdstad Seoul bouwt Richard Hutten samen met architectenbureau MVRDV zelfs een nieuwe design academie, waarvoor hij in samenwerking met de Design Academy in Eindhoven ook een lesprogramma samenstelt. Hoe groot de status is die Hutten in Zuid-Korea heeft, blijkt wel uit het feit dat de opdrachtgever, een Koreaans bouwconsortium, erop stond de school naar hem te vernoemen.

Hoe Hutten tot zijn ontwerpen komt? Het antwoord is eenvoudig: door te spelen. Spelen is het doel in het leven, zegt Hutten. Neem het table-upon-tableprincipe. Een tafel op een tafel, met daartussen een tafeltje, wordt een kinderstoel. Een heel hoog tafeltje op een hoog tafeltje maakt een barkruk. Heel veel tafels bovenop elkaar vormen samen een boekenkast. Dat je spelen niet hoeft te verleren, ook niet als je veertig wordt, blijkt wel uit een project dat Hutten deed in het Amsterdamse Geuzenveld. MVRDV bouwde hier vijf woontorens en Hutten ontwierp het interieur van drie buitenkamers: een woonkamer, een keuken en een kinderkamer. Hij gaf iedere kamer een eigen vloerbedekking (van kunstgras tot rubber) en verlichting. Kroonluchters zo groot als kerkklokken, lichtgevende olifantjes, skippyballen Zzzidt om op te zitten en twee 'twijfelglijbanen' maken het – ook voor kinderen - een feest om in deze ruimtes te verblijven. En dat blijft de kracht van Huttens werk: je wordt er vrolijk van.

RICHARD HUTTEN (ZWOLLERKERSPEL, 1967) ENTERED THE DESIGN ACADEMY IN EINDHOVEN AT THE AGE OF SEVENTEEN. AFTER GRADUATING IN 1991, HE OPENED HIS OWN DESIGN STUDIO IN EINDHOVEN. SEVERAL YEARS LATER HE MOVED TO ROTTERDAM, WHERE HE NOW LIVES AND WORKS. HUTTEN HAS A HIGHLY VARIED CLIENTELE, INCLUDING DONNA KARAN IN NEW YORK, KPN NEDERLAND, THE NETHERLANDS ARCHITECTURE INSTITUTE (NAI), AND THE CENTRAL MUSEUM IN UTRECHT.

'My aim is not to entice people but to make them happy,' is one of Richard Hutten's favourite sayings. Although the work of this renowned designer was initially highly conceptual, functionality gradually gained the upper hand. It has often been described as humoristic and intelligent. Human activity is Hutten's main source of inspiration, and the finished product is invariably light-hearted, and of a striking simplicity. Examples include the Dumbo mug, the Sexy Relaxy chair, and the Skippy Ball chair that goes by the name of Zzzidt. Well-conceived and self-evident, they bring a grin to every face.

Hutten was only seventeen when he realized that designing things – which he'd always done just for fun – was something you could do for a living. He enrolled in the Design Academy as one of its youngest students, and after graduating in 1991, he immediately set up his own studio. International recognition came knocking when he launched a sofa called The Cross (1994). While the Japanese were the first to applaud Richard Hutten for the clarity of his design style, he owes his breakthrough to other qualities, such as the universality of his work, its freshness, and its humour. Initially it was mainly the Japanese who applauded Richard Hutten for the clarity of his design style. But t was the universality of his work, and the freshness and humour of his designs which were respon-sible for his breakthrough.

Before long, he was one of the best-known designers in Holland, with a collection that made it to the living rooms of Karl Lagerfeld and Queen Beatrix, as well as museum galleries the world over. Often a single design encompasses several functions, as in the Ding (Thing) series dating from 2000. This furniture line was based on Hutten's No Sign of Design chair. By joining several of these items, he created an off-beat piece of furniture, both table and chair.

Hutten's sphere of operation is wide: from chair to child's beaker, from information desk to USB stick: if it can be designed, then Hutten will do the job. In the Korean capital Seoul, he even teamed up with the architectural firm MVRDV to build a new design academy, for which he is also drawing up the curriculum, in collaboration with the Design Academy in Eindhoven. His status in South Korea is reflected in the fact that the commissioning body – a Korean building consortium – insisted on naming the school after him.

But how does Hutten arrive at such innovative designs? His answer is simple: by 'fiddling around'. In fact, he sees fiddling around as our very aim in life. Take the table-upon-table principle, for example. A table on a table, with a smaller table sandwiched in between, becomes a high chair. A high table on top of another high table is a bar stool. And a lot of high tables set one on top of the other turns into a bookcase. Moreover, it is clear that, even after turning forty, fooling around is still second nature to Richard Hutten. A case in point is the project he collaborated on in the Geuzenveld district of Amsterdam. Alongside the five high-rise flats designed by MVRDV, Hutten created three 'outdoor rooms': a living room, a dining room, and a children's room, each with its own distinctive lighting and flooring (ranging from artificial grass to rubber). Chandeliers as big as church bells, glow-in-the-dark elephants, chairs in the form of Zzzidt skippy balls, and two 'two-sided slides' make every minute spent there a festive occasion – and not just for children. This may be what makes Hutten's designs so successful: they put you in a good mood.

www.richardhutten.nl

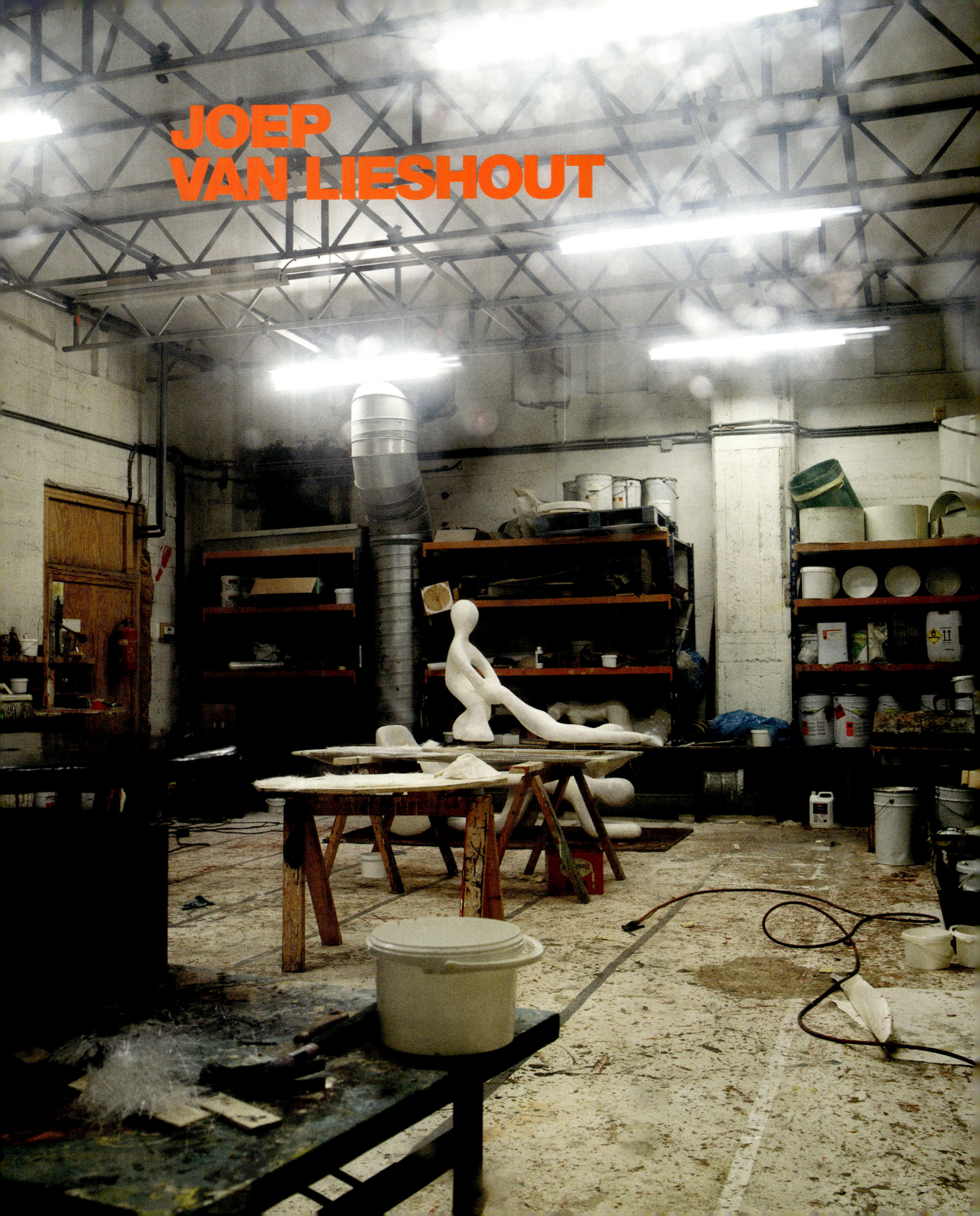

JOEP VAN LIESHOUT

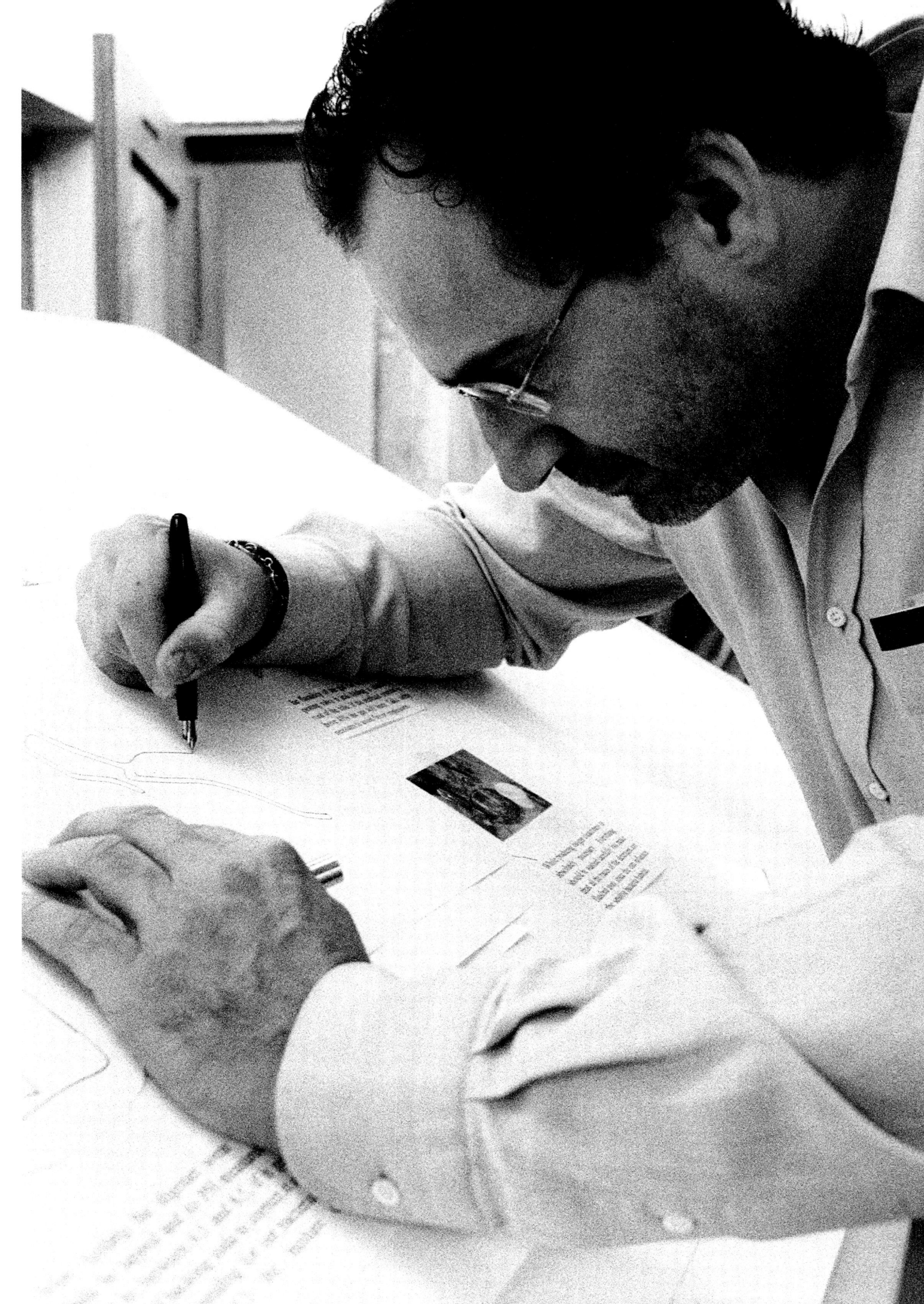

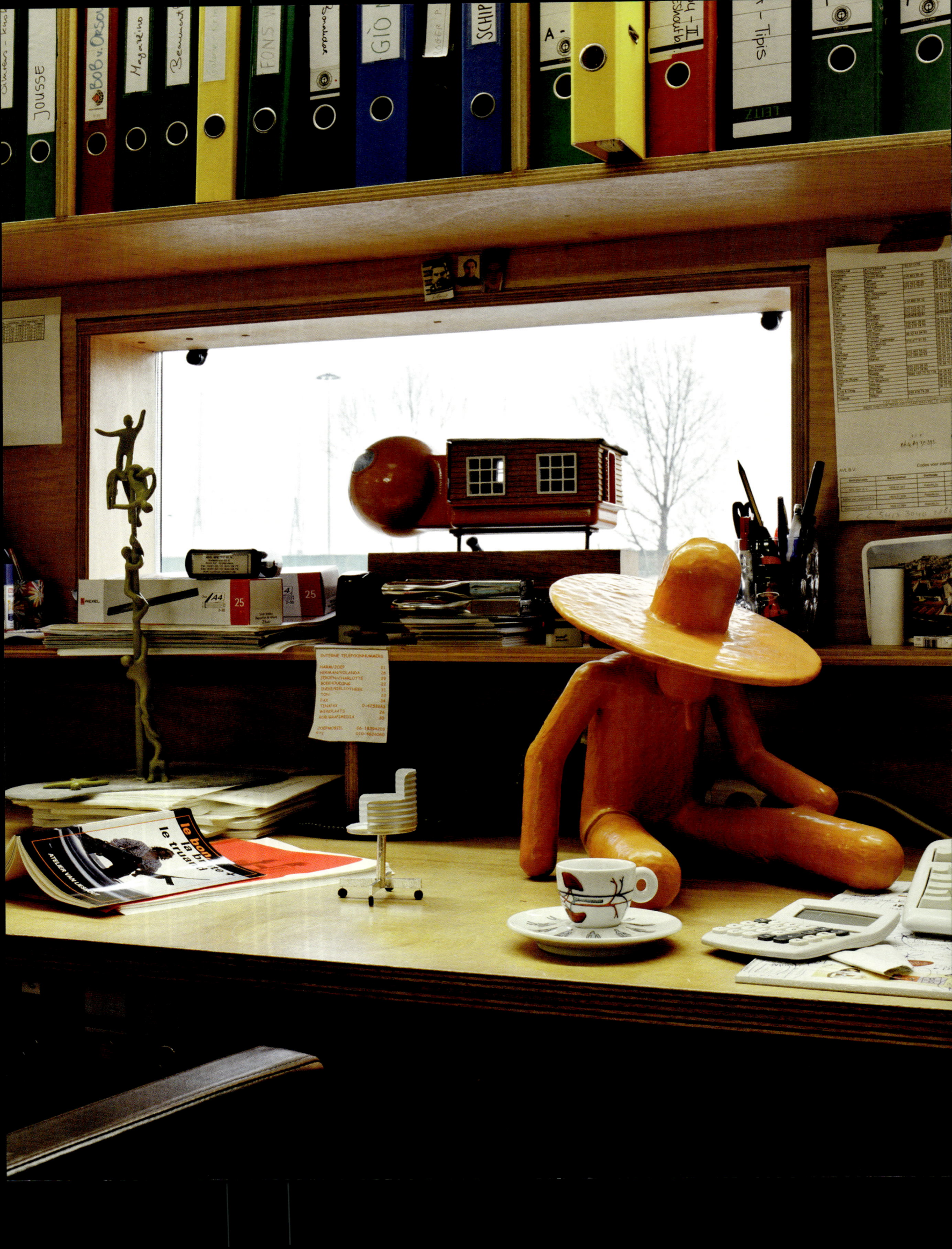

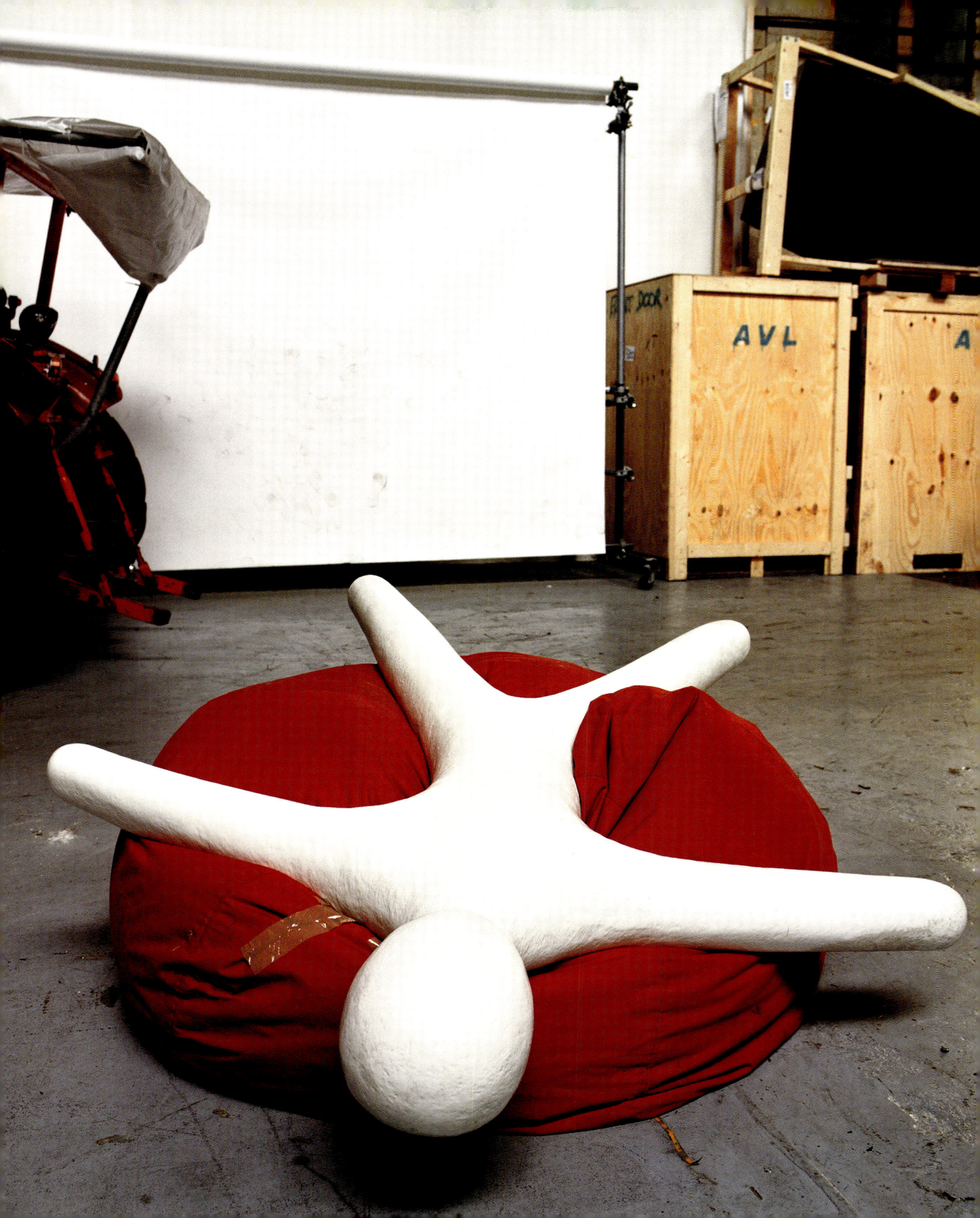

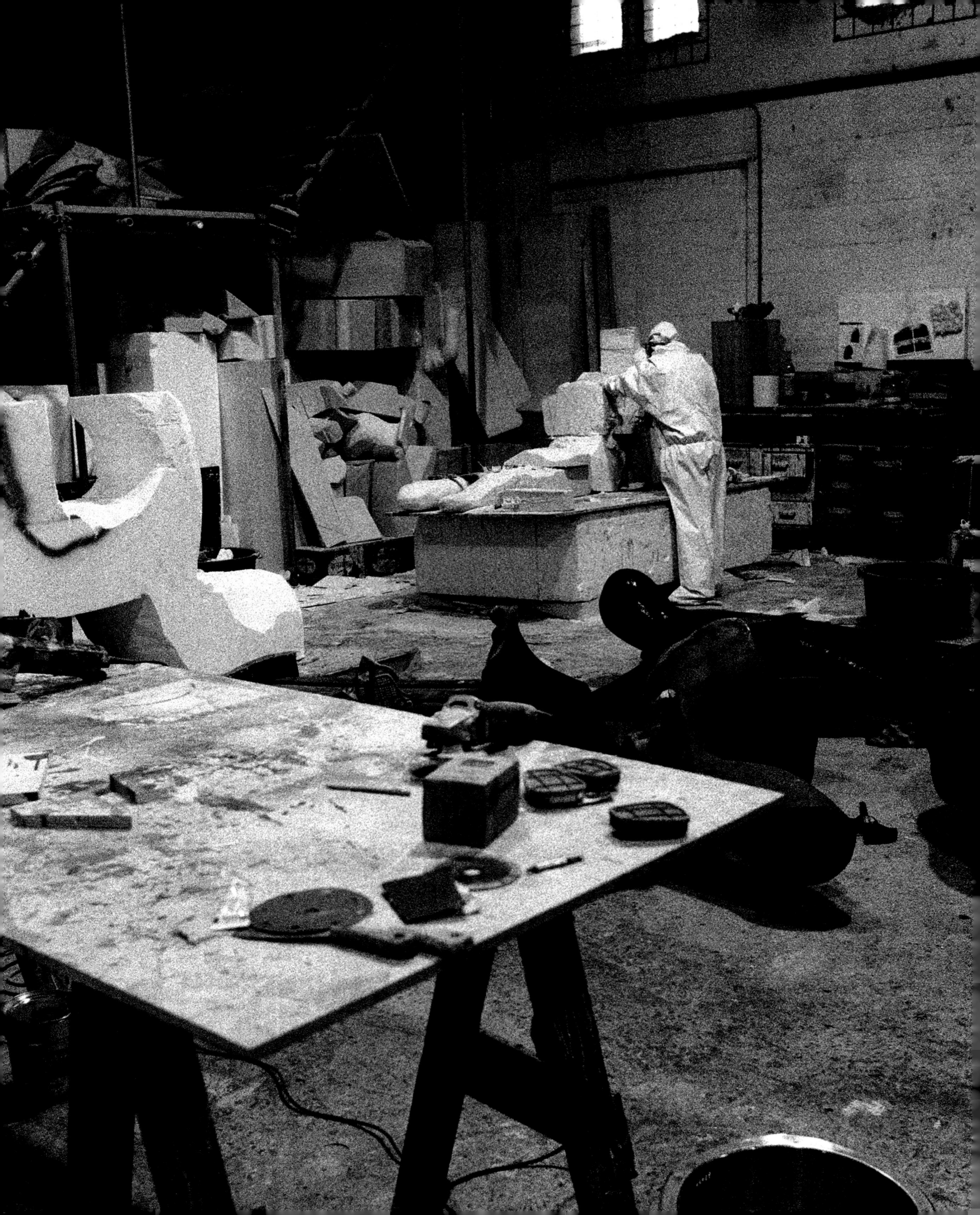

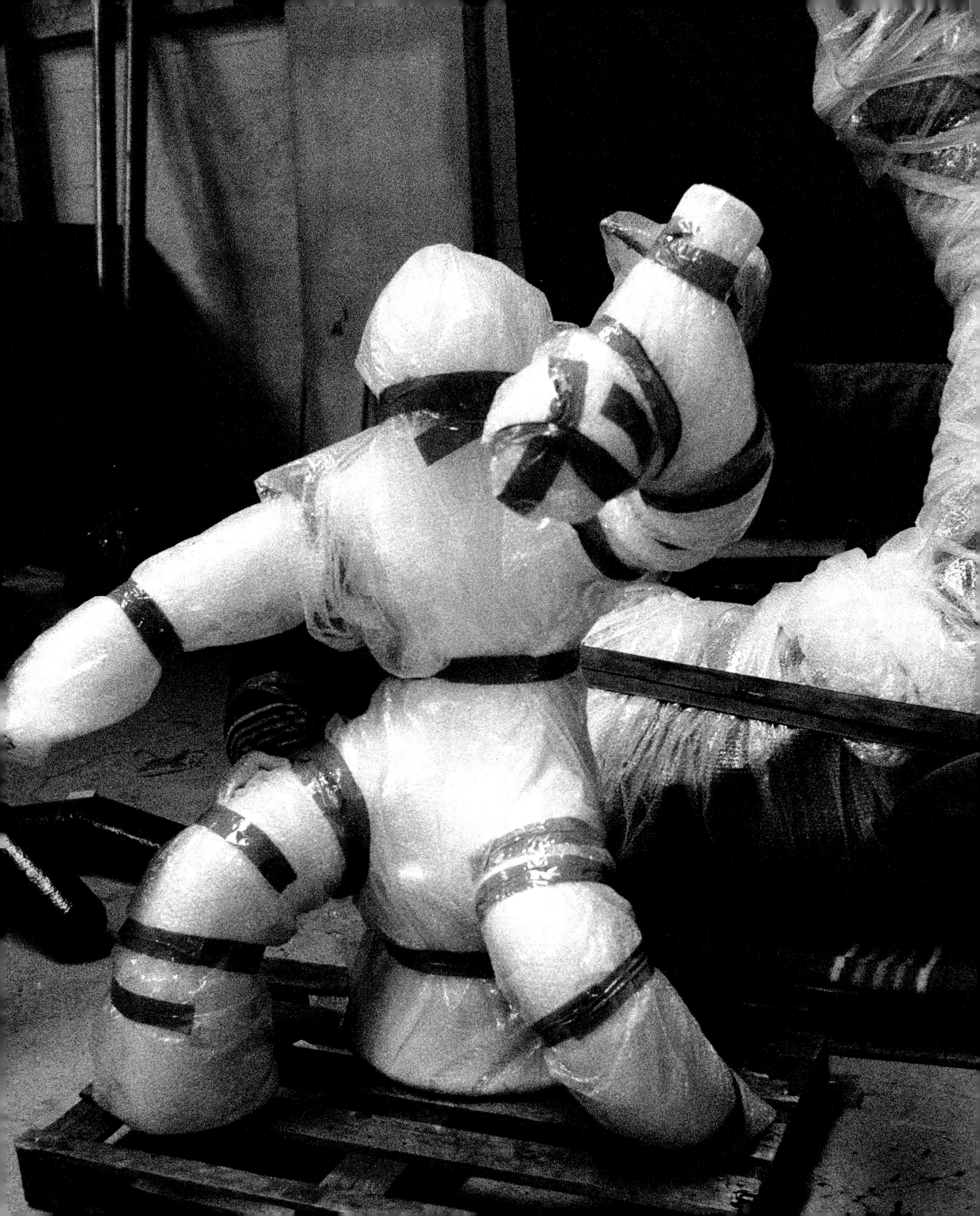

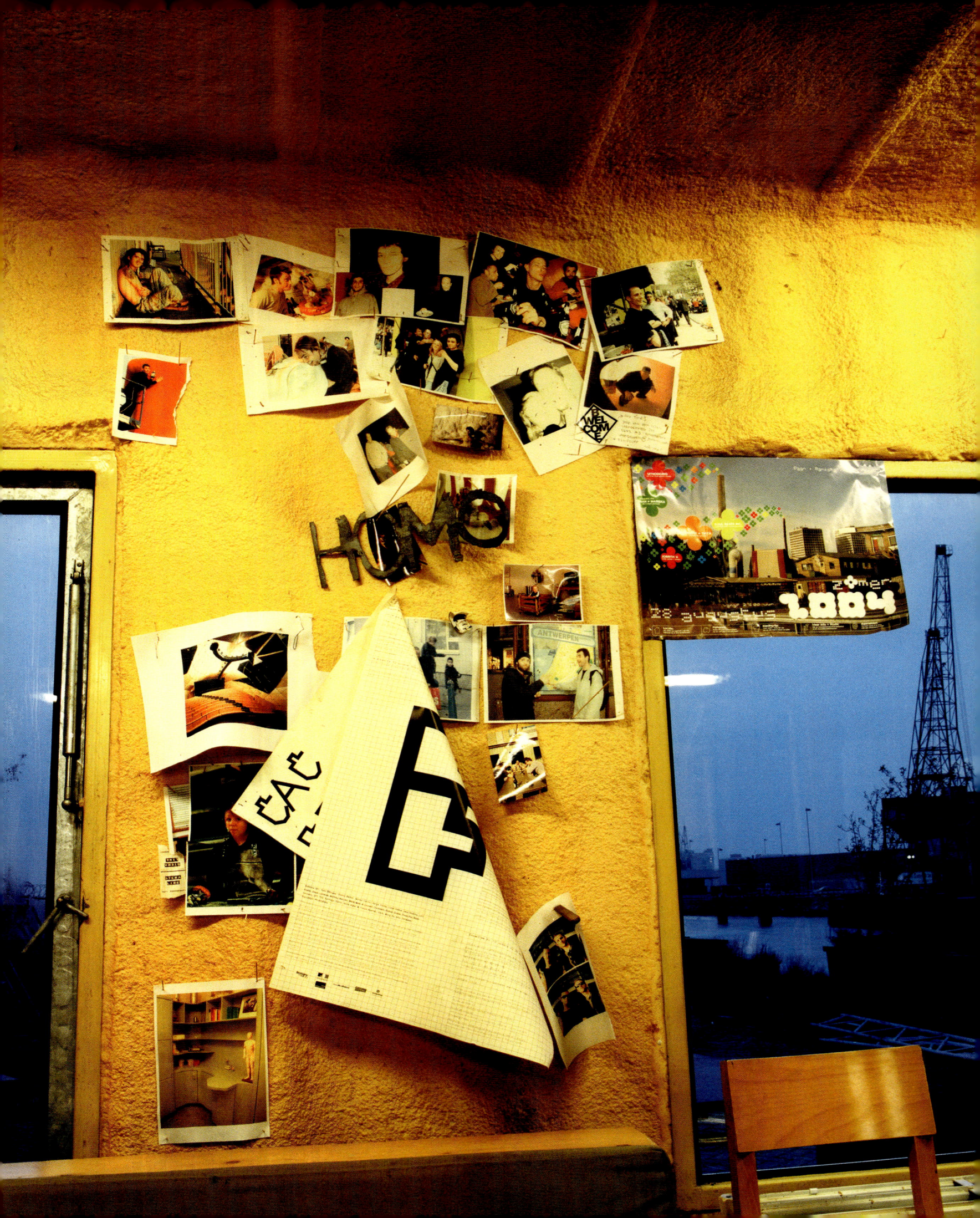

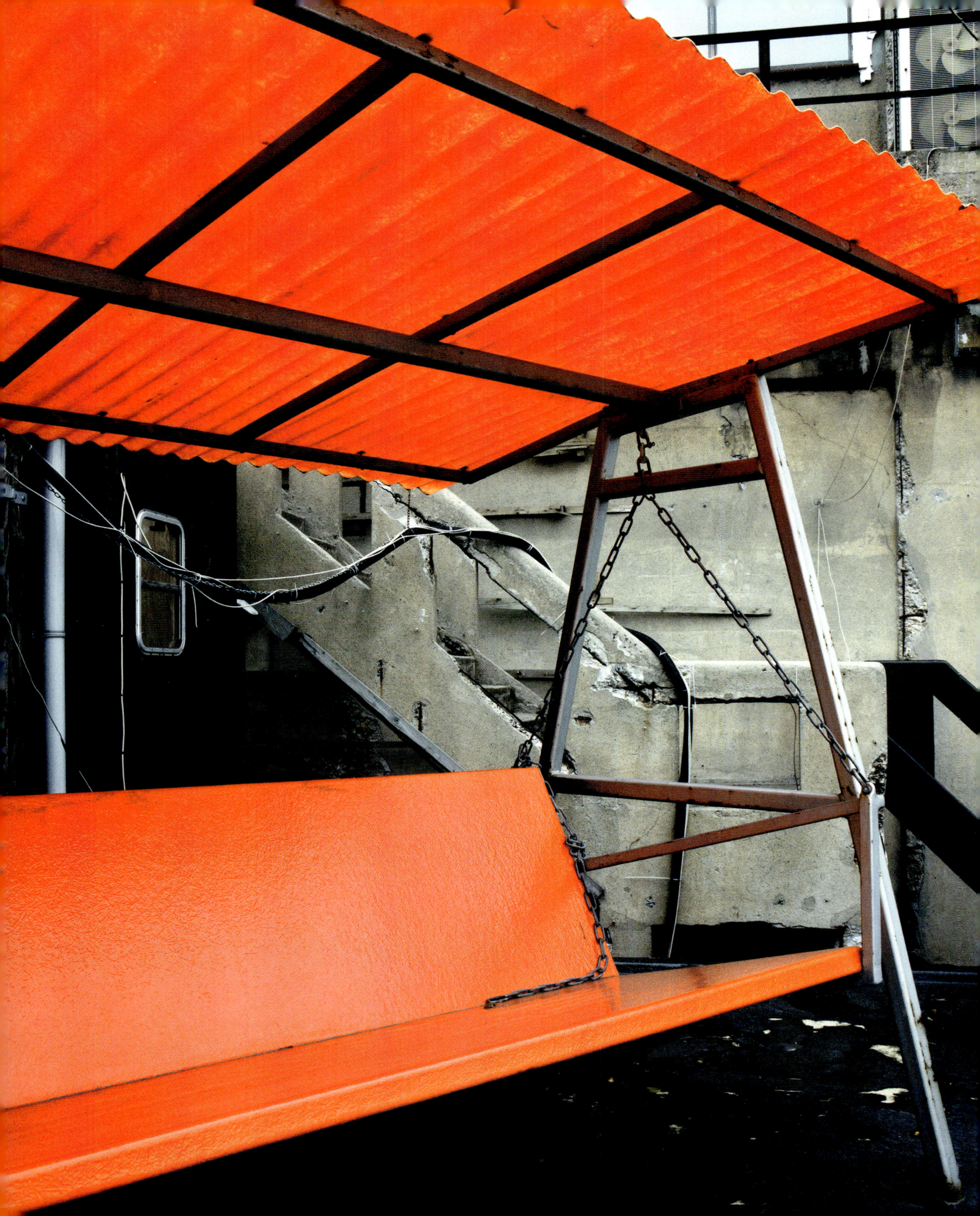

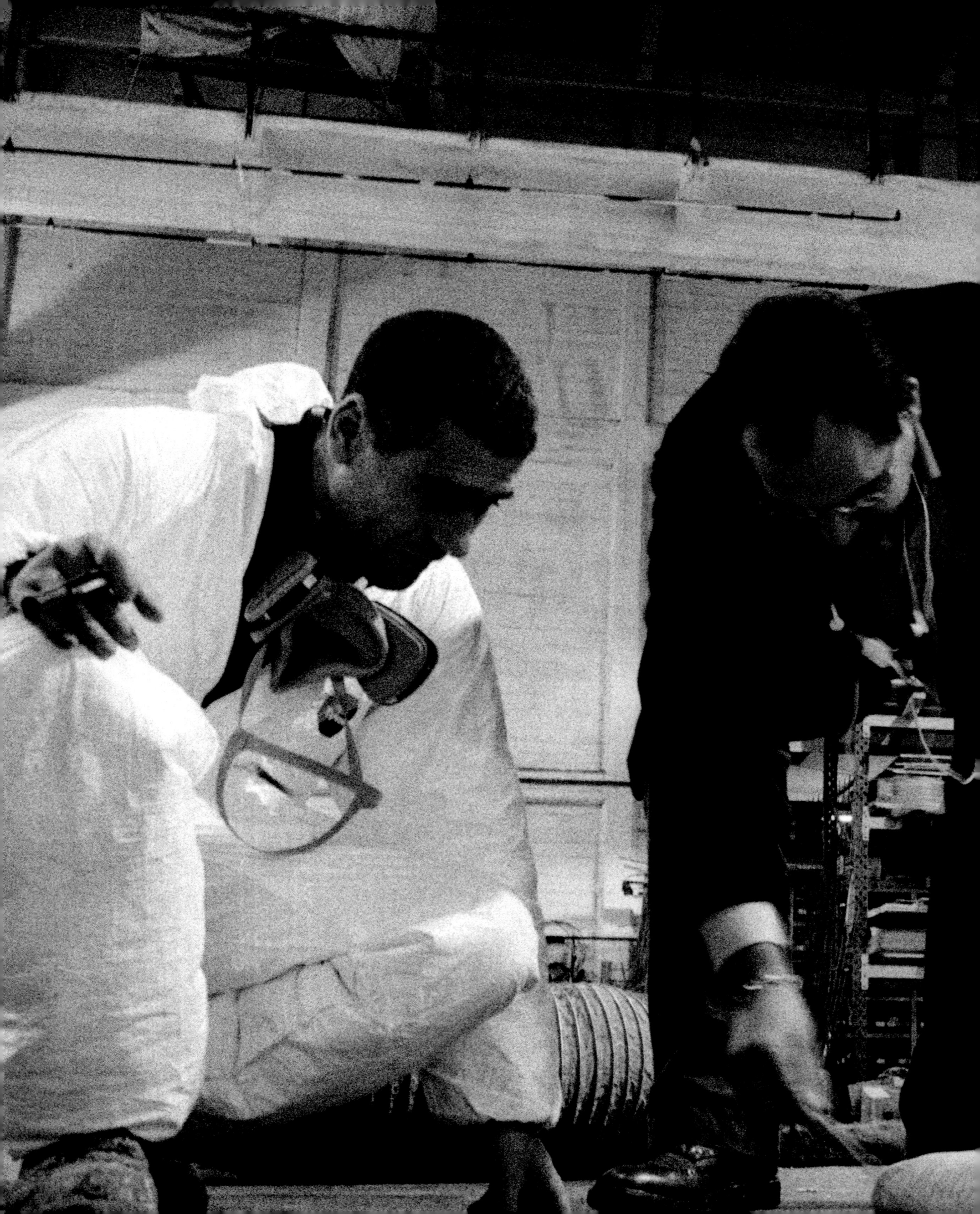

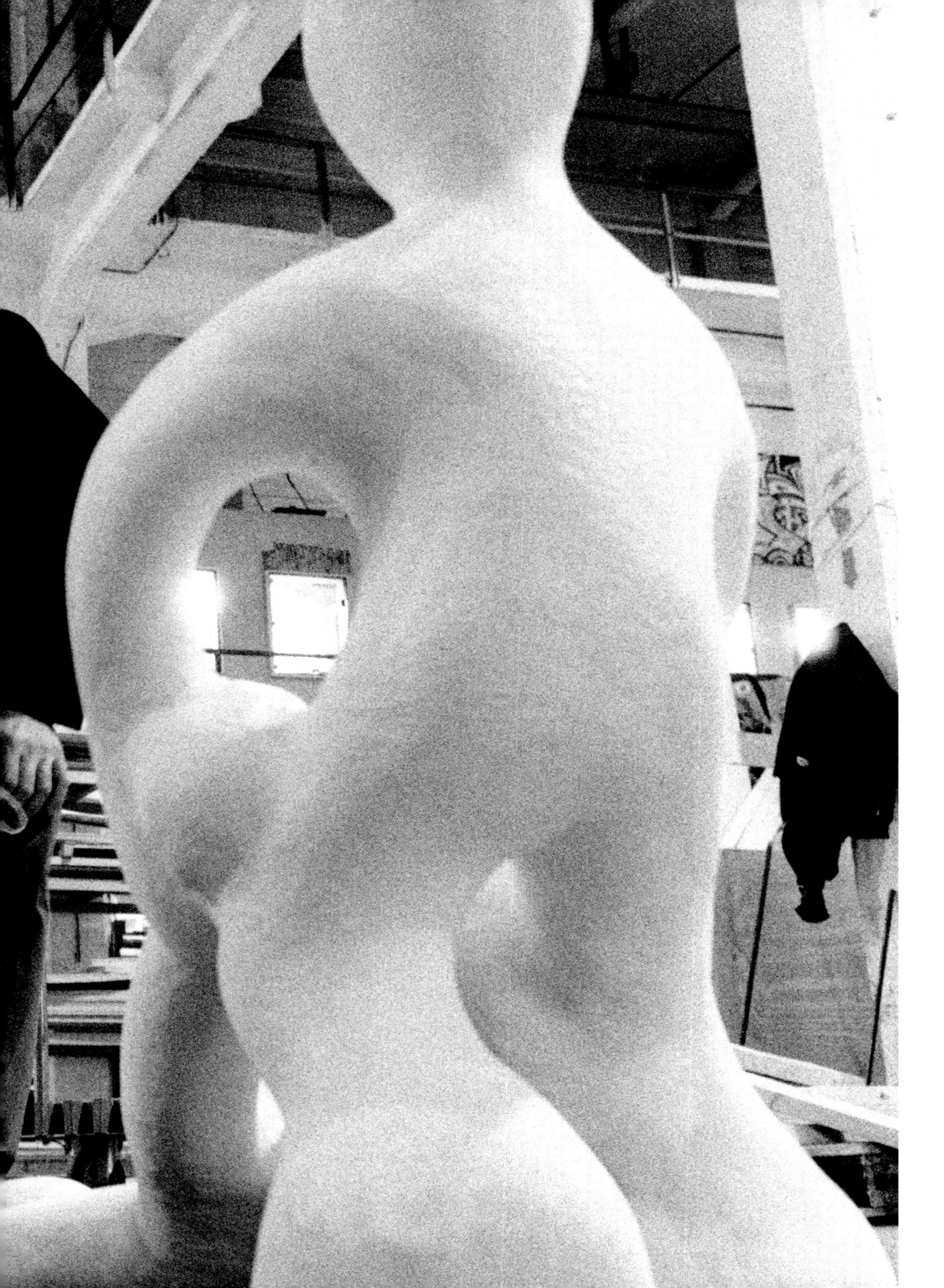

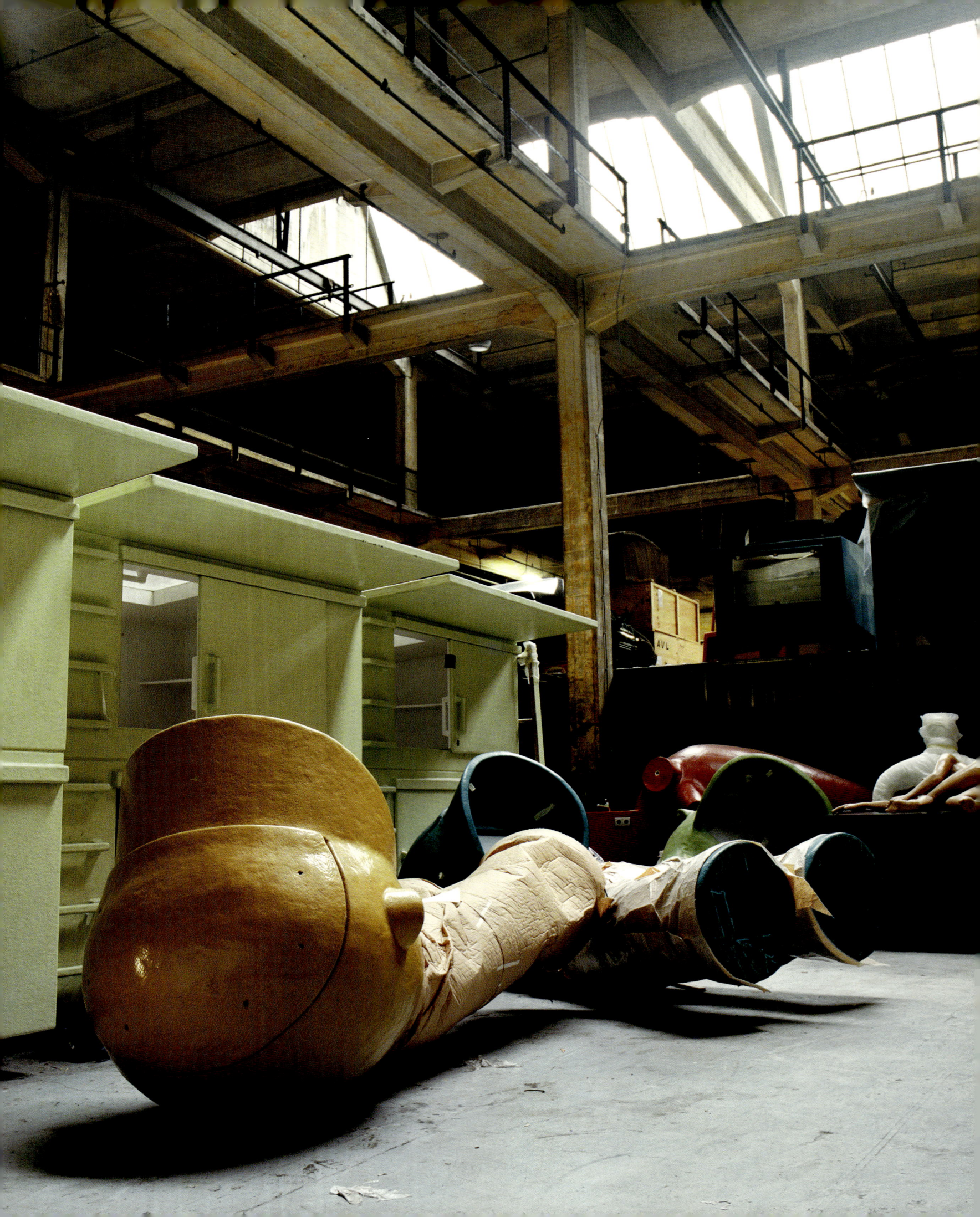

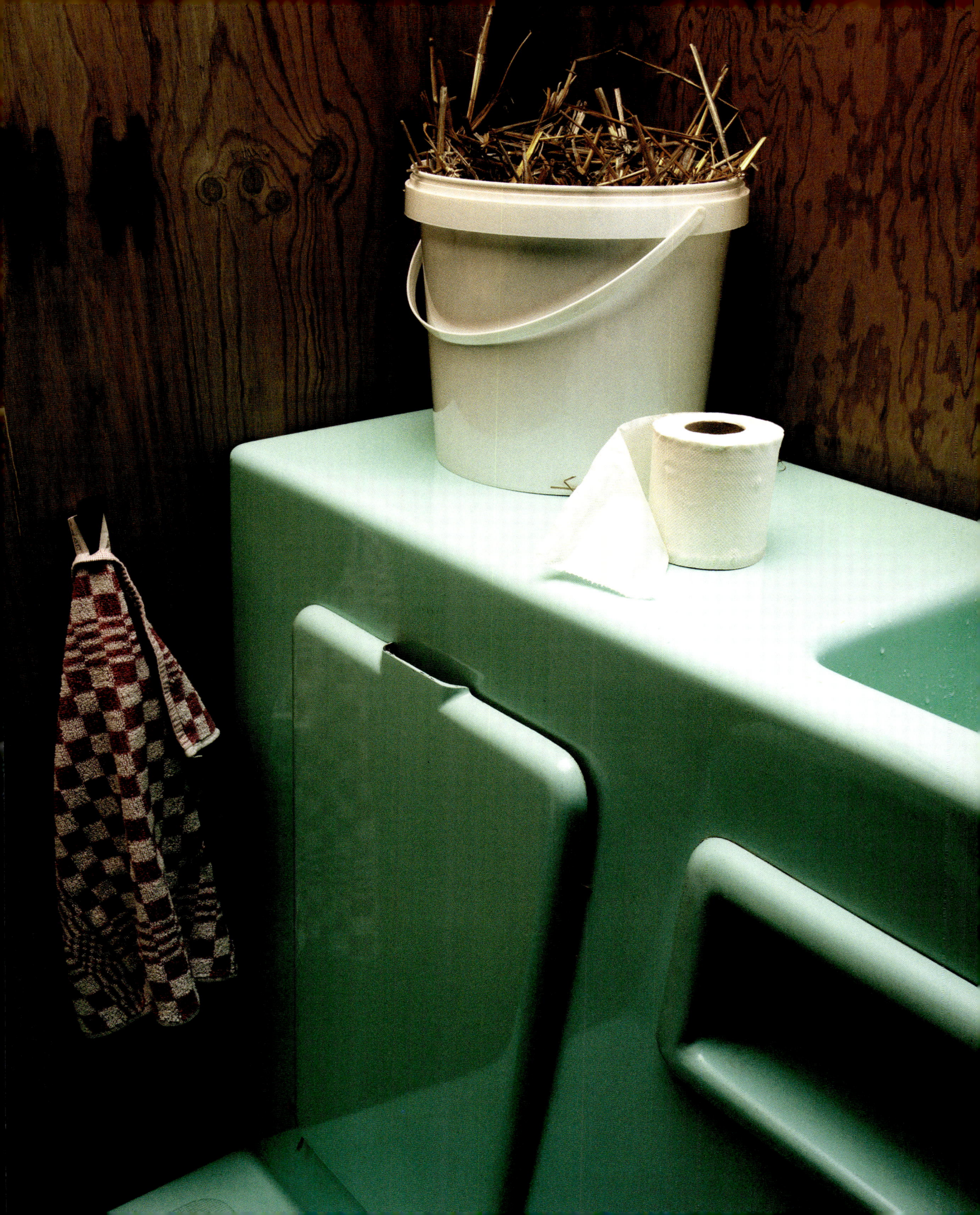

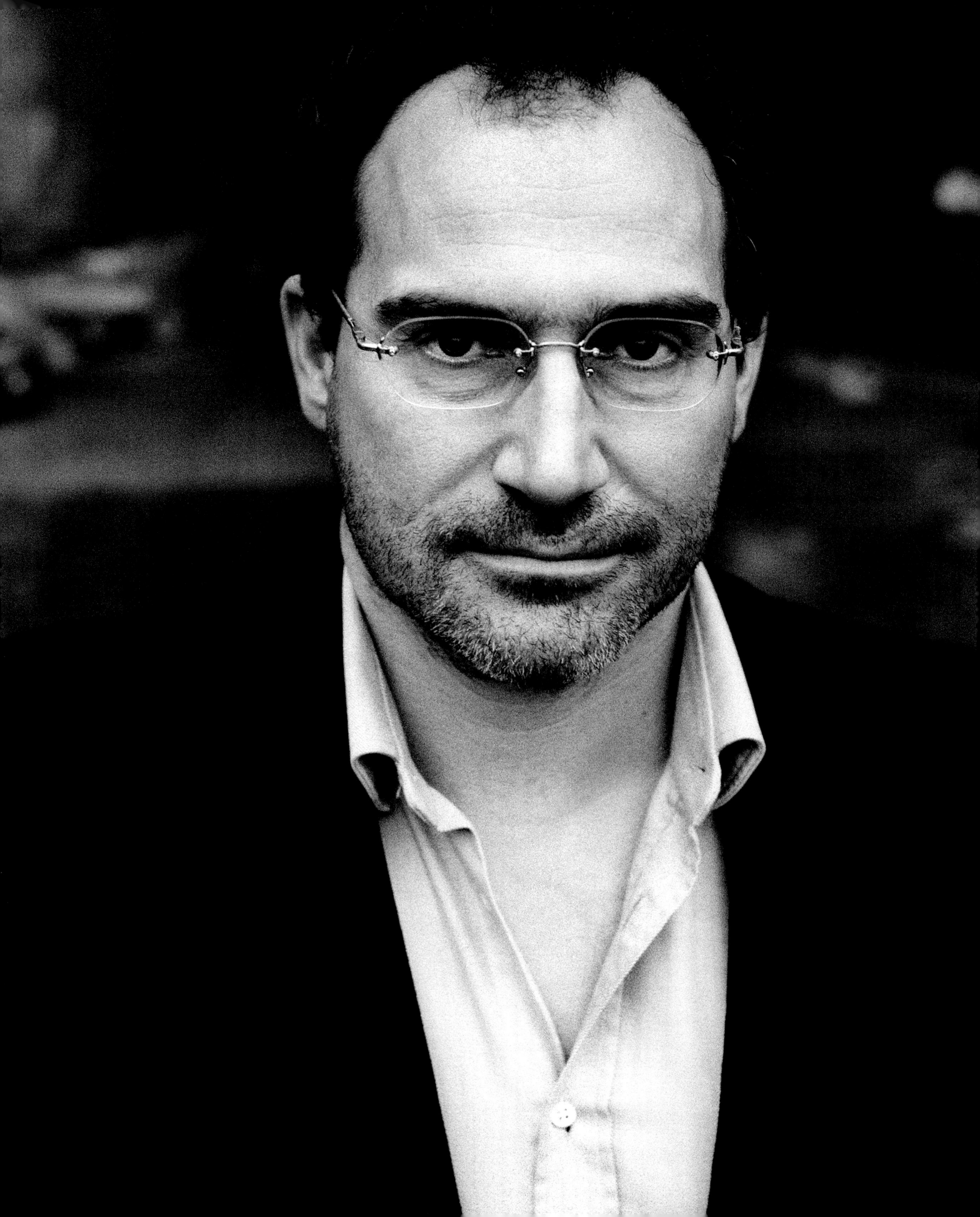

JOEP VAN LIESHOUT (RAVENSTEIN, 1963) BRACHT
ZIJN JEUGD DOOR IN OSS. HIJ STUDEERDE AAN
DE ACADEMIE VOOR BEELDENDE KUNSTEN IN
ROTTERDAM EN ATELIERS '63 IN HAARLEM.
METEEN DAARNA BEGON HIJ ZIJN EIGEN STUDIO.
IN 1992 WON HIJ DE PRESTIGIEUZE PRIX DE ROME
VOOR BEELDHOUWEN. IN 1995 RICHT HIJ ATELIER
VAN LIESHOUT OP, WAAR HIJ SAMENWERKT MET
EEN COLLECTIEF KUNSTENAARS, ONTWERPERS
EN ARCHITECTEN.

Politiek, macht, economische onafhankelijkheid en seks. Het zijn
deze thema's die Joep van Lieshout inspireren om te maken wat
hij maakt. Wat dat is, laat zich moeilijk in één woord beschrijven.
Het gaat van beeldhouwwerken en gebruiksvoorwerpen tot
installaties en concepten, met als verwarrend element dat zijn
werk bijna altijd multifunctioneel is. Want is het nou kunst of
design? Vrijdenker als Van Lieshout is, maakt het hem zelf
weinig uit. Hij maakt kunstobjecten die als gebruiksvoorwerpen
kunnen dienen en vice versa. Hij schopt tegen heersende opvattingen
en systemen, maar wil ook dingen maken die mensen mooi vinden.
    Na zijn studie aan de Willem de Kooning Academie in
Rotterdam en Ateliers '63 in Haarlem, begon Joep van Lieshout
in 1987 zijn eigen studio. Al snel bleek polyester zijn favoriete
materiaal, omdat je het naadloos kunt aanbrengen en niet slijt.
Honderden objecten vervaardigde, en vervaardigt hij nog steeds,
met polyester, steevast in felle kleuren: tafels, stoelen, bureaus,
keukenblokken en vele objecten en sculpturen. Onder zijn
opdrachtgevers zijn veel musea. Zo ontwierp hij de beroemde
Mobile Homes voor het Kröller Möller Museum in Otterlo,
toiletblokken voor het Centraal Museum in Utrecht, een bar
voor Museum Boijmans van Beuningen in Rotterdam en opberg-
meubelen voor het Museum of Modern Art in New York.
En als ze al niet aangekocht worden, dan worden de werken
van Van Lieshout wel tentoongesteld in de musea. Er zijn
weinig kunstenaars of ontwerpers die zoveel exposeren als hij.
    In 1995 richt Joep van Lieshout Atelier van Lieshout op,
een groep kunstenaars, ontwerpers en architecten met wie hij
vrij werk en werk in opdracht uitvoert. Vanuit een oude loods
in het Rotterdamse havengebied maken zij kunstzinnige
gebruiksvoorwerpen die tegendraads zijn en heilige huisjes
omver trappen. 'Als kunstenaar is het je taak om grenzen
op te zoeken en eroverheen te gaan. Kunst moet verontrustend
zijn en tegen de haren instrijken, anders heb je er niks aan.'
En verontrusten doet Joep van Lieshout regelmatig.
Zijn containers, ingericht voor het stoken van alcohol en het
produceren van bommen en granaten, vielen niet bij iedereen
in de smaak. Er werden zelfs exposities om afgezegd.
Het deerde hem niets. Ook maakte hij sieraden en werktuigen
die als wapen kunnen dienen, ontwierp hij varkensslacht-
machines en een Mercedes met een 57mm-kanon er bovenop,
die meerdere malen van de weg werd gehaald wegens verboden
wapenbezit.
    In 2001 opende Atelier van Lieshout het veelbesproken
AVL-Ville: een minivrijstaat in het Rotterdamse havengebied,
compleet met eigen vlag, geld en grondwet, waar bijna een
jaar lang een stuk of dertig kunstenaars woonden en werkten.
Naast veel werk van eigen hand, liet Van Lieshout hier ook de
schaduwkanten van de maatschappij zien, met onder meer een
alcoholstokerij en een slachterij.
    Een van zijn meest actuele projecten is Slave City, een
'modern' concentratiekamp waarmee hij het debat aanzwengelt
over de heersende opvattingen over management, technologie
en efficiëntie. Wel 200.000 mensen kunnen hier onder dwang-
arbeid in call centers en helpdeskservices super-efficiënt
werken, volgens de allerlaatste managementmethodes. Super-
efficiënt dus. Ook met dit concept keert Van Lieshout zich tegen
het huidige systeem waarin de mens niet meer is dan een klein
onderdeel van een geoliede machine.

JOEP VAN LIESHOUT (RAVENSTEIN, 1963) GREW
UP IN OSS, AND STUDIED AT THE WILLEM DE
KOONING ACADEMY IN ROTTERDAM AND
ATELIERS '63 IN HAARLEM. HE SET UP HIS OWN
STUDIO IMMEDIATELY AFTER GRADUATION,
AND IN 1992 HE WON THE PRESTIGIOUS PRIX DE
ROME FOR SCULPTURE. IN 1995 HE FOUNDED
ATELIER VAN LIESHOUT, WHERE HE COLLA-
BORATES WITH A COLLECTIVE OF ARTISTS,
DESIGNERS AND ARCHITECTS.

Politics, power, economic independence, and sex. These are the
themes that inspire Joep van Lieshout to make the things he makes.
The precise nature of those objects cannot be captured in a single
word. They range from sculptures and implements to installations and
concepts, the question being further complicated by the fact that his
work is almost always multi-functional. Is it art or design? Free-thinker
that he is, Van Lieshout couldn't care less. He makes objects of art
that can function as implements and vice versa. He heckles prevailing
views and systems, but at the same time he strives to make things that
appeal to people, things they find attractive.
    In 1987, after his studies at the Willem de Kooning Academy in
Rotterdam and Ateliers '63 in Haarlem, Joep van Lieshout opened his
own studio. It was soon clear that polyester was his material of choice,
mainly because it can be applied seamlessly and doesn't wear out.
Over the years he has made hundreds of objects in polyester, invariably
in bright colours: tables, chairs, desks, and kitchen counters, alongside
numerous other objects and sculptures. His clients include numerous
museums: commissions include the famous Mobile Homes for the
Kröller Müller Museum in Otterlo, toilet blocks for the Central Museum
in Utrecht, a bar for Museum Boijmans Van Beuningen in Rotterdam,
and a storage cabinet for the Museum of Modern Art in New York.
Any of Van Lieshout's works which are not immediately snapped up by
museums are invariably exhibited in museums. There are few artists or
designers whose work is shown on such a wide scale.
    In 1995 he opened Joep van Lieshout Atelier, where a group
of artists, designers and architects exhibit both free work and commissions. In an old warehouse in the port area of Rotterdam, they create
artistic, off-beat versions of implements, all of them aimed at a variety
of society's sacred cows. 'As an artist,' Van Lieshout says, 'you are
honour-bound to challenge the boundaries of the acceptable and rub
people the wrong way, otherwise you might as well throw in the towel.'
Joep van Lieshout regularly causes eyebrows to rise. His containers,
fitted out with everything necessary to distil alcohol or make bombs
and grenades did not please everyone. Exhibitions were even
cancelled. He refuses to be bothered by any of these reactions.
He also makes jewellery and machines that can function as weapons
and has even designed a pig-slaughtering machine and a Mercedes
with a 57-mm cannon on top. The latter was regularly taken off the
road, charged with the illegal possession of firearms.
    In 2001 Atelier van Lieshout opened the notorious AVL-Ville,
a miniature free state in the Rotterdam port area, with its own flag,
constitution, and currency – where some thirty artists lived and
worked for almost a year. Many of his own works were exhibited there,
while Van Lieshout also highlighted the shadow side of society,
with such items as a still and a slaughterhouse.
    One of his most topical design projects is Slave City, a 'modern'
concentration camp intended to activate the debate centring on management, technology and efficiency. The design accommodates some
200,000 forced labourers, who work in super-efficient call centres and
help desk services, according to the very latest management methods.
Not surprisingly, Van Lieshout denounces the present system, in which
human beings are no more than tiny cogs in a well-oiled machine.

www.ateliervanlieshout.com

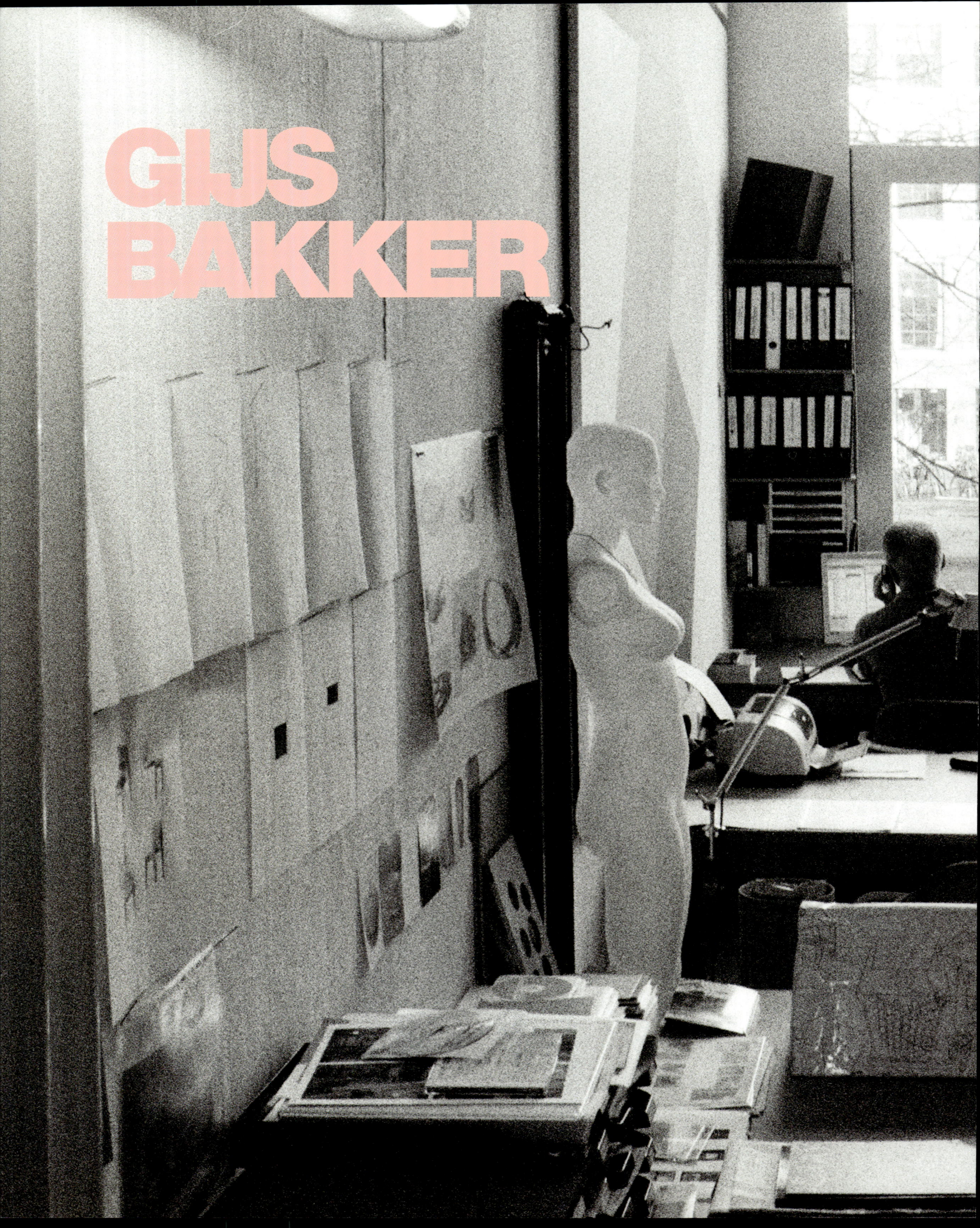

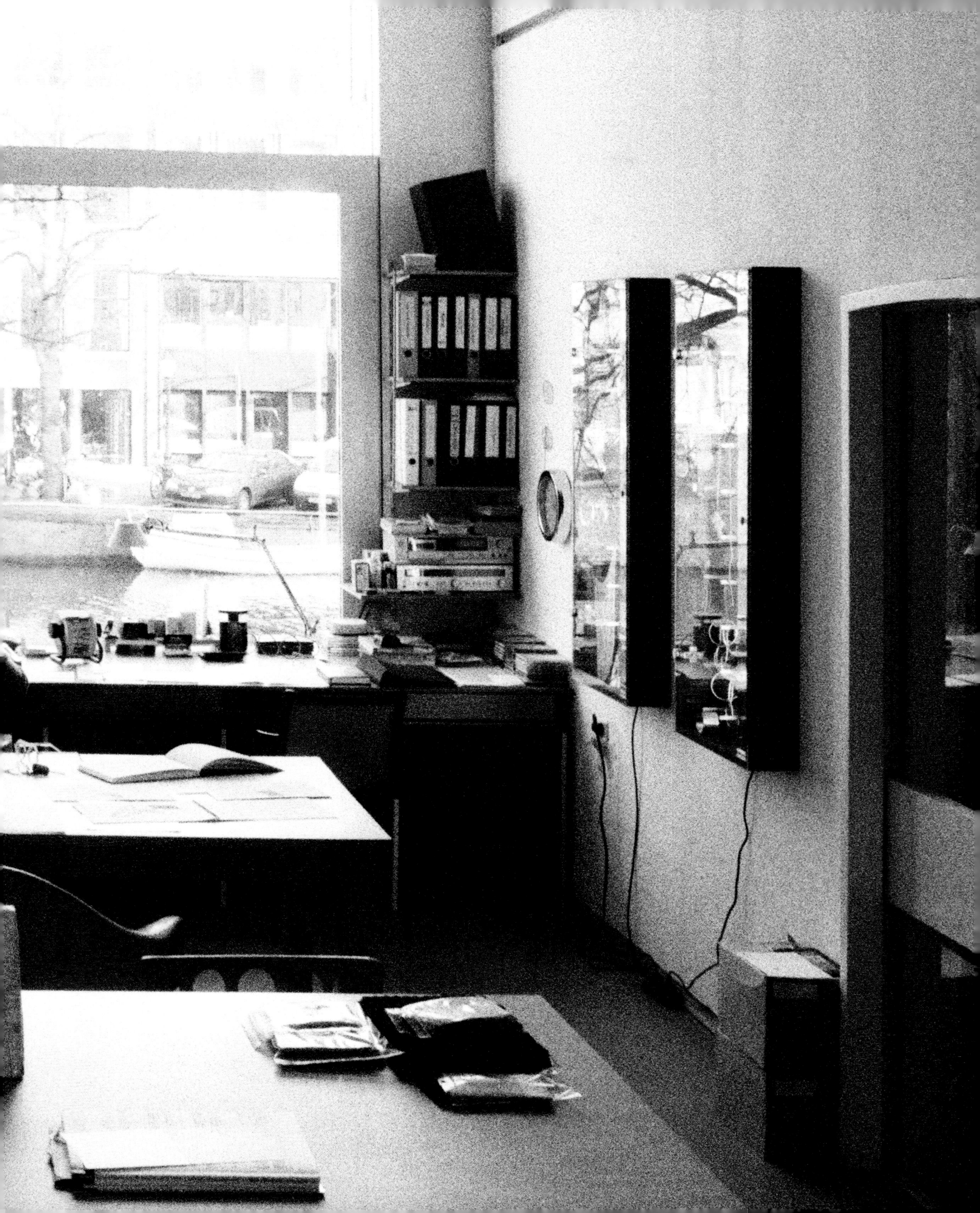

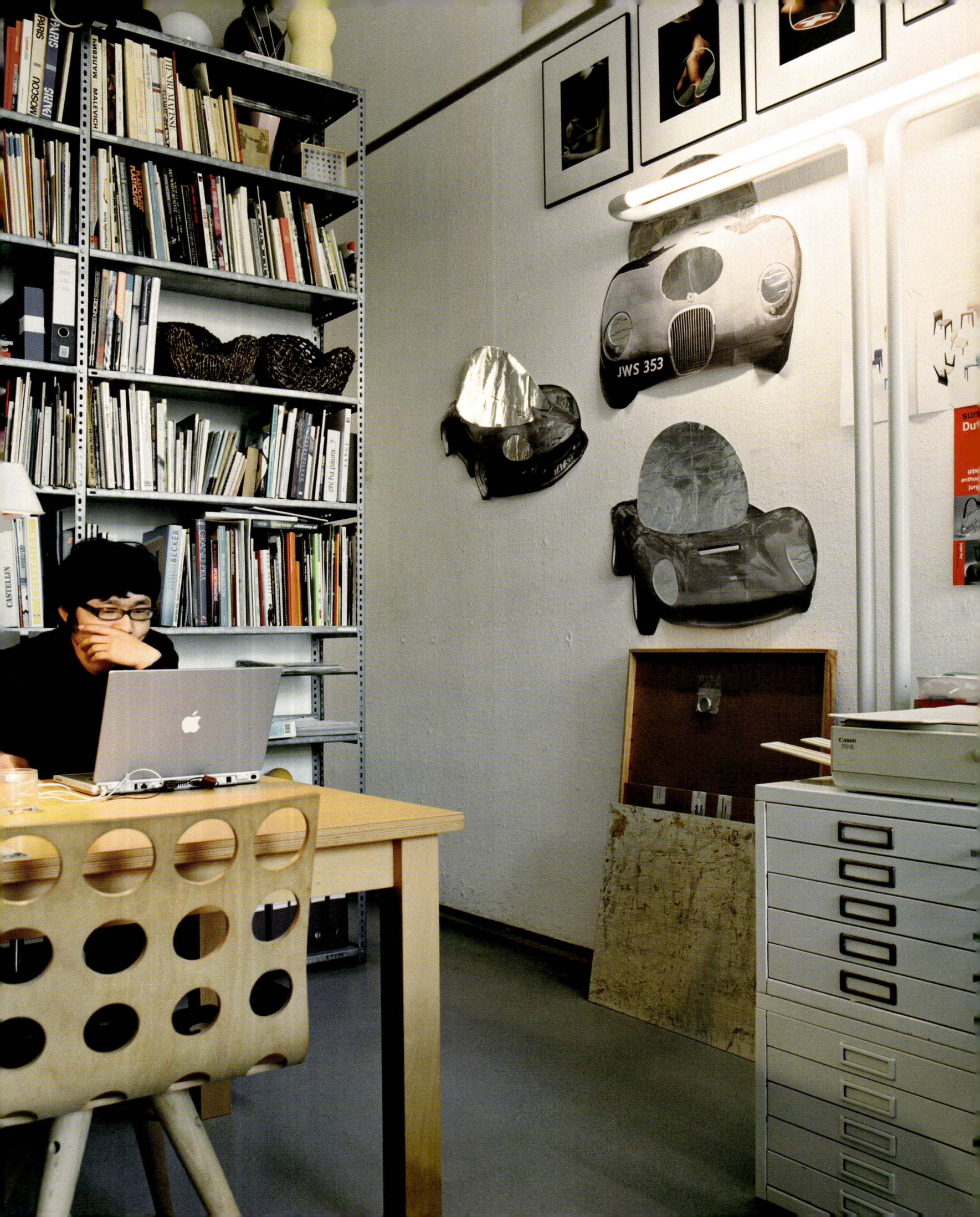

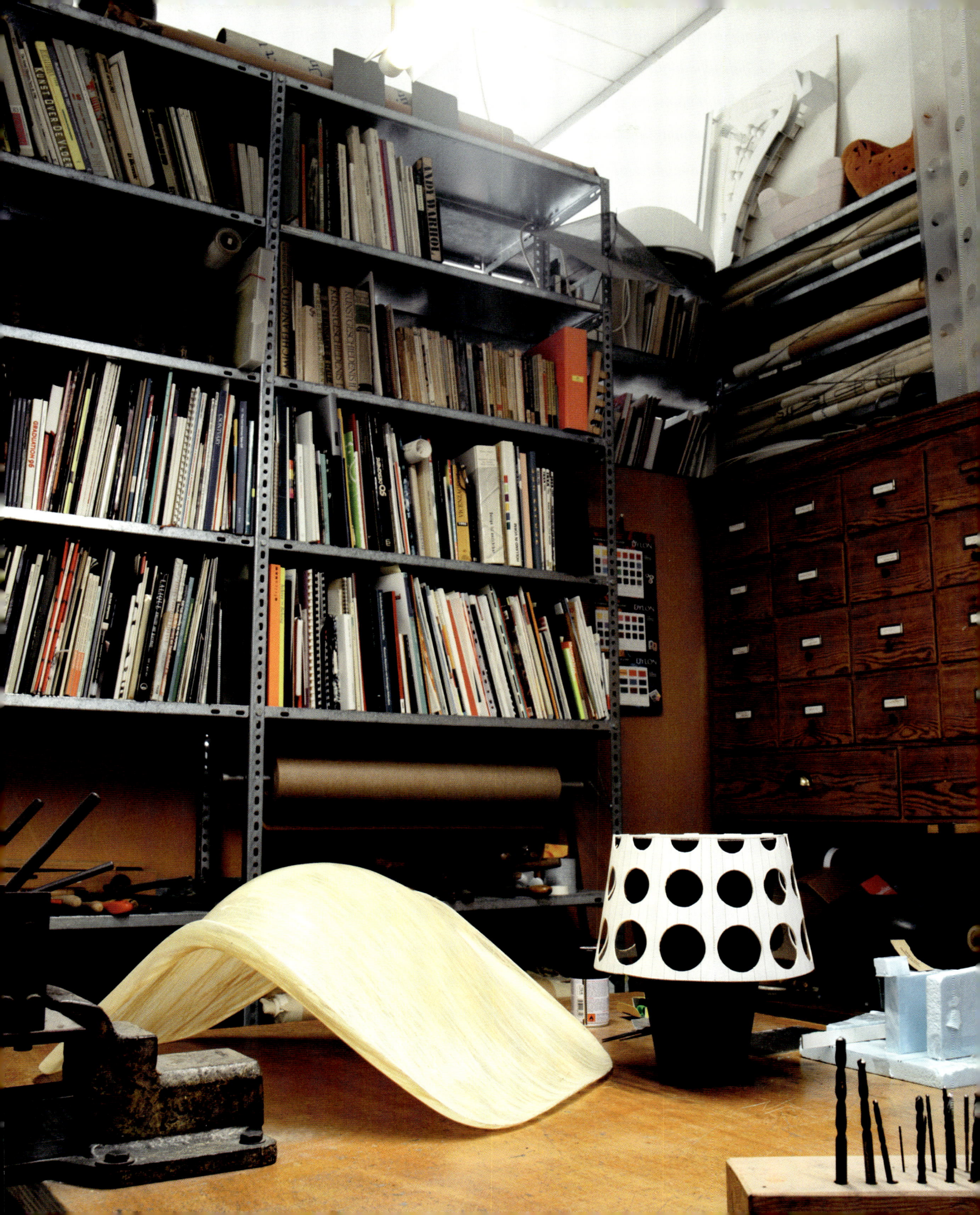

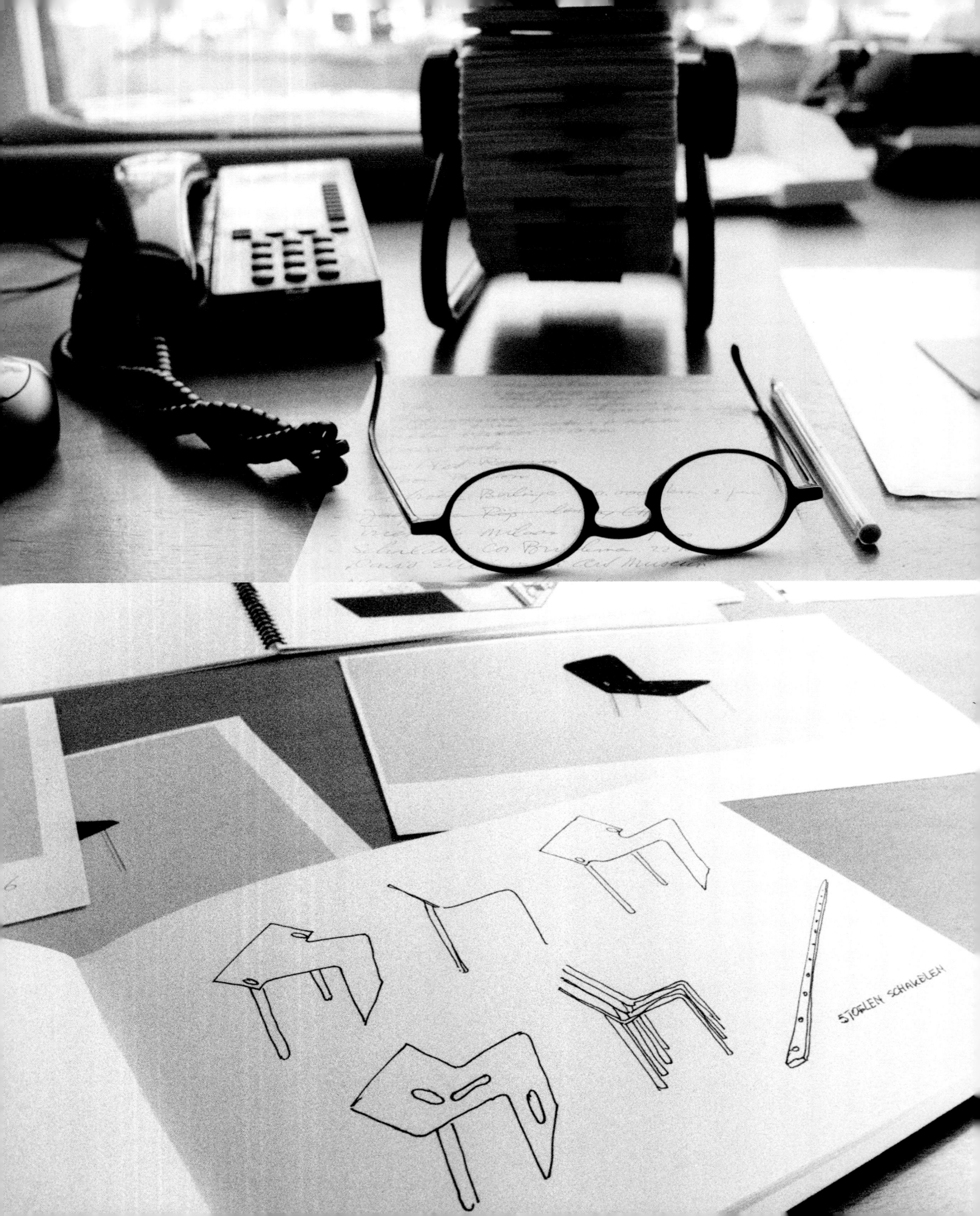

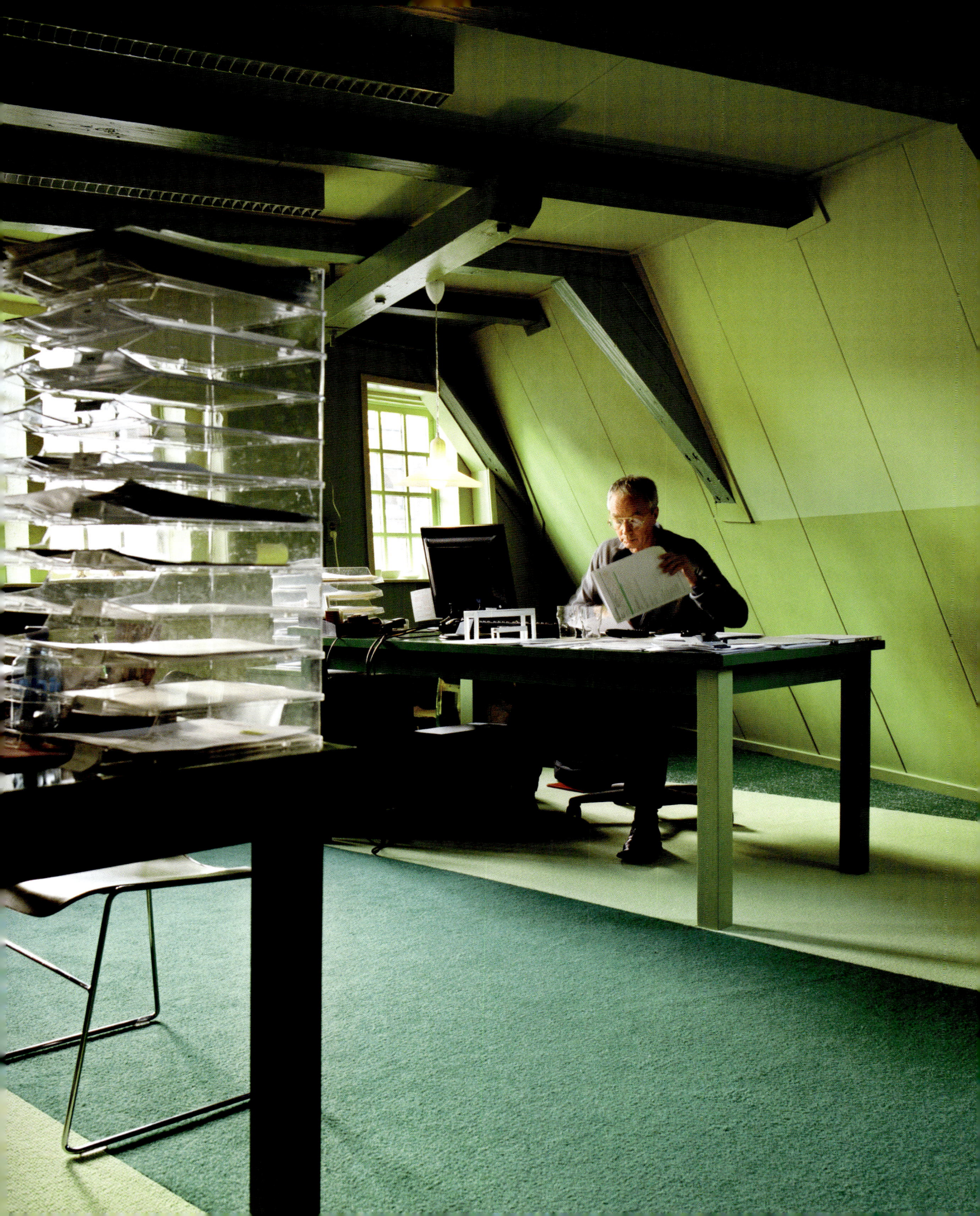

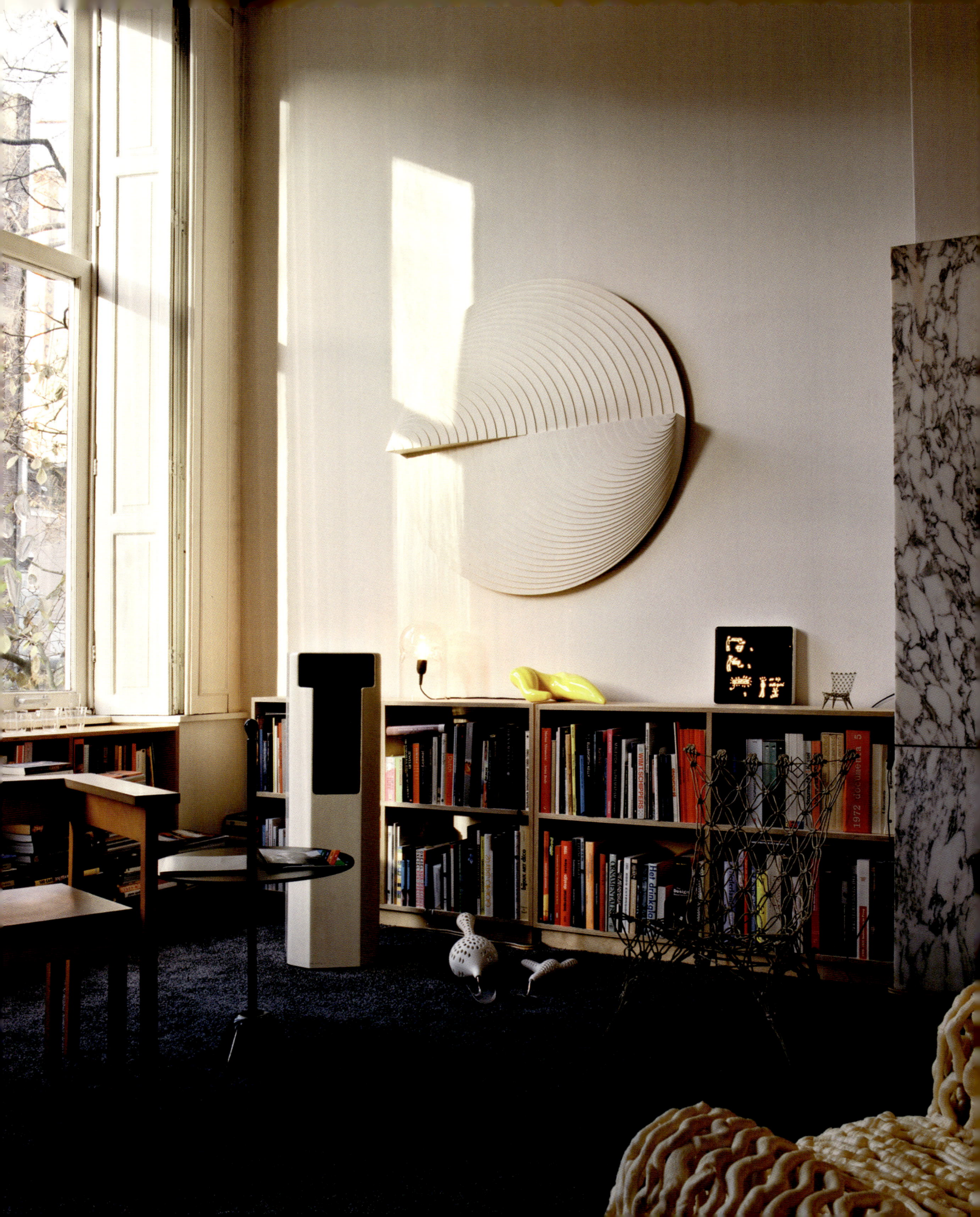

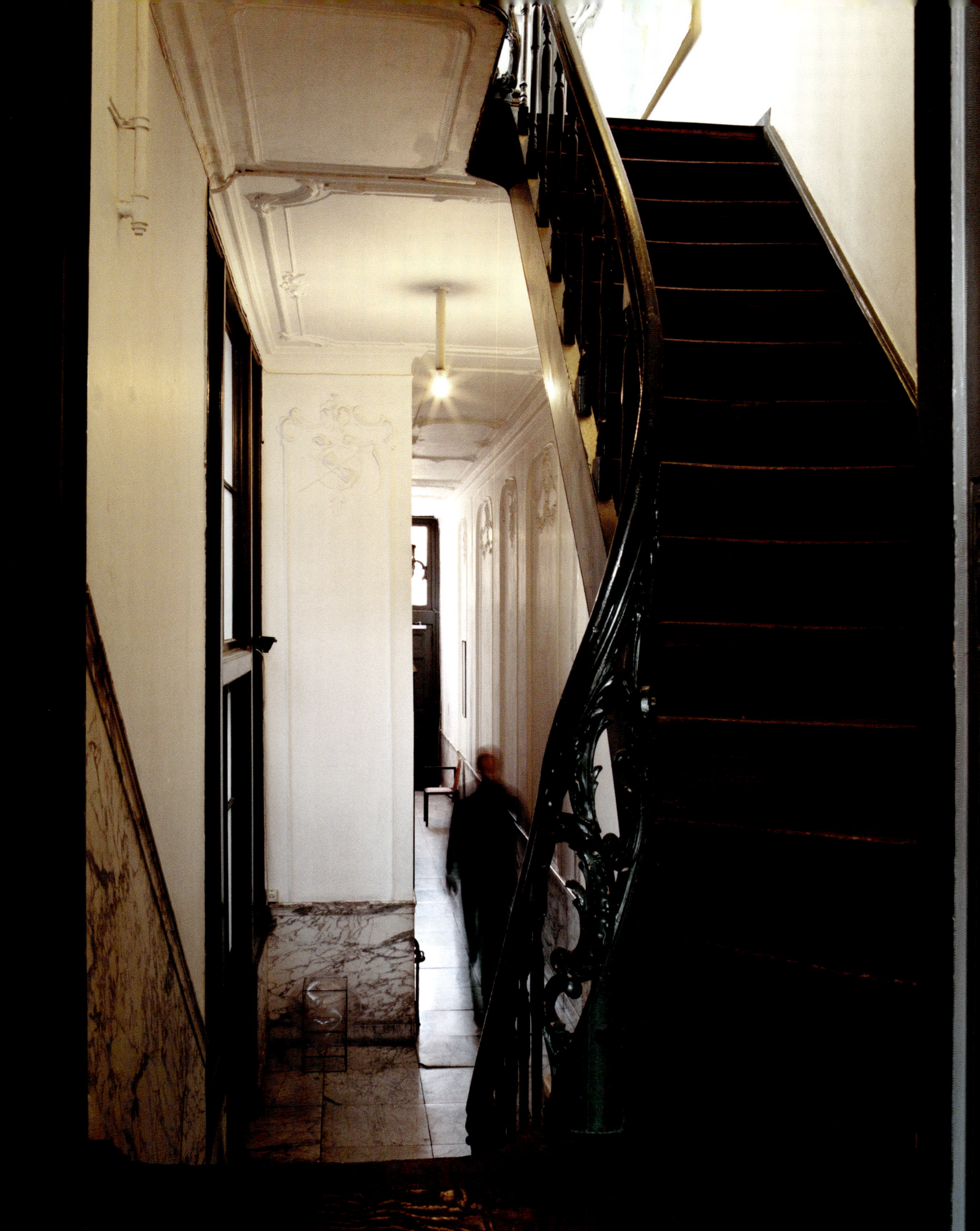

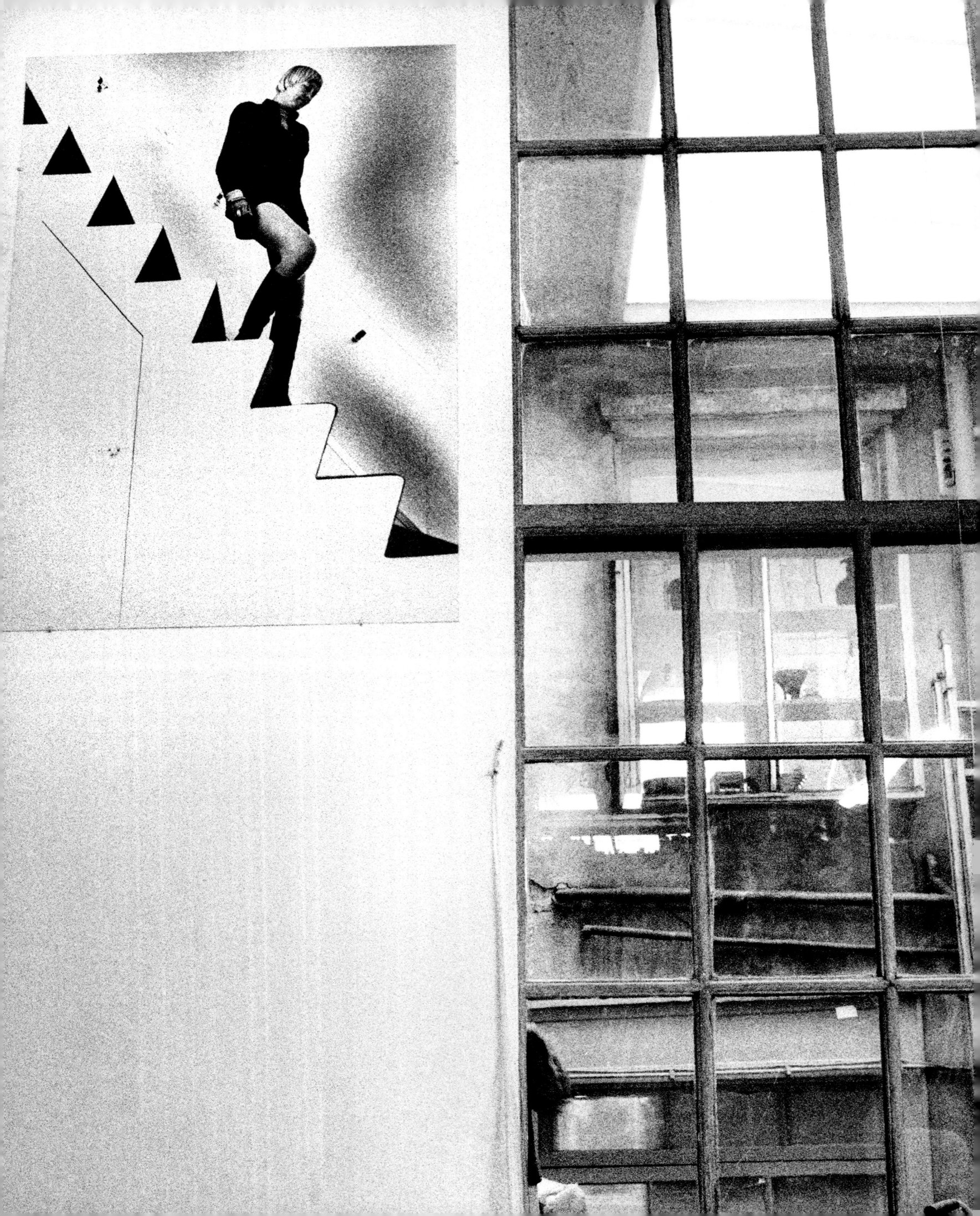

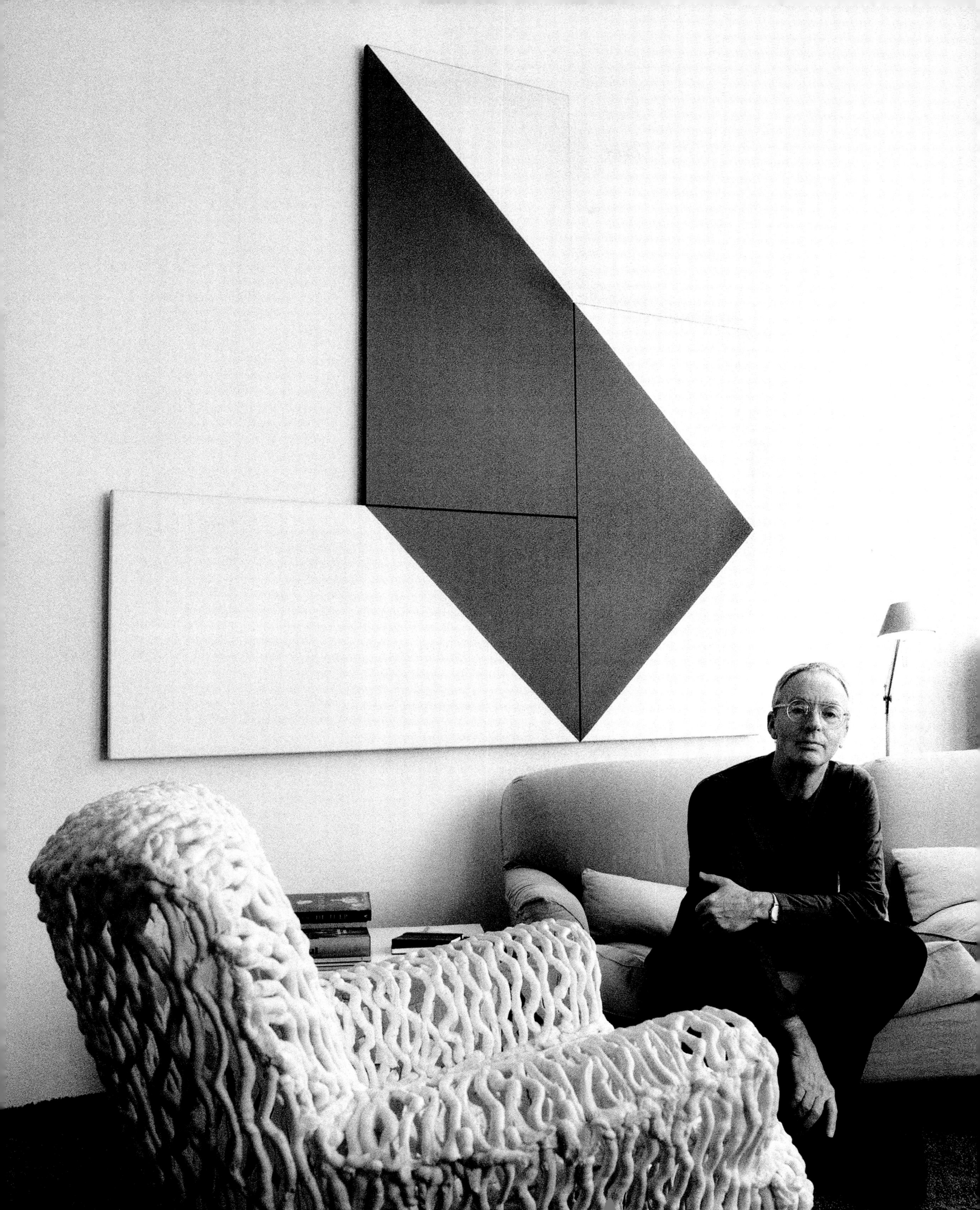

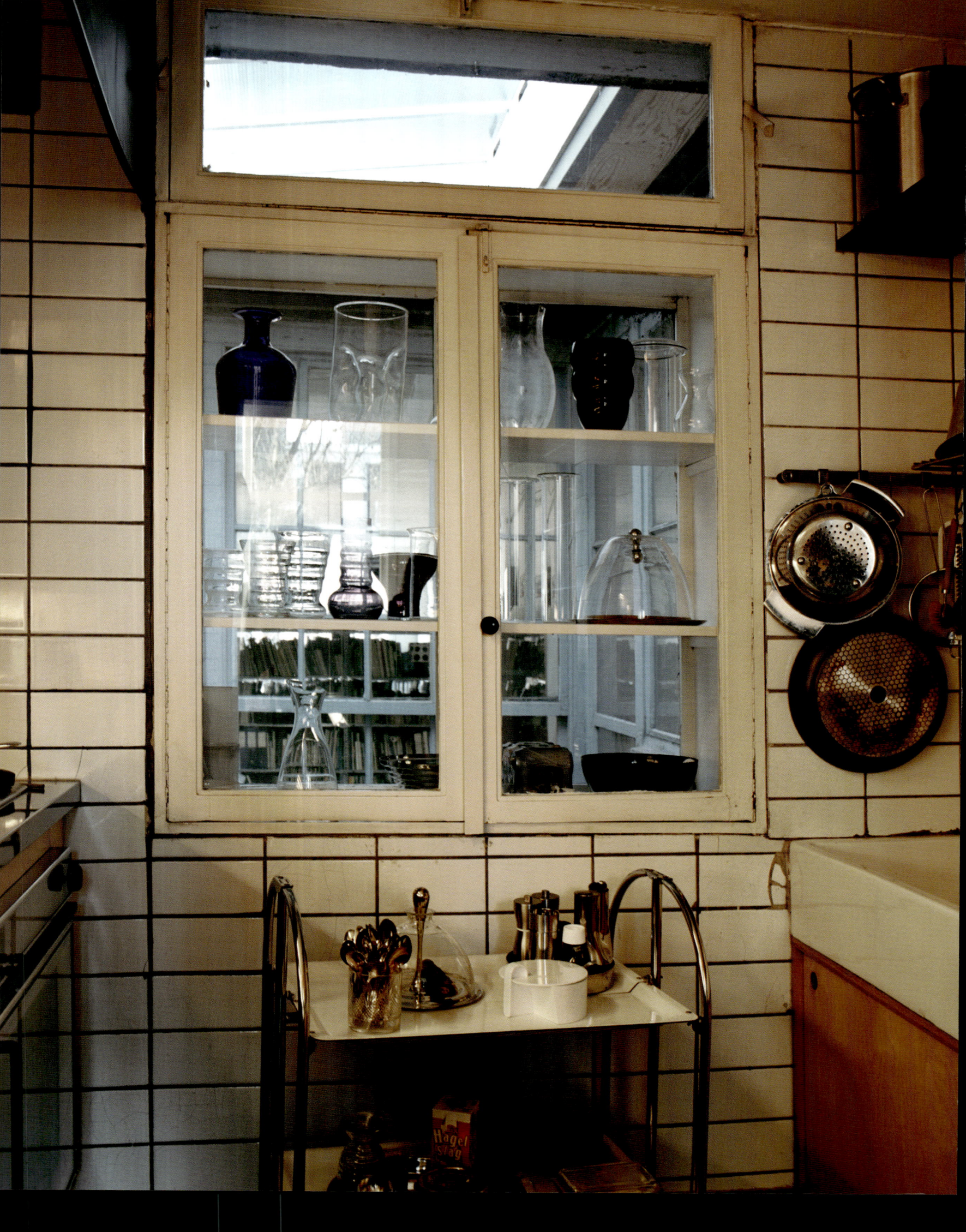

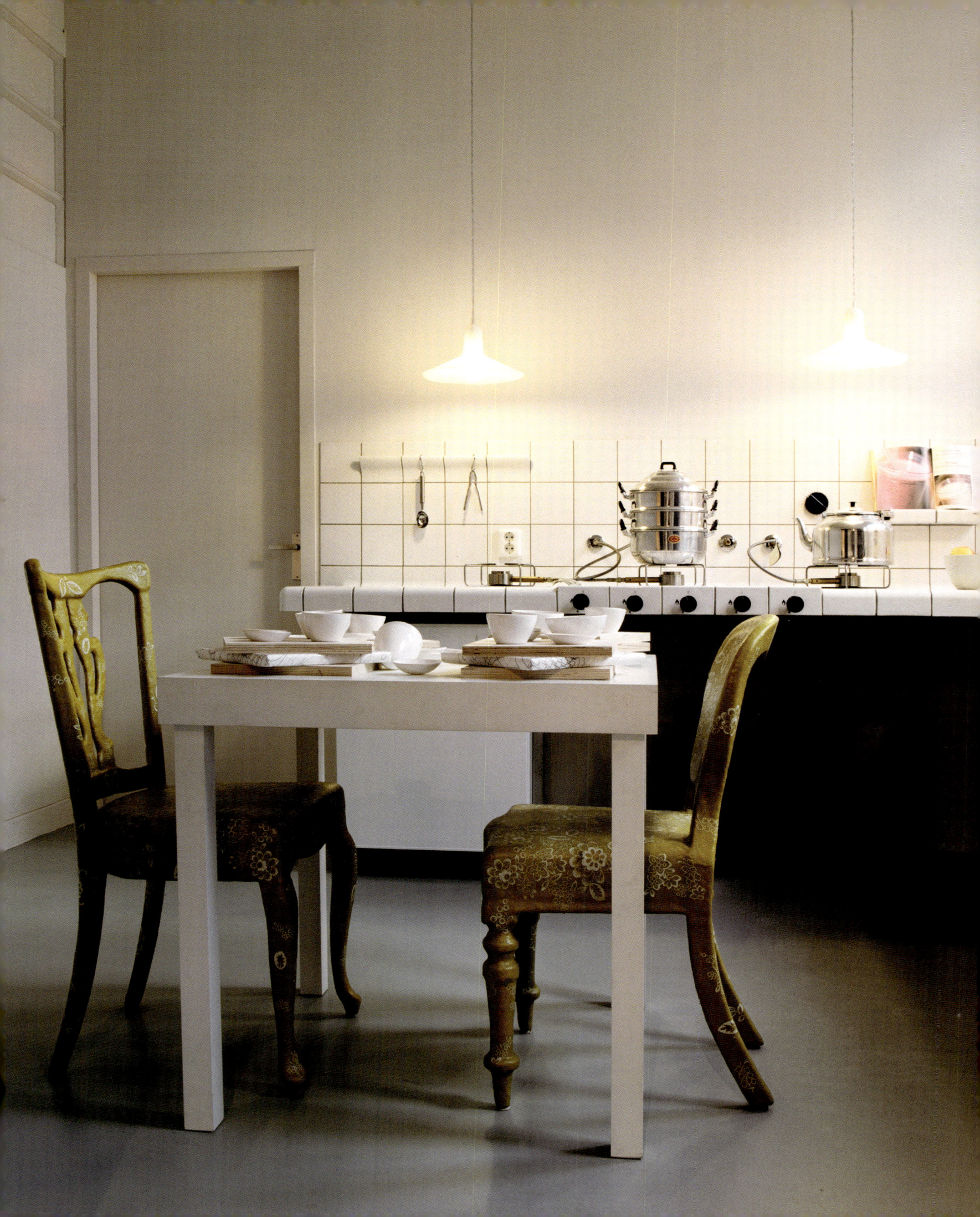

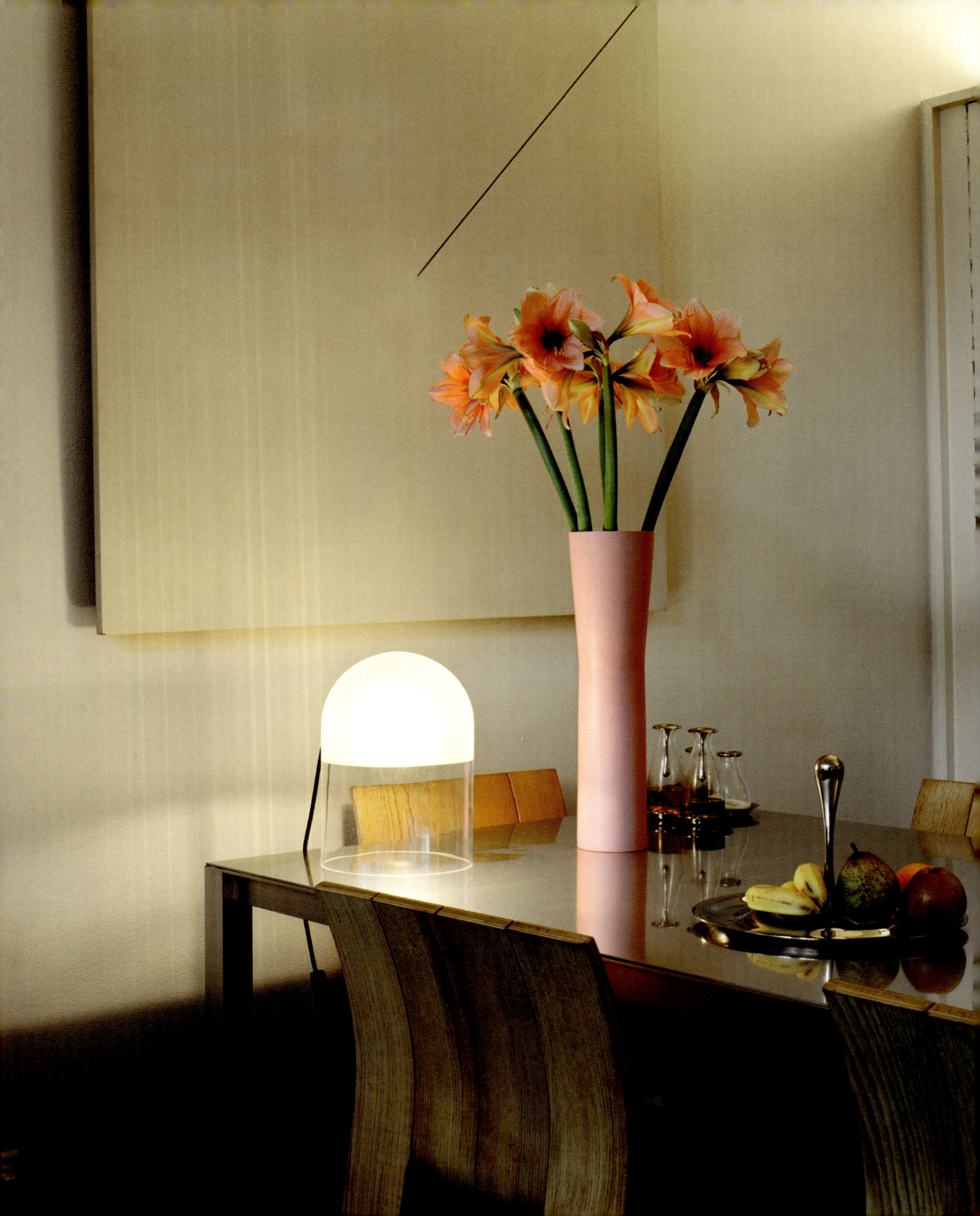

GIJS BAKKER (AMERSFOORT, 1942) VOLGT DE AMSTERDAMSE RIETVELD ACADEMIE EN DE KONSTFACK SKOLEN IN STOCKHOLM. HIJ GEEFT AL MEER DAN VEERTIG JAAR LES, ONDER MEER OP DE DESIGN ACADEMY IN EINDHOVEN. BAKKER ONTWERPT VOORAL SIERADEN, MAAR OOK MEUBELS EN INTERIEURPRODUCTEN. IN 1993 RICHT HIJ SAMEN MET RENNY RAMAKERS DROOG DESIGN OP. HIJ WERKT(E) VOOR OPDRACHTGEVERS ZOALS POLAROID, ARTIFORT, CASTELIJN, ROYAL VKB EN ENO STUDIO.

Design moet communiceren, vindt Gijs Bakker. Een goed verhaal vertellen. Alleen een mooie vorm laten zien, vindt hij pretentieus. Die aandacht voor het concept loopt als een rode draad door zijn werk. Gijs Bakker geldt als een pionier op het gebied van sieraad-vormgeving. In de jaren zestig en zeventig zijn het zijn spectaculaire ontwerpen met onedele materialen en onwaarschijnlijke vormen en afmetingen die hem wereldberoemd maken. Samen met zijn vrouw Emmy van Leersum (1930-1984) zorgt hij ervoor dat het sieraad zijn puur decoratieve status verliest. Ze plaatsen sieraden in een wereld van kunst en vormgeving.

Bakkers sieraden zeggen meer dan dat ze versieren, ze gáán ergens over. Hij maakt bijvoorbeeld enorme halssieraden met gelami-neerde foto's en broches waarin beroemde sportfiguren gecombineerd zijn met fonkelende edelstenen. Soms gaat het meer om het experiment dan om het sieraad zelf. In 1974 maakt Bakker een armband van een stuk metaaldraad dat een litteken achterlaat op de arm. Hoe ouder de drager is, hoe langer het litteken zichtbaar blijft. Of mensen zijn sieraden willen kopen, interesseert hem niet. Als hij zijn ideeën maar kan uitdrukken. 'Een kunstschilder wacht toch ook niet met het maken van een schilderij tot hij er een opdrachtgever voor vindt?'

Gijs Bakker heeft geen voorkeur voor bepaalde materialen. Hij experimenteert met goud en zilver, pvc, aluminium, foto's, hennep en kunststof. Zelden maakt hij één enkel sieraad, het zijn meestal series waarin hij een idee op verschillende manieren uit-werkt. Zoals de collectie REAL. Hiervoor koopt hij overal ter wereld 'ordinaire neppers' om er dan een kleinere replica aan toe te voegen uit hoogwaardige materialen zoals saffieren en robijnen. Daarmee de vraag oproepend: wat is nou eigenlijk echt? Het blijft niet alleen bij sieraden, Gijs Bakker ontwerpt ook interieurproducten, meubels, interieurs, tentoonstellingen en publieke ruimten. De Stripstoel die hij in 1974 voor Castelijn ontwerpt is een succesvolle klassieker ('van de royalties heb ik tien jaar kunnen leven'). En we kennen hem natuurlijk van Droog Design, het befaamde platform dat Nederlands design wereldwijd op de kaart zette. Bakker richt het samen met Renny Ramakers in 1993 op. Door zich verfrissend bokkig en baldadig op te stellen, functioneert Droog bijna als een guerillabeweging binnen de designwereld. Ontwerpers zoals Marcel Wanders, Hella Jongerius, Jurgen Bey en Richard Hutten zijn via Droog gelanceerd. Wat Droog Design is voor productontwerpen is het merk Chi Ha Paura voor sieraadontwerpen, Gijs Bakker richt het in 1996 op met de Italiaanse galeriehouder Marijke Vallanzasca. Met zijn samenwerkingsprojecten en zijn drang tot vernieuwing is Gijs Bakker altijd een cultureel ondernemer avant la lettre geweest. In 2007 plaatst het tijdschrift CNBC European Business Droog Design zelfs in de top 50 van meest innovatieve bedrijven van Europa.

Droog richt zich de laatste jaren meer op massaproductie. 'We willen design normaler maken. En ook goedkopere, alledaagse producten aan ons aanbod toevoegen.' Een goed voorbeeld van zo'n industrieel gemaakt product is de High Chair van Maartje Steenkamp. Toen die nog handgemaakt werd, kostte die 400 euro, nu is hij als bouwpakket bij Droog te koop voor 149 euro. Maar mainstream zal het aanbod nooit worden, vervolgt Bakker. Een Droog product is altijd een product 'met een beetje meer inhoud', een mooi concept erachter.

GIJS BAKKER (AMERSFOORT, 1942) ATTENDED THE RIETVELD ACADEMY IN AMSTERDAM AND THE KONSTFACK SKOLEN IN STOCKHOLM. FOR OVER FORTY YEARS HE HAS TAUGHT AT VARIOUS ART SCHOOLS, INCLUDING THE DESIGN ACADEMY EINDHOVEN. BAKKER IS A DESIGNER, SPECIALIZING NOT ONLY IN JEWELLERY, BUT ALSO IN FURNITURE AND PRODUCTS FOR THE INTERIOR. IN 1993 HE SET UP THE STUDIO DROOG DESIGN, TOGETHER WITH RENNY RAMAKERS. PAST AND PRESENT CLIENTS INCLUDE POLAROID, ARTIFORT, CASTELIJN, ROYAL VKB AND ENO STUDIO.

Design must communicate, according to Gijs Bakker. It has to be able to tell a good story. Form alone - no matter how attractive - is pretentious. This emphasis on the concept is a leitmotif that runs through his work. Bakker is one of the pioneers of jewellery design. In the sixties and seventies his spectacular pieces executed in base metals and featuring unlikely shapes and dimensions gained him worldwide acclaim. Together with his wife Emmy van Leersum (1930-1984), he saw to it that their designs transcended the purely decorative status of jewellery. They positioned each item firmly within the world of art and style.

The pieces which Bakker designs do more than simply enhance and decorate: they are actually about something. He constructs enormous necklaces featuring laminated photos, and brooches that pair famous sportsmen with glittering precious stones. Sometimes the experiment is more important than the piece of jewellery which it ultimately produces. In 1974 Bakker designed a bracelet made from a piece of wire, which left behind a visible scar. He discovered that the older the wearer was, the longer the scar remained. He is not particularly concerned about whether people buy his jewellery or not, just as long as he can express his ideas. 'A painter doesn't wait for a commission before he starts painting.'

Gijs Bakker has no preferences when it comes to material. He experiments with gold and silver, PVC, aluminium, photos, hemp, and synthetics. It is rare for him to design a single piece of jewellery, preferring to do a whole series in which he can work out an idea in various ways. For the collection REAL, for example, he bought fake jewellery from all over the world, and then added to each piece a smaller replica made of high-quality gems such as sapphires and rubies. Which addresses the question of what we mean by 'genuine' and 'fake'. But Gijs Bakker doesn't stop at jewellery: he also designs interior products, furniture, exhibitions, interiors, and public spaces. The Stripstoel, the chair he did for Castelijn in 1974 has become a classic ('I lived for a good ten years on those royalties'). And of course the name Gijs Bakker is familiar from Droog Design, the famous platform that put Holland on the international design map. He set up the studio in 1993, together with Renny Ramakers. With their refreshingly boisterous and quirky attitude, they functioned like a guerrilla movement within the design world. Designers like Marcel Wanders, Hella Jongerius, Jurgen Bey and Richard Hutten all got their start with Droog Design. What Droog Design is to product design, the label Chi Ha Paura is to jewellery design. Bakker launched the brand in 1996, together with the Italian gallery owner Marijke Vallanzasca. With his various collaborative projects and his innovative bent, he's always been a cultural entrepreneur avant la lettre. In 2007 his studio was ranked among the fifty most innovative companies in Europe by the magazine CNBC European Business.

In the last few years the studio has focused on mass production. 'Our aim is to "normalize" design. And also to add more affordable, everyday products to our collection.' A good example of the new approach is the High Chair designed by Maartje Steenkamp. When it was still being made by hand, it costs 400 euro. In kit form, it sells for 149 euro. And yet, as long as Bakker has anything to say about it, Droog Design will never be 'mainstream'. A Droog product is concept-based, and always has 'just that bit more content'.

www.gijsbakker.com

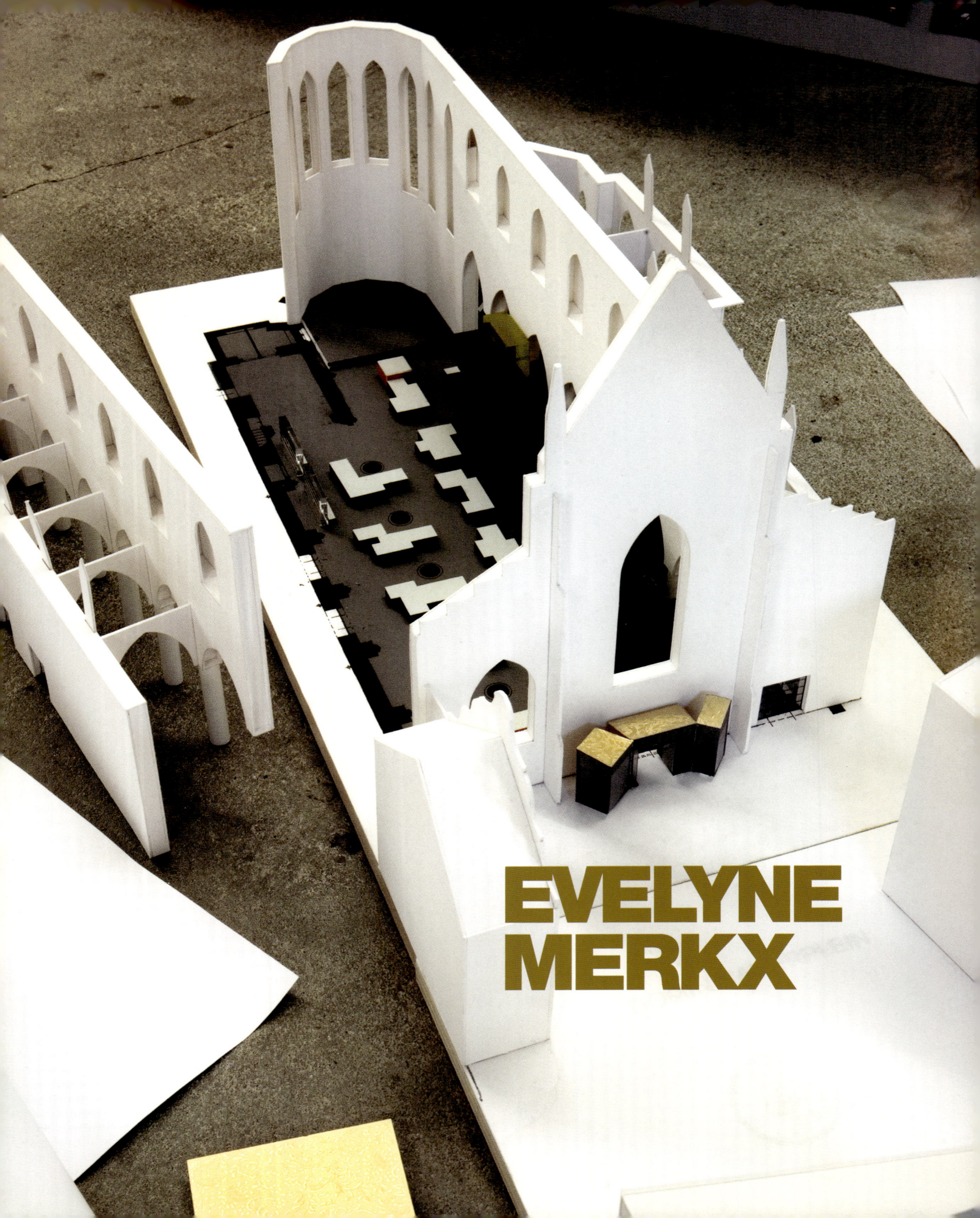

EVELYNE
MERKX

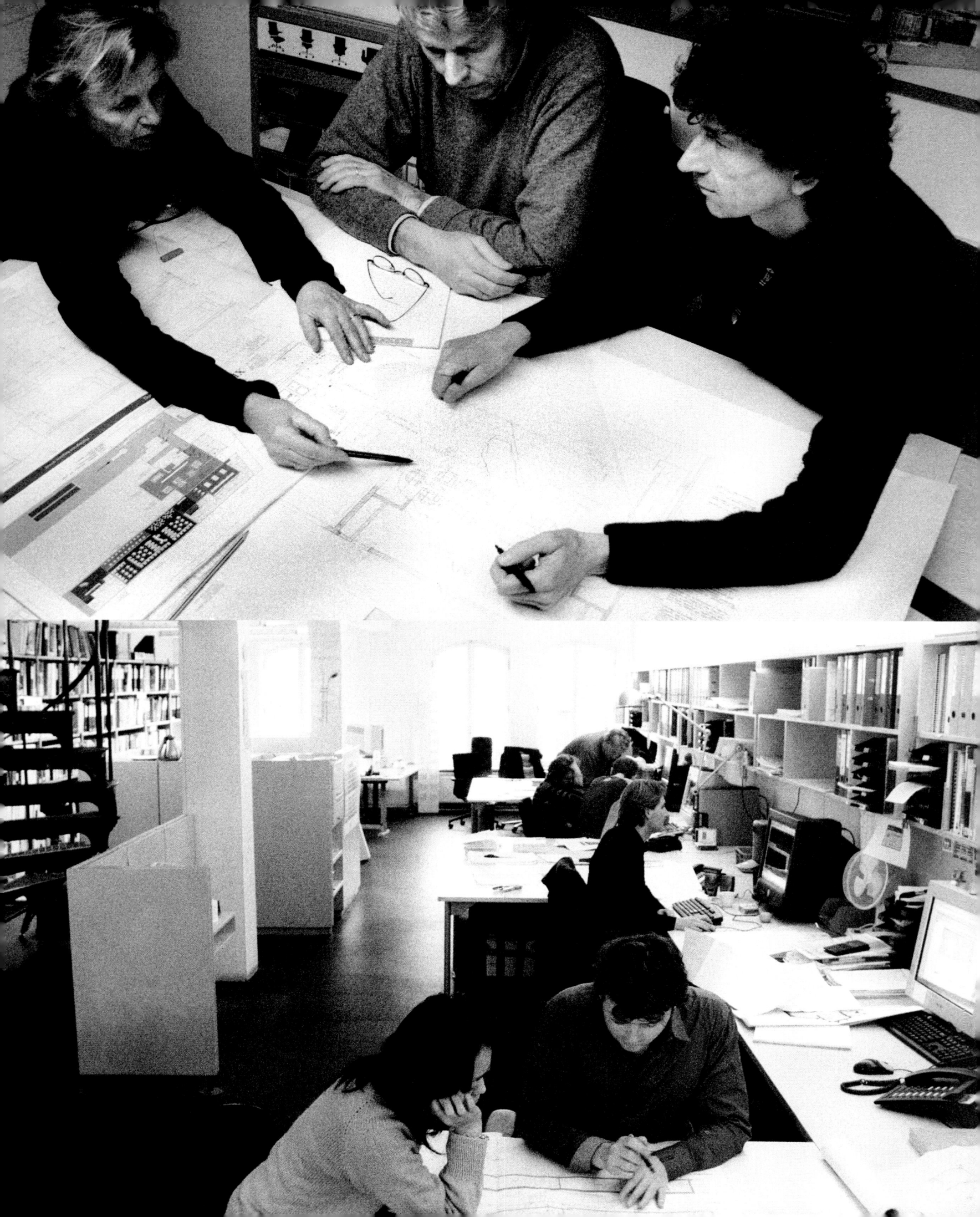

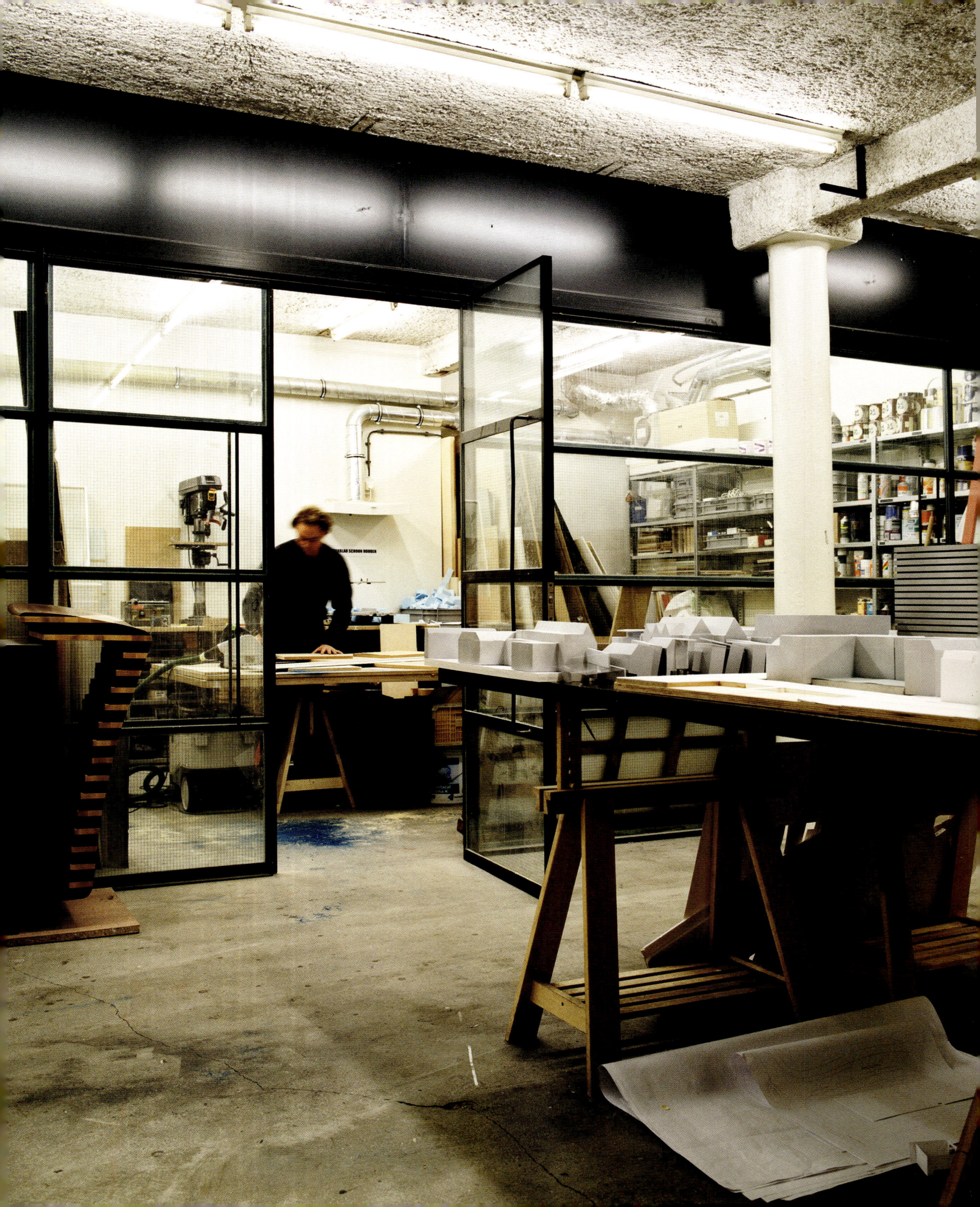

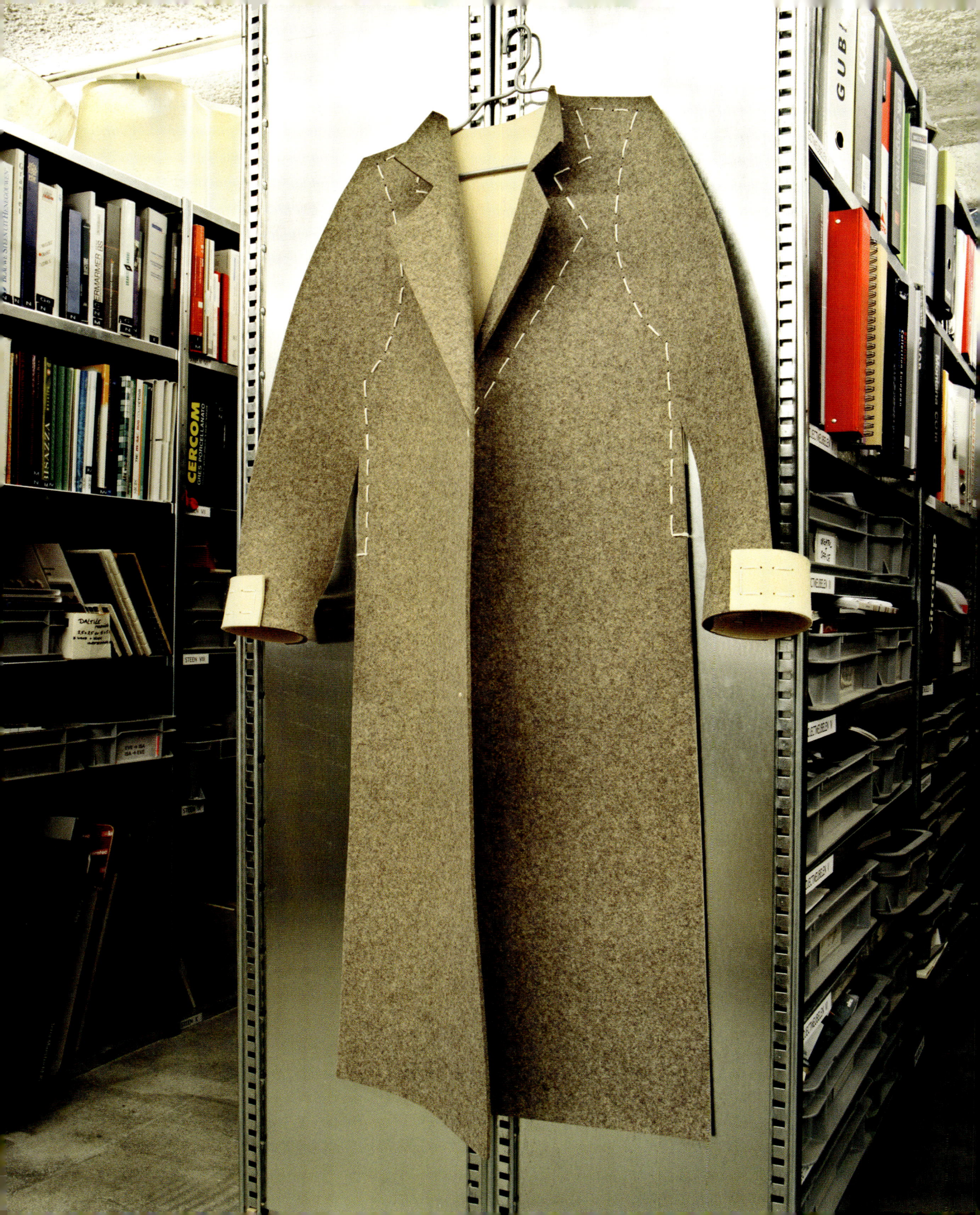

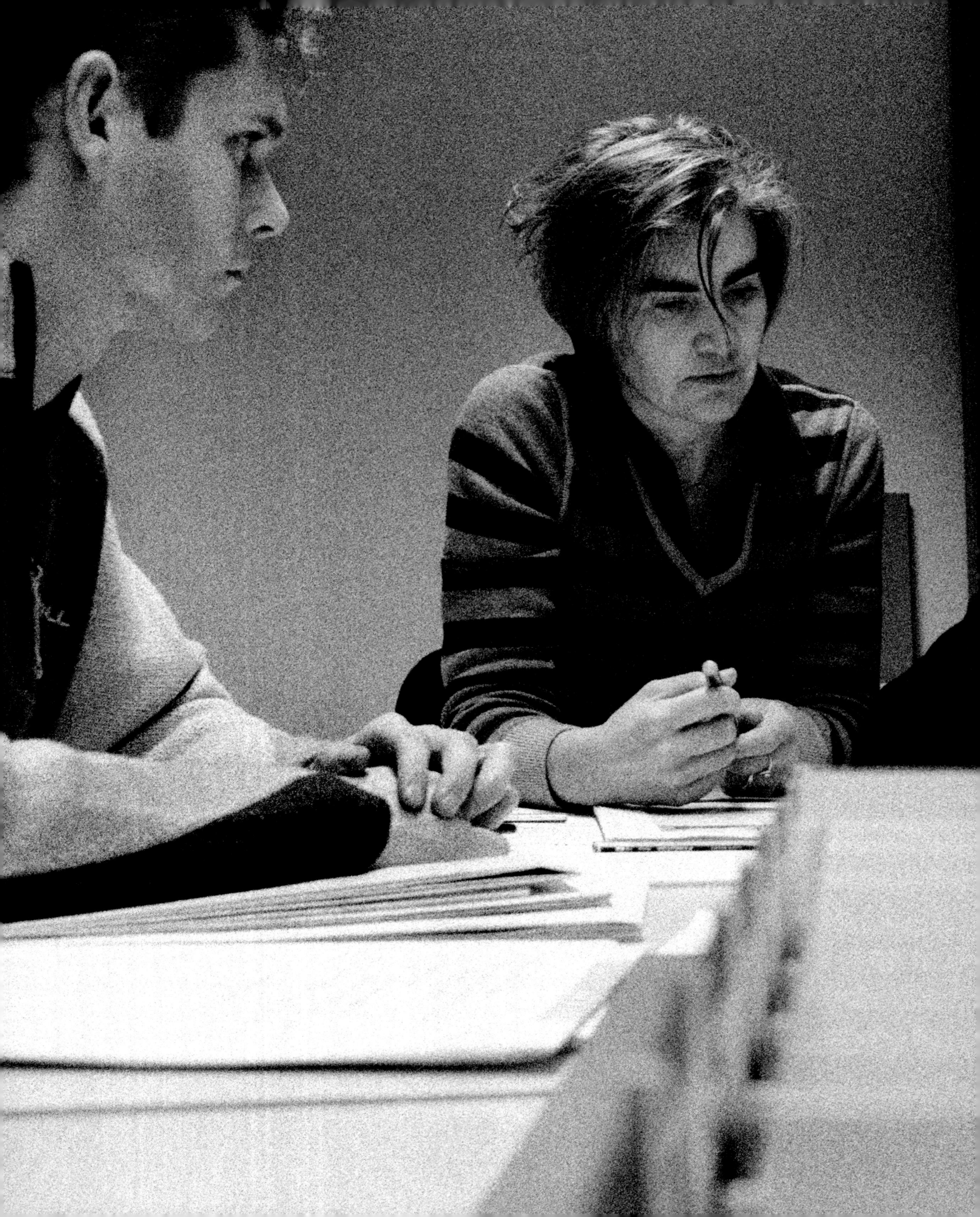

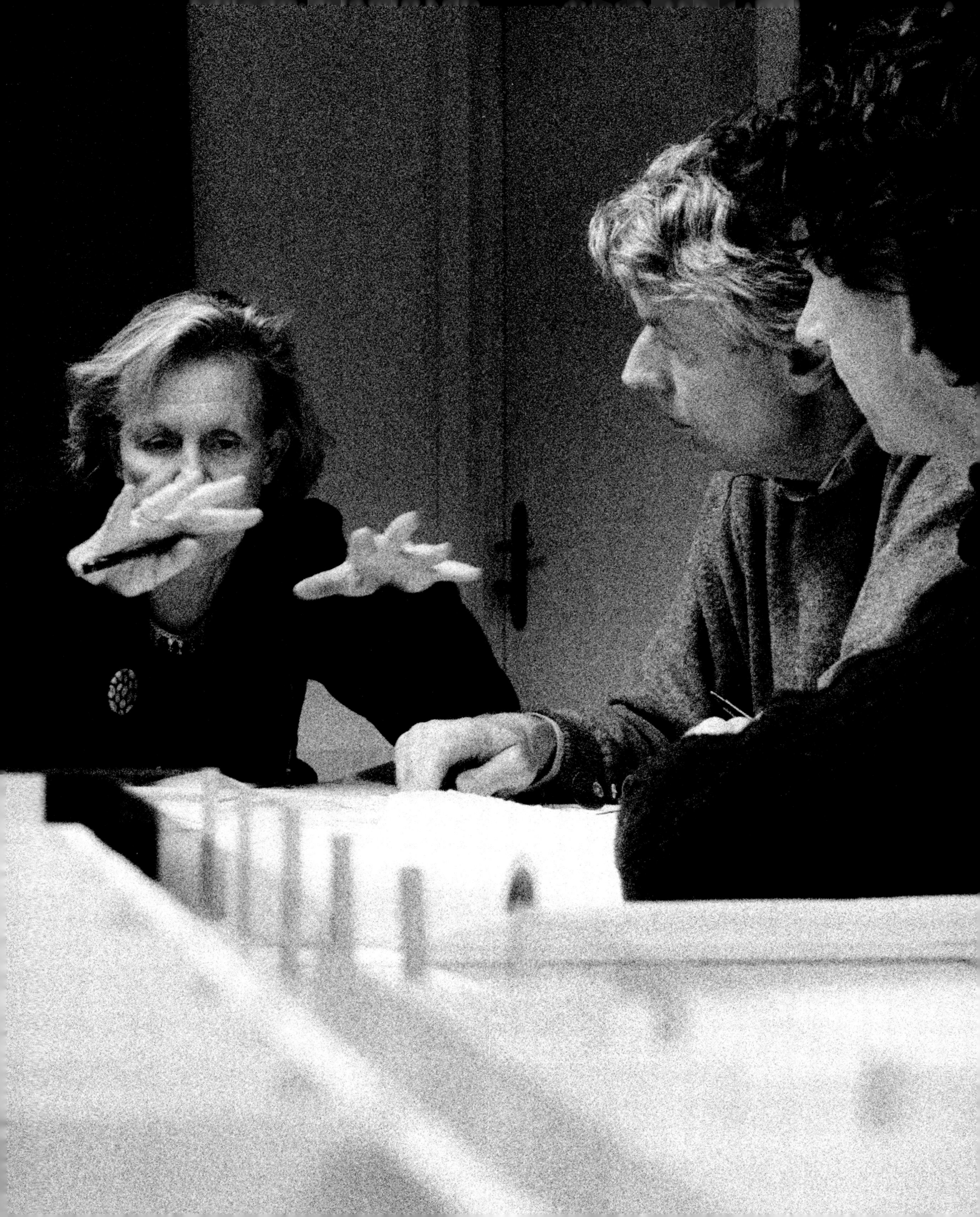

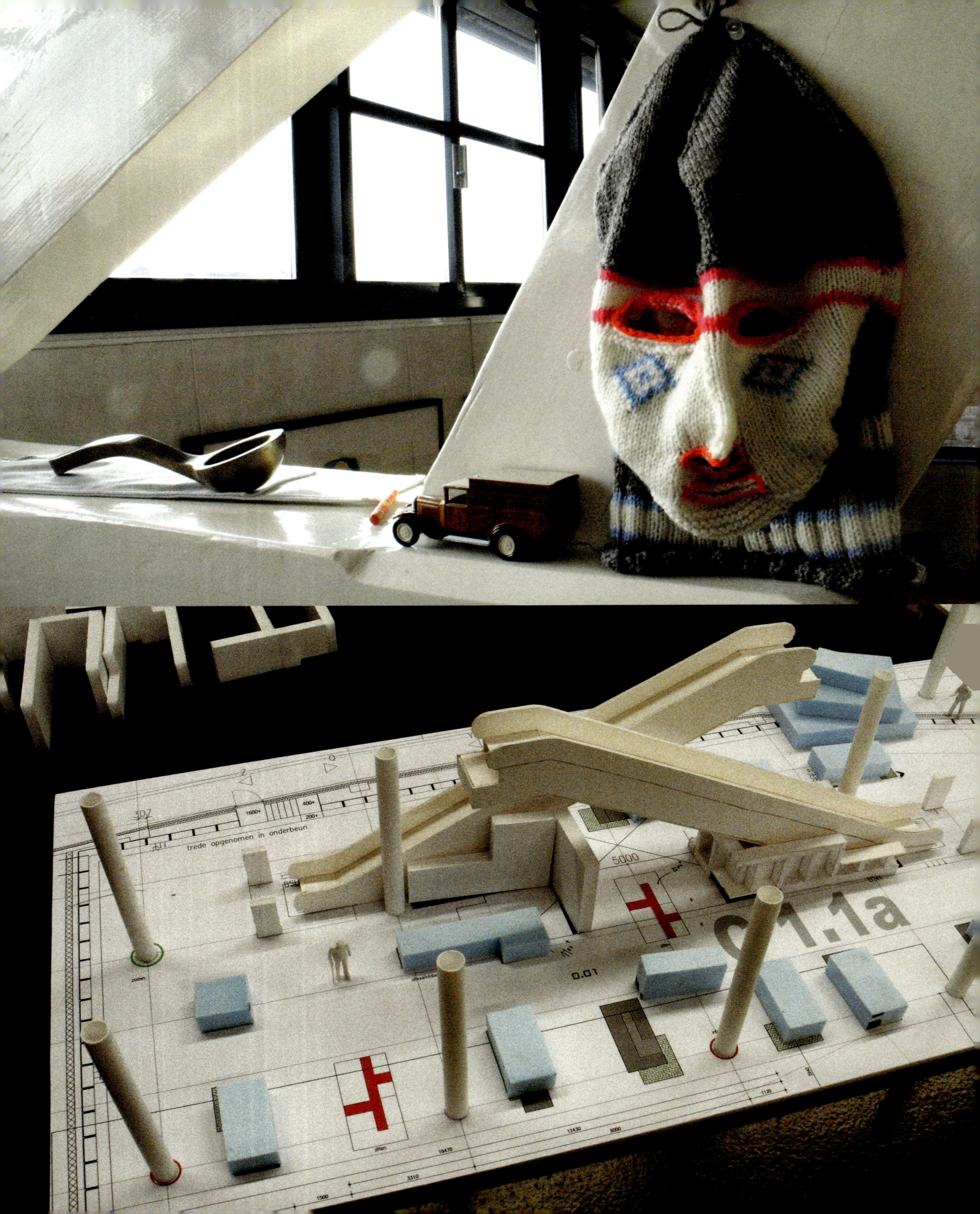

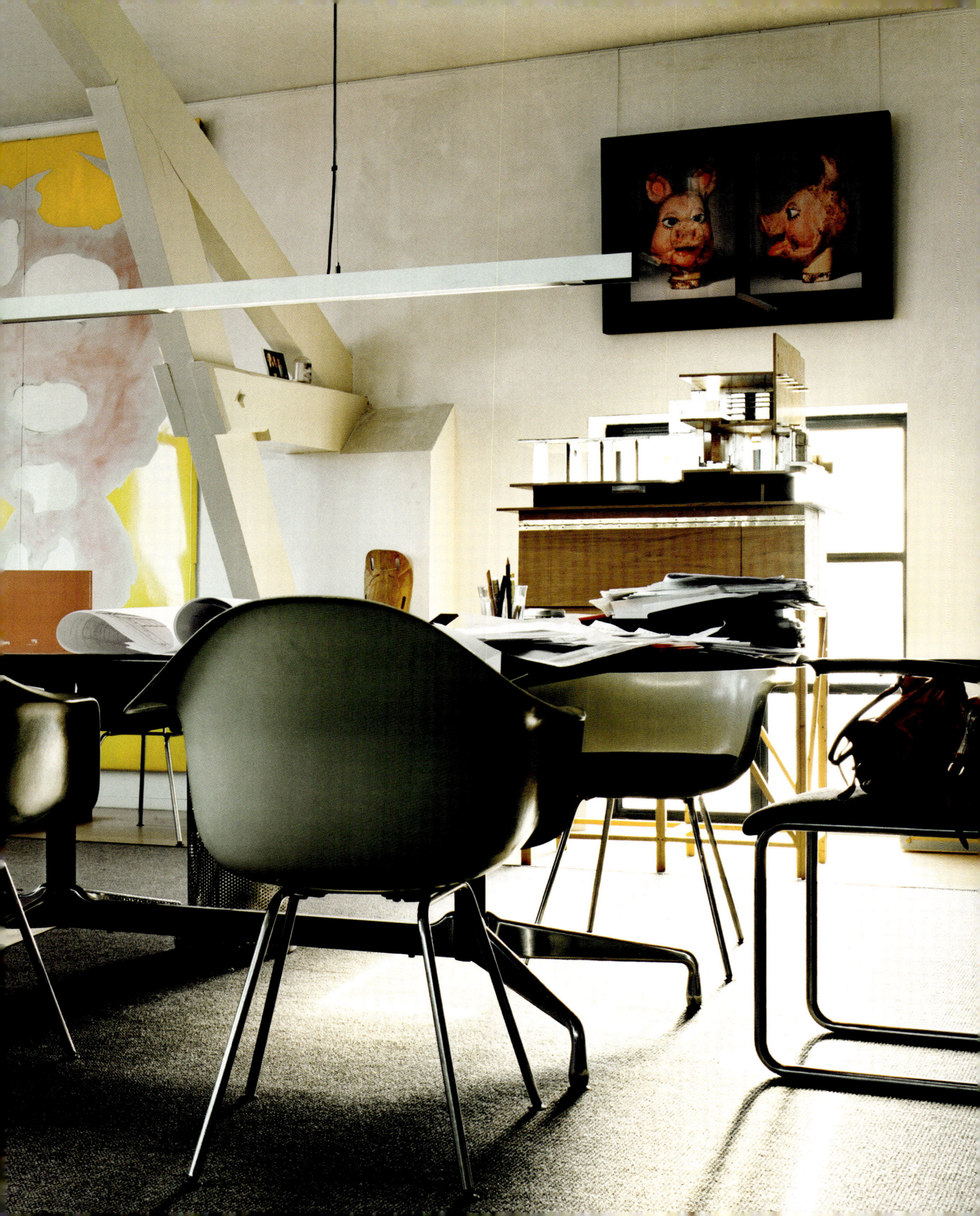

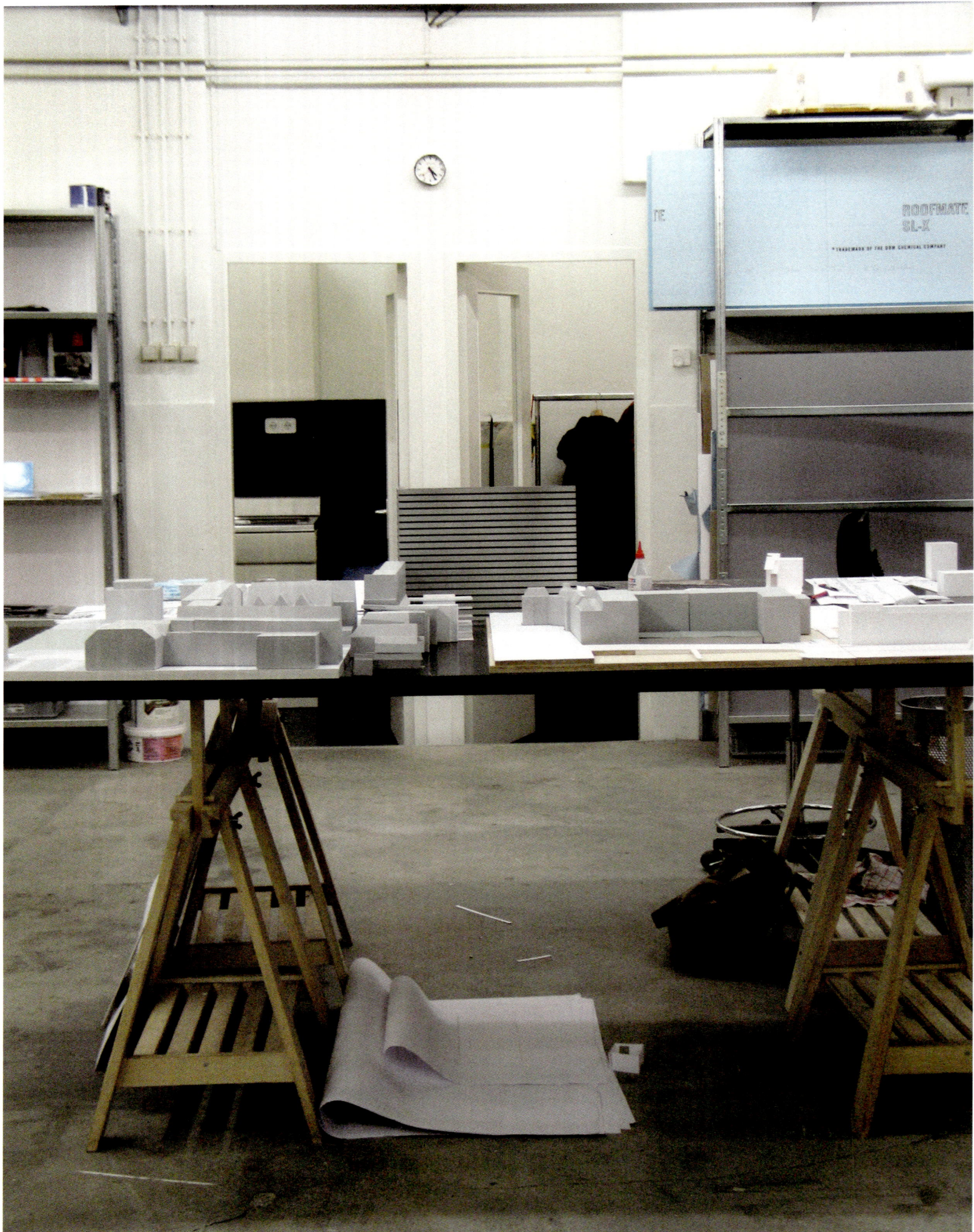

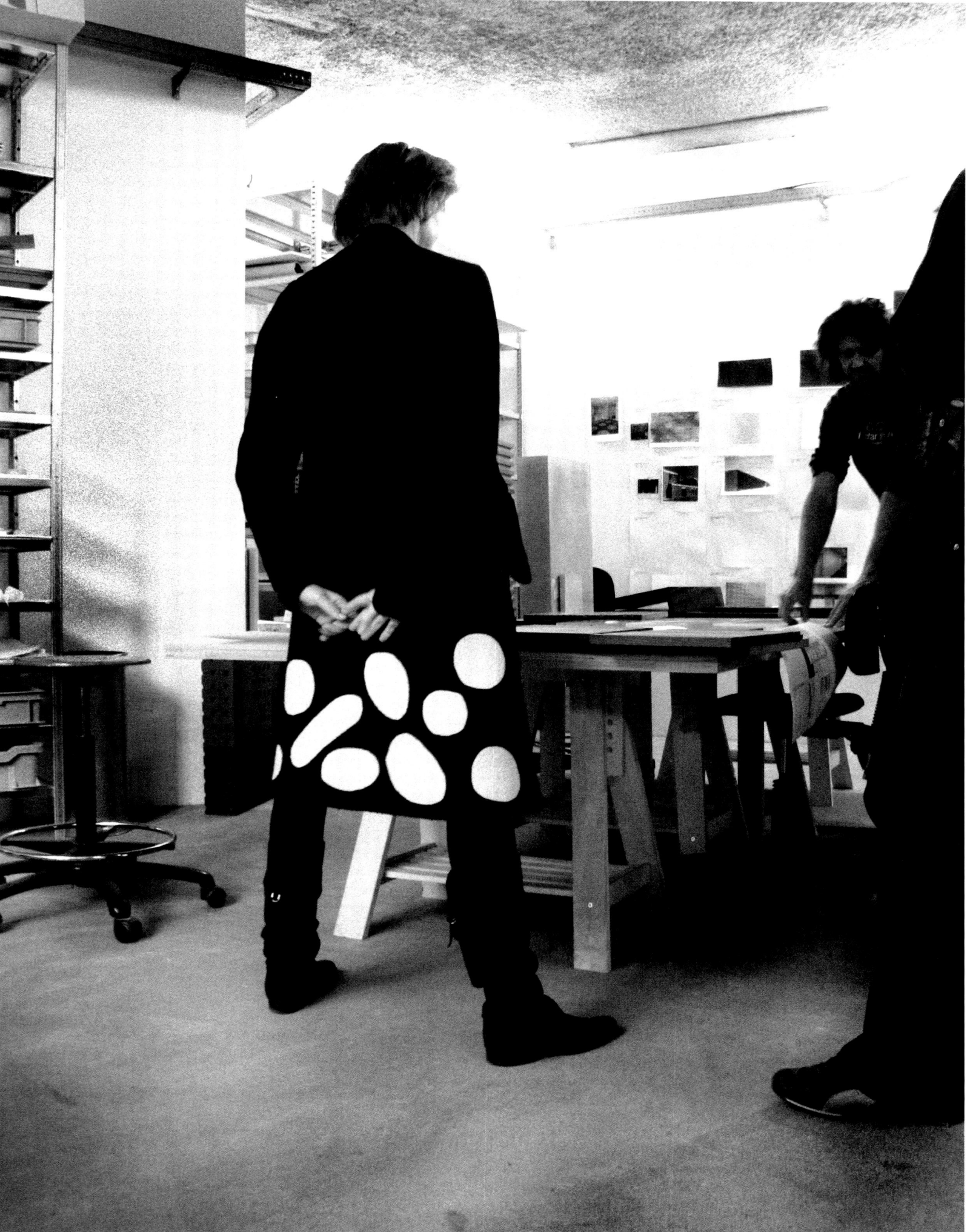

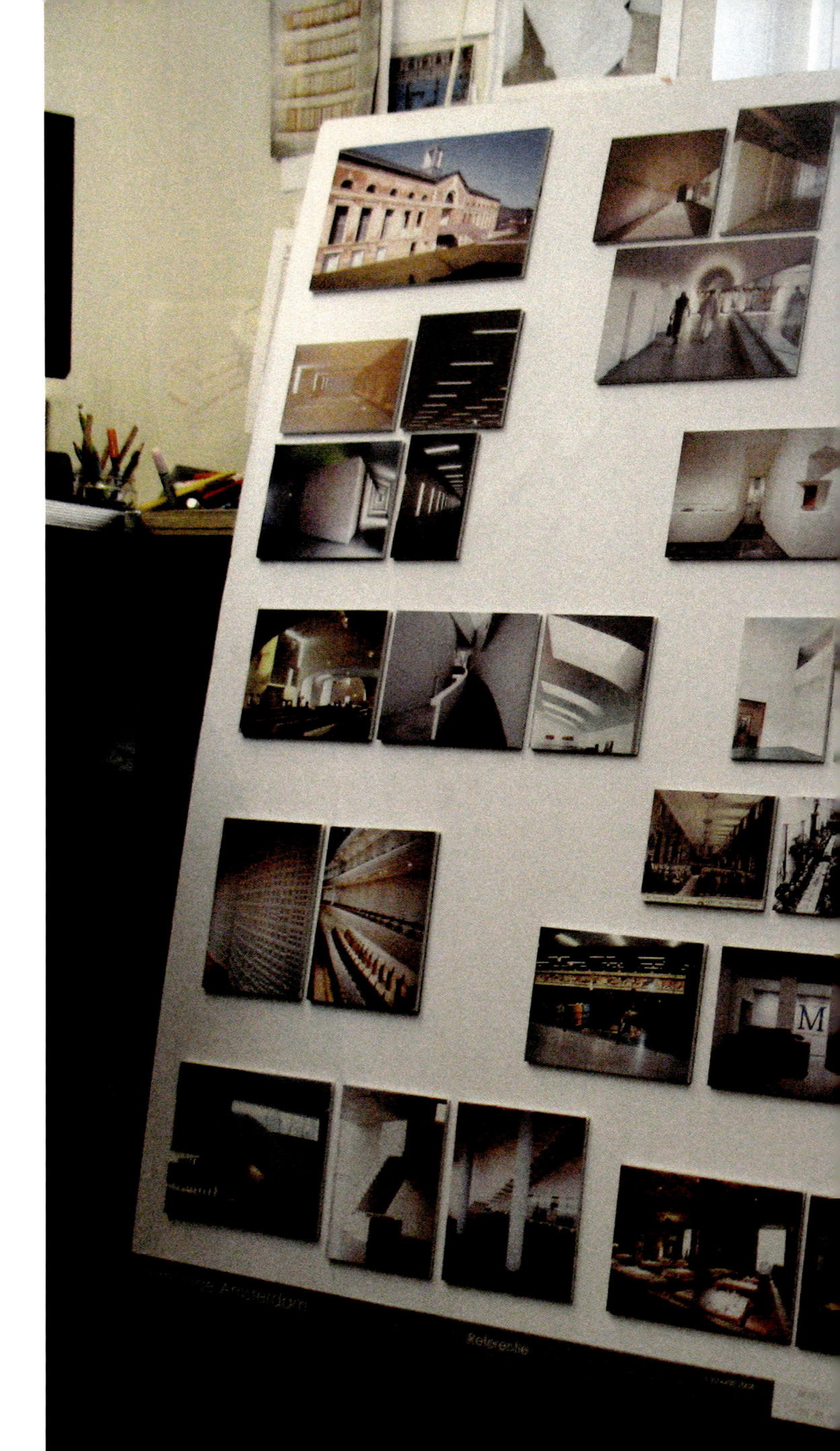

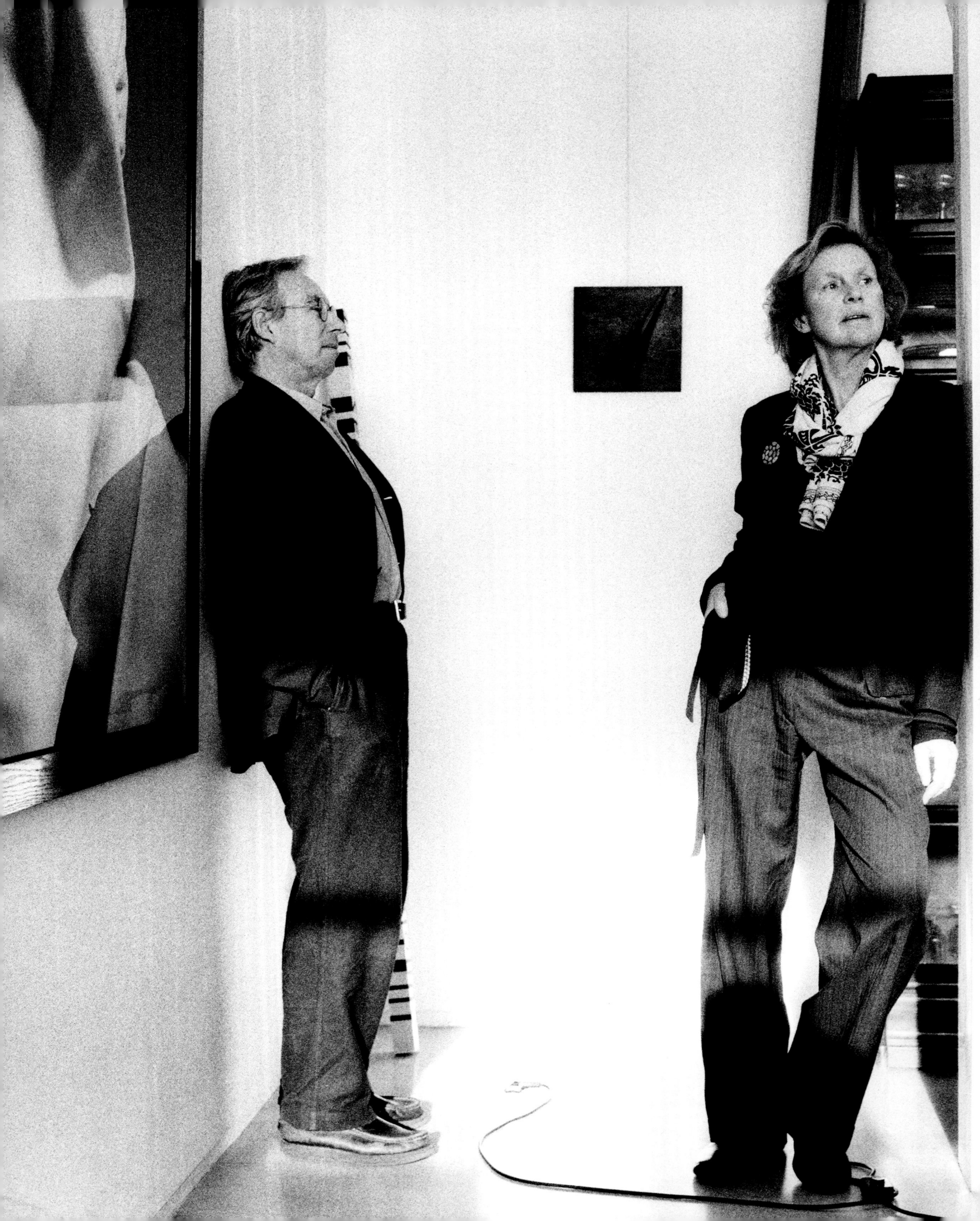

EVELYNE MERKX (HEERLEN, 1947) START OP 32-JARIGE LEEFTIJD EEN OPLEIDING ARCHITECTONISCHE VORMGEVING AAN DE GERRIT RIETVELD ACADEMIE IN AMSTERDAM. VAN 1985-1995 WERKT ZE VANUIT HAAR EIGEN BUREAU STUDIO MERKX OM DAARNA TE GAAN SAMENWERKEN MET ARCHITECT EN PARTNER PATRICE GIROD IN MERKX + GIROD ARCHITECTEN TE AMSTERDAM. VAN 2000 TOT 2002 DOCEERT MERKX AAN DE DESIGN ACADEMIE IN EINDHOVEN.

Al meer dan twaalf jaar werkt ze aan de renovatie en herinrichting van het Amsterdamse Concertgebouw. Als de laatste bezoekers om 11 uur 's-avonds naar huis gingen, stond interieurarchitect Evelyne Merkx met haar team al in de startblokken. Vijftig stukadoors werkten de hele nacht door om de volgende dag gewoon weer plaats te maken voor concertbezoekers. In de concertzalen herstelde Merkx het evenwicht tussen kleuren, vlakken en ornamenten. Ze ontwikkelde veertien soorten witten en gebruikte bladplatina. De aanpak is veel geroemd, het leverde 'stralende zalen' op. Ook de techniek in het hele gebouw is up-to-date gebracht. Ze wil nu eenmaal het beste.

Evelyne Merkx vindt dat ze een moeilijk vak heeft. Eenzaam soms ook. 'De ingrepen die je doet worden vaak niet opgemerkt. Mooi tapijt hoor, leuke kleuren ook, dat is wat je hoort. Dat je de architectonische kwaliteit van de ruimte hebt verbeterd, of bijvoorbeeld het daglicht hebt teruggebracht, zien ze dan weer niet,' vertelt ze. Maar dat maakt haar vak juist zo uitdagend. 'Ik maak iets naar aanleiding van een vraag met randvoorwaarden. Hoe meer randvoorwaarden en onmogelijkheden, hoe prettiger. Ik houd van lastig'. De renovatie van het Concertgebouw, en dan met name de Grote Zaal - qua akoestiek een van de beroemdste concertzalen in de wereld, was een 'technisch lastige, maar mooie uitdaging'. Inmiddels behoort Evelyne Merkx tot de top van de Nederlandse interieurarchitecten. Maar als ze aan de Gerrit Rietveld Academie begint, is er maar mondjesmaat aandacht voor de binnenkant van gebouwen. Eenmaal werkend vanuit haar eigen bureau weet ze toch al snel grote opdrachten binnen te halen. Zoals de herinrichting van winkelketens De Bijenkorf en de HEMA, de renovatie van de Trêveszaal (vergaderzaal van de ministerraad) en ontwerpen voor grote museale tentoonstellingen voor onder meer het Rijksmuseum.

Vanaf 1990 werkt ze samen met architect en partner Patrice Girod. Een samenwerking die in 1998 uitmondt in de oprichting van hun bureau voor (interieur)architectuur Merkx + Girod. Beiden delen een grote liefde voor detail, samenhang en kwaliteit. Met groepen van wisselende (interieur)architecten en ontwerpers begeleiden ze elke opdracht van begin tot eind. Die verschillende disciplines vullen elkaar aan en versterken elkaar. Een goed voorbeeld hiervan is Boekhandel Selexyz Dominicanen in Maastricht, gevestigd in een voormalige Dominicaner kerk. Merkx + Girod ontwierpen er een twee verdiepingen hoge stalen 'boekenflat', asymmetrisch geplaatst in de ruimte. Door aan de andere zijde van de kerk de winkelinrichting juist laag te houden, blijft het spectaculaire zicht op het gewelfde kerkplafond in tact. Voor deze ruimtelijke ingreep winnen ze in 2007 de Lensvelt de Architect Interieurprijs 2007. Het Britse dagblad The Guardian noemde de boekhandel mogelijk de mooiste boekhandel aller tijden. 'A bookshop made in heaven'.

Helaas wordt interieurarchitectuur nog te vaak gezien als een soort make-over, verzucht Evelyne Merkx. 'Mensen reageren nu eenmaal het sterkst op wat ze het eerst zien, op de 'huid' van een interieur of gebouw.' Die 'huid' moet overigens soepel blijven, vindt ze, en niet te snel verouderen. Daarom gaat Merkx + Girod vluchtige, modieuze benaderingen uit de weg en ligt de nadruk ook steeds meer op architectuur. Zo wordt bijvoorbeeld al ruim zeven jaar gewerkt aan de nieuwbouw, renovatie en restauratie van de Raad van State, een omvangrijk en prestigieus project in Den Haag.

EVELYNE MERKX (HEERLEN, 1947) WAS 32 WHEN SHE BEGAN HER STUDIES IN ARCHITECTURAL DESIGN AT THE GERRIT RIETVELD ACADEMY IN AMSTERDAM. FROM 1985 TO 1995 SHE HAD HER OWN BUSINESS, STUDIO MERKX, BUT SINCE THEN SHE HAS COLLABORATED WITH HER PARTNER, THE ARCHITECT PATRICE GIROD, IN THE FIRM OF MERKX + GIROD IN AMSTERDAM. FROM 2000 TO 2002 MERKX TAUGHT AT THE DESIGN ACADEMY IN EINDHOVEN.

For almost twelve years interior decorator Evelyne Merkx was involved in the renovation and refurnishing of the Concertgebouw in Amsterdam. Around eleven o'clock at night, as the last members of the audience filed out of the building, she and her team were already in the starting blocks. Fifty plasterers worked all night, so that the following day the concert could take place as usual. Merkx restored the equilibrium between the colours, surfaces and ornaments in the various concert halls. She devised fourteen different shades of white and made use of platinum leaf. She has been universally praised for creating 'radiant concert halls'. The technical facilities throughout the building have also been updated. For Merkx, only the best is good enough.

But Evelyne Merkx admits that she has a difficult profession. And often a lonely one. 'A lot of the changes you bring about go unnoticed, she says. 'People remark on the carpeting, or compliment you on the colours. But they never notice that you've improved the architectural quality of the space, say, or brought daylight back into a room.' But that's what makes her profession so challenging. 'My job is to create something in answer to a problem with limiting conditions. The more pre-conditions and impossibilities are involved, the better I like it. I enjoy tackling tricky problems. The renovation of the Concertgebouw – especially the Main Hall, which is world-famous for its acoustics – was 'challenging, but also very rewarding.' Today Evelyne Merkx is one of Holland's top interior architects. But when she began her studies at the Gerrit Rietveld Academy, there was very little interest in the interior of buildings. Soon after setting up her own studio, however, she landed several major commissions, including the renovation of the department store chains De Bijenkorf and the HEMA, and the refurnishing of Trêves Hall in The Hague (where the Council of Ministers meets), alongside designs for major exhibitions at such venues as the Rijksmuseum.

From 1990 on, Merkx has collaborated with architect and partner Patrice Girod, and this ultimately led to the establishment of their own studio, Merkx + Girod. They share a passion for detail, cohesion and quality. Working with ad hoc groups of architects, interior architects, and designers, they supervise the execution of each commission from beginning to end. The various disciplines complement and reinforce one another. A case in point is the bookstore Boekhandel Selexyz Dominicanen in Maastricht, which is located in a former Dominican church. Merkx + Girod designed a two-storey-high, steel 'book flat', situated asymmetrically on the main floor. By limiting the height of the store facilities on the other side of the church, the spectacular view of the vaulted church ceiling was retained. In 2007 this spatial tour de force earned them the Lensvelt de Architect Interior Prize. The British newspaper The Guardian called the Merkx + Girod design 'a bookshop made in heaven'.

In the view of Evelyne Merkx, it is regrettable that too often interior architecture is seen as a kind of makeover. 'People tend to respond to what they see first, the "skin" of an interior or building.' That skin must remain flexible, she says, and not age too quickly. Which is one reason why Merkx and Girod steer clear of fads and fashionable approaches, placing ever more emphasis on the architecture itself.

www.merkx-girod.nl

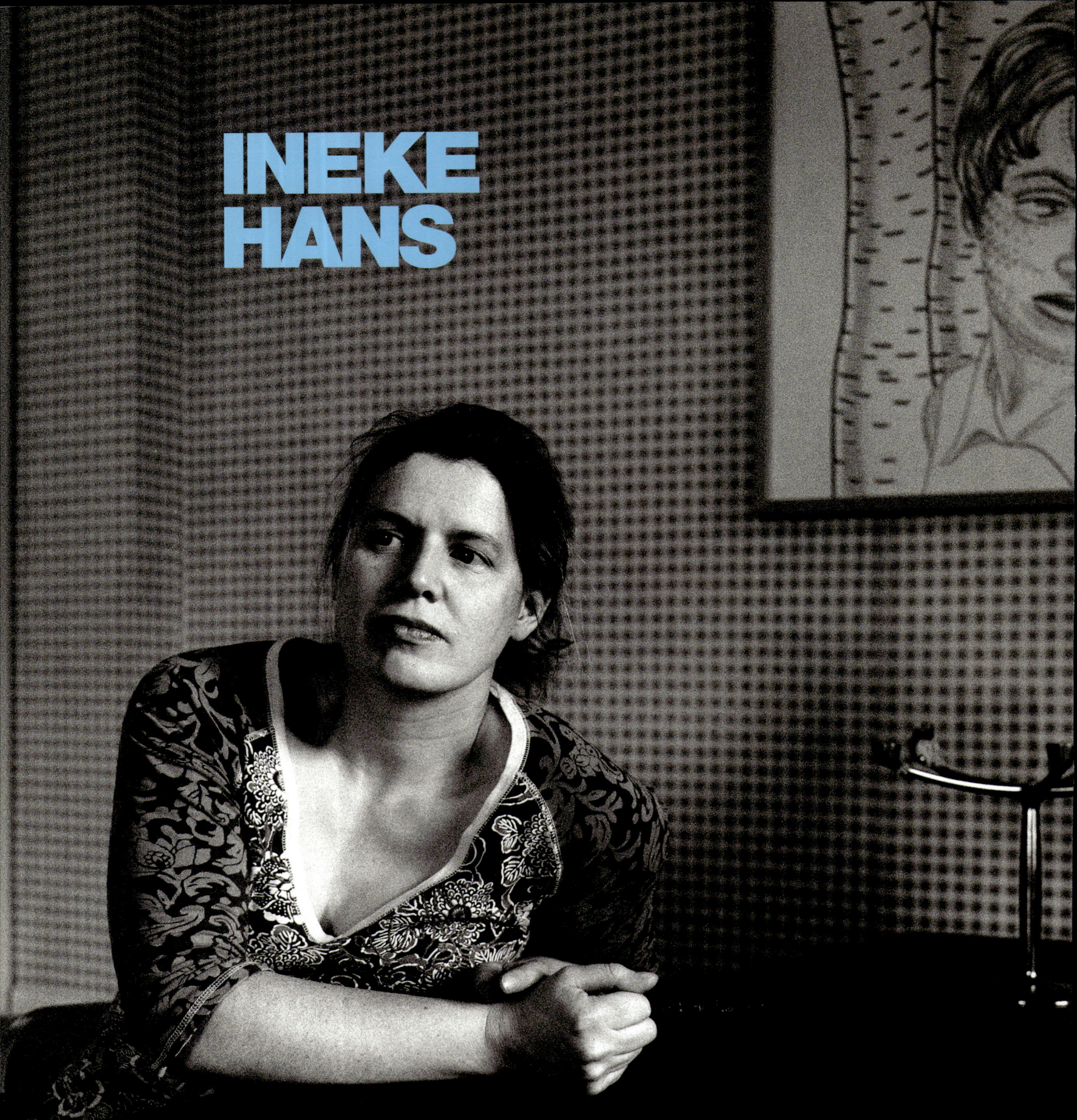

INEKE
HANS

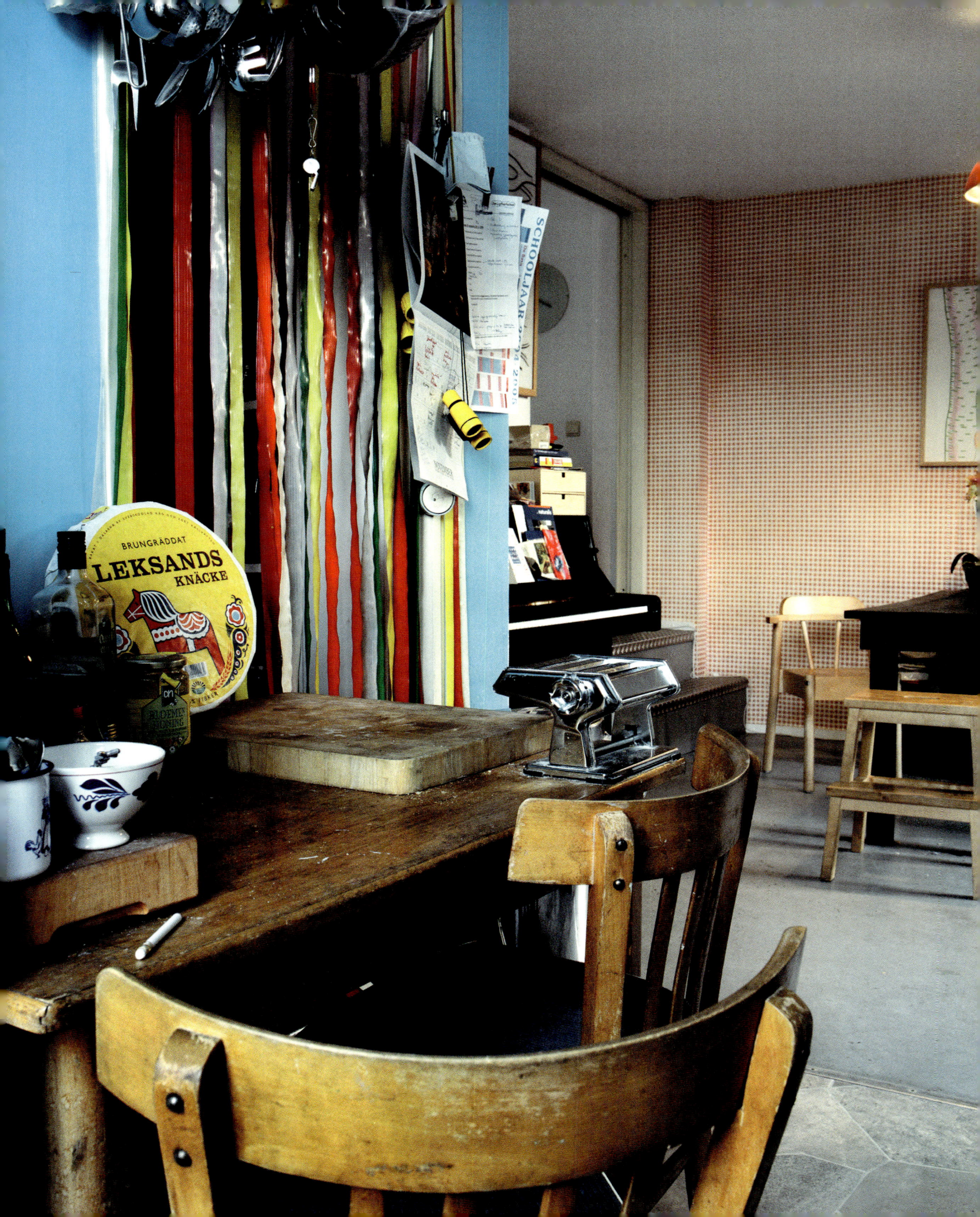

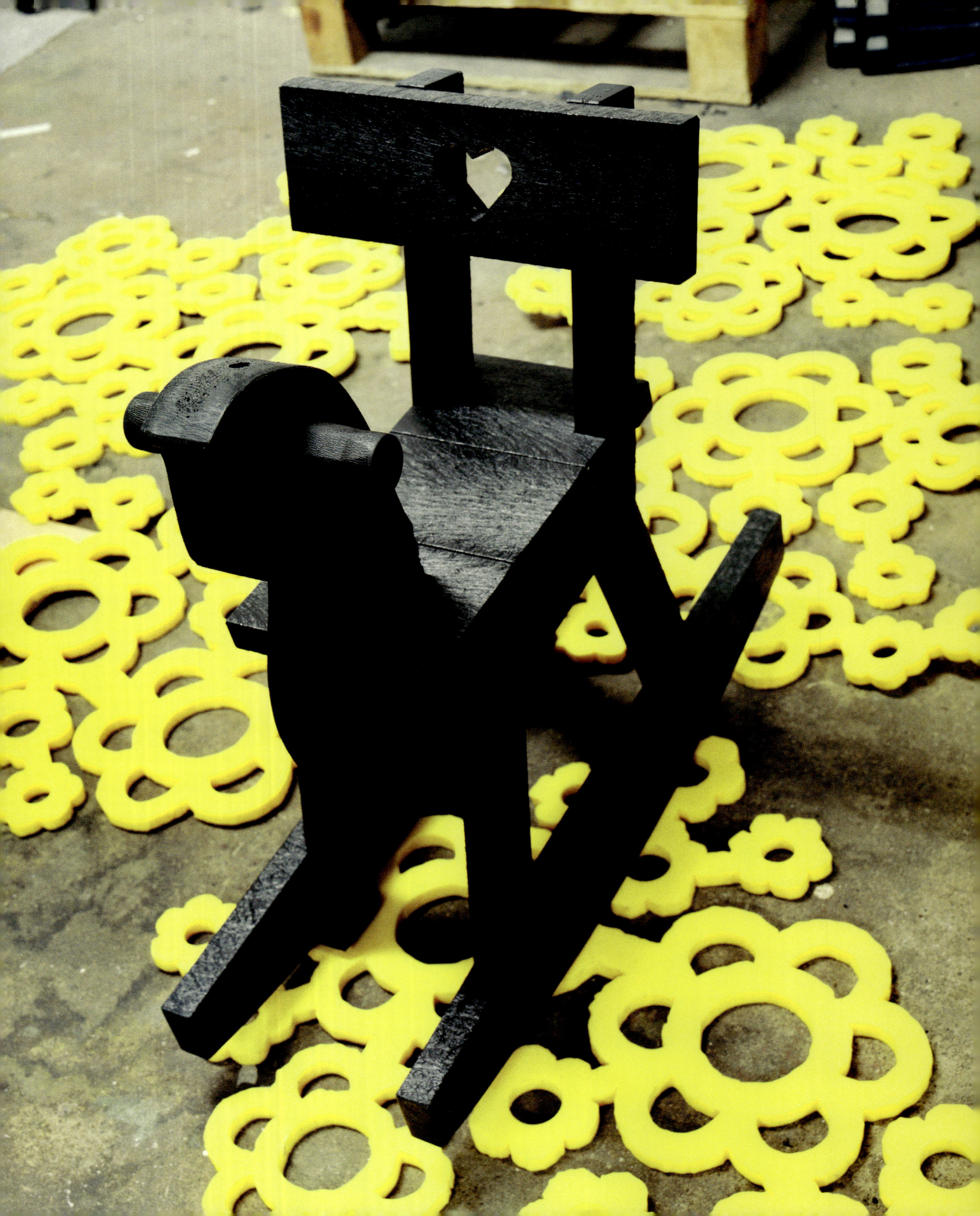

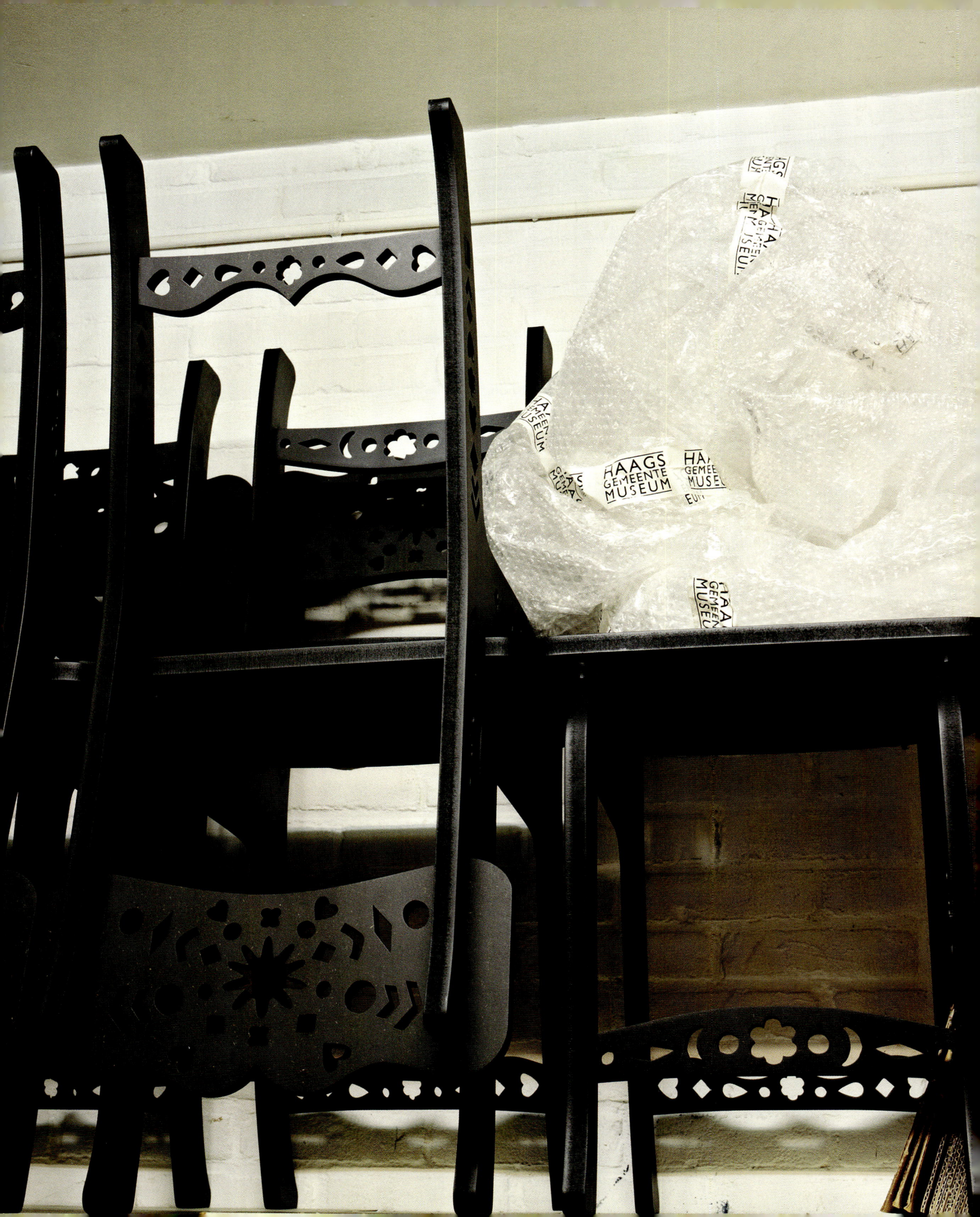

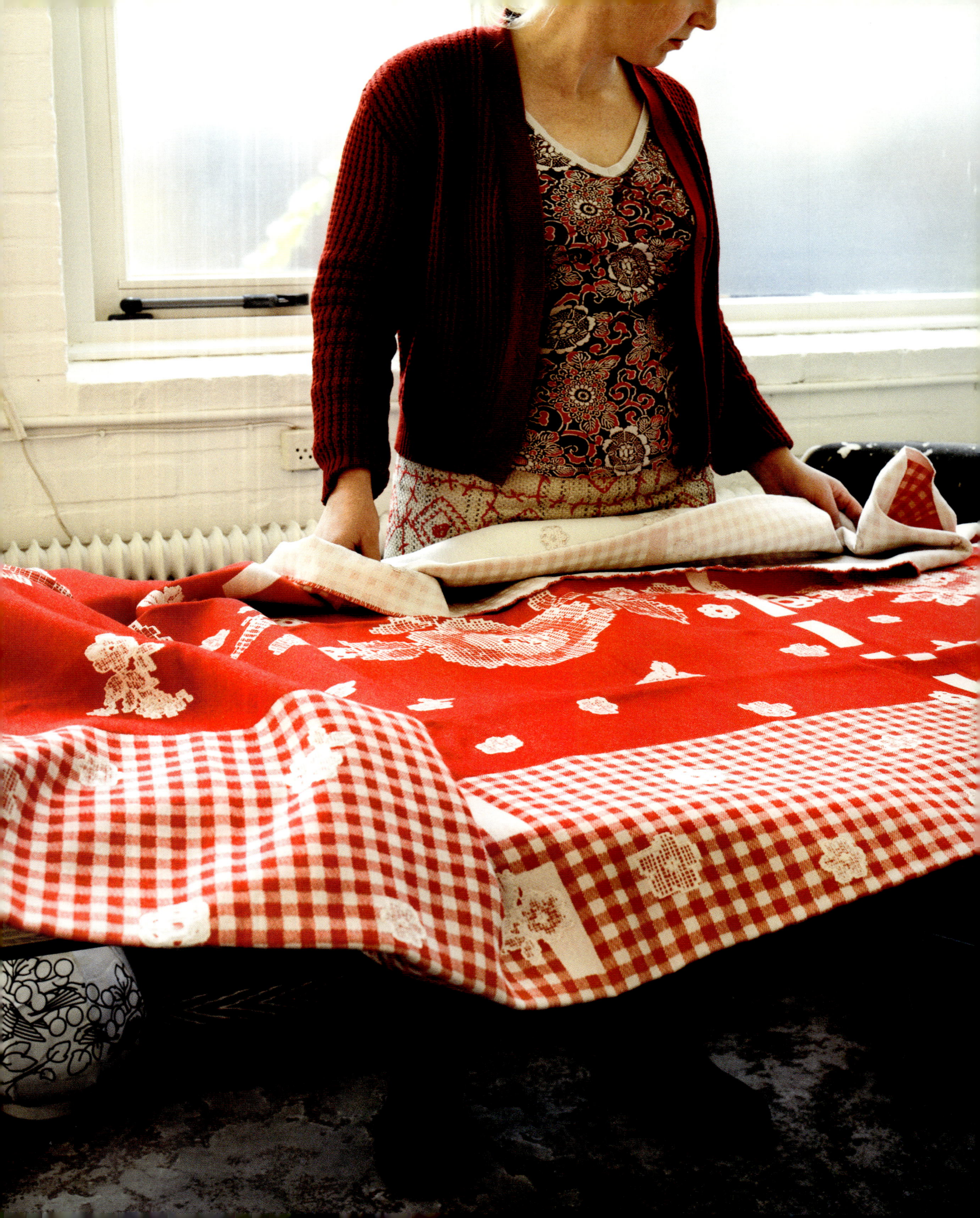

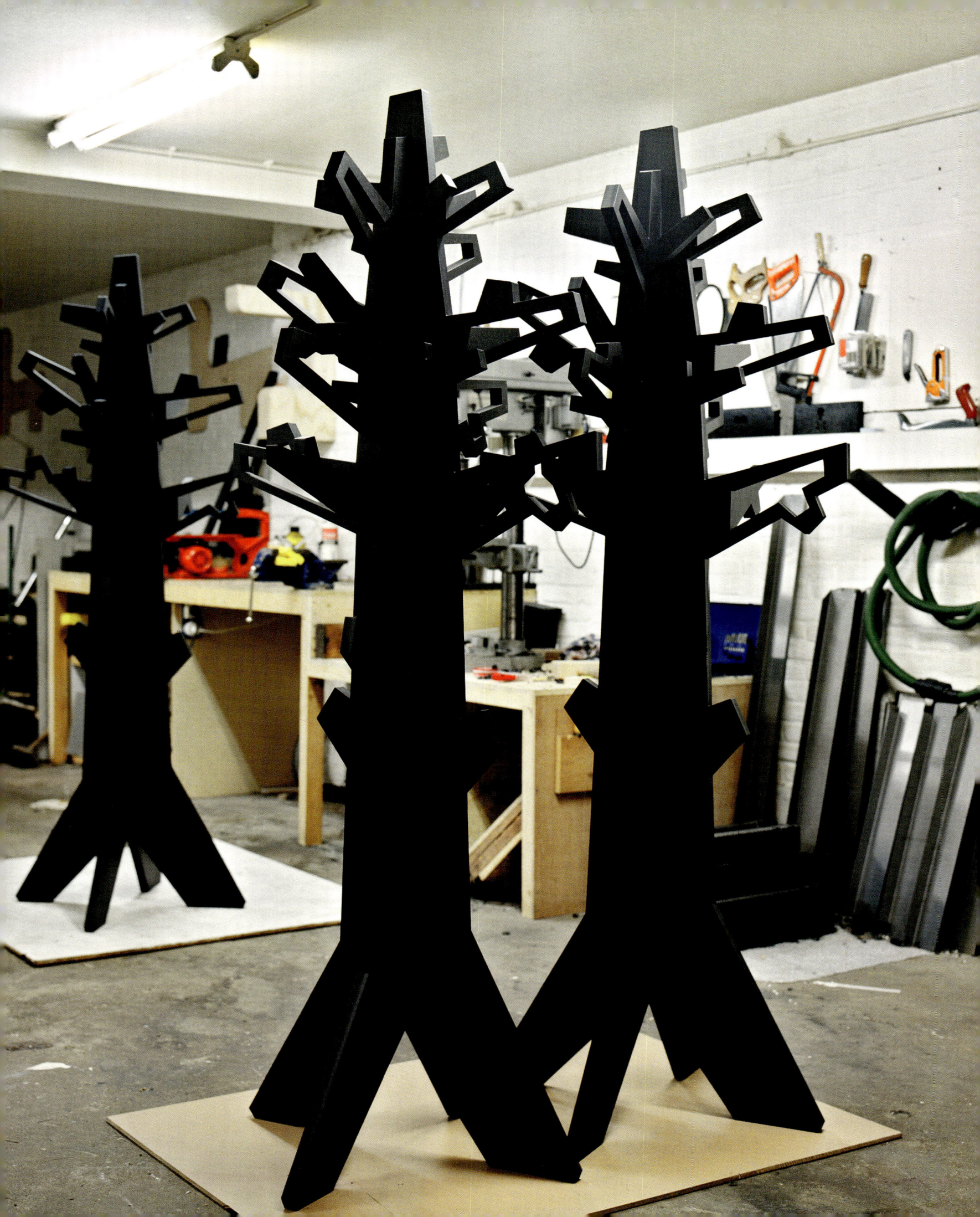

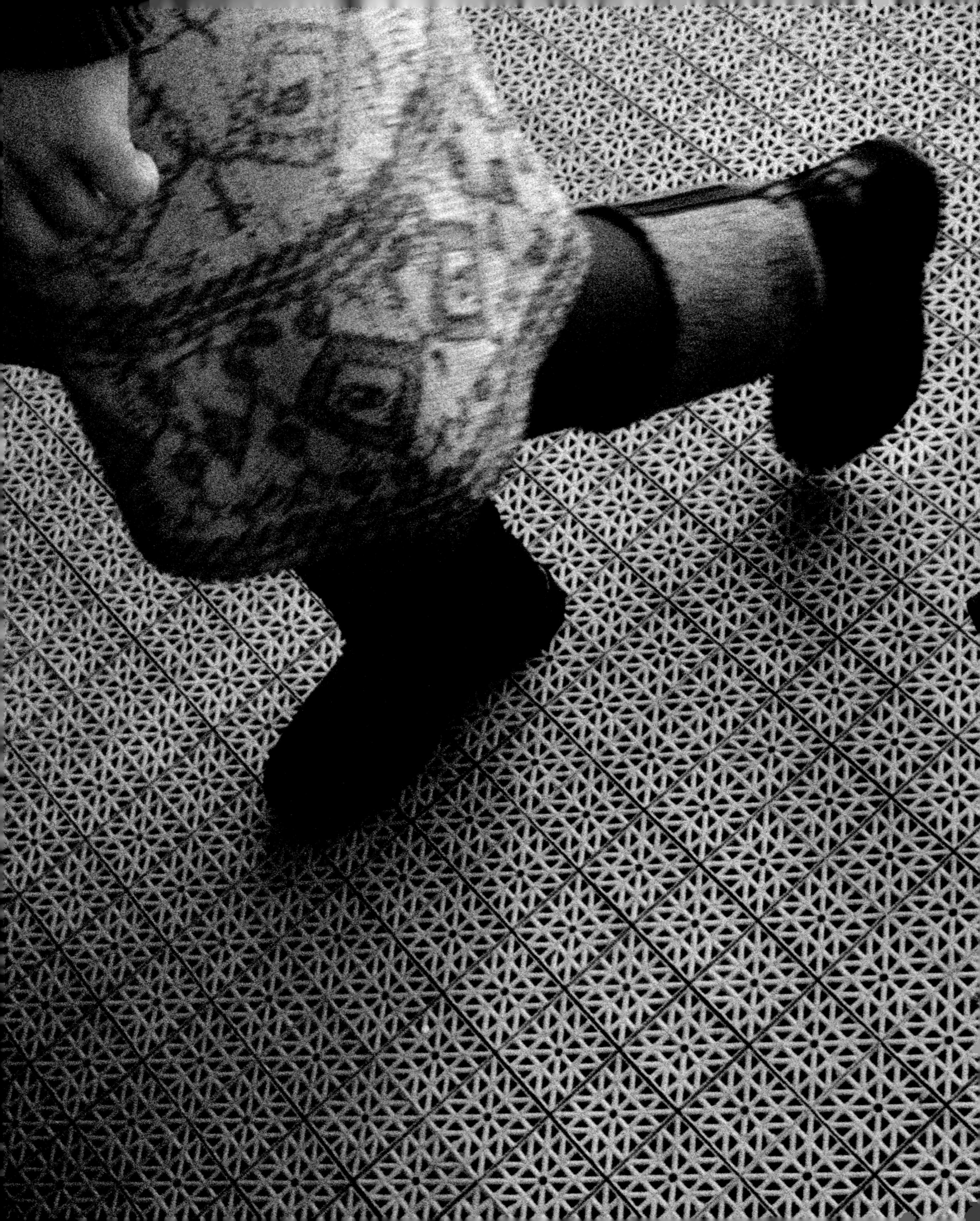

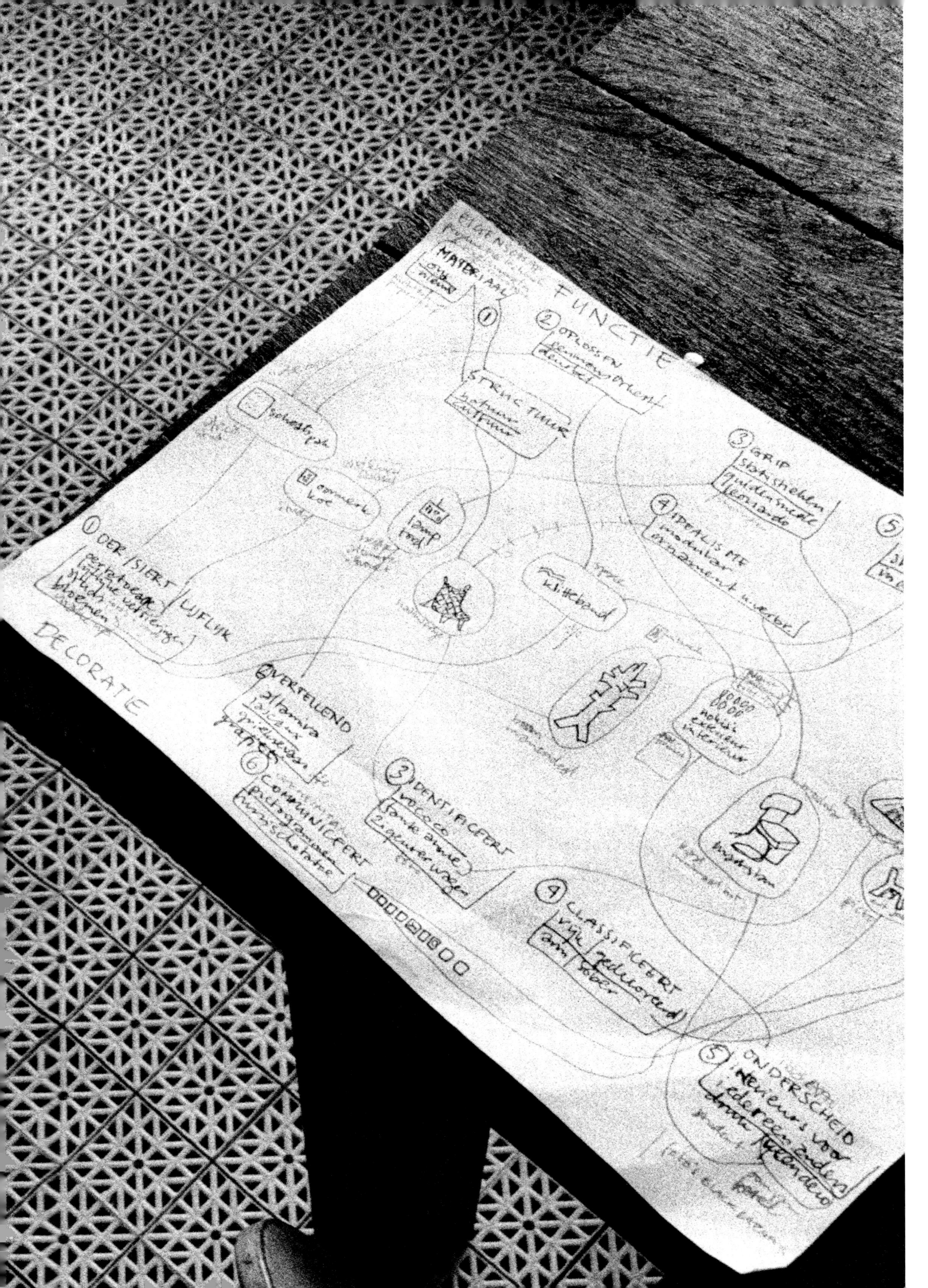

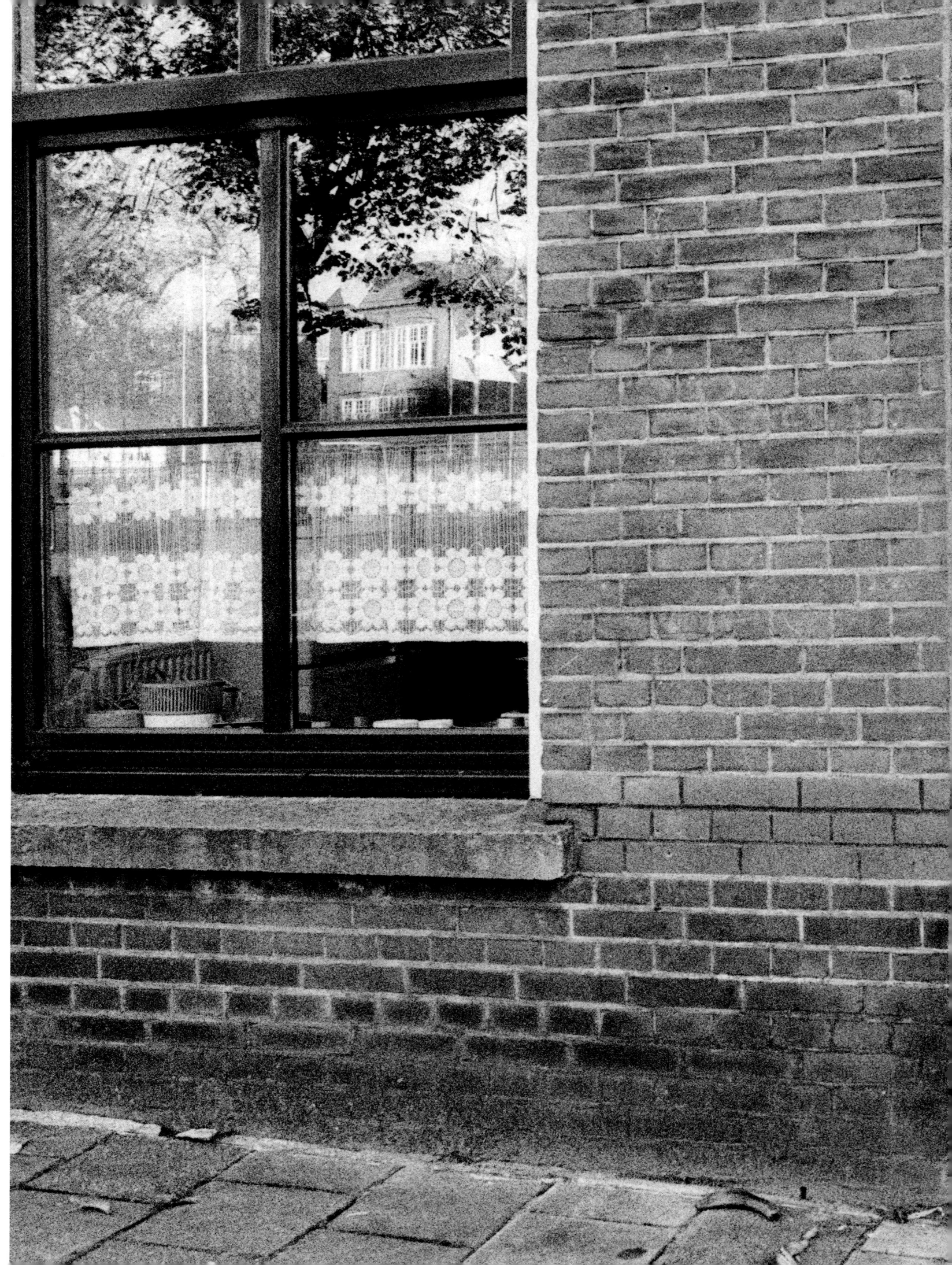

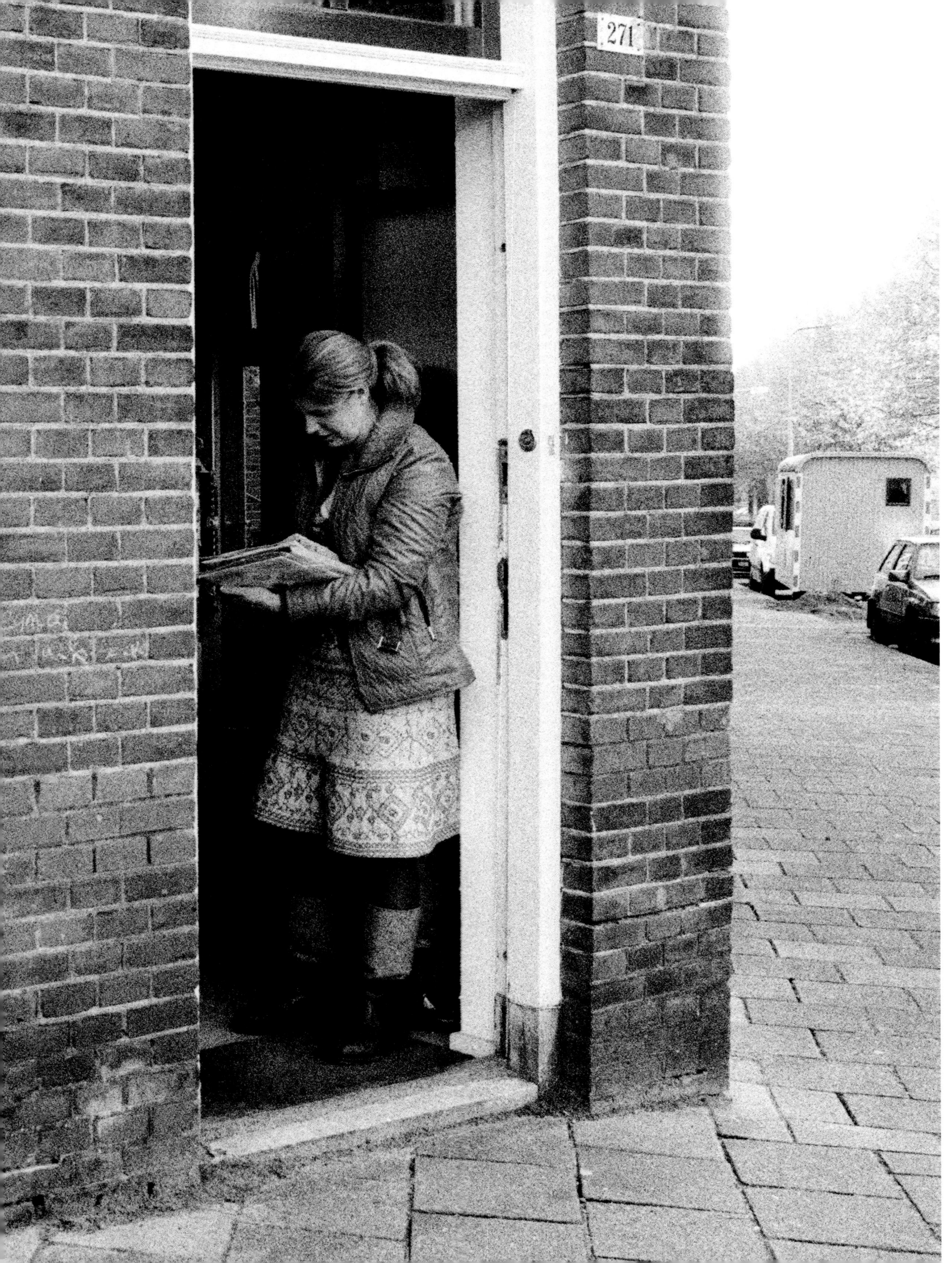

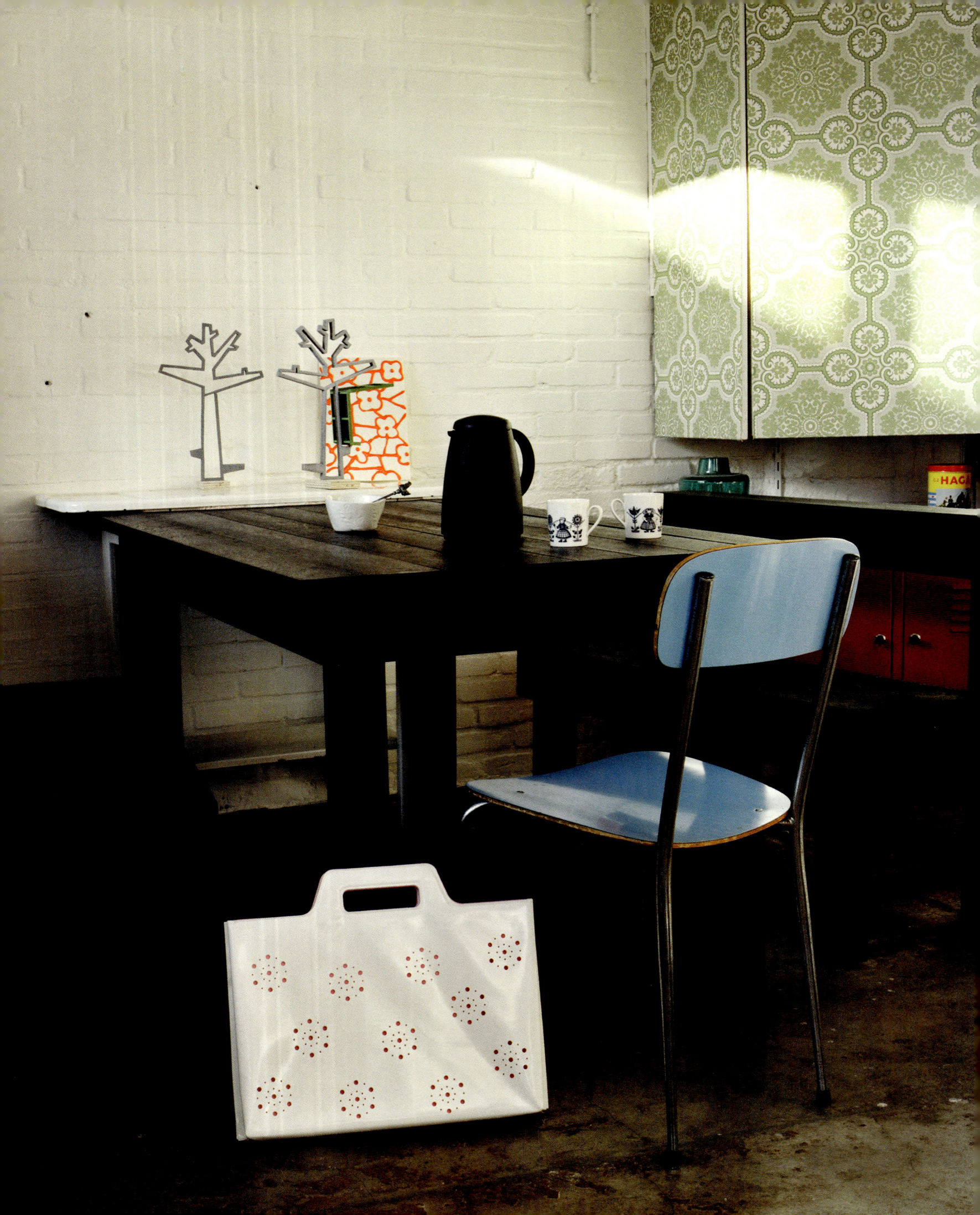

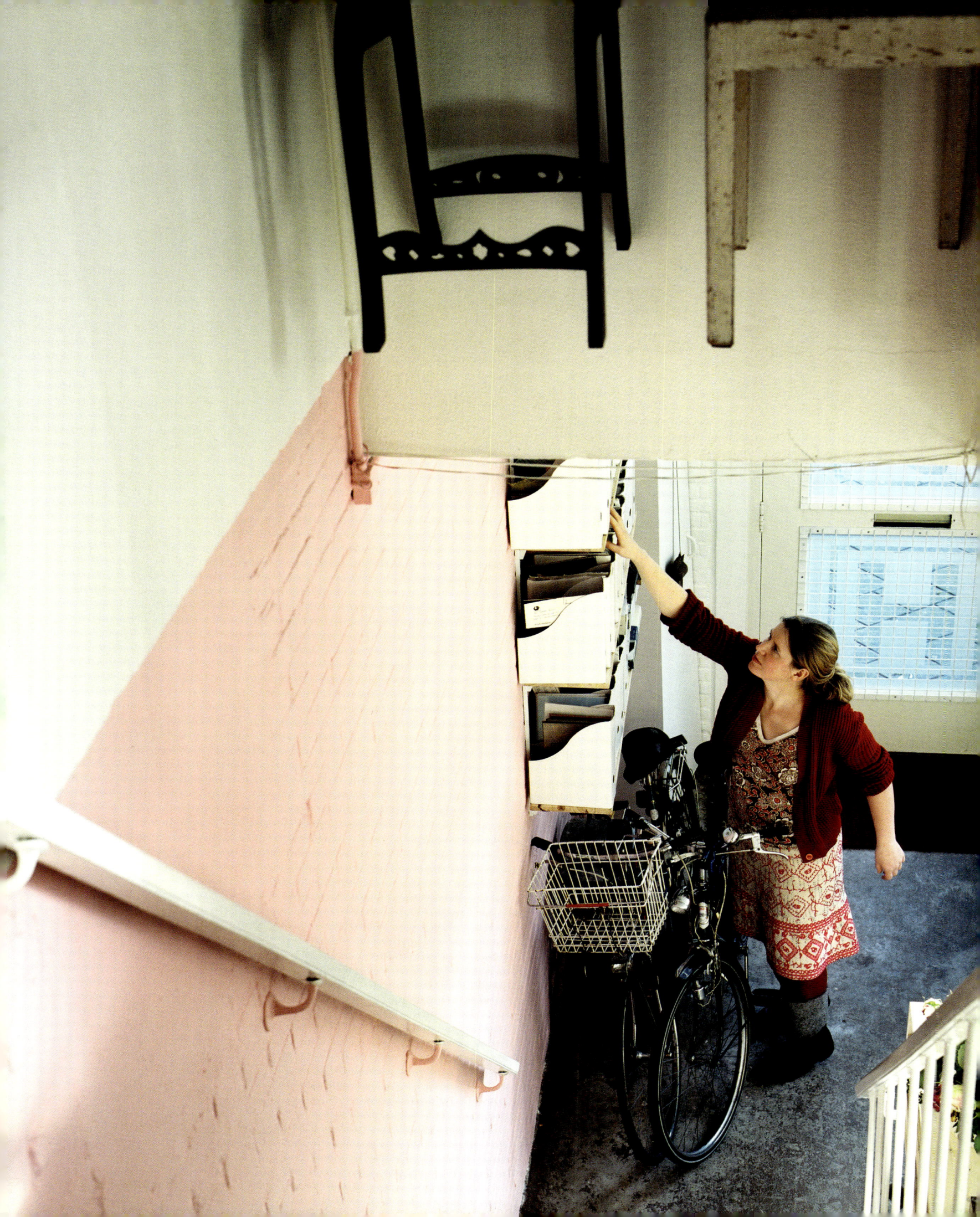

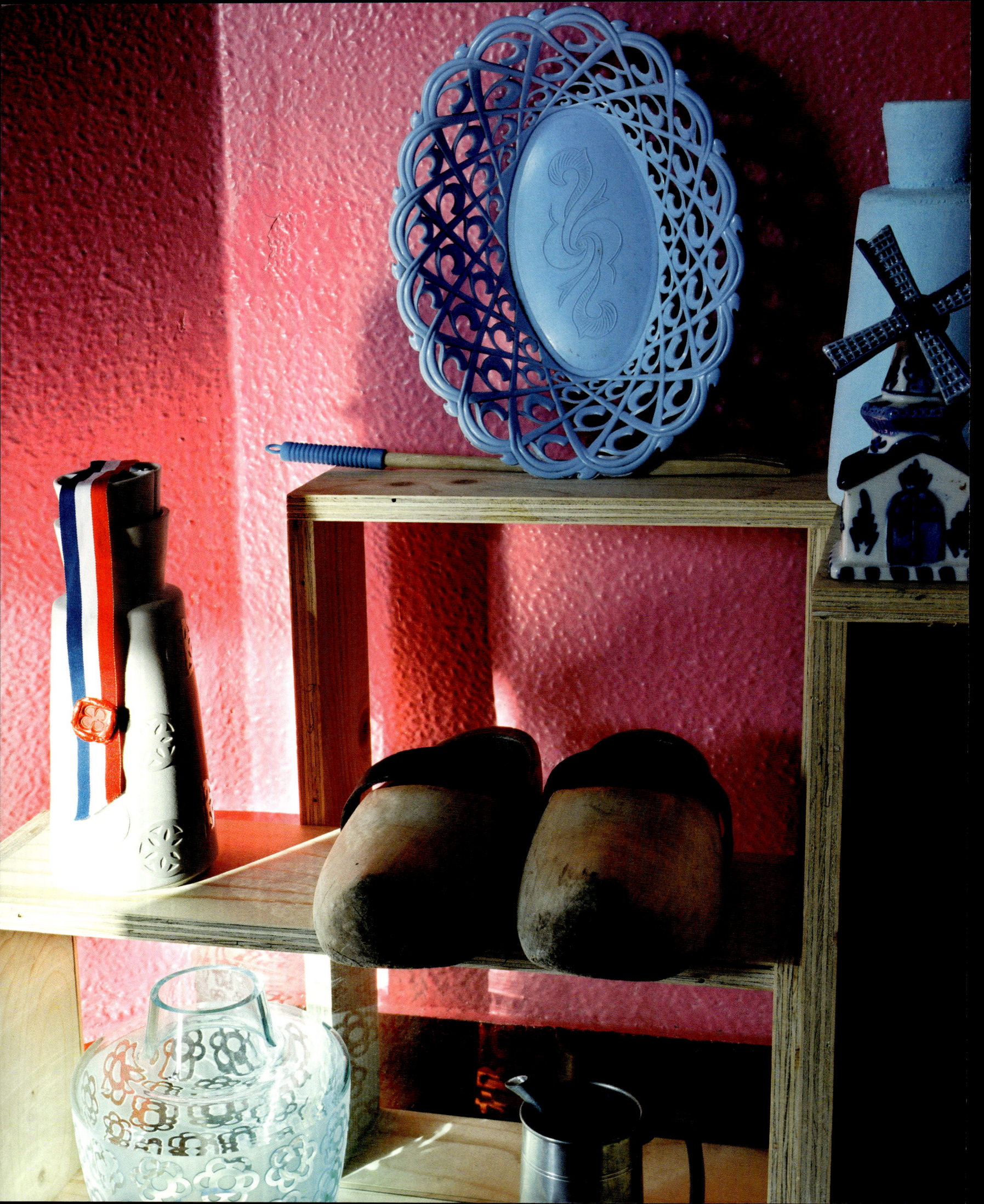

INEKE HANS (ZELHEM, 1966) VOLGT DE HOGESCHOOL VOOR DE KUNSTEN IN ARNHEM (3D DESIGN) EN HET ROYAL COLLEGE OF ART IN LONDEN (MEUBELONTWERP). NA DRIE JAAR FREELANCE GEWERKT TE HEBBEN VOOR HABITAT UK START ZE IN 1998 HAAR EIGEN STUDIO INEKE HANS IN ARNHEM, HAAR COLLECTIE VERKOOPT ZE SINDS 2002 VIA INEKEHANS©OLLECTION. ZE WERKT VOOR OPDRACHTGEVERS IN BINNEN- EN BUITENLAND, ZOALS ROYAL VKB EN CAPPELLINI.

Meubels die niet ontworpen lijken te zijn, die je als kind precies zó zou tekenen; Ineke Hans laat zich graag op de eenvoud van haar ontwerpen voorstaan. Tafel Ordinairy, één van Hans' eerste ontwerpen, bestaat uit vier poten met een vierkant planken blad erop. Ze moeten zo eenduidig zijn als pictogrammen, als archetypes. In een tv-uitzending van de VPRO zegt ze: 'Ik ben erg voorstander van zogenaamde 'niks-aan-de-hand'-ontwerpen: er moet niet te veel achter zitten. Helderheid en duidelijkheid, daar ga ik voor. Als het idee of het verhaal achter het ontwerp een grotere rol gaat spelen dan het ontwerp zelf is er iets mis.'

Dat betekent niet dat de ontwerpen ook eenvoudig zijn. Want wie beter naar tafel Ordinairy kijkt, ziet dat de planken niet van hout zijn, maar van op hout lijkend plastic. En de rustieke (schommel)stoel Neo Country blijkt behoorlijk hightech te zijn door het reliëf dat er ingestraald is. Ineke Hans speelt namelijk graag met verwachtingspatronen en clichés. Op het eerste gezicht herken je een vorm of patroon, bij nadere beschouwing blijkt er meer aan de hand. Tafellaken Cinderella refereert aan het Assepoestersprookje en heeft alles wat je van een klassiek damasten prinsessen-tafellaken verwachten mag. Tot je het omdraait. Dan overheerst een veel alledaagser patroon: het typisch rood-wit geblokte Brabants bont, wat doet denken aan ordinaire plastic tafelzeiltjes. Die dubbelheid zien we ook terug in haar zwarte series meubelen en producten die ze in eigen beheer uitbrengt. Een 'kleur' die het grafische van haar ontwerpen overigens nog sterker doet uitkomen. Ook hier speelt ze met heersende conventies. Neem de kindermeubels Black Beauties, van gerecycled kunststof. Bekende vormen, maar horen kindermeubels niet felgekleurd te zijn? Idem het Black Gold Modular Porcelain: kan porselein wel zwart zijn? Ze publiceerde in 2003 zelfs een boek over ontwerpen in zwart: Black Bazaar.

Haar in 1998 in Arnhem opgerichte Studio Ineke Hans ontwerpt in opdracht meubels, producten, interieurs en evenementen. Typerend is de breedheid van het portfolio. Schijnbaar ontwerpt Hans net zo makkelijk een roestvrijstalen knoflookroller of soepkom met lepel (voor Royal VKB) als een serie kindermeubels. En met hetzelfde gemak ontwerpt ze een privékeuken als een meubellijn voor Cappellini.

Haar fascinatie voor ongebruikelijke materialen leidt ertoe dat vele ontwerpen balanceren op het randje van wat technisch gezien wel of niet kan. Voor het Italiaanse meubelmerk Cappellini, dat eerder al ontwerpers Marcel Wanders en Hella Jongerius binnenhaalde, bedacht ze Fracture Furniture: ultralichte meubels van piepschuim, omwikkeld met polyesterverband dat in heel korte tijd hard wordt. Bijzonder en ongebruikelijk. Ze produceert de meubels zelf in haar atelier in Arnhem. Als je nog iets aan design wilt toevoegen, dan met nieuwe materialen of productiemethodes, vindt ze. 'Ik denk wel eens: eigenlijk is het een heel raar vak. Alles bestaat immers al. Een stoel is een stoel. Maar als ik een stoel ontwerp wil ik er wel iets aan kunnen toevoegen. Er moet wel sprake zijn van enige innovatie.'

INEKE HANS (ZELHEM, 1966) ATTENDED THE ARNHEM INSTITUTE FOR THE ARTS (3D DESIGN) AND THE ROYAL COLLEGE OF ART IN LONDON (FURNITURE DESIGN). IN 1998, AFTER THREE YEARS AT HABITAT UK, SHE SET UP HER OWN STUDIO, INEKE HANS, IN ARNHEM. SINCE 2002 THE COLLECTION HAS BEEN SOLD VIA INEKEHANS©OLLECTION. HER CURRENT WORK CATERS TO CLIENTS IN HOLLAND AND ABROAD, INCLUDING ROYAL VKB AND CAPPELLINI.

Her furniture seems to be not so much designed as pain-stakingly traced by a child's hand. Hans prides herself on the utter simplicity of her designs. Ordinary Table, one of her earliest projects, consists of four legs and a square tabletop made of wood. She consistently strives for designs that are as unambiguous as a pictogram. In a Dutch TV broadcast she said: 'I'm a great advocate of what you might call 'nothing special' designs. There is no deeper level. Clarity and transparency, that's what I'm aiming for. If the idea or the story behind the design starts to take over from the design itself, then there's something wrong.'

But that's not the same thing as saying that the designs themselves are simple. If you take a closer look at Ordinary Table, you'll see that the planks are not made of wood, but rather a plastic imitation. And the seemingly rustic rocking chair Neo Country is actually quite high tech, with its sand-blasted relief. Ineke Hans enjoys toying with clichés and expectations. At first glance, you see a recognizable shape or pattern, but on closer inspection there's much more going on. The Cinderella Tablecloth is a take on the fairy tale of the same name, and is fitted out with all the standard attributes of the classic damask fit-for-a-princess tablecloth. Until you turn it over, to reveal the everyday red-and-white checked version seen in cafés and Italian restaurants. This ambiguity is also part of the black furniture and products which she markets herself. This 'colour' highlights the graphic qualities of her designs. Here, too, she toys with current conventions. Take the juvenile furniture line marketed under the name Black Beauties, which is made of recycled plastic. The shapes are familiar, but wait a minute... isn't children's furniture supposed to be brightly coloured? The same thing happens with the Black Gold Modular Porcelain. Is there such a thing as black porcelain? In 2003 Hans published her own book about designing in black: Black Bazaar.

Studio Ineke Hans in Arnhem, founded in 1998, carries out commissioned work ranging from furniture and products to interiors and events. The diversity of the design portfolio is characteristic of Hans: she appears to be equally at home with a stainless steel garlic roller or a soup-bowl-plus-spoon (for Royal VKB), as she is with a line of children's furniture. It makes no difference whether she's designing a kitchen for a private client or an entire furniture line for Cappellini.

Because of her fascination with off-beat materials, many of her designs teeter on the edge of what is technically feasible. For the Italian furniture manufacturer Cappellini, which previously took on board Marcel Wanders and Hella Jongerius, she dreamed up Fracture Furniture: ultra-light objects made of styrofoam, encased in polyester bandages that quickly harden. Unusual and unconventional. All of Hans' furniture is produced in her Arnhem studio. In her view, if you're aiming to add something to the world of design, then look to new materials or new production methods. 'Sometimes it hits me just what a strange profession design is. Everything exists already. A chair is a chair. But when I design a chair, I want to add something. There has to be that element of innovation.'

www.inekehans.com

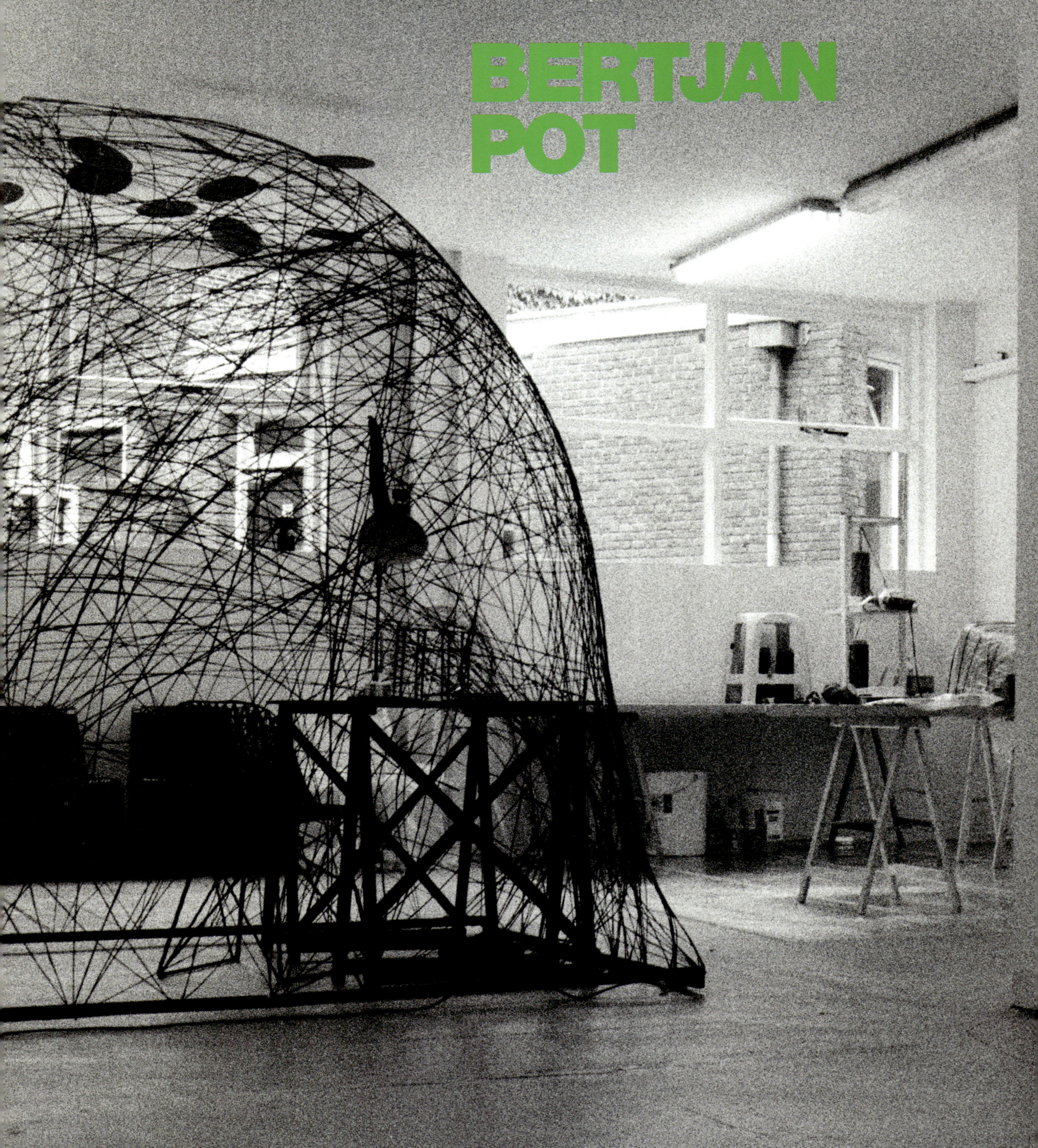

BERTJAN
POT

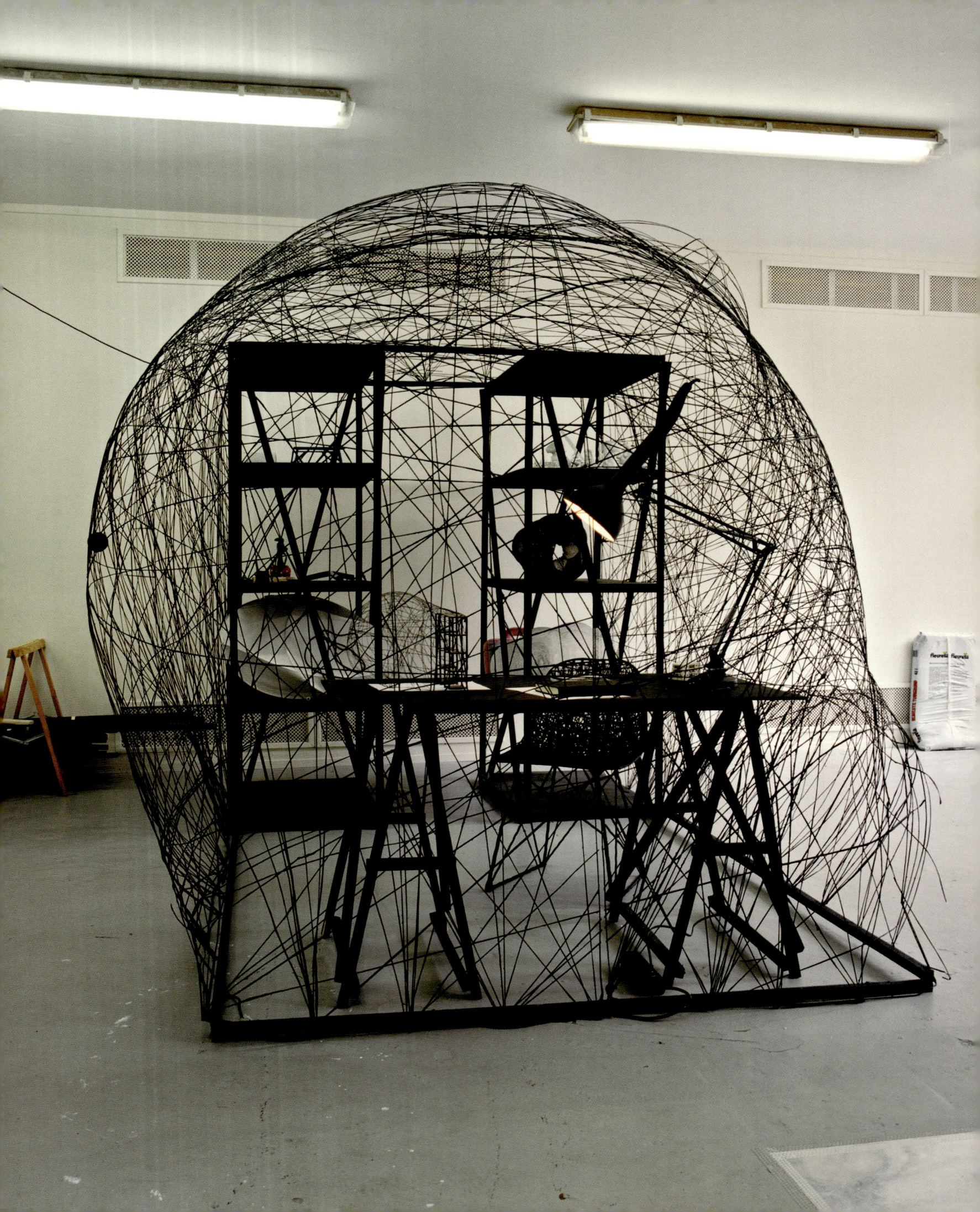

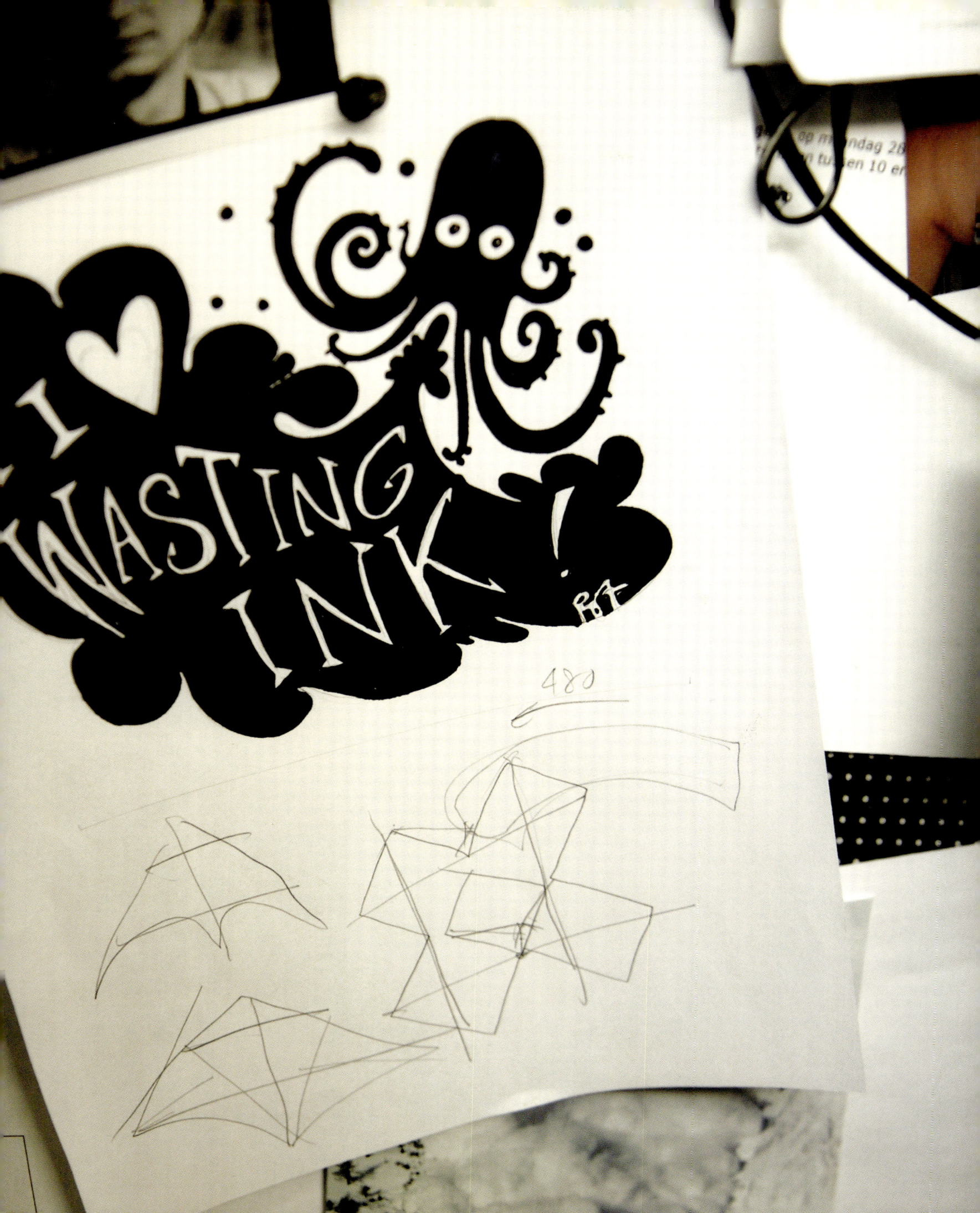

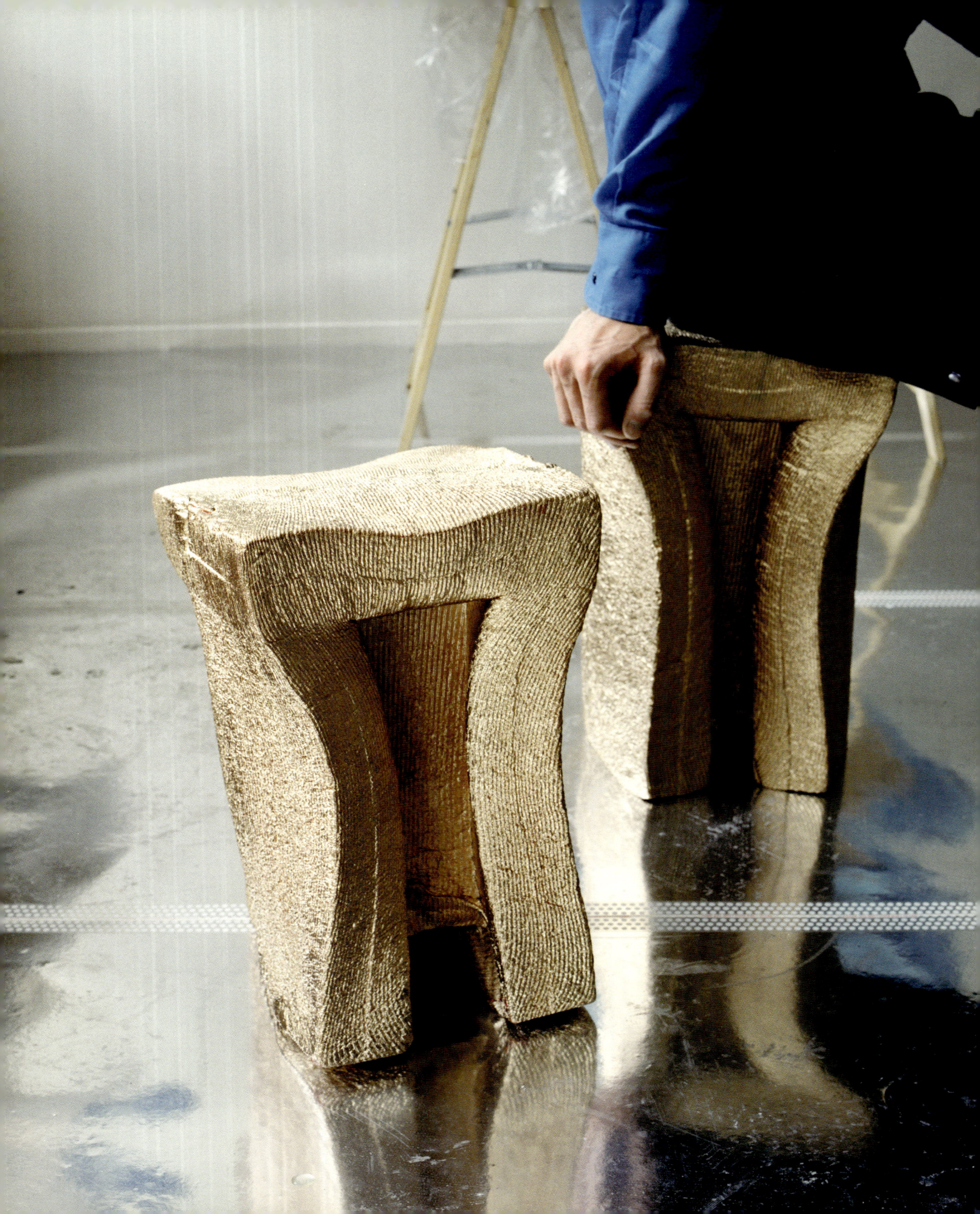

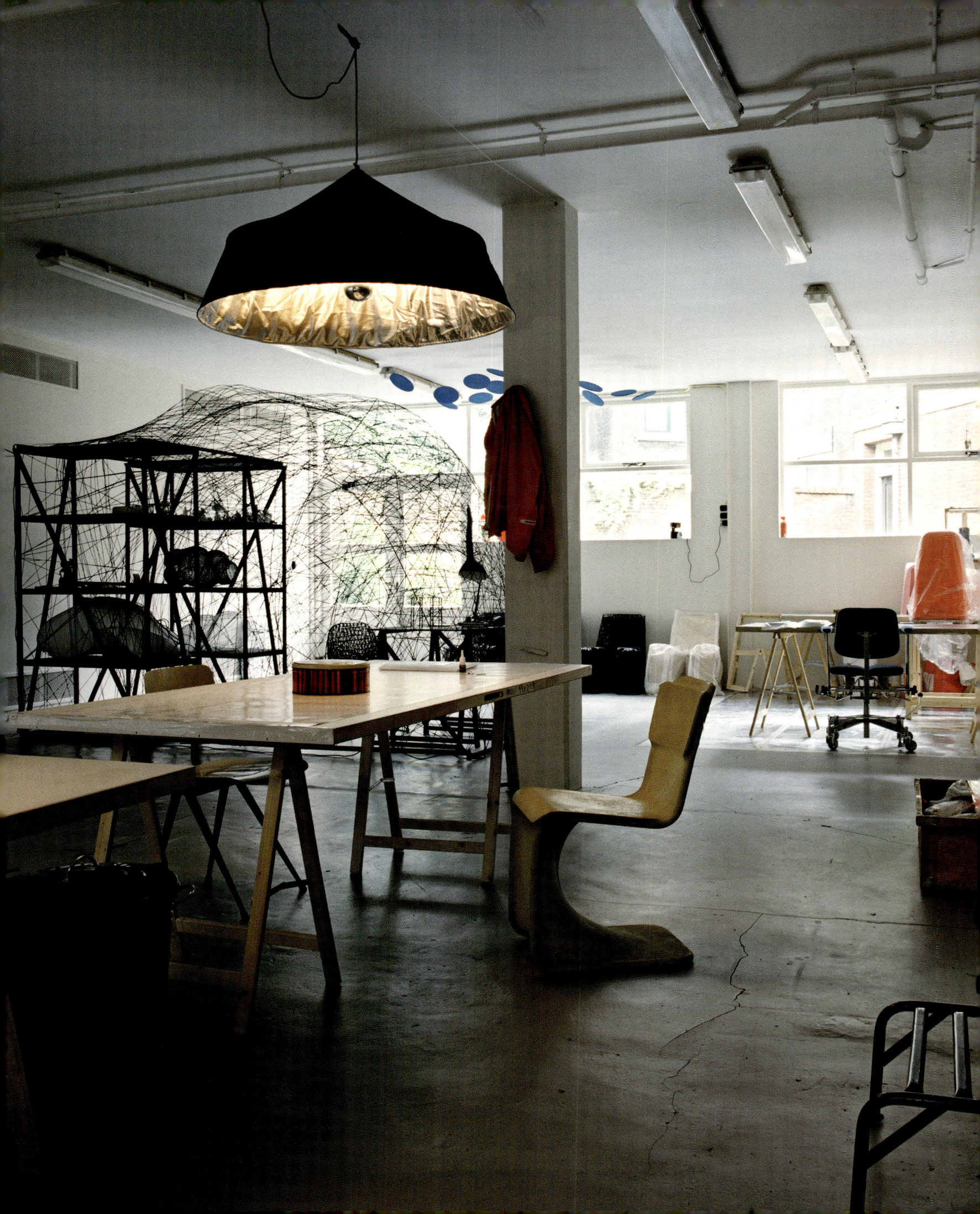

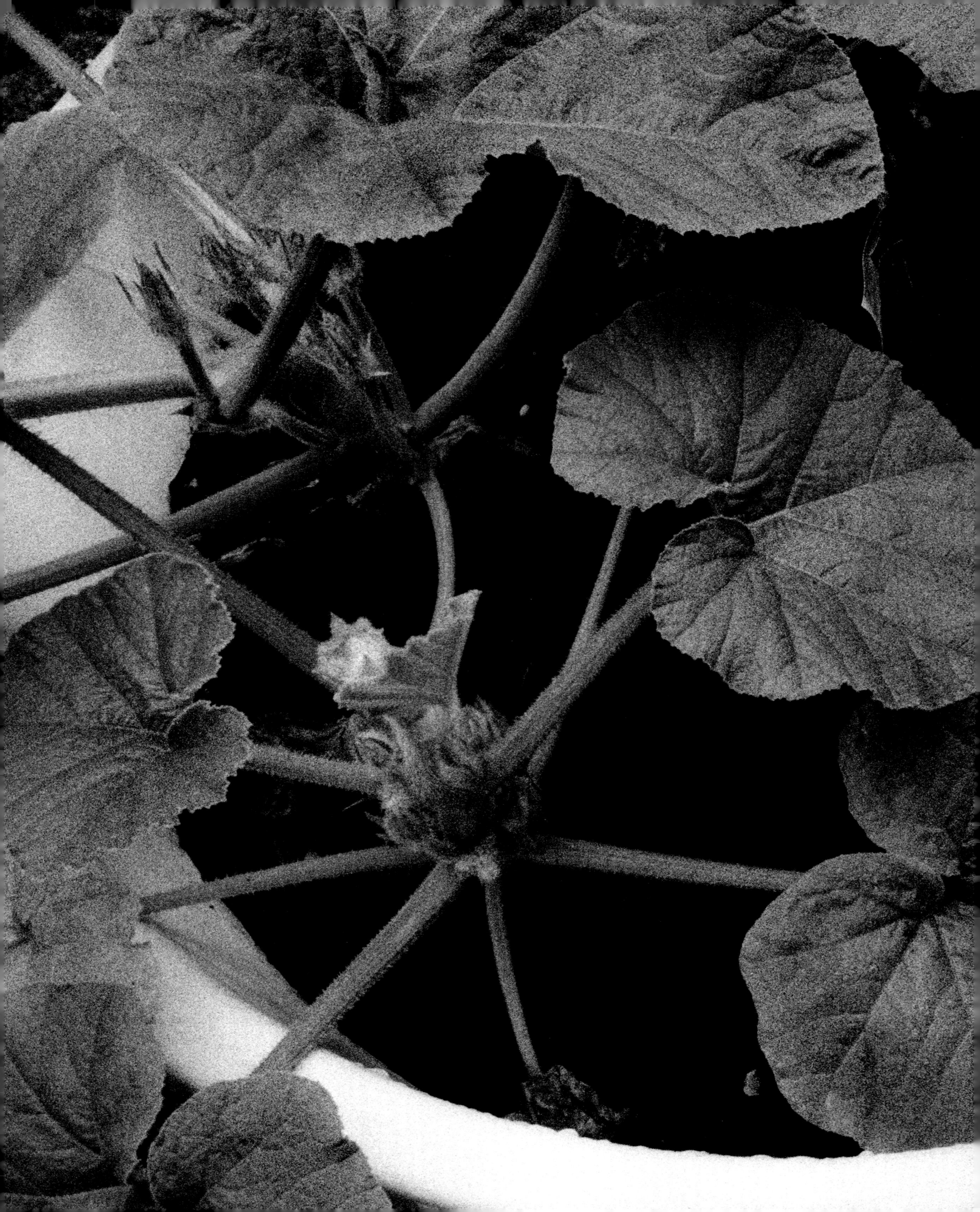

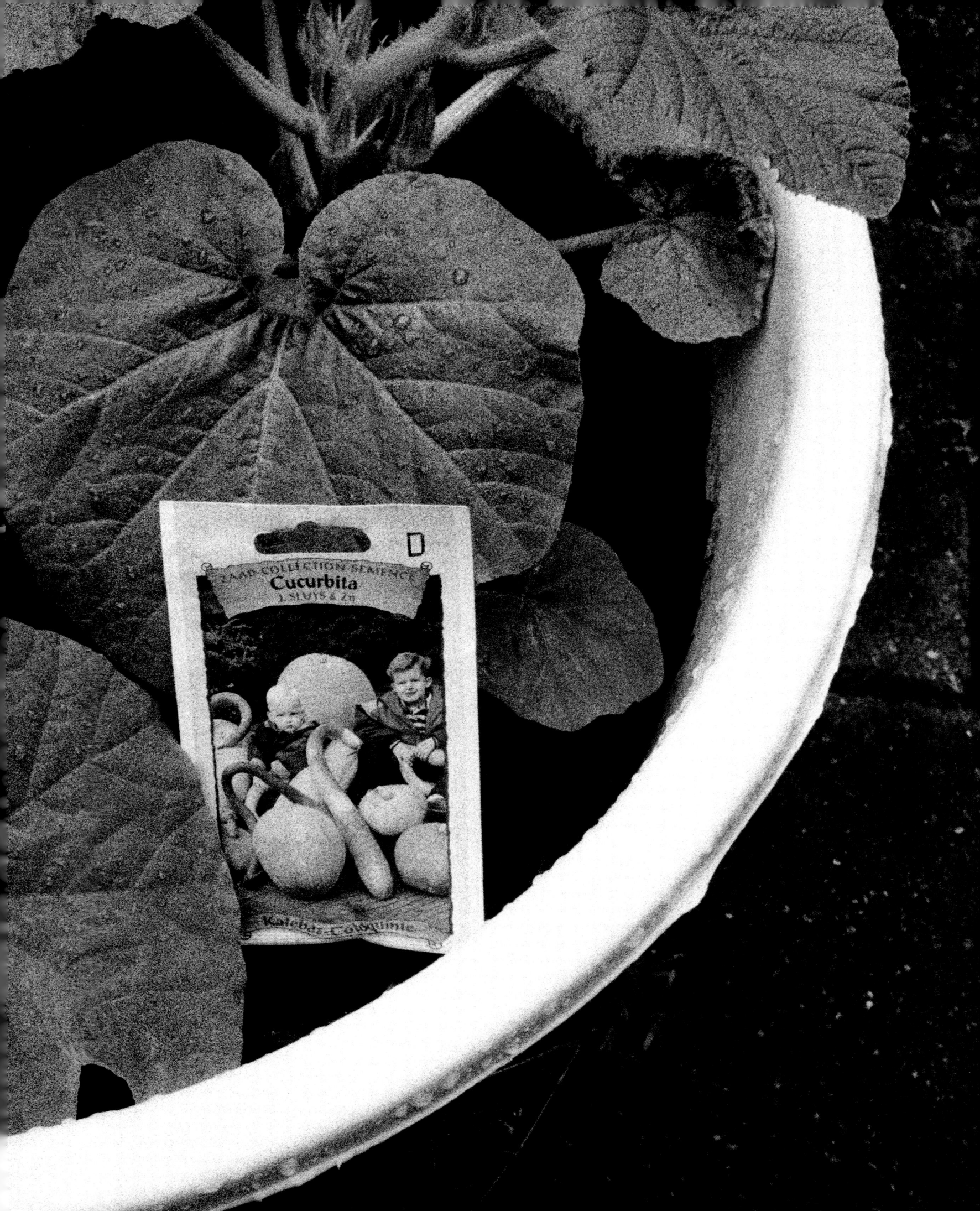

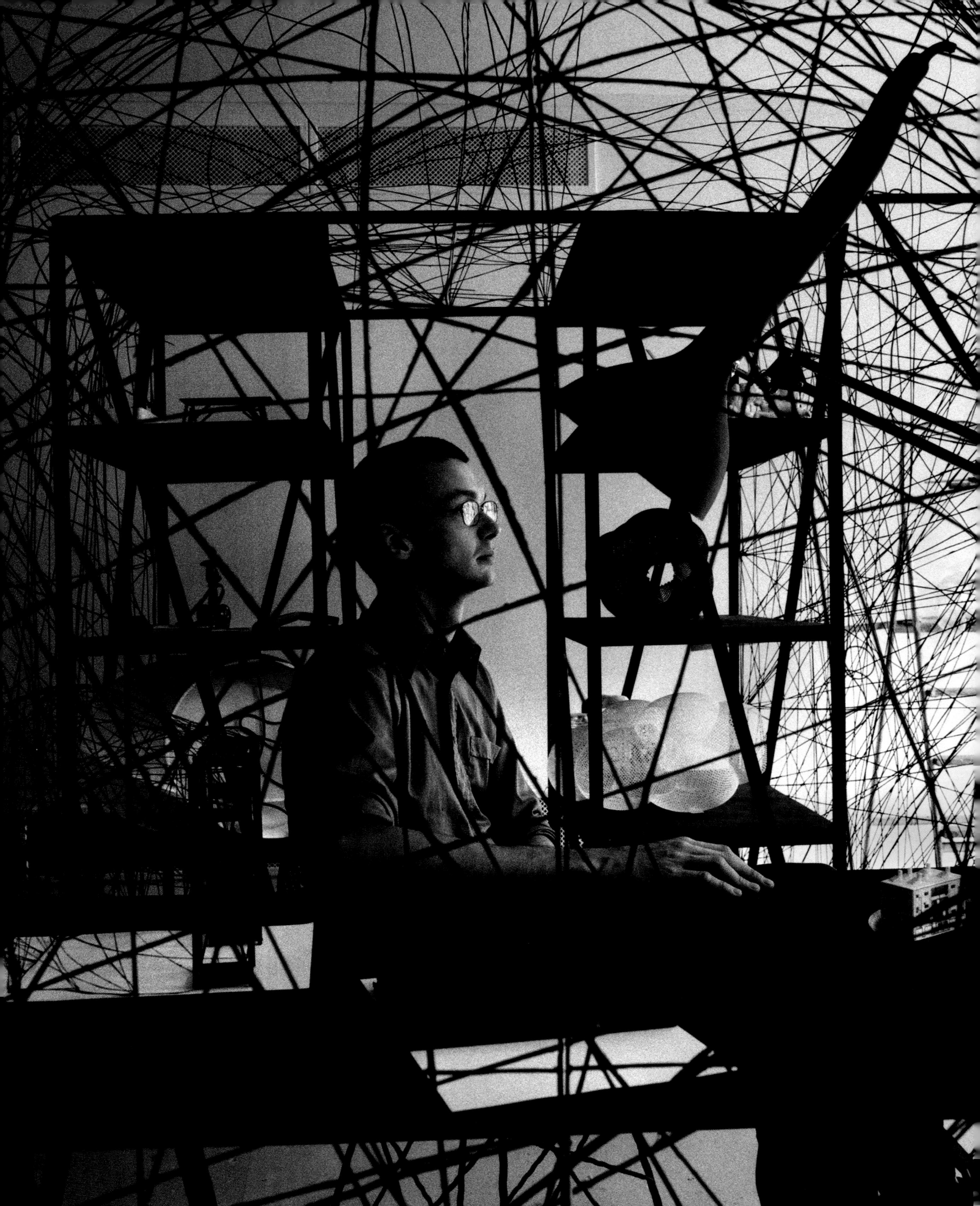

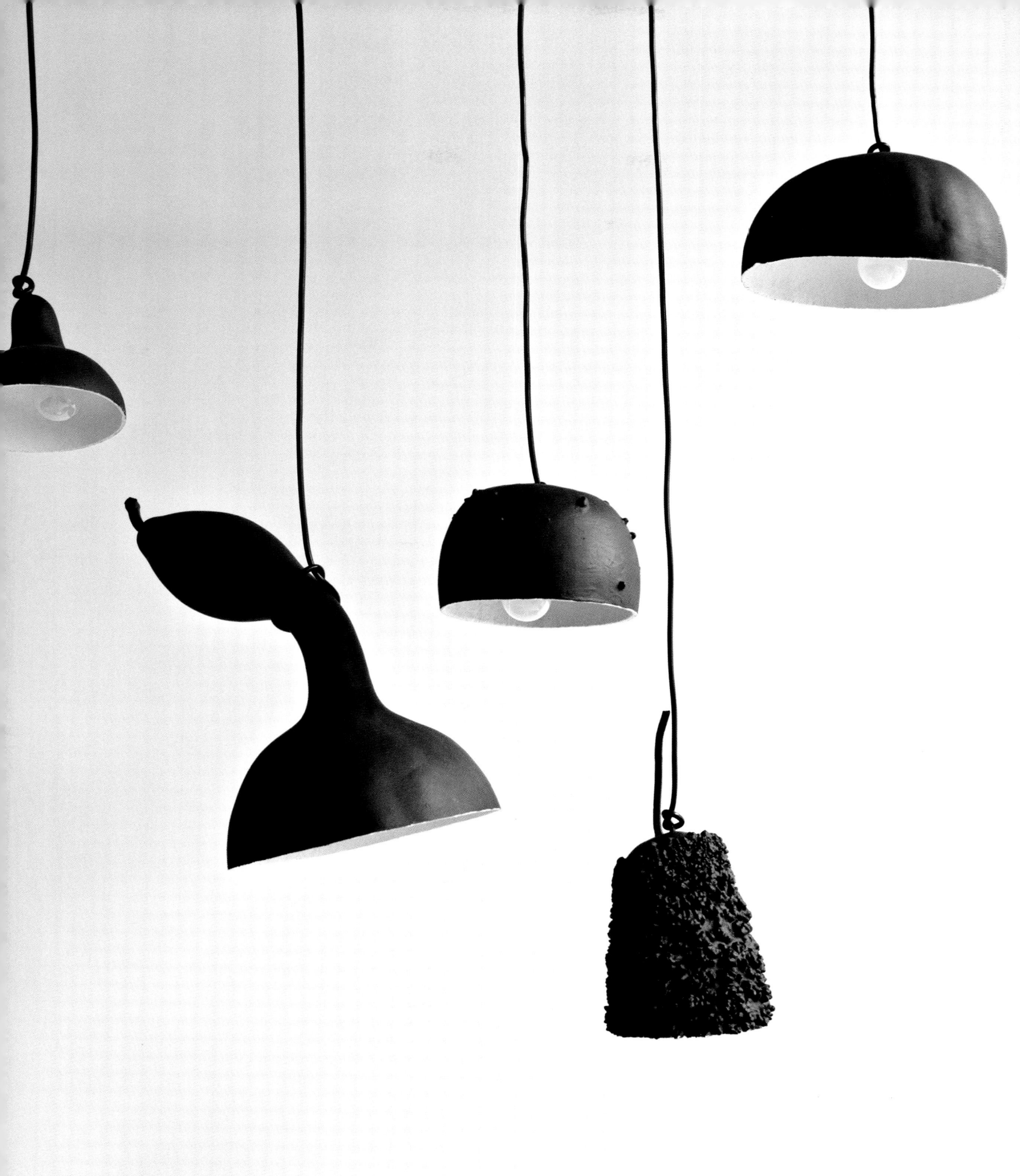

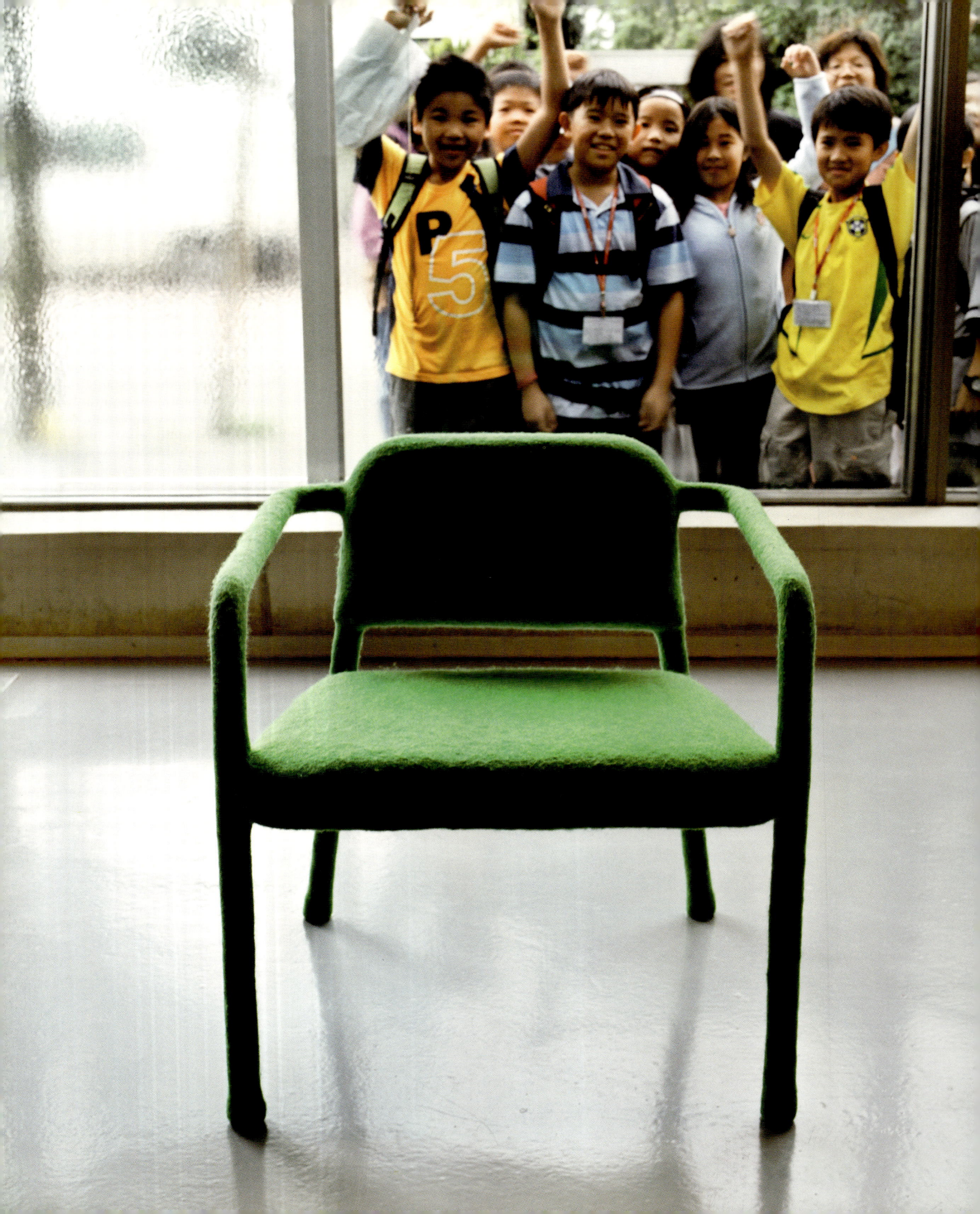

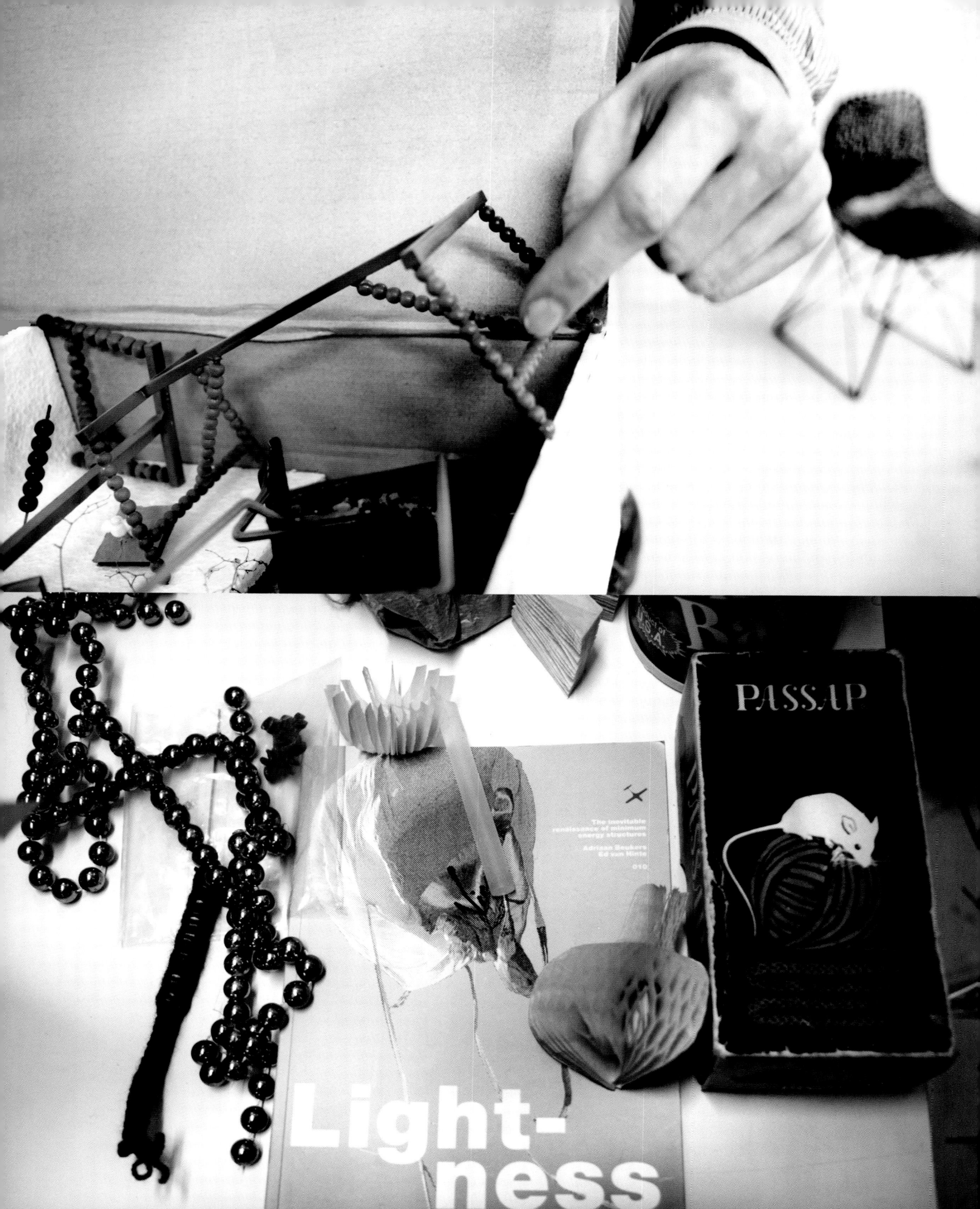

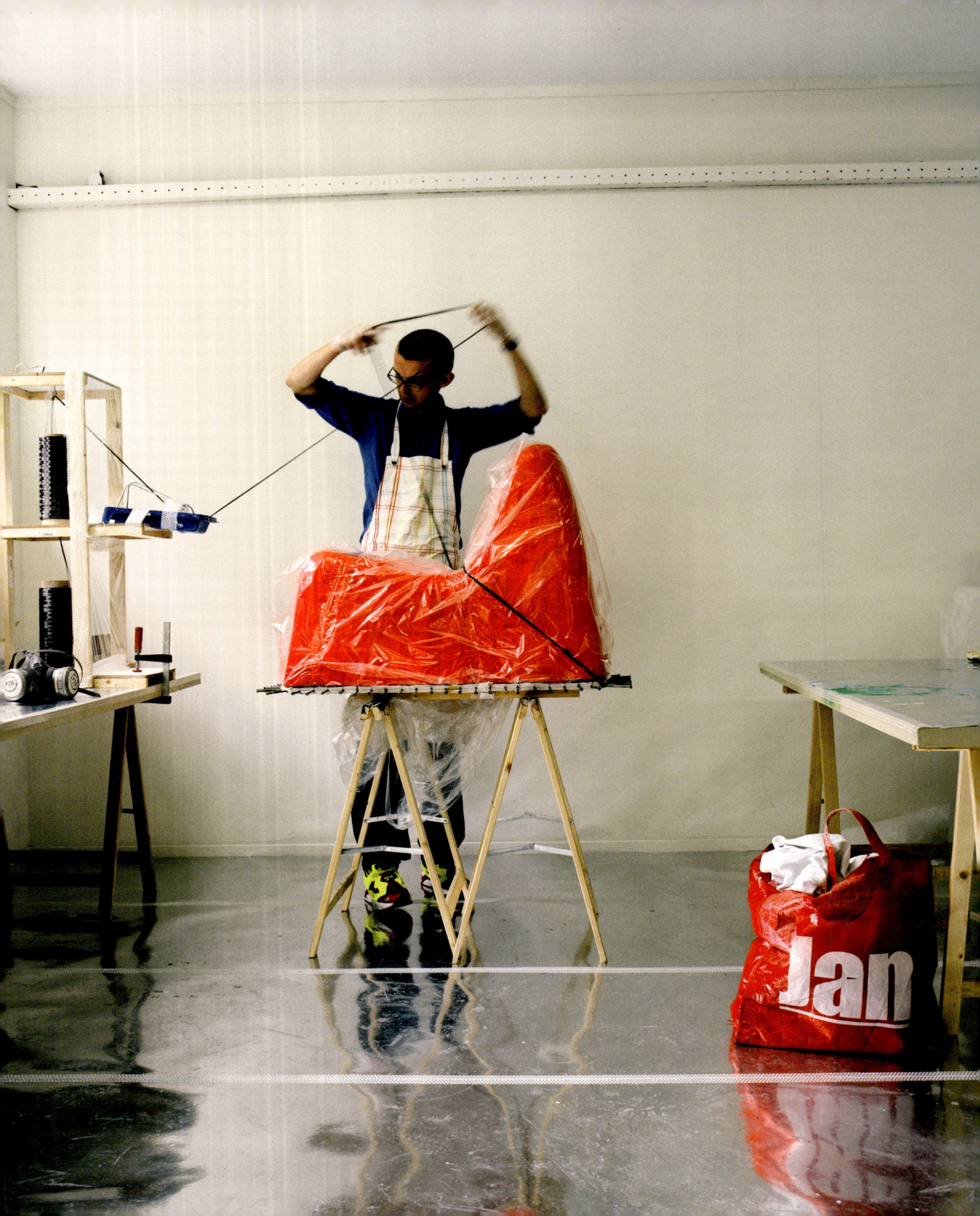

BERTJAN POT (NIEUW LEUSEN, 1975) STUDEERT IN 1998 AF AAN DE DESIGN ACADEMY IN EINDHOVEN, RICHTING MAN AND IDENTITY. EEN JAAR LATER RICHT HIJ SAMEN MET DANIEL WHITE DESIGN STUDIO MONKEY BOYS OP. ZE MAKEN VERPAKKINGEN, MEUBELS, STOFFEN, VERLICHTING EN GRAFISCH WERK. IN 2003 GAAT HIJ ALLEEN VERDER.

Hij is op zijn best als er geen vraag is. Want als er een vraag is, wil hij die onmiddellijk oplossen. Maar als alles mag, dan komen de ideeën bijna vanzelf.

Ontwerper Bertjan Pot ontwerpt lampen en stoelen waarbij het materiaal - vaak textiel - de vorm bepaalt. Altijd op zoek naar methoden en technieken die nog niet bestaan, experimenteert hij er lustig op los. Zo ontstond ook het idee voor de Knitted Lamp, een van zijn eerste ontwerpen, door een experiment met gebreide stof en ballonnen. Pot modelleerde de breisels om een groepje ballonnen en de vorm van een lamp was geboren. Omdat het groepje ballonnen er steeds anders uitzag, werd elke Knitted Lamp uniek. Nog steeds heeft Pot een heel onderzoekende manier van werken. Hij heeft er lol in om de dingen op een andere manier te bekijken. In 2005 ontwierp hij de Seamless Chair, een stoel die van boven tot onder bedekt is met vilt. Wollen bekleding gaat er na een paar jaar vaak vanzelf uitzien als vilt, dus waarom zou je niet meteen met vilt beginnen? Dan kan de stoel er alleen maar mooier op worden, was de gedachte. Bijkomend voordeel van vilten bekleding die doorloopt tot onder de pootjes: maatregelen tegen krassen op het parket zijn niet meer nodig.

Soms is het een mooie vorm die hij toevallig tegenkomt, waardoor Bertjan Pot aan het experimenteren slaat, soms is een goede grap de aanleiding. Het liefst laat hij de boel lekker uit de hand lopen, zodat er iets ontstaat wat hij van tevoren niet had kunnen bedenken, iets bijzonders. De inmiddels beroemde lamp Random Light en stoel Random Chair zijn producten van die aanpak. Ze werden gemaakt uit lange draden carbon die Pot in epoxyhars drenkte en handmatig rond een mal wikkelde. Eenmaal opgedroogd en uitgehard bleken lichtgewicht, maar supersterke lampen en stoelen het resultaat. Pot paste dit proces niet alleen toe op zijn eigen ontwerpen, maar ook op zijn lievelingsstoel, de DKR-stoel van Ray en Charles Eames, en Richard Huttens Sexy Relaxy. De Eames-variant noemde hij Carbon Copy, waaruit later de Carbon Chair ontstond. De Random Chair leverde Pot in 2003 de Nederlandse Materiaalfondsprijs op. Een jaar later won hij ook de Profielprijs, vanwege zijn opvallende benadering van textiel.

'Tijdens mijn studie aan de Design Academy vond ik het geweldig om te leren weven en breien. Ik denk dat je dat nog steeds terugziet in mijn werk,' zegt Bertjan Pot. 'Een van de redenen dat textiel me zo fascineert, is dat het op zoveel verschillende niveaus interessant is.' De Rotterdamse ontwerper is echter niet alleen maar geïnteresseerd in textiel. Voor Arco ontwierp hij de Slim Table, een op het oog wel erg dunne houten tafel. Hij ziet eruit alsof je er geen zware dingen op kunt zetten. Mooi, maar een beetje zwakjes. Maar, schijn bedriegt. Pot maakte een frame van aluminium, voor de solide constructie, en bracht een dun laagje hout aan voor de warme uitstraling. Met de Slim Table won hij de Nederlandse Designprijs in de categorie Interieur Product 2006, omdat hij het onmogelijke mogelijk maakte: een superslanke tafel van hout. En dat is precies Pots kracht: doordat hij durft te spelen, houdt hij de industrie zo nu en dan een spiegel voor.

BERTJAN POT (NIEUW LEUSEN, 1975) STUDIED AT THE DESIGN ACADEMY IN EINDHOVEN (SPECIALIZATION 'MAN AND IDENTITY'), GRADUATING IN 1998. A YEAR LATER, TOGETHER WITH DANIEL WHITE, HE FOUNDED THE DESIGN STUDIO MONKEY BOYS, DEVOTED TO PACKAGING, FURNITURE, FABRICS, LIGHTING AND GRAPHIC WORK. SINCE 2003, HE HAS CONTINUED THE BUSINESS ON HIS OWN.

He is at his best when there is no question. If there's a question, he'll want to start by answering it. But when the field is wide open, ideas present themselves almost automatically.

Designer Bertjan Pot specializes in lamps and chairs in which the material - often fabric - dictates the shape. Constantly in search of methods and techniques that do not yet exist, he starts experimenting. That is how the Knitted Lamp, one of his earliest designs, came about: through experiments with knitted fabric and balloons. Pot draped the material around a group of inflated balloons and - presto! - the shape of the lamp was born. And because the balloons kept shifting, each Knitted Lamp was a unique design. Even today, Pot still employs this explorative working method. He gets a kick out of looking at things in a different way. In 2005 he came up with the Seamless Chair, covered entirely in felt. Seeing that after a few years woollen upholstery starts looking like felt anyway, why not use felt from the start? The chair can only become more attractive over time. Another advantage is that the felt upholstery encases the legs of the chair as well, so there's no need to worry about scratches on the floor.

Sometimes it's an attractive shape he just happened to come across, or even a good joke, which triggers such experimentation. He's at his best when things simply take off, when the result is something that he could never have dreamed up, something unique. The now legendary lamp Random Light and the Random Chair are the result of this approach. They were made out of long threads of carbon that Pot soaked in epoxy resin and wound around a mould. The resin dried and hardened, producing lamps and chairs that were super-strong. Pot used this process not only in his own designs, but also in the production of his own favourite chair, the DKR model designed by Ray and Charles Eames, and Richard Hutten's Sexy Relaxy. The Eames offshoot was christened Carbon Copy, and later gave rise to the Carbon Chair. In 2003 the Random Chair earned Pot a Dutch design prize for the creative use of materials, and the following year he was awarded the Profile Prize for his original approach to textiles.

'At the Design Academy I had the time of my life learning to weave and knit, and I think you can see that in my work even today,' says Bertjan Pot. One of the reasons I find textiles so fascinating is that they appeal to us on so many different levels.' But the interests of this Rotterdam designer are not confined to textiles. For Arco he designed the Slim Table, which at first glance appears to be so delicate that you wouldn't dream of putting anything even remotely heavy on it. Quite attractive, of course, but not very sturdy. However, appearances are deceiving. Pot started out with an aluminium frame, thus ensuring a solid construction, and then covered it in a thin layer of wood, to give it a 'warm' look. The Slim Table earned him the Dutch Design Prize in the category Interior Product 2006, for making the impossible possible: a super-slender table made of wood. This is Pot's strong suit: because he dares to take a gamble, he holds up a mirror to the entire design industry.

www.bertjanpot.nl

CREDITS

Compiled by
Inga Powilleit (photography) and Tatjana Quax (styling)

Texts by
Dieuwertje van de Moosdijk [Hella Jongerius, Marcel Wanders, Piet Hein Eek, Ineke Hans, Jurgen Bey & Rianne Makkink, Claudy Jongstra, Petra Blaisse, Evelyne Merkx, Gijs Bakker]
and Elsbeth Grievink [Richard Hutten, Dick van Hoff, Wieki Somers, Joep van Lieshout, Studio Job, Bertjan Pot]

English translation
Barbara Fasting

Design
Ben Lambers (Studio Aandacht)

Printed in China

The authors wishes to thank all the designers in this book for their love and trust.
The publisher wishes to thank the Dutch magazine Elle Wonen, which originally published the photos in this book

©2008 010 Publishers, Rotterdam
www.010publishers.nl

ISBN 978 90 6450 662 8